스토리텔링성경 1

스토리텔링 성경

창세기

스토리텔링 성경

1 창세기: 천지창조와 이스라엘의 족장들

초판 6쇄 2025년 1월 10일

지은이 김영진, 강정훈, 천종수
발행처 (유) 성서원
일러스트 김천정
출판등록 1997년 7월 8일 (제300-1997-79호)
창업일 1972년 2월 1일
주 소 경기도 고양시 덕양구 덕은로 60-12 우) 10541
전 화 (02)765-0011~17
팩 스 (02)743-6811
성서원 홈페이지 www.biblehouse.co.kr
페이스북 E-mail saebut-9106@hanmail.net

ISBN 978-89-360-2254-9 03230

스토리텔링성경

1

성경 전 장章을 이야기로 풀어 쓴

스토리텔링 성경

지은이
김영진 강정훈 천종수

창세기

천지창조와 이스라엘의 족장들

성서원

■ 머리말

우리네 인생 이야기로 젖어드는

생명과 구원의 거룩한 이야기

- 스토리텔링 성경은 메시아 예수를 찾아가는 구속사 이야기다

성경 66권에는 숱한 인물이 등장하고 많은 이야기가 전개된다. 그러나 그 모든 인물과 이야기를 관통하며 흐르는 것이 있으니, 그것은 '메시아 예수'다. 구약성경은 '장차 오실 메시아'를, 신약성경은 '이 땅에 오신 메시아'를, 성경의 맨 마지막 요한계시록은 '다시 오실 메시아'를 이야기한다. 『스토리텔링 성경』은 그 흐름을 놓치지 않고, 모든 이야기와 사건과 인물 속에서 하나님의 구속사를 예리하게 추적한다. '메시아 예수'를 통해 창세기부터 요한계시록까지 점진적으로 인류 역사 속에서 실현되고 있는 그 핵심을 충실하게 그려내고자 하였다.

- 스토리텔링 성경은 가슴 적시는 하나님의 사랑 이야기다

하나님이 성경 66권을 통해 우리에게 전달하고 싶은 이야기의 핵심은 무엇일까? 한마디로 '하나님의 사랑'이다. 타락한 인류를 향한 하나님의 사랑이 절절히 나타나 있는 사랑의 편지가 성경이다. 『스토리텔링 성경』은 "너희 모두를 사랑한다. 그러므로 누구든, 어떤 상황이든, 어떤 모양이든, 언제든, 내 사랑의 품속으로 돌아오라!"는 하나님의 사랑 이야기를 감동적으로 전하고자 하였다.

- 스토리텔링 성경은 흥미진진한 생명과 구원의 대하드라마다

성경에는 삶 속에서 누구나 경험하게 되는 희로애락이 고스란히 담겨 있지만 하나님과 인간의 관계를 주로 다루다보니 세밀하고 리얼한 심리 묘사가 생략되었다. 그러다 보니 독자 스스로 자기 자신의 이야기로 환치하여 확대 해석하지 않으면 성경 이야기를 자기 인생에 적용시켜 해석하기가 힘들게 되어 있다. 『스토리텔링 성경』은 경건한 묵상을 통해 그런 심리를 생생하게 복원하고자 했다. 성경은 실로 장엄하고 흥미진진한 대하드라마로, 이름이 소개된 인물 3천여 명, 주연 10여 명, 조연 120여 명, 이름 없는 수많은 엑스트라, 주요 배경이 되는 나라 12개국, 촬영 장소가 무려 1,500여 곳에 달한다. 거대한 스케일의 이 대하드라마의 총감독은 하나님, 연출은 성령님, 주인공은 메시아 예수다. 『스토리텔링 성경』은 이토록 손에 땀을 쥐게 하는 재밌고 장엄한 대하드라마가 바로 자기 자신의 이야기로 해석되어 피가 되고 살이 될 수 있도록 성경을 현대인의 살아가는 정황에 맞도록 리모델링 건축을 하고자 하였다.

- 스토리텔링 성경은 오랜 세월의 피땀 어린 결정체다

『스토리텔링 성경』은 지난한 성서원의 반세기 역사를 배경으로 삼아 탄생했다. 성서원은 1978년 『현대어 성경』을 기획 출판했고, 2005년부터 10년 동안 그것을 수정하고 보완하여 『쉬운말 성경(2016년)』을 출판했다. 또한 필자는 수많은 지면에 다양한 연재를 했고, 2013년에는 『재밌는 성경(전 3권)』, 2017년에는 20년 작품인 성경 전장 시집 『성경의 노래(전 6권)』를 냈다. 이 모든 작업들이 밑거름 되고 노하우 되어, 마침내 『스토리텔링 성경』이 빛을 보게 된 것이다.

- 스토리텔링 성경은 누구나 읽고 싶은 또 하나의 성경이다

성경 말씀은 꿀보다 더 달다고 했다. 그런데도 왜 성경을 통독하는 일은 그렇게 힘든가? 어렵사리 읽어도 왜 그 뜻을 모르는가? 『스토리텔링 성경』은 그 문제를 고민했다. 그래서 요즘 사람들이 스마트폰에 정신없이 빨려들듯, 한번 손에 잡으면 밤새워 읽을 수 있도록 쉽고도 재밌게 만들었다. 그래서 『스토리텔링 성경』은 남녀노소 누구나 재밌게 읽고, 일단 읽으면 정신없이 빠져들고, 읽고 난 후에는 그 내용이 드라마처럼 오래도록 가슴에 남는 우리 시대의 또 하나의 성경이다.

- 스토리텔링 성경은 함께 모여 만든 팀스피릿(Team Spirit) 작품이다

『스토리텔링 성경』의 방대한 작업을 하기 위해서는 팀이 필요했다. 필자가 기획하고 주관하며 원고를 체킹했다. 초고는 30년 넘게 주석과 강해를 써온 성서원의 천종수 실장이 작성했다. 스토리텔링을 탄탄하게 보강하는 일은 조선일보 신춘문예 출신 강정훈 목사가 담당했다. 문장 교열과 편집은 유영일 작가, 교정은 조성은 선생, 일러스트는 김천정 화백, 그리고 모든 내용의 책임 감수는 우리말 성경번역의 산 증인인 민영진 박사가 맡았다. 함께 모여 기도하며 하나의 정신으로 만들었다.

오늘날 세상은 말씀의 꼴이 말라 영적 황무지로 변해가고 있다. 『스토리텔링 성경』을 통해 푸른 초장과 쉴만한 물가를 경험하길 바란다. 에스겔골짜기의 마른 뼈들이 생기를 얻어 하나님의 군대로 회복되듯 그런 뜨거운 영성을 체험하길 바란다. 숱한 난관과 어려움이 있었지만, 성령님의 도움으로 『스토리텔링 성경』 출간에 쓰임 받아 감사하고도 기쁘다.내 필력의 마지막 역작으로 한국교회에 꼭 필요한 선물을 내놓을 수 있어 진정 뿌듯하다. 인생 석양(夕陽)에 서 있는 지금, 새삼 그 기쁨을 감출 수 없다. 모든 영광을 오롯이 하나님께 올린다.

2018년 12월

대표저자 민영진

차례

1
천지 창조

창조주 하나님 "빛이 생겨라" 하시자
빛이 생기고 그로써 낮과 밤 성기네
창조주 하나님 형상과 모양에 따라
남자와 여자 맨 나중에 지으시네

태초 이전부터 스스로 존재하신 하나님 (1:1-2)

까마득한 옛적, 하늘도 땅도 세상도 아무것도 존재하지 않았다. 시간조차 흐르지 않던 태초 이전, 그 영원부터 이야기는 시작된다.

적막하고 혼돈한 상태…, 깊은 흑암만이 칙칙하고 짙은 어둠을 뿜어내고 있다.

"텅 빈 어둠의 공간에 빛나는 세상을 만들면 좋겠구나."

"우리 형상을 닮은 사람도 만들면 한층 아름다운 곳이 되겠지."

하나님은 우주만물을 창조하기로 작정하셨다. 사랑이신 하나님은 사랑으로 사랑의 대상인 피조물을 창조하기 시작하셨다.

깊은 어둠에 잠겨 있던 무질서한 텅 빈 공간이 빛으로 드러나기 전, 하나님의 영이 움직이셨다. 하나님의 영은 흑암의 공간을 포근하게 감싸 안은 채 생기에 가득 찬 힘이면서도 부드럽게 움직이셨다. 혼돈과 무질서와 공허함 속에 가치와 질서와 충만함을 심고 퍼뜨리기 위해 하나님의 영은 깊은 어둠을 감싸 안고 부드럽고도 강력하게 계속 움직이셨다.

천지 창조의 첫째 날: 하나님이 빛을 지으시다 (1:3-5)

'지구'라는 태양계의 작은 별, 그 별도 우주의 은하계나 태양계처럼 처음에는 온전한 형태를 갖추지 못한 혼돈과 무질서의 상태였다. 지구에는 깊은 물이 거칠게 뒤덮고 있었다. 그런 적막과 어둠을 깨뜨리고 장엄한 창조 선포가 우주 공간에 고고히 울려 퍼졌다.

"빛이 있으라!"

가장 먼저 창조된 것은 빛이다. 하나님께서 명하시니 그대로 되었다. 빛을 생성하라는 명령이 떨어지자마자 우주 속으로 빛이 충만하게 퍼져나갔다.

이때의 빛은 해, 달, 별들 같은 광명체가 아니다. 광명체는 제4일에 창조된다. 첫 창조물인 빛은 태양의 햇볕과는 구별되는 것으로, 모든 것들의 에너지원이다. 해와 달과 별들을 빛나게 하고 만물을 소생시키는 생명의 기운이다.

빛의 창조로 혼돈한 세상이 정돈되고 비어 있던 공간은 다양한 피조물과 살아 움직이는 생물들을 채울 채비를 갖추기 시작했다. 우주를 감싸고 있던 칠흑의 어둠은 에너지원이 작동되자 저절로 물러가고 비로소 빛의 공간이 만들어졌다.

'좋구나!'

하나님은 우주 공간에 가득 차 있는 빛을 보고 흡족해하셨다. 이렇게 하나님은 어둠에서 빛을 이끌어내어 어둠과 빛을 분리시켰다. 하나님께서 선포하셨다.

"빛은 낮이라 부른다!"

"어둠은 밤이라 부른다!"

하루의 시간이 흐르자 빛이 떠나가고 어둠이 되었다. 새벽에 다시 빛이 돌아왔다. 아침이다. 그래서 낮과 밤이 생겨났다.

이렇게 지구에 빛이 생기면서 저녁으로 하루가 시작하여 아침이 되니, 이는 창조의 첫째 날이다. 하나님은 첫 창조물인 빛을 보시고는 크게 만족해하고 기뻐하셨다.

천지 창조의 둘째 날: 하나님이 창공을 지으시다 (1:6-8)

천지 창조의 둘째 날이 밝았다. 촉촉한 물기와 어둠에 묻혀 있던 공간에 빛이 들어오면서 낮이 되자 하나님은 또 말씀하셨다.

"물 가운데 창공이 생겨라!"

창공은 지구를 둘러싸고 있는 대기권의 넓은 공간으로 하늘의 물들을 받치고 있는 광활한 받침판이다. 그것이 푸른 하늘이다.

"창공 위의 물과 창공 아래의 물로 나뉘어라."

물들은 창공 위로, 창공 아래로 나뉘었다. 창공 위의 물은 구름이나 수증기 상태로 대기권에 떠 있는 모든 물기다. 창공 아래의 물은 바다와 강을 비롯하여 각양 형태의 모든 물이다. 창공 위의 물이 응집되어 지구상에 떨어지는 것이 비나 눈, 우박이다.

'좋구나!'

하나님은 역시 만족해하셨다. 우주에 펼쳐지는 광활한 하늘을 보고 하나님은 기뻐하셨다. 하나님은 창공을 '하늘'이라 부르셨다. 하늘은 끝없이 펼쳐져 있는 대기권 전체다. 창조의 둘째 날이 저물었다. 이번에도 하나님은 흡족해하셨다.

천지 창조의 셋째 날: 하나님이 바다, 땅, 식물을 지으시다 (1:9-13)

천지 창조의 셋째 날. 하나님의 장엄한 말씀이 또 울려 퍼졌다.

"하늘 아래에 있는 물은 한 곳으로 모여라."

하나님의 말씀은 능력으로 충만하다. 장엄한 기운과 권세가 넘쳐났다. 흩어져 있던 하늘 아래의 물들이 한데 모여 바다를 이루었다. 물이 없어진 자리에는 땅이 모습을 드러냈다. 물과 땅이 적절한 위치에 자리를 잡게 됨으로써 지구는 각종 생물이 살아갈 환경이 되었다.

하나님이 또 말씀하셨다.

"땅은 식물을 자라나게 하고, 풀과 채소와 과일나무를 그 종류대로 내라!"

말씀하신 그대로 되었다. 모든 식물은 처음부터 '종류대로' 이미 독특하게 구별된 종(種)의 형태로 창조되었다. 저마다 쓸모 있게 창조된 풀과 채소와 과일들이 드러나면서 지구 공간이 파란 식물로 채워지자 하나님은 그 광경에 매우 흡족해하셨다. 셋째 날이 지나갔다.

천지 창조의 넷째 날: 하나님이 해, 달, 별들을 지으시다 (1:14-19)

천지 만물을 지으시는 하나님의 창조 사역은 계속되었다.

'오늘은 별무리를 만들어야겠구나. 큰 것부터 창조하자.'

하나님은 지구 위의 하늘 공간에 두 개의 큰 광체와 빛나는 수많은 것들을 만드셨다. 이것들도 전부 말씀으로 만드셨다.

"큰 광체가 생겨나라! 내가 너에게는 엄청 뜨거운 빛과 열과 광선을 주겠다. 네가 지구별에 좋은 수고를 해야 한다."

하늘에 떠 있는 두 개의 큰 광체 중 더 큰 것은 태양이다. 태양은 태양계의 중심에 자리하여 지구를 비롯한 행성들을 직접 또는 간접으로 지배하는 빛의 덩어리다.

"달도 생겨나라! 너는 스스로 빛을 내지 못한다. 태양으로부터 빛을 받아 밤에 은은히 세상을 비추도록 하여라!"

달은 인력에 의해 지구 주변을 선회하는 위성이다. 달은 스스로 빛을 내지 못하지만 태양빛을 받아 반사된 빛으로 밝게 보인다. 밤하늘에 뜨는 달의 모양이 매일매일 달라 보이는 것은 태양빛을 받아 밝은 부분만을 우리가 보기 때문일 뿐, 달은 항상 원만하게 둥근 모양이다.

"이제는 수많은 별들도 생겨나라!"

그러자 하늘에 모래를 뿌린 것처럼 크고 작은 별들이 무수히 생겼다. 대부분 스스로 빛을 내는 별들이다. 엄청난 수의 별들로 우주 창공이 가득 채워졌다. 별들은 빠르게 움직이지만 질서정연하게 운행했다. 하나님이 만드신 자연법칙에 따라 수많은 별들이 서로간의 거리를 유지하고 질서 있게 운행하도록 하신 것이다.

하나님은 낮에는 태양이 떠오르게 하셨고, 밤에는 달이 떠오르고 별들이 반짝이게 하셨다. 하늘에는 하나님의 권능과 영광으로 충만했다. 보기에 너무나도 좋았다. 하나님은 만족하셨고 기뻐하셨다. 넷째 날이 저물었다.

천지 창조의 다섯째 날: 하나님이 새와 물고기를 지으시다 (1:20-23)

만물 창조의 다섯째 날이 밝았다.

'오늘은 하늘을 나는 것, 물속에 사는 것들을 만들어 볼까? 종류대로 만들어야겠구나.'

하나님은 창공과 물속을 온갖 생명체로 풍성하게 채우셨다. 물에는 각종 물고기를 종류대로 만들어 떼 지어 힘차게 헤엄치게 하셨다. 창공에는 날개 달린 새들을 종류대로 만들어 하늘을 훨훨 날아다니게 하셨다.

그런 뒤 하나님은 물고기들과 새들에게 복을 주셨다.

"새끼들을 많이 낳아 크게 번성하여라!"

새들은 날개를 퍼덕이며 하늘을 날았고, 물고기들은 멋진 수영 솜씨를 뽐내며 유유히 헤엄쳤다. 누구도 가르쳐 주지 않았지만 새들은 익숙하게 창공을 날고, 물고기들은 멋지게 물속을 돌아다녔다. 해와 달과 별들이 질서정연하게 운행하는 것처럼, 새들도 물고기들도 마음껏 날고 헤엄쳐도 충돌이 없었다.

'좋구나!'

하나님은 지으신 것들을 보고 크게 흡족해하셨다. 이렇게 다섯째 날이 저물었다.

천지 창조의 여섯째 날: 하나님이 동물과 사람을 지으시다 (1:24-31)

천지 창조의 여섯째 날. 하나님의 창조 작업은 계속되었다.

"땅은 온갖 동물을 그 종류대로 내라!"

하나님께서 말씀하시자 온갖 종류의 동물들이 그 종류대로 땅에 생겨나 여기저기 돌아다녔다. 어떤 동물들은 어슬렁어슬렁 걸었고, 어떤 것들은 엉금엉금 기었으며, 어떤 것들은 폴짝폴짝 뛰어다녔다.

'음, 좋구나!'

하나님은 흡족해하셨다. 하나님은 광활한 우주 공간과 아름다운 지구를 두루 보시다가 말씀하셨다.

"참 보기 좋다. 이제 우리가 이 모든 것을 다스릴 존재를 만들자."

하나님은 마침내 사람을 만들기로 작정하셨다.

"사람을 만들어 만물을 관리하게 하자! 우리의 모양과 형상으로 사람을 창조하자!"

하나님은 영이시므로 외적인 모양과 형상이 없다. 그런데도 하나님이 자신의 형상에 따라 인간을 창조하시기로 하셨다는 것은, 하나님의 거룩한 내적 품성을 사람에게 반영시키시겠다는 뜻이다.

"사람아, 우리를 닮도록 너를 영적 존재로 창조하노라. 만물의 선한 관리자가 되려면, 너도 우리 같은 지혜를 가져야 한다!"

그리하여 인간에게는 다른 피조물에게는 없는 고유한 특성이 생겼다.

그것은 영혼이다. 인간은 육신의 존재만이 아닌 영혼의 존재도 창조된 것이다.

하나님이 사람을 지으신 결과, 하나님과 사람 사이에는 인격적인 소통과 교제가 가능하게 되었다. 다른 동물이나 피조물은 자연 본성에 따라 살아갈 뿐이지만, 만물의 영장 된 사람은 하나님과 교제를 나눌 수 있는 영예로운 존재가 되었다. 하나님은 남자와 여자로 지으셨다. 그런 뒤 사람에게 복을 베푸셨다.

"자녀를 많이 낳아 크게 번성하여라. 자연 만물을 잘 관리하고 모든 생물을 성심껏 다스리도록 하여라. 온갖 곡물과 과일을 너희 양식으로 삼도록 하여라."

하나님은 모든 동물에게도 먹을거리를 주셨다. 온갖 종류의 푸른 풀을 먹이로 주셨다.

천지창조 때 사람은 만물의 관리자로 세움 받았다. 동물을 살피고 식물을 가꾸는 관리자로 부름을 받았다. 사람은 소유주가 아니라 관리자였다. 사람은 이 사실을 잊지 말아야 했다.

엿새 동안에 걸친 하나님의 천지 창조가 마무리되었다. 하나님은 손수 지으신 천지 만물을 찬찬히 둘러보셨다. 멋지고 아름다웠다. 영원토록 창조주의 손길이 찬양될 만한 위대한 작품이었다.

하나님은 창조의 엿새 중 사흘 동안에는 바탕과 공간을 만드셨다. 우주, 빛, 창공(하늘), 바다, 땅, 식물 같은 터전과 환경을 만드셨다. 나머지 사흘 동안에는 그 공간을 채우는 창조를 하셨다. 해와 달과 별, 새와 물고기, 동물과 사람 등, 이미 조성된 환경과 터전에서 운행되고 살아갈 내용물과 생명체를 만드셨다.

하나님의 창조 사역은 참으로 오묘했다. 우주에는 빛이 가득했고, 천지에는 생명체들이 힘차게 살아 숨쉬게 되었다. 식물들이 땅을 푸르게 물들였다. 다양한 동물이 하늘 공간, 땅위, 물속에서 활기차게 움직였다.

강물은 굽이굽이 흐르고 바다 물결은 하얀 물거품을 뿜어냈다. 바다에는 온갖 종류의 물고기가 떼를 지어 헤엄쳐 다니고, 넓은 하늘 공간에는 형형색색의 옷을 입은 새들이 노래하며 날갯짓을 했다. 푸른 별 지구에는 높은 산, 깊은 골, 넓은 들, 크고 작은 언덕이 적당히 자리를 잡았다.

골짜기에는 노래하듯 맑은 물소리가 졸졸 들려왔다. 시냇물은 흘러 강물이 되고, 강물은 굽이굽이 돌아 바다로 모여들었다. 숲에는 크고 작은 각종 나무, 온갖 풀, 다양한 꽃이 저마다 자태를 한껏 뽐내었다. 덩굴식물은 힘차게 뻗어나갔고, 나비들은 너울너울 우아한 춤을 추고 있었다. 풀잎에는 맑은 이슬이 송골송골 맺혀 있었다. 바람에 일렁이는 수풀에서는 꽃향기가 흘러나와 멀리까지 퍼져나갔다. 모든 동물은 암수 쌍쌍이 조화를 이루었다. 우주의 수많은 별들과 자연의 만물은 하나님이 제정하신 질서와 법칙에 따라 차질 없이 운행되었다.

'오, 좋구나! 매우 좋아. 완벽하도다!'

하나님은 처음 계획하신 대로 엿새 만에 창조된 우주 만물을 보시고 크게 기뻐하시고 만족해하셨다. 만물은 자기 모양을 뽐내는 것이 아니라 하나님의 위대한 솜씨를 드러내며 영광을 찬미했다.

엿새 동안에 걸친 창조 사역이 끝났다. 하나님의 영광이 충만하게 빛나는 가운데 창조의 여섯째 날이 저물었다.

2

아담과 하와

아담 혼자 외로운 것 같으니
함께 살 사람 만들어야겠다
잠든 아담의 갈비뼈 하나 취해
하와 만드시자 동산은 웃음꽃 만발

하나님이 일곱째 날을 복 주시고 거룩하게 하시다 (2:1-3)

시간이 시작된 태초 이래, 여섯 날이 지나고 일곱째 날이 되었다. 하나님의 뜻대로 천지 창조가 다 이루어졌다. 그래서 일곱째 날에 하나님은 일손을 놓고 쉬셨다. 더는 창조가 필요 없는 완벽한 상태였기에 안식을 취하신 것이다. 모든 일을 온전히 성취하신 데서 비롯되는 지극한 평온의 상태였다. 하나님은 일곱째 날에 복을 주시고 거룩하게 하셨다.

"일곱째 날아, 복되고 거룩하여라!"

일곱째 날에 쉬시며 그 날을 복 되게 하고 거룩하게 하신 하나님의 안식은 후일 안식일 제도의 바탕이 되었다. 신약 시대에 이르러서는 예수 그리스도의 부활을 기념하는 주일의 예표가 되었다. 일곱째 날을 복주시고 거룩하게 하심으로 천지창조 사역은 하나님의 기쁨 가운데 온전히 마무리되었다.

하나님이 에덴 동산을 만드시고, 사람을 살게 하시다 (2:4-17)

땅이 지음을 받던 날, 땅에는 비가 내리지 않았기에 푸른 풀도, 울창한 나무도 없었다. 물론, 땅을 경작할 사람도 없었다. 땅에서는 안개만 올라와 온 지면을 축축하게 적시고 있었다.

'사람이 살아갈 동산을 가꿔야겠구나.'

하나님은 자신의 형상을 따라 지으신 사람을 매우 특별하게 생각하셨다. 그래서 지구의 동쪽 어느 한 지역, 곧 '에덴'이라 불리는 곳에 아름다운 동산을 가꾸셨다.

에덴은 '기쁨'이란 뜻이다. 하나님이 손수 가꾸신 에덴 동산은 큰 기쁨이 가득 넘치는 곳이다. 모든 것이 아름답고 풍요로웠다. 온갖 종류의 과일나무가 있었다. 나무마다 보기 좋고 먹기 좋은 열매가 주렁주렁 맺혀 있었다. 동산 한가운데에는 생명나무와 선악을 알게 하는 나무도 있었다.

에덴 동산 중앙에는 큰 강이 흐르고 있었다. 동산을 두루 돌아 흠뻑 적신 뒤에 네 줄기로 갈라져 흘러 내려갔다. 첫째 강의 이름은 비손, 둘째 강의 이름은 기혼, 셋째 강의 이름은 힛데겔(티그리스), 넷째 강의 이름은 유프라테스였다. 하나님은 이처럼 풍요롭고 아름다운 에덴 동산을 가꾸신 후, 거기에 사람을 두어 살아가게 하셨다.

하나님께서 천지 만물을 창조하실 때는 단지 말씀으로 "있으라!" 하셨다. 사람을 만드실 때는 특별한 방법을 사용하셨다. 흙으로 사람을 빚으셨다. 허리를 굽혀 손수 땅의 고운 흙을 집으신 뒤 정성껏 사람의 모양을 빚어나가셨다. 매우 세밀한 솜씨였다.

'어디 보자. 사람을 만물의 영장으로 만들자. 창조의 꽃이요 면류관인 사람을 아주 멋지게 만들자.'

그래서였다. 훗날 이스라엘의 왕이요 위대한 시인인 다윗은 사람의 몸에 대해 이렇게 시를 지어 노래했다.

"오, 놀랍도다. 이 몸이 이토록 신기하고 오묘하게 빚어졌으므로, 주께서 하신 일이 하도 경이로워 내가 소리 높여 주님을 찬양합니다. 나를 지으신 주님의 솜씨가 얼마나 멋지고 훌륭하신지, 내 영혼이 그 사실을 너무나도 잘 압니다."

하나님은 정성껏 빚은 흙덩이에 "후~" 하고 생기를 불어넣으셨다. 흙덩이에 기운이 돌며 살아 있는 생명체가 되었다. 몸의 심장이 펌프질하여 혈관을 통해 곳곳에 피를 공급하자 온 신체와 얼굴에 화색이 돌았다. 눈동자에서는 빛이 나고 얼굴에는 미소가 감돌았다. 몸속의 모든 기관이 힘차게 움직이기 시작했다. 흙덩이는 비로소 사람이 되어 벌떡 몸을 일으켰다.

"좋구나, 좋아."

하나님께서 기뻐 웃으셨다. 흙덩이가 살아 움직이는 생명체가 된 것이다. 성경은 이 생명체를 '생령'이라 한다. 하나님의 속성을 지닌 생명체란 뜻이다. 흙덩이에 하나님의 생명력이 들어가니 육체의 생명에 영적인 생명까지 지닌 신기하고 오묘한 존재가 된 것이다.

하나님이 불어넣어 주신 생명의 숨결에는 하나님의 거룩한 형상도 일정 부분 포함되어 있었다. 눈에 보이지 않는 지정의(知情意)의 인격적 품성과 영혼까지 포함되어 있었다. 이것이 사람의 기원이다. 하나님은 아니로되, 모든 피조물 중 하나님께 가장 근접한 존재다.

사람이란 말의 히브리어는 '아담'이다. 하나님은 이 사람, 곧 아담을 데려다가 에덴 동산에 두셨다. 에덴 동산에 살면서 동산을 맡아 관리하고 잘 일구어 나가도록 하셨다. 이때 하나님은 그 사람에게 말씀하셨다.

"사람아, 너는 동산의 모든 것들을 잘 돌보고 관리하도록 하여라."

"네, 명심하겠습니다."

하나님은 사람에게 계속 일러주셨다.

"동산의 모든 나무 열매는 네가 먹을 음식이다. 마음껏 따 먹어도 좋다. 모두 철 따라 제 맛을 낼 것이다. 골고루 섭취하도록 하여라."

"네, 하나님! 감사합니다."

"그런데…, 명심해야 할 것이 있느니라."

"명심해야 하다니요…?"

"동산 가운데 보기 좋은 열매가 보이느냐?"

첫 사람은 동산 나무들을 살펴보았다. 아, 저기 있다. 에덴 동산의 중앙에 있었다.

"찾았습니다, 하나님."

"그래, 저 나무는 생명나무요 생명과일이니라."

"아, 네."

하나님은. 아담을 다시 불러 세운다.

"사람, 나를 따라 오거라."

아담의 온 몸은 해바라기가 해를 따라 움직이듯이 하나님을 따라 움직인다. 모양새가 없어 보이지도 않는 하나님이시만 아담은 본능적으로 하나님의 임재와 움직임을 느낀다. 그래서 하나님의 형상대로 지음을 받은 생명체이다.

하나님은 동산의 가장 깊숙한 곳으로 인도하신다. 아담의 눈에 문득 동산 중앙에 우뚝 서 있는 나무가 들어왔다.

"저 나무는 무엇이옵니까?"

하나님이 걸음을 멈추시고, 속삭이듯이 말씀하신다.

"아담아, 반드시 명심하여라. 저 열매를 먹어서는 절대로 안 된다."

"예? 어찌 따먹지 못하게 하시는 것입니까?"

에덴 동산이 조용해졌다. 모두가 하나님의 다음 말씀에 귀를 기울이는 것 같았다. 하나님의 음성이 들려왔다. 나지막하면서도 또렷하다.

"저건 선악을 알게 하는 나무이니라."

사람은 지혜를 지닌 존재다. 그래서 궁금증도 많았다.

"선악을 안다는 것은 무슨 뜻입니까?"

"이곳 에덴 동산에는 기쁨의 생명, 사랑의 생명만이 존재하지만, 선악과를 따먹게 되면 악이 이 동산에 침입하여 들어오게 된다. 그러니 선악을 나누고 분별하게 하는 저 나무의 열매만은 절대로 따먹지 마라."

이어, 하나님은 엄숙한 어조로 사람에게 단단히 경고하셨다.

"만일 네가 그 선악과를 따먹는 날에는 반드시 죽게 되리라."

죽는다…. 첫 사람 아담은 아직 죽음에 대해 몰랐다. 죽음을 본 적도 경험한 적도 없기 때문이다.

"죽는다는 게 무슨 말입니까?"

"나뭇가지가 꺾여 시든 것을 본 적이 있느냐?"

"그럼요. 잎사귀도 마르고 나무도 바짝 말라 사라져 버렸습니다."

"저 과일을 먹으면 너도 그렇게 된다. 그러니 절대로 따먹어서는 안 된다. 알겠느냐?"

"무, 무서운 열매군요. 절대로 따먹지 않겠습니다."

"선악을 알게 하는 저 나무는, 나에 대한 너의 순종을 시험하는 열매이니, 그리 알고 항상 조심하도록 하여라!"

그건 금단의 열매였다. 선악과. 먹으면 죽는다는 치명적으로 위험한 과일이다. 하나님은 이런 과일을 왜 주신 것일까? 처음부터 선악과를 주시지 않았더라면 따먹는 일도 없었을 텐데…. 그러면 사람에게 죽음이라는 불행도 뒤따르지 않았을 텐데….

사람은 잘 몰랐지만, 에덴 동산 가운데에 있는 생명의 열매와 선악의 열매는 하나님의 선물이다. 본디 사람은 흙으로 지음을 받았기에 영원히 산다는 보장이 없었다. 그래서 하나님은 생명 열매를 주셨다. 생명 열매를 계속 따먹다 보면 사람의 수명은 길어져 가고, 그래서 죽음을 맛보지 않고 영원히 살아갈 수 있다. 얼마나 좋은 생명 열매인가.

그렇다면 선악의 열매 곧 선악과는 따먹지도 못할 과일인데 왜 두셨을까. 사람은 로봇으로 지음을 받은 기계가 아니다. 스스로 무엇을 결정할 수 있는 자유의지를 지닌 인격적인 존재로 지음 받았다. 그래서 선악과를 따먹을 수도 있지만 하나님의 명령에 순종하여 자신의 자유의지로 따먹지 않을 때, 그는 영원한 생명의 기쁨을 누리면서 살 수 있게 된다.

아담이 모든 동물의 이름을 지어 주다 (2:18-20)

어느 날, 하나님이 온갖 종류의 동물을 이끌고 아담에게로 나아오셨다. 걸어 다니고 날아다니고 기어 다니는 모든 짐승들이다.

"아담아, 네가 이 동물들의 이름을 한번 지어 보려무나."

에덴 동산의 아담은 모든 동물의 습성과 특징을 파악할 수 있는 탁월한 지혜가 있었다. 그래서 이름을 짓는 일은 어려운 일이 아니었다. 하나님의 지혜대로 지음을 받은 까닭이다. 아담은 각각의 동물을 보고 즉각적으로 가장 알맞은 이름을 지어 불렀다.

"너는 잘 뛰니까 토끼, 너는 코가 기니까 코끼리, 너는 목이 기니까 기린, 너는 사자, 너는 사슴, 너는 뱀, 너는…."

아담이 부른 이름이 그대로 동물의 이름이 되었다. 아담에게는 하나님의 지혜가 있어 힘들이지 않고 동물들의 이름을 척척 지을 수 있었다.

하나님이 아담의 배필을 지어 주시다 (2:21-25)

아담은 동물들 각각에게 어울리는 이름을 지어 주었고, 동물은 짝이 있어 암수가 다정하게 어울렸다. 그래야 동산이 번성하고 충만하기 때문이다. 아담만은 짝 없이 혼자였다. 혼자 일하고 혼자 놀고 혼자 잠을 잤다. 어딘지 모르게 쓸쓸해 보였다. 에덴 동산에는 모든 것이 짝을 이루어 오순도순 살아가고 있었다. 하나님이 유심히 그 모습을 보셨다.

‘음…, 사람이 홀로 있는 것이 보기에 좋지 않구나.’

에덴 동산에 유일하게 보기에 좋지 않은 모습이었다. 아담에게는 짝이 없어서 둘이 함께 사랑을 나누는 기쁨과 웃음도 없다.

‘그래, 아담에게도 알맞은 배필을 만들어 주어야겠다.’

하나님은 아담을 깊이 잠들게 하셨다. 아담이 깊은 잠에 푹 빠지자 하나님은 그의 옆구리에서 갈비뼈를 만지셨다. 그 중의 하나를 취하신 뒤 빼낸 자리를 살로 메우셨다.

하나님은 갈비뼈를 가지고 아담에게서 잠시 물러나신 다음, ‘여자’를 만들기 시작하셨다. 아담은 신체의 일부가 없어진 줄도 모르는 채 깊은 잠에 빠져 있었다.

잠에서 깨어난 아담은 자기 앞에 서 있는 낯선 여자를 보고는 자기도 모르게 가슴이 뛰었다.

“넌 누구냐?”

“넌 누구니?”

아담이 물었고 하와도 물었다. 서로 말이 통하는 것이 신기했다.

“난 나다!”

“나도 나다!”

남자와 여자는 말해놓고 서로를 향해 미소를 짓고 있었다. 혼자서 쓸쓸하게 지내던 아담은, 아름다운 여인을 보고는 가슴이 벅차올랐다. 마음 한 구석이 왠지 모르게 허전하던 공허감이 비로소 채워질 수 있을 것이라는 예감이 들었고, 그 예감은 바로 자신의 눈앞에 현실이 되어 여인의 육신으로서 실존하고 있었다. 남자는 기쁨에 겨워 시를 지어 노래했다. 인류 역사에 첫 시인이 탄생되는 순간이었다. 그건 여인에게 바치는 사랑의 시였다.

오, 사랑스러운 그대여!
그대는 내 뼈에서 나온 뼈, 내 살에서 나온 살
남자에게서 나온 그대, 여자라 부르리라.

어느 시인인들 자기 짝에 대하여 이토록 짧고도 강렬하고 아름다운 사랑의 찬가를 만들어낼 수 있을까. 남녀가 하나로 어우러져 살게끔 되어 있는 인간의 본성을 어느 누가 이렇게 정확하게 표현할 수 있을 것인가.

이렇게 해서 에덴 동산에서 하나님의 주선으로 인류 최초의 혼인식이 이루어졌다. 이후로 남자는 성인이 되면 부모를 떠나 아내와 결합하여 한 몸을 이루고, 따뜻한 가정을 꾸려 나가는 독립적인 삶을 살게 되었다.

에덴 동산의 아담과 그의 아내는 벌거벗은 상태로 살았다. 옷이 필요 없었다. 어린아이와 같이 순수한 마음이어서 죄라고는 그림자도 찾아볼 수 없었다. 육신과 영혼이 온전히 맑고 순결했기에 어디에서도 수치감 같은 것은 자리할 이유가 없었다. 그래서 에덴 동산이었다.

3

유혹과 타락

온갖 과실 주렁주렁한 에덴 동산
뱀의 유혹에 빠진 아담과 하와는
하나님처럼 눈이 밝아진다기에
먹지 말라던 선악과 따먹네

사탄이 뱀을 이용하여 여자를 유혹하다 (3:1-5)

에덴 동산에 언젠가부터 수상쩍은 기운이 감돌기 시작했다. 맑은 호수에 산그림자가 비쳐들어 신비로움을 더해주듯이, 하나님의 사랑이 고스란히 반영되어 어느 것 하나 부족한 것 없이 사랑으로 충만한 곳이 에덴 동산이었다. 그런데 석연치 않는 이 느낌의 정체는 무엇일까. 아담은 며칠 전부터 정체를 알 수 없는 이상한 기운을 느낀다. 기분이 썩 좋지가 않았다.

'내가 왜 이렇지? 이 동산 안에 본래 없었던 누군가가 침투해 들어온 것 같아.'

아담의 느낌은 틀리지 않았다. 과연 그랬다. 언제부터였을까, 에덴 동산에 사탄이 침투해 있었다. 사탄은 본래 하나님께 지음을 받은 천사들 중 우두머리였다. 천사장 중의 하나였지만, 피조물이라는 자기 신분을 망각하고 창조주와 겨루고자 하는 교만한 마음으로 하나님께 거슬러 대적했다가 하늘 보좌에서 쫓겨나는 신세가 되었다.

이후, 타락한 천사장은 '악마' 또는 '마귀'라 불리는 사탄이 되었다. 천사들 중에는 사탄을 추종하던 무리도 있었는데, 그들 역시 함께 쫓겨나서 이른바 '악령'이라는 귀신들이 되었다. 그래서 사탄과 귀신들은 군대 조직을 갖추고 있다.

아담과 마찬가지로 죄와는 전혀 무관하게 창조되었던 천사장에게 죄의 기운이 어디에서 어떻게 스며들었던 것일까. 하나님은 완전히 선하신 분이기에 죄라고는 전혀 찾아볼 수 없다. 그래서 죄를 창조할 수도 없는 분이시다.

그렇다면 천사장에게 들어온 그 교만의 죄는 어디에서 시작될 것일까. 천사장은 누구에게 영향을 받아서 감히 자신을 창조한 하나님을 거역할 생각을 냈을까. 죄의 시작, 그것은 누구도 알 수 없는 영원한 수수께끼로 남을 것이다.

천사장이라는 피조물의 신분을 망각하고 감히 하나님과 겨루고자 했던 사탄의 궁극적인 운명은, 영원한 불못 무저갱(無底坑) 지옥에 떨어지는 것이다. 지옥은 하나님의 형상대로 지음 받은 인간을 겨냥한 장소가 아니라, 마지막 심판 날에 사탄을 위해 예비된 어둠의 세계이다. 하나님의 자비와 긍휼이 미치지 않는 장소다.

사탄은 자신의 비참한 운명을 잘 알고 있어서 발악이라도 하는 것처럼, 하나님의 사랑을 듬뿍 받는 사람을 시기하고 미워한다. 어떤 수단을 써서라도 사람을 타락시켜 자기처럼 버림받게 하려고 무진 애를 쓴다. 사람을 불행하게 만들려는 불순한 의도도 있지만, 그보다는 하나님의 탄식과 실패를 보면서 보복의 기쁨을 누리기 위함이다. 그래서 사탄은 하나님의 대적자다. 남의 행복을 망치려 드는 것을 즐거움으로 삼는 사악한 변종이다.

천사장의 지위에서 떨어져 추방당한 사탄이 하나님을 대적할 대상과 기회를 줄곧 살피다 보니 지구별이 눈에 들어왔다. 하나님의 눈이 항상 가 있는 별이었다. 지구별 중에서도 하나님의 시선이 머물고 있는 곳이 바로 에덴 동산이다.

'저기 사람이 보인다. 사람은 하나님의 형상을 하고 있다. 사람을 무너뜨리면, 하나님의 창조 세계도 망가지게 되리라.'

사탄은 음흉한 미소를 지으며 지구별로 들어갔다. 정말 사랑스런 별이고 아름다운 세계였다. 심사가 뒤틀렸다.

'그래, 내가 지구별을 망하게 하고, 다음으로는 우주 만물을 망쳐 놓겠다. 하나님의 창조 세계를 완전히 망가뜨리면, 결국 내가 이기는 것이다.'

사탄은 이를 갈며 에덴 동산에 침투했다. 그리고 호시탐탐 기회와 대상을 노렸다. 에덴의 관리자 아담은 영의 눈이 밝은 존재이기에 조심하지 않으면 발각된다. 그러면 계획이 수포로 돌아간다. 조심해야 한다. 사탄은 사람에게 자기의 정체를 숨기면서 은밀히 사람을 유혹할 방법과 사람을 무너뜨려줄 대상을 물색한다.

아담과 하와 중 누구부터 미혹할까를 궁리하다가, 사탄은 하와가 상대적으로 쉬울 것이라는 생각이 들었다. 하나님이 아담에게 '선악과를 따먹으면 죽으리라.' 하고 말할 때, 하와는 그 자리에 없었다. 그때 하와는 창조되기 이전이었다. 그래서 하와는 남편 아담에게 그 사실을 전해 들었을 것이다. 그러니 미혹의 대상은 이미 정해진 것이나 다름없다. 하와를 공략하면 아담은 저절로 넘어지고 말 것이다.

'어떻게 하와를 유혹할까?'

뱀이 눈에 들어왔다. 에덴 동산에 있는 온갖 짐승들 중 뱀이 가장 영리하고 약삭빨랐다. 날름거리는 두 갈래의 혀가 말해 주듯 치명적인 영악함을 지녔다.

'옳거니! 저 뱀을 잘 이용하면 되겠구나.'

파괴자 사탄은 뱀에게로 들어갔다. 바로 그 순간, 뱀의 영리함은 교활함으로 둔갑했다. 뱀 안의 사탄은 숨을 죽인 채 에덴 동산을 배회하며 기회를 노렸다. 그 과정에서 아담은 이상한 기운을 느낀다. 그러나 사탄이 얼마나 영리하게 자신의 냄새를 숨겼던지, 아담은 이상한 느낌의 정체를 알아낼 수가 없었다.

사탄은 마침내 기회를 잡았다. 하와가 아담과 떨어져 에덴 동산 중앙에 있는 그 나무, 곧 '선악을 알게 하는 나무' 곁에 혼자 있었다. 선악과에 대해 말을 걸며 유혹하기에 더 이상 좋을 수 없었다.

뱀이 여자에게 미끄러지듯 다가갔다. 뱀은 하와를 발견하고 온몸을 곧추세웠다. 그리곤 선악과나무 가지로 올라갔다. 뱀은 선악을 알게 하는 나무의 열매들 사이에서 혀를 날름거리며 하와에게 속삭였다.

"여자여, 잘 지내고 있는 거지?"

"응, 잘 지내고 있어. 날이면 날마다 모든 게 다 좋아. 난 정말 행복해."

"그래? 그런 말 들으니까 나도 좋네."

"너도 나랑 함께 하니, 행복하지?"

"물론이지. 나도 너와 함께 하니 행복해, 그런데…."

"왜 무슨 일이 있어?"

"그런데 말이야, 내가 듣기로는, 하나님이 너와 아담에게 에덴 동산 안에 있는 나무 열매는 아무것도 따먹지 말라고 하셨다는데, 그게 정말인 거야?"

하나님께 대해 무언가 불만을 갖게 하려는 간교한 질문이다. 모든 열매는 얼마든지 다 따먹으라고 하신 하나님이건만, 하나님의 그런 넉넉하신 마음은 쏙 빼놓고 선악과만은 따먹지 말라고 하신 그 명령만을 강조한다. 하와의 마음속에서 풍요의 하나님을 인색한 하나님으로 둔갑시키려는 뱀의 술책이었다. 사탄의 조종 하에 있는 뱀은 교활하기 짝이 없었다.

사탄의 영악한 질문에 여자가 그만 걸려들었다. 대꾸하지 말고 그 자리를 피했어야 했는데, 그렇게 하지 않았던 것이다. 여자는 고개를 가로저으며 말했다.

"아니야, 동산 안에 있는 다른 나무의 열매들은 얼마든지 따먹어도 된다고 하셨어. 다만…"

"다만, 그게 뭔데?"

사탄은 기다렸다는 듯 급히 되물었다. 유혹할 틈새가 생긴 것이다.

"다만…, 에덴 동산의 중앙에 있는 '선악을 알게 하는 나무'의 열매는 따먹지 말라고 하셨어. 아니, 그 열매는 만지지도 말라고 하셨어. 만일 그랬다간 우리가 반드시 죽게 될 거라고 하셨어."

"그래? 거참 이상하네. 선악과만 따먹지 못하게 하셨단 말이지? 심지어 만지지도 못하게 하셨다고?"

뱀은 도무지 이해할 수 없다는 듯 머리를 흔들며 반문했다.

"하와, 아무래도 뭔가 이상하지 않아?"

"뭐가 이상하다는 거야?"

여자가 궁금한 듯 되물었다. 그러자 뱀은, 특급 비밀을 알려주겠다는 듯 혀를 날름거리며 여자의 귀에 속삭인다.

"실은 말이야, 그 열매는 따먹어도 돼. 그 열매를 따먹는다고 해도, 너흰 절대로 죽지 않아. 죽긴 왜 죽어? 죽기는커녕 너희 눈이 밝아져서 신이 되는 거야. 그 열매를 따먹으면, 너희도 하나님처럼 선악을 알 수 있게 되는 거라고!"

"에이, 설마 그럴 리가?"

"정말 그렇다니까. 하나님이 그걸 아시고는 너희더러 절대 따먹지 말라 하셨고, 따먹으면 반드시 죽을 것이라고 크게 겁을 주고 협박하신 거야."

"그건 말도 안 돼."

"뭐가 말이 안 돼? 내가 지금 거짓말하는 거 같아?"

하와는 뱀의 말에 마음이 두려움에 떨면서도, 한편으로는 귀가 솔깃했다. 뱀의 말이 귓가를 맴돌았다.

사람이 선악과를 따먹고 타락하다 (3:6-13)

여자가 눈을 들어 그 나무의 열매를 유심히 바라보았다. 에덴 동산 중앙에 우뚝 서 있는 그 나무는, 열매가 보기에도 아주 탐스럽고 먹음직스러웠다. 뱀의 말대로, 사람의 눈을 밝아지게 하여 하나님처럼 지혜롭게 될 수 있을지도 모른다. 꿀꺽. 자신도 모르게 침이 넘어갔다.

'그래, 맞아. 뱀의 말이 사실일지도 몰라, 왜 유독 저 나무 열매만 따먹지 말라고 신신당부했겠어? 저 열매를 먹으면 나도 하나님처럼 될 수 있을 거야.'

뱀은 하와를 계속 주시하고 있었다. 하와의 마음이 흔들리는 것이 충분히 감지되었다. 하와의 발걸음은 어느새 선악을 알게 하는 나무에게로 다가서고 있었다. 뱀은 채근하면 오히려 망치게 될까 봐 가슴 조이며 지켜보고 있었지만, 어서 따먹으라고 눈짓을 하고 있었다.

하와는 탐스러운 열매를 바라보며 생각했다.

'남편과 의논해야 하지 않을까? 아니지, 굳이 그럴 필요는 없을 거야. 내가 먼저 따먹어 보는 거야. 뱀의 말대로 눈이 밝아진다면, 그때 가서 남편에게 말해서 그이에게도 권하지 뭐.'

하와는 결심을 굳혔다. 두근두근, 심장이 뛰었다. 두렵기도 했다. 그래서 나무 앞에서 약간 주춤거리며 망설였다. 그러나, 그러기엔 열매가 너무 맛있어 보였다. 하와는 손을 쭉 뻗어 선악과를 딴 다음, 덥석 한입 베어 먹고 말았다. 뭔가 이상한 느낌이 들긴 했지만, 당장 눈이 밝아지는 것 같지는 않았다.

'뭐야, 아무것도 아니잖아.'

하와는 뱀을 쳐다보았다. 뱀은 하나를 더 따서 남편에게도 먹이라는 듯 고개를 이리저리 움직였다.

'남편까지 먹어야 하나님이 되는 것일까?'

이왕 이렇게 되었으니 엣다, 모르겠다는 심정으로 하와는 선악과를 하나 더 따서 남편에게로 달려갔다.

"여보, 내가 선악과를 따먹었어요. 당신도 한번 먹어 봐요. 뱀의 말이, 이 열매를 먹으면 우리 눈이 밝아져서 하나님처럼 된대요."

"무엇이? 서, 선악과를 따먹었다고?"

순간 아담은 크게 당황했다. 그러나 아담은 재빨리 머리를 굴렸다. 하나님은 그 열매를 따먹으면 죽을 것이라고 하셨지 않은가? 그런데 하와가 저렇게 멀쩡하다니! 뱀의 말대로 하나님처럼 눈이 밝아지는 열매라면, 먹지 말아야 할 이유가 어디 있겠어?

아담은 선악과에 대해 가졌던 종전의 경계심을 풀었다. 하와에게 발끈하던 목소리가 아니다. 그의 목소리가 나긋해졌고 아내를 걱정하는 부드러운 음성이었다.

"하나님이 절대로 따먹지 말라고 하셨는데…. 따먹었는데도 아무렇지도 않아? 아픈 곳은 없어?"

"전혀! 하나도 아프지 않아요."

"죽을 것 같지는 않아?"

"죽기는 왜 죽어요? 보다시피 멀쩡하잖아요. 그러니 당신도 어서 먹어 봐요."

"거참, 그래도 먹으면 안 되는데…."

아담은 선악과를 받아든 채 못미더운 듯 망설였다. 그렇게 잠시 머뭇거리더니, 하와의 시선을 견디지 못하여 결국 한입 베어 먹고 말았다.

'옳거니! 걸려들었구나. 흐흐흐.'

아담의 눈을 피해 나무 그늘에 숨어 그 광경을 숨죽이며 지켜보던 뱀이 음흉하게 웃었다. 뱀의 몸에서 찬 기운이 흘렀다. 아직도 그 안에는 사탄이 도사리고 있다.

아담 부부가 선악과를 먹은 후 얼마 되지 않아, 열매의 기운이 나타나기 시작했다. 사람들의 눈에 이상한 빛이 감돌았다. 뱀의 말처럼 과연 눈이 밝아졌다. 그렇다면 정말 하나님처럼 될 수 있는 것일까? 그러나 신령한 눈이 밝아진 것이 아니라, '분별의 눈'이 밝아진 것이었다. 눈이 밝아지자 하나님은 하나님이었고, 아담은 아담이었고, 하와는 하와였다. 하나님과의 사이에 분리의 벽이 생긴 것이다. 선악과를 먹고 눈이 밝아지자 하나님은 하나님이고 나는 나라는 생각이 솟아난 것이다. 그리고 하나님과 분리되어 내가 존재한다는 그 생각이야말로 모든 죄악의 뿌리였다. 아담과 하와에게는 처음으로 죄가 스며든 것이다.

아담 부부는 서로를 바라보고는 소스라치게 놀랐다. 자신들이 벌거벗은 알몸 상태라는 것을 알고는, 갑자기 수치심을 몰려왔다. 죄악의 눈이 밝아진 에덴 동산의 아담과 하와 부부는, 큰 수치심과 함께 두려움을 느꼈다. 황급히 주변의 무화과나무 잎사귀를 따서 치마처럼 엮어 만든 뒤, 자신들의 하체를 임시로 가렸다. 그러는 사이에 날이 저물어 서늘해졌다.

그 무렵, 하나님은 에덴 동산을 거닐고 계셨다. 아담과 그의 아내는 동산을 거니시는 하나님의 발자국 소리를 들었다. 하나님은 형체가 없어 눈에 보이진 않았지만, 평소에 두 사람은 항상 하나님의 임재를 감지하며 살았다. 죄가 없는 순진무구한 마음이기에 그게 가능했다.

하나님의 발자국 소리를 들은 아담과 하와는 오늘 처음으로 그분의 임재가 반갑지 않았다. 지은 죄가 있기에 하나님의 다가오심에 겁이 났다. 그들은 얼른 나무 그늘에 몸을 숨겼다. 부들부들 떨었다. 숨소리조차 제대로 내지 못했다.

"아담아, 어디 있느냐? 하와야! 너는 어디 있느냐?"

하나님은 아담과 하와를 찾았다. 성난 목소리가 아니었다. 실종된 어린 아들을 애타게 찾는 듯한 음성이었다. 이때 아담 부부는 하나님 앞에 나아가 잘못을 빌어야 했다. 그들이 숨어 있는 곳을 하나님이 어찌 모를 수가 있겠는가? 몰라서 그들을 찾은 것이 아니다. 잘못을 빌 수 있는 회개의 기회를 주시고자 그들을 부르신 것이다. 그러나 두 사람은 아무 대답도 하지 않았다.

"아담아, 네가 지금 어디에 있는 것이냐?"

아담은 밀려드는 두려움으로 가슴이 터질 것만 같았다. 마침내 더 이상 견디지 못하고, 두려움에 벌벌 떨며 기어 들어가는 목소리로 대답했다.

"예, 하… 하나님. 제가 지금 아내와 함께 숨어 있습니다."

"아니, 왜 숨어 있는 것이냐? 아내와 함께 숨바꼭질이라도 하는 것이냐?"

"그, 그게 아니고요."

"왜 숨어 있느냐고 물었다!"

하나님의 추궁에, 아담은 울고 싶어졌다. 어쩌다가 이 지경이 되었을까! 하와는 남편 뒤에 숨어 하나님의 얼굴을 피했다. 남편인들 어찌 하나님의 크고 밝은 눈에서 자신을 가려줄 것인가. 그래도 피할 곳은 남편의 듬직한 등밖에 없었다. 아담은 더는 숨길 수가 없었다.

"하나님, 제가 벌거벗은 것이 부끄러워서 지금 숨어 있습니다."

올바른 대답이 아니다. 그렇게 말해서는 안 되었다. 벌거벗은 것이 부끄러워 숨은 것은 아니다. 하나님의 명령을 어기고 죄를 지었기에 두려움 때문에 숨은 것이다. 그러나 그 말을 하면 하나님의 심판이 벼락처럼 내리칠 것 같았다. 아담은 차마 그리 대답할 수가 없었다. 그래서 슬쩍 자기의 죄를 물 타버리려 했다. 아담의 거짓 고백에 하나님의 가슴이 미어졌다.

"아담아. 도대체 누가 벌거벗은 것이 잘못이라고 하더냐? 벌거숭이 네 자신이 그렇게 부끄럽더냐?"

아담은 할 말을 잃어버렸다. '나'라는 것이 있다는 생각 때문에 벌거벗은 것이 부끄러워지긴 했지만, 그보다 더욱 부끄럽고 또 두려운 것은 하나님의 명령을 어기고 선악과를 따먹었다는 사실이었다. 그것 때문에 하나님으로부터 몸을 숨길 생각을 한 것이었다. 아담은 하나님에 대한 두려움 때문에 숨이 막힐 것만 같았다.

"너는, 그게 아니다. 너는 내가 먹지 말라고 금한 나무 열매를 따먹고 두려워서 숨은 것이다. 도대체 내 명령을 어기고 왜 선악과를 따먹은 것이냐? 너는 내 말을 어길 사람이 아닌데, 누가 너를 충동질했느냐?"

아담이 벌벌 떨리는 손으로 아내를 가리키며 말했다.

"예, 하나님. 하나님이 제게 주신 이 여자가 그 나무 열매를 내게 건네주기에 그만 먹고 말았습니다."

아담은 자기도 모르게 변명을 늘어놓고 있었다. 벌써 죄가 아담의 심성에 침투한 것이다. 그는 먼저 아내에게 죄를 떠넘기고, 그 다음으로는 그렇게 죄를 짓게 된 것이 하나님에게도 일부 책임이 있음을 은근슬쩍 내비치기까지 한다. '하나님이 제게 주신 이 여자'라고 하여, 하나님도 이 사건과 무관하지 않음을 말하고 있다. 하나님께서 인연을 맺어주시지 않았다면, 그래서 홀로 살았더라면, 절대로 죄를 짓거나 하나님을 배신하는 일이 없었을 것이라고 항변하고 있는 것이다.

하나님이 이번에는 남편 뒤에 숨은 듯 웅크리고 있는 여자를 바라보며 물으셨다.

"너는 어쩌자고 그런 일을 저질렀느냐?"

하와는 겁에 질려 얼른 대답하지 못했다. 남편이 어서 말하라고 채근하는 눈치를 보이자, 비로소 토로한다.

"뱀, 뱀입니다. 뱀이 꾀는 바람에 깜빡 속아 그만 따먹고 말았습니다. 그 열매를 먹으면 죽는다고 했지만, 뱀의 말대로 아무렇지도 않아서, 그만 남편에게도 먹어 보라고 한 것뿐입니다."

뱀에게 사기를 당했다는 게 하와의 변명이다. 하나님의 음성이 높아졌다.

"선악을 알게 하는 나무를 따 먹으면 눈이 밝아져서 나와 같이 된다는 뱀의 말을 너는 정녕 믿었더란 말이냐?"

"아, 그게 그러니까…."

그제야 하와는 자신의 경솔함이 땅을 치고 싶도록 후회되었다.

"그래, 하나님이 되려고 했더냐?"

"아, 아닙니다! 그건 말도 안 되는 소리입니다!"

하와는 당장에라도 하나님의 불호령이 떨어질 것 같아 한발자국 물러나며 손사래를 친다. 아담이 그런 하와를 노려본다. 엎질러진 물을 어떻게 수습해야 할까. 하나님의 처분만을 바랄 뿐이다. 따먹는 날에는 네가 반드시 죽으리라…. 하나님께서 하신 단호한 그 말씀이 떠올라 두려움으로 마음이 뛴다.

하나님이 뱀과 여자와 남자에게 형벌을 내리시다 (3:14-21)

이제 하나님은 뱀을 향해 하와를 유혹한 이유와 까닭을 물어야 마땅했지만, 묻지 않으셨다. 뱀에게는 물을 필요도 가치도 없기 때문이다. 어차피 뱀은 뱀이 아니라, 그 실체는 사탄이다. 더구나 뱀은 사람과는 달리 영혼이 없는 동물이기에 용서함이나 회복이 필요하지 않았다. 하나님의 형벌이 뱀에게 먼저 내려졌다.

"네가 네 죄를 알렷다! 너는 저주를 받아 배로 기어 다니면서 평생 땅의 먼지를 먹어야 한다. 나는 또 너를 여자의 원수가 되게 하리라. 네 후손과 여자의 후손도 원수가 될 것인즉, 너는 여자의 후손의 발꿈치를 상하게 하겠지만, 여자의 후손은 네 머리에 치명상을 입히리라."

뱀을 향한 하나님의 심판이다. 그런데 여기에 이상한 이야기가 나온다. 여자의 후손…. 느닷없이 하나님의 입에서 웬 여자의 후손이 등장할까. 여자의 후손이라고 해서 하와의 아들이나 손자를 가리키는 말은 아닌 것 같다.

뱀과 사탄을 향한 하나님의 심판 속에는 인류를 향한 구원의 선포가 깃들어 있다. '여자의 후손'은 먼 훗날 오실 '메시아 그리스도'를 뜻한다. 장차 동정녀인 여자의 몸에서 태어날 메시아가 뱀으로부터 발꿈치를 상하는 십자가 고난을 겪게 될 것이지만, 결국에는 사탄의 머리를 쳐서 최후 승리할 것이라는 복된 메시지다. 인간에게 맨 처음 계시해 주신 구원의 복음이다. 그래서 이것을 가장 원시적 형태의 복음, 원시복음이라 한다.

뱀의 몸에 숨어 있던 사탄은 하나님의 음성을 다 듣고 있었다. 여자의 후손이라니, 하나님은 도대체 어떤 계획을 갖고 있는 것일까? 자신의 머리에 치명상을 입힐 막강한 누군가가 세상에 오신다는 것이 아닌가? 과연 그럴 수 있을까? 첫 사람을 유혹해서 넘어뜨렸는데, 그 후손들이라고 해서 별다른 종자는 아닐 것이 아닌가? 사탄은 울상을 짓는 아담 부부의 모습에 괜히 웃음이 나왔다. 여호와 하나님도 얼굴 표정이 있다면 저런 울상을 짓고 있지 않을까.

'아담과 하와를 선악과로 유혹하여 망친 것처럼, 내가 여자의 후손으로 오실 그자도 망치고 말리라. 여자의 후손이여, 세상으로 들어오기만 해봐라. 내가 너를 물고 늘어지리라. 회복할 수 없을 만큼 치명상을 입히리라.'

사탄은 다짐하고 또 다짐했다. 뱀이 꿈틀거렸다. 하나님은 사탄의 음흉한 생각을 다 읽으셨다. 뱀의 꿈틀거리는 모양도 다 보셨다. 그러나 모르는 척하셨다. 대신 여자를 바라보며 형벌을 내렸다.

"여자여, 네가 나의 명령을 어기고 선악과를 따먹었으니 너는 자녀를 낳을 때 엄청난 출산의 고통을 겪으리라. 또 너는 남편을 마음대로 주무르고 싶겠지만, 도리어 남편이 너를 지배하게 되리라."

하와는 그 말씀을 제대로 알아듣지 못했다. 출산의 고통은 무엇이며 남편에게 지배를 당한다는 말은 또 무엇인가. 하지만 하와는 지은 죄가 있어 궁금증을 속으로 삼킬 뿐 감히 하나님께 여쭈어볼 수가 없었다.

하나님께서는 아담에게도 형벌을 선언한다.

"남자, 내 명령을 어긴 채 아내 말만 듣고는 선악과를 먹다니! 그로 인해 땅은 저주를 받아 가시덤불과 엉겅퀴만 무성하게 자라날 것이다. 너는 평생 죽도록 이마에 땀을 흘리며 고생을 해야 하리라. 그래야만 땅에서 나는 것들로 양식을 삼아 먹고 살아갈 수 있으리라. 또한 너는 본래 흙으로 지음 받은 존재이므로 결국 죽어서 흙으로 돌아가게 되리라."

준엄한 형벌이다. 그런데 그런 혹독한 형벌의 순간에도 사람을 향한 하나님의 긍휼과 은총이 있었다. 하나님은 두려움에 떨면서 나뭇잎으로는 모자라 두 손으로 하체를 가리고 서 있는 두 사람에게 말씀하셨다.

"쯧쯧, 대체 그게 무슨 꼴이냐? 말라빠진 무화과 나뭇잎으로 내가 멋지게 빚어준 그 아름다운 몸을 가리려 하다니! 벌거벗은 몸이 그렇게 창피하다니, 내가 가려 주마."

하나님은 가죽옷을 만들어 아담과 그의 아내에게 입혀 주셨다. 여기에 은총이 깃들어 있다. 이때 하나님은 가죽옷을 만들기 위해 어떤 짐승을 잡았을 것이다. 사람의 수치를 덮어 주기 위해 희생당한 에덴 동산의 그 짐승은, 장차 인간의 허물을 덮어 주기 위해 십자가 위에서 죽임당한 어린양, 곧 메시아 예수의 예표이리라.

아담은 어쩔 줄 모르고 고개를 푹 숙이고 있는 하와를 바라본다.

아내가 그리 된 데에는 아내에게 '선과 악을 알게 하는 나무'에 대해 제대로 전달해 주지 못한 자신에게도 책임이 있다. 하나님 앞에서 차라리 제 잘못입니다, 그랬다면 좋았을 것을, 아내에게 저 '여자' 때문이라며 책임을 떠넘긴 것이 미안하다.

아담은 문득 아직까지도 아내에게 이름을 정해주지 못했다는 것을 알았다. 사실 그동안에는 이름이 필요 없었다. 부부는 한 몸이기에 이름을 부를 필요가 없었다. 이제 상황은 달라졌다. 그냥 여자라고 부를 수는 없다.

'아내에게 어울릴 가장 멋지고 예쁜 이름이 없을까?'

아담은 아내에게 아름다운 이름을 선물하고 싶었다. 그래서 일순간의 잘못으로 온 인류에게 큰 죄를 저질러 버린 아내를 어느 정도 위로해 주고 싶었다. 문득 하와라는 이름이 떠올랐다.

'하와! 그게 좋겠구나!'

아담은 아내에게 '하와'라는 이름을 지어 주었다. 하와는 '생명'이란 뜻이다. 그녀가 세상에 태어나는 모든 생명의 어머니이기 때문이다. 타락으로 인해 아담에게는 죄의 성향이 생겼지만 지혜는 많이 남아 있었다. 남아 있는 그 지식과 지혜로 훗날 인류는 문명을 건설해 간다.

아담과 하와가 에덴 동산에서 쫓겨나다 (3:22-24)

뱀은 물론 아담과 하와에게 벌을 내린 하나님은, 그래도 걱정하는 마음이 들었다.

'사람이 선악과를 따먹었으니, 이젠 저들이 선과 악을 알게 되었구나. 저런 상태에서 에덴 동산 중앙의 생명나무 열매까지 따먹는 일이 벌어져서는 안 돼. 생명나무 열매를 먹고 저들이 끝없이 살게 된다면 그거야말로 큰일이야.'

하나님은 염려하셨다. 인간들이 타락한 죄의 몸으로 영원히 사는 것은 또 다른 저주요 영원한 형벌이다. 하나님은 사람을 에덴 동산에서 쫓아내기로 하셨다.

"아담과 하와는 들어라! 너희는 이제 에덴 동산에서 살아갈 수 없다. 에덴 동산을 떠나 흙을 일구며 살아야 한다. 흙으로 지음을 받았으니, 흙과 함께 살다가 흙으로 돌아가야 하리라."

하나님은 아담 부부를 에덴 동산에서 추방하셨다. 다시는 에덴 동산으로 돌아올 수 없도록 동산의 동쪽 입구에 천사들을 세워두고 지키게 하셨다. 사방으로 빙빙 도는 무시무시한 화염검(火焰劍)까지 장치해 두셨다. 생명나무로 향하는 길목을 엄격히 차단하신 것이다.

4
가인과 아벨

하나님은 아벨의 참제사 받으시고
가인의 거짓 제사 물리치시네
화가 난 가인이 동생을 죽이자
아벨의 억울한 피가 하늘에 닿네

형 가인이 아우 아벨을 돌로 쳐 죽이다 (4:1-8)

에덴 동산에서 쫓겨난 아담과 하와는 에덴 동산의 동편에 정착했다. 토지를 경작하는 농부가 되었지만, 모든 것이 서툴렀다. 누구도 농사에 대해 가르쳐 주지 않았다. 아담보다 앞선 사람은 없었기 때문이다.

아담은 스스로 배워야 했다. 씨를 뿌리고 가꾸고 거두는 법은 물론 비를 피할 거처도 스스로 마련하지 않으면 안 되었다. 모든 것이 힘들었다. 동물과도 옛날처럼 친하게 지내지 못했다. 에덴 동산 밖으로 나온 짐승들은 성질이 포악해지는 것 같았다. 아담 부부는 짐승들로부터 목숨의 위협을 느끼는 경우도 있었다. 그럴수록 에덴 동산이 마냥 그리워졌다.

세월이 흘렀다. 짐승들은 계속 짝짓기를 했고 숫자가 점점 늘어났다. 아담 부부도 임신했다. 과연 하나님의 저주대로 하와는 엄청난 출산의 고통을 겪었다. 아이가 세상 밖으로 나오려고 할 때, 하와는 배가 찢어지는 고통으로 비명을 질렀다. 그런 하와를 바라보며 아담은 어쩔 줄 모르고 새파랗게 질렸다.

하와가 거의 초죽음이 되었을 때에야 응아, 응아 하는 울음소리와 함께 아기가 태어났다. 하와는 처음에는 핏덩이를 보고 어쩔 줄을 몰랐지만 계속 울어대자 아이에게 젖을 물렸다. 아이가 젖을 빨며 조용해지자 신기했다. 귀여운 생각이 들었다.

“아이, 예뻐라! 어쩜 우리를 꼭 닮았어요.”

“그러게 말이오. 허허허.”

아담 부부는 첫 아기를 ‘가인’이라 이름 지었다. 가인이 걸음마를 할 무렵, 아담 부부는 두 번째 아이를 낳았다. 이번에도 아들이었다. 하와는 또 다시 엄청난 출산의 고통을 겪은 끝에야 아기를 낳을 수 있었다. 아담과 하와 부부는 에덴 동산에서 하나님이 하와에게 하신 말씀이 떠올랐다.

“너는 자녀를 낳을 때 엄청난 출산의 고통을 겪게 되리라.”

아담 부부는 출산의 고통을 통해 자신들이 저지른 불순종을 기억하고 하나님께 죄 사함을 구하는 기도를 드렸다. 둘째 아이의 이름은 ‘아벨’이라 지었다. 다른 아이들도 태어났다.

여러 아이들이 태어나서 자랐지만, 가인과 아벨만큼은 남달랐다. 두 아이는 특별한 아이들이었다. 하나님의 구원 역사를 보여주기 위해 특별히 선택된 아이들이기 때문이다.

가인과 아벨은 무럭무럭 자라났다. 형 가인은 논밭을 일구는 농부가 되었고, 동생 아벨은 양을 치는 목자가 되었다.

하나님께 제사를 드리는 날이 왔다. 에덴 동산에서 쫓겨난 이후 하나님과 멀어진 아담과 하와의 집안에서는 언제부턴가 하나님께 제물을 바치는 제사를 지내 왔다. 제사를 드리는 시간은 하나님께 죄에 대한 용서를 빌고, 하나님을 만나려는 아름다운 행위였다.

농사를 짓는 가인은 집안의 전통에 따라 제사를 지내긴 했지만, 왜 제사를 드려야 하는지 의문을 품고 있었다.

'도대체 왜 제물을 바쳐야 한단 말인가? 씨를 뿌려서 수확을 할 수 있는 것은 내가 땀을 흘리며 애써 수고한 결과물이 아닌가? 하나님께서 해주신 것이 뭐가 있다고 하나님께 애써 거둔 수확물들을 바친단 말인가?'

그래도 가인은 제사를 거를 마음까지는 들지 않았다. 제물을 준비하면서 가인은 짜증이 났다. 그래서 밭에서 듬성듬성 거둔 곡물로 대충 제사를 드렸다.

"하나님, 제사 올립니다. 농사가 더 잘 되게 해주시고 비도 많이 내려주세요. 힘들어 죽겠어요."

가인은 불평불만을 일삼았다. 하나님께 대한 경외심이라고는 찾아볼 수 없는 제사였다. 아버지의 강요에 떠밀려 드리는 제사이기에 속이 편할 수가 없다. 그러니 건성이다. 반면, 아우 아벨은 형 가인과는 달라도 너무 달랐다. 그는 양 떼가 푸른 풀밭 위를 뛰어다니는 모습을 보고는 자기도 모르게 하나님께 감사하는 마음이 들곤 했다. 제사를 드리는 날이 되자, 아벨은 흠 없고 토실토실하게 살이 오른 첫 새끼를 잡아 정성껏 제사를 드렸다.

"하나님, 저에게 복을 주시니 감사합니다. 저를 항상 돌봐주시고 올바른 길로 인도해 주소서. 이제 짐승의 피를 흘려 속죄 제사를 드리오니, 저의 죄를 씻으시고 용서해 주소서."

아벨의 제사는 믿음의 제사였다. 아버지에게서 듣고 배운 그대로 제사를 드렸다. 하나님은 아벨이 바친 제물을 기쁘게 받으셨다. 아벨은 공기 중에서 보이지 않는 거룩한 기운을 느끼고, 더욱 더 감사하는 마음이 뿌듯하게 차 올랐다.

하지만 하나님은 가인의 제사는 받으시지 않았다. 그런 제사를 받으실

리가 없지 않은가?

가인은 하나님께 제사를 올리면서도, 어떠한 감흥도 느끼지 못하고 있었다. 오히려 어디에선가 찬 기운이 내려와서 주변을 감돌고 있었다. 가인은 하나님께서 자신의 제사를 받으시지 않는다는 것을 알고는, 자신의 무성의한 제사를 반성하기는커녕 도리어 화를 내며 불평을 터뜨렸다. 더구나 눈치를 보니, 아우 아벨은 뭐가 그리 좋은지 입가에 미소가 떠올라 있었다. 그렇다면 하나님은 자신의 제물은 받으시지 않고 아우 아벨의 제물은 받아주셨단 말인가? 가인은 아벨에 대하여 시기심이 활활 불타올랐다. 성난 감정을 주체하지 못해 가인의 얼굴빛은 붉으락푸르락했다.

"가인아, 어찌하여 얼굴빛이 그렇게 달라졌느냐?"

보다 못해 하나님이 가인을 나무라셨다. 그러고는 잘 알아듣게 타이르셨다.

"가인아, 네가 올바로 행했더라면 내가 왜 너의 제사를 받아들이지 않았겠느냐? 이제라도 마음을 고쳐먹고 올바로 행하여라. 그렇지 않으면 죄가 네 마음 문 앞에 똬리를 틀고 있다가 순식간에 너를 덮칠 것이다. 죄가 매사에 너를 지배하게 될 것이다. 그러면 너는 어찌 되겠느냐?"

하지만 마음이 비뚤어진 가인은 하나님의 충고를 한 귀로 듣고 다른 귀로 흘려버렸다. 오히려 분노를 삭이지 못한 가인은 동생에게 분풀이를 할 기회를 단단히 벼르고 있었다. 그러다가 하루는 가인이 아벨에게 다정스레 말했다.

"아우야, 오늘 햇살도 따스한데 바람도 쐴 겸 들판으로 놀러가지 않을래?"

마음이 착한 아벨이 거절할 리 없었다. 선뜻 승낙했다.

"그래, 형."

형제는 집을 떠나 한적한 들판으로 나갔다. 하늘은 맑고 들판엔 산들바람이 불어왔다. 사방을 둘러보아도 둘 외에는 아무도 없었다. 아벨은 들뜬 기분으로 꽃들을 바라보며 자연의 정취를 흠뻑 즐기고 있었다. 그때 가인은 묵직한 돌덩이를 살며시 집어 들고는 아벨의 뒤로 다가갔다. 그리고는 지체 없이 아벨의 머리를 향해 사정을 볼 것도 없이 힘껏 내리쳤다.

아벨의 입에서 외마디 비명이 터져 나왔다. 난데없는 비명 소리가 들판에 크고 짧게 울려 퍼졌다. 고꾸라진 아벨의 머리에서 피가 솟구쳤고, 그 피는 땅을 붉게 적셨다. 순식간의 일이었다.

들판은 아무 일도 없었던 듯 금방 고요해졌다. 가인은 근처 냇가에서 손을 씻고 태연하게 집으로 돌아갔다.

하나님이 가인에게 형벌을 내리시다 (4:9-16)

이제 아벨은 세상에서 사라지고 없었다. 가인은 아벨만 없어지면 모든 것이 다 해결될 줄 알았었다. 그런데 아니었다. 평소와 다름없이 먹고 자고 입고 일상생활을 계속했지만, 왠지 한 구석이 비어 있는 것 같았다. 소화도 잘 되지 않았다. 속이 쓰리기 시작했다. 하지만 시간이 지나면 모든 것이 다 해결되리라. 가인은 속으로 그렇게 다짐했다. 그 날도 다른 때와 다름없이 들에 나가 일을 하고 있는데, 느닷없이 하나님의 음성이 들려왔다.

"가인아, 가인아, 네 아우 아벨은 어디 있느냐?"

가인은 가슴이 덜컥 내려앉았다. 그렇다, 하나님이 그 일을 어떻게 모를 수 있겠는가? 하나님은 사실 모르고 묻는 게 아니었다. 이제라도 잘못을 깨닫고 회개할 기회를 주시고 싶으신 것이다. 그러나 가인은 어떻게든지 도망치고 싶었다. 어떻게든지 진실을 대면하고 싶지 않았다.

"글쎄요, 아벨이 어디에서 무얼 하는지 제가 어찌 알겠습니까? 부모님께 물어보세요. 저는 아우를 지키는 보호자가 아니란 말입니다! 아우의 시중이나 들어주는 형이 아니란 말입니다. 나는 너무 바빠요!"

가인은 퉁명스러운 목소리로 대답했다. 어떻게든지 하나님 앞을 빨리 떠나야 한다. 오직 그 생각뿐이었다. 하지만 하나님의 음성이 가인의 마음에 달라붙었다.

"가인아, 내 귀에 살려달라는 아벨의 비명 소리가 들린다. 네 아우의 피가 땅에 스며들어서 내게 울부짖고 있다. 네가 어쩌자고 그런 악한 짓을 저질렀단 말이냐?"

가인은 움찔했다. 가인이 저지른 죄는 인류 최초의 살인죄, 그것도 같은 핏줄을 죽이는 근친살인죄이다. 가인은 그제서야 고개를 푹 떨구고는, 자기의 죄를 인정했다. 가인에게 하나님의 준엄한 형벌이 내려졌다.

"가인은 들어라. 네가 흘리게 한 네 아우의 피를 땅이 그 입을 벌려 네 대신 받아 마셨다. 그러니 너는 영원토록 땅의 저주를 받을 것이다. 이제부터 네가 아무리 땀 흘려 땅을 갈아도 땅은 네게 더 이상 좋은 것들을 내주지 않을 것이다. 또한 너는 정처 없이 땅 위를 떠도는 방랑자 신세가 될 것이다."

가인은 자기도 모르게 비명을 질렀다.

"아~ 하나님, 제게 내리신 형벌이 너무나 무겁습니다. 저는 도저히 감당할 길이 없습니다."

가인은 은근히 반항심이 일어났다. 그래서 머리를 꼿꼿이 치켜세우며 대들 듯이 말했다.

"그래도, 까짓것, 좋아요. 제가 정처없이 세상을 떠돌아다니면, 만나는 사람마다 저를 죽이려 들 것입니다. 그러니 차라리 저를 죽이세요. 제가 어디로 가서 어떻게 살라는 말씀입니까?"

인정사정없이 아우를 쳐 죽인 가인은 구차하게도 제 목숨을 구걸하고 있었다. 그러나 사랑과 자비의 하나님은 그런 가인의 구차한 구걸조차도 외면하시지 않았다.

"그래? 그러면 좋다. 그렇게 되지 않도록 해주마. 내가 네 몸에 표시를 해주겠노라. 그 표시를 보면, 아무도 너를 죽이지 못할 것이다. 너를 죽이는 자가 있으면 내가 일곱 배로 형벌을 내리겠노라."

하나님의 약속은 가인을 위한 것이 아니었다. 아벨처럼 공연히 해를 당하지 않도록 뭇 사람들을 보호하기 위한 장치였다. 동생까지 무참하게 죽이는 가인에게서 너도나도 멀리 피하라고 가인의 몸에 표시를 해놓으신 것이다.

가인은 이제 하나님 앞을 떠날 수밖에 없었다. 앞으로 살아갈 길이 막막하고 걱정스러웠다. 가인은 집을 떠나오면서 제대로 부모에게 작별 인사도 못했다. 아버지 아담의 눈에는 분노가 서려 있었고, 어머니 하와의 눈에는 눈물이 그렁그렁 들어차 있었다.

가인은 간단한 짐을 챙기고 집을 나섰다. 몇 발자국을 걸었을 때 뒤에서 아버지의 무거운 음성이 들렸다.

"어디로 가려느냐?"

아버지의 목소리를 듣는 순간, 가인은 가슴이 울컥 하며 울음이 터질 뻔했다. 아버지의 목소리에는 염려와 걱정이 들어 있었다. 동생을 죽인 아들에 대한 분노심이 여전히 가슴 쟁쟁하게 살아 숨쉬고 있는데, 정처없이 집을 떠날 수밖에 없는 아들에 대한 연민과 걱정이 어쩔 수 없이 한숨과 함께 토해지고 있었다.

"모르겠습니다! 하나님께서 이리저리 떠돌아다니라고 했으니, 우선은 떠돌아 다녀보겠습니다."

"그래, 알았다! 몸조심하여라!"

아버지의 마지막 말이었다. 저 뒤편에서 어머니의 흐느끼는 소리가 들려왔다. 참지 못하고 터져나온 어머니의 흐느낌 소리는 못 들은 척하고, 가인은 얼른 발걸음을 재촉했다. 어디로 가야 하나. 무작정해가 뜨는 동쪽을 향해 걷기 시작했다. 이왕이면 해가 떠오르기 시작하는 쪽으로 가는 것이 나을 것 같았다.

가인이 놋 땅에 성읍을 세우고 후손을 낳아 번성하다 (4:17-24)

에덴 동산 동편에 '놋'이라 불리는 너른 땅이 있었다. 가인은 그 땅을 향해 계속 걸어갔다. 드문드문 집이 보이기 시작했다.

가인은 어디쯤에선가 걸음을 멈추고는 그곳에서 살기로 마음을 먹었다. 사람들은 가인이 가는 곳곳마다 모습을 감추어 버렸다. 가인이 저지른 살인죄에 대해서 소문으로 들었기 때문이었다. 더구나 가인의 얼굴에는 집에서 추방당하고 버림을 받은 데서 오는 분노가 서려 있었다.

'저게 사람인가, 짐승인가, 저렇게 살기가 도는 사람은 처음이다….'

'저런 자는 피하고 보는 게 상책이야.'

가인은 날이 갈수록 사람들과 어울려 지내기가 어렵다는 것을 실감했다. 어느덧 나이가 차서 결혼을 할 연령에 이르렀지만, 쉽지가 않았다. 그러던 중 겨우겨우 한 여자를 아내로 맞았다.

아내와 가정을 이루었지만 가인은 늘 두려웠다. 누군가에게 쫓기고 있는 것 같은 느낌에 시달렸다.

세월이 흘러, 가인의 아내가 임신을 했다. 아기를 출산할 때가 되자 부인이 숨을 가쁘게 몰아쉬며 남편에게 물었다.

"아기 이름을 뭐라고 하실 생각이죠?"

"에녹이오! '시작'이라는 뜻이라오."

"여보, 이름이 좋군요. 이제 막 떠오르는 해처럼 싱싱하고 새로운 기운이 느껴져요."

부인은 남편의 마음을 알 것 같았다. 가인은 새로운 삶을 시작하고 싶은 것이다. 하나님과도 상관없고 부모와도 아무런 관계가 없는 자기만의 새로운 길을 시작하고 싶은 것이다.

놋 땅에 사람들이 모여 들면서 어느새 성읍을 이루게 되었다. 가인은 아들의 이름을 따서 그 성읍을 에녹이라 불렀다. 이곳에서 가인의 후손은 세상 문명을 일구며 대대로 번성했다.

그것은 하나님에 대한 거역이었다. 하나님은 가인을 쫓아 보내며 어느 한 땅에 정착하지 말고 떠돌이로 살라고 하셨다. 성읍을 이루고 살면 사람들이 떼를 이루게 되고, 그들은 가인을 닮아 살인의 본능을 지닌 난폭한 무리들이 될 것을 염려하셨기 때문이다. 그래서 하나님께서는 악한 자들이 힘을 규합하지 못하도록 가인으로 하여금 떠돌이가 되라고 하신 것이다.

가인은 자신이 겪는 모든 불행이 하나님으로 시작되었다는 악한 생각을 품고 있었다. 그래서 떠돌아다니라는 명령에 반발해서 땅에 정착을 했고, 그리하여 에녹이라는 성읍의 이름까지 만들었다. 이는 하나님 없이도 내 힘으로 당당하게 살 수 있다고 하나님에게 선전포고를 한 인간의 첫 시작, 출발점이다.

에녹은 놋땅에서 집안을 일으켰다. 이랏을 낳았고, 이랏은 므후야엘을, 므후야엘은 므드사엘을, 므드사엘은 라멕을 낳았다. 에녹의 살인적 충동의 본능을 가장 강하게 이어받은 후손이 아담의 7대손이며 가인의 6대손 라멕이다. 라멕은 일찍이 에덴 동산에서 하나님에 의해 제정된 일부일처의 혼인 제도를 어기고 두 명의 아내를 얻었다. 그가 취한 두 아내 이름은 '아다'와 '씰라'였다.

아다는 라멕과의 사이에서 야발과 유발을 낳았다. 야발은 가축 치는 사람들의 조상이 되었다. 그의 아우 유발은 수금과 퉁소를 연주하는 사람들의 조상이 되었다.

라멕의 또 다른 아내 씰라는 두발가인을 낳았는데, 대장간에서 구리와 쇠로 여러 기구를 만드는 대장장이가 되었다. 어느 날 라멕은 두 아내 앞에서 자기 힘을 과시하는 노랫말을 지어 읊었다. 이른바 '검(劍)의 노래'다.

> 아다와 씰라여, 내 말을 들어 보라.
> 라멕의 아내들이여, 내 말에 귀를 기울여라.
> 나에게 상처 입힌 한 남자를 내가 쳐 죽였노라.
> 나를 공격한 한 젊은 놈도 내가 쳐 죽였노라.
> 가인을 해친 자는 일곱 배로 벌을 받겠지만
> 나 라멕을 해친 자는 일흔일곱 배로 앙갚음 당하리라.

가인의 자손들은 날로 번창해 갔다. 그들은 저마다 자기들의 명예를 기리고 자기들을 즐겁게 하는 노래를 지어 불렀다. 하나님의 영광을 위해 지음 받은 인간이 그 반대의 길을 걷고 있는 것이다. 하나님 중심이 아니라 자신의 영광을 위하는 사람 중심의 삶, 곧 인본주의의 삶을 살아간 이들의 첫 시작이 바로 가인이다.

아담의 또 다른 아들 셋, 그리고 셋의 아들 에노스 (4:25-26)

아담과 하와는 가인과 아벨의 끔찍한 사건을 겪은 이후, 가슴에 못이 박힌 듯한 삶을 살고 있었다. 죽은 아들이나 떠나간 아들이나 모두 불쌍하고 그리웠다. 돌이킬 수 없는 과거의 긴 그림자 속에서 한(恨)과 그리움을 안고 살고 있었다.

하나님은 그런 아담과 하와를 불쌍히 여기셨다. 그래서 또 다른 아들을 주셨다. 여러 자식들을 낳았지만 '셋'은 특별한 아이였다. 셋을 낳은 뒤, 하와가 아담에게 말했다.

"여보, 하나님이 죽은 아벨 대신 내게 또 다른 아이를 주셨어요."

그리하여 하나님의 특별한 축복을 받은 셋이 태어났고, 장성하여 아들을 낳고 그 이름을 '에노스'라 불렀다. '에노스'는 히브리어로 '하나님께 말을 걸다'라는 뜻이다. 이때부터 사람들은 비로소 제단을 쌓고 기도와 찬양을 통해 하나님께 말을 걸기 시작했다.

에노스 시대부터 본격적인 예배가 드려졌다. 하나님은 자신을 떠나간 가인의 후손을 통해서가 아니라, 자신에게 예배드리는 셋의 후손을 통해 일찍이 에덴 동산에서 말씀하신 여인의 후손, 곧 메시아 예수를 이 땅에 탄생시키는 계획을 구체적으로 계보화하기 시작하셨다. 사람 중심의 영악한 계보에 대응할 하나님 중심의 거룩한 계보가 싹이 트고 있는 것이다.

5

죽고 또 낳고—인류의 족보

셋이란 아들을 낳은 아담은
자녀 낳다가 930세까지 살고
에녹은 하나님과 동행하다가
365세에 살아서 하늘로 올라가네

아담에서 노아까지 10대 조상들의 족보 (5:1-32)

인류의 계보는 이러하다. 하나님은 자신의 형상을 따라 하나님의 품성을 닮은 존재로 사람을 지으셨다. 인류의 조상 아담이다. 하나님은 에덴 동산에서 아담에게 복을 주시고, 자녀를 많이 낳아 크게 번성하라고 하셨다.

그에 따라 아담으로부터 인류가 번성하기 시작했다. 태어나고 죽고, 또 태어나고 죽는 인류의 역사가 줄기차게 펼쳐진다. 아담은 130세에 셋을 낳고 930세에 죽었다. 셋은 105세에 에노스를 낳고 912세에 죽었다.

에노스는 90세에 게난을 낳고 905세에 죽었다. 게난은 70세에 마할랄렐을 낳고 910세에 죽었다. 마할랄렐은 65세에 야렛을 낳고 895세에 죽었다. 야렛은 162세에 에녹을 낳고 962세에 죽었다.

여기에 가인의 아들과 이름이 똑같은 또 한 명의 에녹이 등장한다.

가인의 아들 에녹이 하나님이 없는 가문의 시작이라면, 셋의 자손인 에녹은 경건한 가문의 시작을 뜻하는 이름이다.

'나는 무엇에 대한 시작일까? 어떤 일을 처음으로 시작해야 할까?'

에녹은 자기 이름에 들어 있는 예언적 의미를 항상 묵상했다. 그는 65세에 므두셀라를 낳았다. 므두셀라를 낳은 뒤 에녹은 그제야 자신이 무엇을 새로 시작해야 하는지를 깨달았다.

'그렇다! 나는 이제부터 항상 하나님과 함께 걷는 가문을 시작하겠다! 우리 가문은 항상 하나님과 동행하는 믿음의 가문이다.'

에녹은 자신이 깨닫고 다짐한 대로 300년 동안 하나님과 교제하며 살았다. 무슨 일이든지 하나님의 뜻을 여쭙고 시작했고, 언제나 하나님의 마음에 들도록 몸과 마음을 가다듬으며 기쁨 속에서 살았다. 에녹은 하나님이 없으면 인생만사가 아무것도 아니라는 것을 날이 갈수록 실감했다.

365세가 되는 어느 날, 에녹은 하나님과 동행하는 기쁨 속에서 하루를 지내고 있었다. 그런데 그날 놀라운 일이 벌어졌다. 에녹이 들판에 앉아 기도하고 있는 중이었다. 하늘에서부터 빛이 에녹의 안으로 쏟아져 들어왔다. 벅찬 기쁨의 빛이 에녹의 몸 안에서 소용돌이쳤다. 그리고는 다음 순간, 몸이 한없이 가벼워졌다. 에녹은 몸이 부웅 떠오르는 것을 느꼈다. 에녹은 어느새 하나님의 품안에 안겨 있었다.

에녹은 그때 이후로 갑자기 세상에서 사라졌다. 하나님이 살아 있는 채로 에녹을 취하여 하늘나라로 데려가신 것이다. 에녹은 죽음을 겪지 않고 하늘나라로 올라간 첫 인물이다. 에녹, '그는 인류 최초로 죽음을 통과하지 않고 승천한 인물이 되었다. 그리고 먼 훗날, 엘리야 또한 죽음을 보지 않고 천국으로 끌려 올라가게 된다. 이 사실은 마지막 날 성도의 부활에 대한 예고편이라 할 수 있다.

에녹의 아들 므두셀라는 187세에 라멕을 낳고 969세에 죽었다.

라멕은 182세에 노아를 낳고 777세에 죽었다. 노아는 500세가 지나서부터 셈과 함과 야벳을 낳았다. 노아는 950세에 죽었다.

이상은 아담에서 노아까지 인류 초창기에 살았던 10대 조상들의 족보다. 가장 긴 수명을 누린 자는 므두셀라로, 천 살에 가까운 969세를 살았다. 가장 짧게 살다 간 라멕조차도 777세의 수명을 누렸다. 도중에 하늘나라로 올라간 에녹을 제외한 나머지 아홉 조상들의 평균 수명은 912세가 조금 넘는다.

에덴 동산에서 하나님께 불순종한 결과 '너는 필히 죽으리라'는 선고를 받음으로써 죽음은 인간에게 당연한 사실이 되었지만, 사망에 이르기까지에는 어느 정도 유예 기간의 은혜를 주셨으니, 그 결과가 장수의 생애였다.

사람이 장수하게 된 것에는, 인류 초창기에 오염 하나 없는 깨끗한 지구 환경과 채식이 영향을 미쳤음이 분명하다. 하지만 근본적인 원인은 인류 역사 초창기의 넓고 황량한 땅에, 사람을 가능한 한 빠르게 번식시키기 위한 하나님의 특별한 경륜에 있다. 인류 초창기에는 사람들이 오래 살면서 자식을 많이 낳아 인구가 빨리 증가하도록 특별히 배려하신 것이다.

아담의 족보를 보면서 간과하지 말아야 할 사항이 있다. 여기 기록된 인류의 10대 조상들은 그 외 다른 자녀들을 대표하는 자들이다. 각각의 조상은 평균 900세가 넘는 긴 수명을 누리면서 그들 외에도 수많은 아들딸을 낳았다. 하지만 성경에 기록된 족보는 하나님의 구속사 전개에 필요한 이름들만 최대한 압축해서 선택적으로 기록된 것이다. 성경은 인류사가 아니라 구속사이기 때문이다.

6
노아의 방주

세상이 타락과 방종의 무법천지 되자
하나님은 흠 없는 노아에게 명하시네
대홍수에 대비할 큰 방주 만들어라

인류가 타락하여 온 땅에 죄악이 가득하다 (6:1-7)

아담 부부가 에덴 동산에서 추방된 이후 아담의 10대 후손인 노아의 때에 이르기까지 대략 1,500여 년의 세월이 흘렀다. 세상에는 급속도로 인구가 불어났다. 수백 년씩 살다보니 손자의 손자의 손자에 이르기까지 많은 후손들을 거느리며 살았다.

사람들은 점차 하나님을 잊어버리고 사는 삶에 익숙해지고 길들여졌다. 일찍이 하나님을 떠난 가인의 후손들은 물론이고, 하나님의 이름을 부르며 주께 예배한 셋의 후손들조차 하나님을 소홀히 대하기 시작했다.

셋의 가문은 여호와의 이름을 부르며 정식으로 예배를 드리는 부족을 이루었다. 라멕의 자손들이 악기를 만들어 연주하면서 흥을 돋우면, 셋의 자손들은 주님께 예배를 드리고 찬양을 바쳤다. 하지만 세월이 흐름에 따라 악기는 다른 용도로 쓰이기 시작했다. 사람들은 하나님을 찬양하기보다는 자신들끼리 삶의 기쁨과 슬픔을 춤추고 노래하고 연주하는 일에 악기를 더 많이 사용하게 된 것이다.

"자, 모두 주님께 예배드리자. 모두 모여라!"

"오늘은 바빠서 예배에 참석할 수 없어요."

셋의 자손들은 점점 일상적인 삶의 재미에 빠져들어 하나님을 잊어가고 있었다. 그들은 세속적 삶을 살아가는 가인의 자손들과 어울렸다. 혼인 시기가 되면 가인의 후손이든 동족이든 가리지 않고 눈에 띄는 아름다운 여인만을 좇아다녔다. 하나님에 대한 신앙은 이제 그들 사이에서 일종의 의무사항 같은 것으로서, 귀찮고 불편스러운 무엇이 되어가고 있었다.

그 땅에는 '네피림'이라 불리는 거인들이 살고 있었다. 셋의 자손들이 가인 자손들에게 들어가 낳은 자들 가운데는 거인의 피를 물려받은 용사들이 나왔다. 그들은 전쟁 용사가 되어, 크게 이름을 떨쳤다.

사람들이 불어날수록 죄악도 늘어났다. 사람들은 이제 하나님을 떠나 자기들 멋대로 악한 일을 궁리하고 자행했다. 그리하여 세상에는 온통 죄악으로 가득 찼다.

하나님은 마음이 편치 않았다. 사람들이 타락해 가는 모습, 세상이 온통 죄악으로 가득 찬 모습은 하나님을 매우 슬프게 했다.

하나님은 사람을 지은 일이 후회스러울 정도였다. 여름날 비 온 뒤에 무성하게 자라는 잡풀들처럼, 사람들의 죄는 이제 세상 전체로 거침없이 퍼져 나가고 있었다. 더 이상 그대로 두어서는 안 될 것 같았다. 하나님은 마침내 결심하기에 이른다.

'아담과 하와가 내 명령을 어기고 선악과를 따먹은 이후부터 사람들은 어차피 죽어야 할 육체에 불과한 자들이다. 그래도 사랑이 남아 있어서 장수를 누리도록 은혜를 베풀었거늘, 죄를 짓는 일에 세월을 다 보내고 마는구나. 이제는 나의 영이 사람들과 영원히 함께하지 않을 것이다. 사람들이 계속 죄 지으며 살아가게 내버려둘 수 없다. 이제부터 120년

후에 세상을 심판할 것이다.'

어떻게든지 그대로 두어서는 안 되겠다고 마음을 굳힌 하나님은, 세상을 다 쓸어버려야겠다고 결심하셨다.

'타락에 빠진 내 피조물들을 다 쓸어버려야겠다. 사람은 물론 짐승들과 뱀, 곤충, 새 들을 가리지 않고 다 쓸어버리리라.'

하나님은 인류에 대한 대홍수 심판을 작심하신다. 여자의 후손을 통해 세상에 구원을 약속하신 하나님, 대홍수로 인류를 몰살한다면 그 약속은 어찌될 것인가. 자칫 인간세상이 아주 멸망으로 끝나버릴지도 모를 위기가 닥쳐왔다. 그런데도 사람들은 자신들에게 닥칠 거대한 운명의 파도에 대해서는 아랑곳하지 않고, 그저 먹고 마시고 즐기는 일에만 골몰했다.

하나님이 노아에게 방주 지을 것을 명하시다 (6:8-22)

하나님 보시기에 세상은 온통 죄악으로 썩어 있었지만, 오직 한 사람만은 하나님의 기대를 저버리지 않고 있었다. 죄가 넘치는 세상에서 노아만은 늘 하나님과 동행하면서 의롭고 흠 없이 살았다. 그런 노아를 하나님은 무척 사랑하셨고 그에게 큰 은혜를 베푸셨다.

하나님께 은혜를 입지 못한 사람들은 하나님을 무시하거나 두려움에 떨지만, 하나님께 은혜를 입은 노아는 하나님의 은혜에 감사하며 하나님을 사랑하는 마음으로 하루하루를 살았다.

어느 날 하나님은 노아를 불러 자신의 계획을 알려주셨다.

"노아야, 땅위의 사람들이 너무나 타락하고 부패하였구나. 세상은 온통 죄악으로 가득 찼구나."

하나님의 음성은 슬픔과 분노로 뒤섞여 있었다.

"그래서 노아야, 이제 내가 그들을 땅위에서 모조리 쓸어버리려고 한다. 큰 홍수를 땅에 일으켜 땅위에 있는 모든 것들을 전부 쓸어버리겠노라."

"아~ 주님, 세상을 다 쓸어버리신다고요? 그게 정말입니까? 어떻게 그런 일이 있을 수 있습니까?"

"누가 세상을 만들었느냐?"

"하나님이십니다."

"그럼 누가 세상을 멸망시킬 수 있겠느냐?"

"그것 역시 하나님이십니다."

노아는 하나님의 말씀에 두렵고 황망했다. 온 세상을 물로 쓸어버리신다니, 도대체 그게 가능한 일인가? 사정을 알고 나니 인간 세상에 이건 보통 심각한 일이 아니다. 놀랍고 두렵고 당황해서 어찌할 바를 모르는 노아에게 하나님은 말씀하셨다.

"노아야, 그러니 너는 이제부터 방주를 만들어라. 아주 큰 배를 만들어라."

하나님은 방주의 규모와 양식과 자재 등을 구체적으로 일러주셨다. 전체 길이는 140m, 너비는 23m, 높이는 14m 정도이다. 상중하 3층으로, 지붕이 있었다. 채광과 통풍을 위해 45cm 가량의 정사각형 창문이 사면에 있다.

배는 잣나무를 재료로 하였고, 완벽한 방수를 위해 빈틈없이 역청을 두텁게 칠하게 했다. 어떤 충돌에도 끄떡없이 이리저리 떠다니는 1만 4천 톤급의 커다란 짐배였다.

하나님은 덧붙여 노아에게 당부하셨다.

"큰 홍수가 시작될 무렵, 너는 네 아내와 아들들과 며느리들을 데리고 그 배 안으로 들어가라. 땅 위에서 살아 숨쉬는 모든 동물들도 그 종류대로 암수 한 쌍씩 배 안으로 데리고 들어가 살아남게 해야 한다. 그렇게 하려면 너와 네 식구들의 먹을거리는 물론이고, 동물들의 먹을거리도 배 안에 미리 저장해 두어야 할 것이다."

노아는 하나님이 지시하신 대로 따랐다. 하루도 빠짐없이 땀 흘려 나무를 자르고 다듬으며 큰 배를 지었다. 노아에게는 세 아들이 있었는데, 그 아들들의 부부가 일손을 거들었다. 큰아들 셈이 노아에게 물었다.

"아버지, 그렇게 큰 배를 우리 기술로 만들 수 있을까요?"

"우리 힘으로 짓는 것이 아니다."

"우리 힘으로 방주를 짓지 않는다면 누가 지어줍니까? 하나님께서는 아버지에게 방주를 만들라고 하지 않으셨습니까?"

"그래, 하지만 우리는 손과 발과 몸을 써서 하는 것일 뿐, 지략과 지혜는 하나님이 주실 것이다. 하나님께서 배를 짓는 기술을 가르쳐 주시고 완성하게 도와주실 것이다."

"잘 알겠습니다. 저희는 아버지의 손과 발이 되어 드릴게요."

노아는 열심히 배를 만드는 한편, 틈나는 대로 동네에 내려가서 사람들에게 하나님의 심판을 선포하였다. 장차 큰 홍수가 져서 온 땅을 뒤덮을 것이라고 거듭 일러주었다.

"우리의 죄가 산보다 더 높아 이제는 저 하늘까지 닿게 되었습니다."

"뭐요? 우리가 지은 죄를 잣대로 재어 본 것이오? 어찌 그 크기를 알 수 있단 말이오?"

"하나님께서 말씀하셨습니다. 죄가 세상에 꽉 찼다고 하셨습니다. 하나님께서 세상의 죄를 물로 대청소하실 것입니다."

"물로 대청소를 하신다니 그게 무슨 말이오?"

"대홍수가 날 것이라고 하셨습니다. 그러니 우리 모두 죄 짓는 일을 당장 멈추어야 합니다!"

"허허, 쓸데없는 걱정은 하지 마시오. 우리가 죄를 짓든 말든 누가 온 땅을 물로 심판한단 말이오? 말도 되지 않는 소릴랑 하지 마시고, 괜히 배 만든다고 쓸데없이 힘이나 빼지 마시오."

죄가 얼마나 깊이 뿌리내렸는지 죄를 일깨워 주어도 죄를 죄로 알지 못하고 그 죄를 오히려 자랑하는 사람들이었다. 동네 사람들의 비아냥대는 말을 들을 때마다 물로 세상을 대청소하시겠다는 하나님의 말씀이 이해되었다. 노아는 그렇게 사람들이 비웃고 비아냥거려도 아랑곳하지 않고 부지런히 방주를 지었다. 사람들은 햇볕 쨍쨍한 멀쩡한 날, 산중턱에서 땀 흘려 낑낑대며 큰 배를 짓는 노아를 미친 사람 취급했다.

"쯧쯧, 저 사람 제대로 미쳤구먼."

"노망든 게 분명해. 죄 없는 자식들만 불쌍하게 됐지 뭐야. 이토록 더운 날씨에 저게 무슨 생고생이람."

이웃들의 손가락질과 비아냥거림 속에서도 노아는 쉬지 않고 묵묵히 방주를 만들었다. 또한 장차 임할 큰 홍수에 대해 사람들에게 경고하는 일도 멈추지 않았다.

하나님에게서 방주 제작의 지시를 받은 때는, 노아가 500세를 넘겨 낳기 시작한 세 아들 곧 셈과 함과 야벳이 모두 장성해서 각자 아내를 얻은 이후였다. 큰 홍수는 노아의 나이 600세 되던 해에 있었다. 따라서 노아가 아내를 포함한 자신의 일곱 식구들과 함께 하나님의 지시대로 방주를 만들고 먹거리를 준비한 기간은 어림잡아 60~70년 정도가 된다. 반세기가 훌쩍 넘는 기간 동안, 노아는 묵묵히 하나님의 말씀에 순종한 것이다. 역시 하나님의 눈에 들 만한 의인이었다.

7

물의 심판

누리에 엄청난 장대비 쏟아지니
하늘 아래 홀로 남은 구원의 방주
물 위에 150일 두둥실 떠 있네

마침내 큰 홍수가 온 땅을 뒤덮다 (7:1-24)

큰 홍수가 내리기 7일 전, 하나님의 말씀이 노아에게 임하셨다.

"노아야, 이제 때가 되었다. 이레 후에는 큰비가 내리기 시작할 것이다. 내가 밤낮으로 40일 동안 큰 비를 땅 위에 쏟아 붓겠노라. 이미 말한 대로 땅 위에서 살아 숨 쉬는 모든 것을 모조리 쓸어버릴 것이다."

그러면서 하나님은 노아에게 당장 할 일을 일러주셨다.

"너는 지금 곧 네 식구들을 전부 데리고 배 안으로 들어가라. 또한 모든 정결한 짐승은 암수 일곱 쌍씩, 모든 부정한 짐승은 암수 한 쌍씩, 모든 날짐승은 암수 일곱 쌍씩 배에 태워라. 그래서 홍수가 지난 뒤 그것들의 씨가 땅 위에서 마르는 일이 없도록 하여라."

노아는 하나도 빠짐없이 그대로 행했다. 정결한 동물은 암수 일곱 쌍씩, 부정한 동물은 암수 두 쌍씩 들였다. 당시에는 짐승의 정결함과 부정함에 대한 하나님의 규례가 주어지지 않은 시점이므로, 아마도 이때 동물의 정결함과 부정함의 기준은 그 동물이 제사 제물로 사용될 수 있느냐, 없느냐에 따라 구분했던 것으로 보인다.

노아와 그의 가족들, 선택받은 동물들이 질서 정연하게 떼를 지어 방주 안으로 들어갔다. 참으로 거대한 행렬이었다. 노아는 방주로 들어가는 동물들을 살펴보고 또 살펴보았다. 하나라도 빠지면 안 되었기 때문이다.

마침내 방주의 문이 닫혔다. 노아는 뒤쪽에서 문이 닫히는 소리를 들었다. 하나님이 손수 문을 닫아 주신 것이다. 방주의 문은 안에서 열리지 않고 밖에서만 열리도록 되어 있었다. 방주의 문을 열고 닫는 것은 노아와 그 식구들이 아니라 전적으로 하나님의 손에 달렸다. 하나님이 열어주지 않으면 나갈 수도 없고 하나님께서 닫아버리면 어느 누구도 들어올 수가 없다. 하나님께서 완벽하게 방주와 방주 안의 사람들을 지키시는 것이다.

그로부터 7일 후, 노아가 600세 되던 해의 2월 17일, 마침내 하나님의 말씀대로 비가 내리기 시작했다. 인류 역사가 시작된 이래 일찍이 없었고 이후에도 없을 전무후무한 대홍수였다. 하늘에서는 수문이 활짝 열린 듯했고, 땅 밑에서는 깊은 샘들이 터져나온 것 같았다.

그렇게 40일 동안 밤낮을 가리지 않고 무시무시한 빗줄기가 끊임없이 땅 위로 쏟아졌다. 물은 시시각각 급속도로 불어났고 거칠게 소용돌이쳤다. 사람들은 피할 곳을 찾아 달아나다 물속에 빠져 허우적거렸다.

노아 일행이 탄 방주 바깥은 그야말로 아비규환이었다. 사람들과 동물들의 울부짖음이 천지에 진동했다. 급격히 불어나는 홍수를 피해 모두가 좀 더 높은 곳으로, 좀 더 높은 곳으로 필사적으로 도망쳤다.

"문 좀 열어. 제발 문 좀 열어 봐!"

사람들은 죽을힘을 다해 달려와 방주 문을 다급하게 쾅쾅 두드리며 울부짖었다. 그러나 더 이상 기회는 주어지지 않았다. 하나님이 굳게 닫아 버린 방주 문은 결코 열리지 않았다. 그러는 사이에 거친 물이 확 밀려와 그들을 어디론가 쓸고 가버렸다.

어느새 노아 일행이 탄 방주는 물 위로 둥실 떠올랐다. 물이 더 크게 불어나자 방주는 물 위로 이리저리 떠다녔다. 물은 엄청난 속도로 무섭게 계속 불어났다. 오래지 않아 지구상의 모든 것들이 물 아래 잠겼다. 가장 높은 산의 최고 봉우리조차도 물로 뒤덮였다.

땅 위에서 살아 숨쉬는 모든 것들이 죽어 나갔다. 사람을 비롯하여 가축, 들짐승, 기어 다니는 것들, 공중의 새들 모두가 가릴 것 없이 전부 죽고 말았다. 지옥이 따로 없었다. 물에서 살아갈 수 있는 동물 외에는 오직 방주 안에 있는 사람들과 동물들만 살아남았다.

홍수가 시작된 지 40일이 지나자 무섭게 쏟아지던 비는 그쳤다. 그러나 40일 동안 밤낮으로 쏟아진 비가 그친 후에도 물은 계속 불어나 온 땅을 출렁출렁 뒤덮었다. 무서운 심판의 물이 죄로 찌든 세상을 말끔히 씻어내고 있었다. 하나님께서 대청소를 하신 것이다. 하나님의 물청소는 호흡하는 모든 것들을 쓸어갔을 뿐만 아니라 죄까지도 깨끗하게 씻어 버렸다. 이제 인류는 타락 이전의 에덴 동산의 시절로 돌아갈 수 있을까.

8
방주 밖으로

홍수 끝나고 물이 다 빠지자
땅 위에는 다시 생명의 노래 가득하네
땅에서 짐승들 생육하고 번성해라
하나님은 다시금 자비 베푸시네

물이 빠지고 땅이 말라 노아 일행이 배 밖으로 나오다 (8:1-22)

때가 되자 하나님은 방주 안의 노아와 그의 식구들과 동물들을 생각하셨다. 그동안 잊어버리고 있다가 문득 노아와 방주에 대한 기억이 떠오른 것이 아니라 처음부터 하나님의 관심은 온통 노아에게 쏠려 있었다. 하나님의 눈은 한시도 노아를 떠난 적이 없었다.

이제 노아를 방주 밖으로 내놓을 때가 이르렀다. 하나님은 땅 위에 세찬 바람이 일게 하셨다. 그러자 지구를 뒤덮고 있던 물이 빠지기 시작했다. 하늘의 수문이 닫히고, 땅 아래 깊은 샘들도 모두 입구가 막혔다. 비가 그친 것이다. 하루가 다르게 물이 쭉쭉 빠졌다. 불어날 때의 속도만큼이나 빠질 때의 속도도 빨랐다.

어느 날, 쿵 하는 굉음과 함께 배 밑바닥이 어딘가에 닿는 소리가 들렸다. 노아가 600세 되던 해 7월 17일이었다. 그러니까 비가 쏟아지기 시작한 지 150일째 되는 날, 노아의 방주는 아라랏 산의 어느 봉우리에 걸렸다. 아라랏 산은 아라랏 산맥의 한 높은 봉우리를 가리킨다. 오늘날 아르메니아 지방의 고원 지대로 해발 5,075m 정도의 산이다.

▲ 노아의 방주가 머물렀다는 아라랏 산.

이후로도 물은 계속 쑥쑥 줄어들었다. 그 해 10월 초하루에는 높은 산봉우리들이 듬성듬성 드러났다. 또 40일이 흘렀다. 날아다니기를 좋아하는 까마귀는 방주 안에 박혀 있는 것이 너무 갑갑한지 자꾸만 방주 안을 날아다녔다.

11월 11일, 노아는 방주 창문을 열고 바깥 사정을 알아보기 위해 까마귀를 밖으로 날려 보냈다. 물이 얼마나 빠졌는지 궁금했던 것이다. 까마귀는 너무 좋아서 까악 까악거리며 방주 밖을 이리저리 날아다녔다. 까마귀가 돌아오기를 기다렸지만, 웬일인지 까마귀는 돌아오지 않았다. 물 위에 뜬 시체들 위에 앉아 그 고기를 뜯어먹고 지내는 모양이었다.

노아는 이번엔 비둘기를 배 밖으로 날려 보냈다. 물이 아직 땅 위를 뒤덮고 있어서 비둘기는 내려앉을 곳을 찾지 못해 오래지 않아 배 안으로 그냥 돌아왔다. 이레를 더 기다렸다. 그리고 비둘기를 다시 한 번 날려 보냈다. 저녁 무렵, 비둘기는 방금 딴 올리브 잎사귀를 입에 물고 돌아왔다.

푸른 잎사귀를 보자 노아는 기쁨이 차 올랐다. 물이 다 빠진 것은 물론, 땅 위에서는 어느새 새 생명이 싹트고 있는 것이다. 노아는 배 안에서 이레를 더 기다렸다. 그리고는 비둘기를 세 번째로 날려 보냈다. 비둘기는 배 안으로 돌아오지 않았다. 땅이 말라 지면에서 보금자리를 찾은 것이 분명한 것 같았다.

노아는 오랜 방주생활을 마감할 때가 이르렀음을 직감했다. 노아가 601세 되던 해의 1월 1일, 마침내 노아는 방주 덮개를 활짝 열고 주위를 두리번거리며 살펴보았다. 정말 물이 전부 빠지고 땅은 바짝 말라 있었다.

'이제 곧 방주 밖으로 나가게 되겠구나.'

노아는 하나님의 하선 명령을 기다렸다. 그러나 그 명령은 쉽게 임하지 않았다. 노아는 하루라도 빨리 배 밖으로 나가고 싶었다. 노아의 식구들도 어서 빨리 땅을 밟고 싶어 했다.

"아버지, 땅이 다 마른 것 같아요. 나가도 될 것 같아요."

"비둘기도 집 지을 곳을 찾았는지 돌아오지 않았잖아요."

"아버지, 우리도 빨리 나가요. 방주 생활이 너무 힘들어요."

노아는 세 아들의 심정이 어떠한지 이해가 갔다. 그러나 노아의 마음대로 할 수 있는 일이 아니었다.

"아들들아, 우리가 방주 안으로 들어왔을 때 누가 문을 닫았느냐?"

"그야 하나님께서 닫아 주셨지요."

"그렇다. 하나님께서 닫아 주셨기에 그토록 세찬 물결 속에서도 문 뚜껑이 열리지 않았던 것이다."

만약에 방주 문이 열리기라도 했다면 엄청난 양의 물이 쏟아져 들어왔을 것이고, 방주도 가라앉았을 것이다. 사람이든 동물이든 전부 익사했을 것이다. 노아네 가족들은 다시금 하나님의 보호를 실감했다.

"하나님께서 안전하게 문을 닫아 주셔서 지금까지 무사했지 않느냐. 그러니 때가 되면 하나님께서 친히 방주 문을 열어 주실 것이다. 이왕 힘들게 참고 살았으니 하나님께서 나가라고 명하실 때까지 조금만 더 참도록 하자꾸나."

"예, 아버지. 우리가 너무 조급하게 굴었습니다."

"아니다. 하나님께서도 우리를 곧 나가게 해주실 것이다."

노아의 말이 맞았다. 하나님께서도 물이 모두 바다로 빠지고 땅이 드러났음을 보셨다. 마침내 하나님의 음성이 들렸다.

"노아야!"

"예, 주님. 제가 여기 있습니다."

"너는 이제 네 식구들과 함께 배에서 나오너라. 또 너와 함께 배에 탔던 동물들도 배 밖으로 다 내보내거라."

노아가 601세 되던 해의 2월 27일이었다. 그러니까 큰 홍수가 임한 지 1년 10일 만에 하나님의 하선 명령이 떨어진 것이다. 노아는 뛸 듯이 기뻤다. 아내와 세 아들과 세 며느리를 데리고 배 밖으로 나왔다. 모두 여덟이었다. 동물들도 빠짐없이 배 밖으로 전부 내보냈다. 물로 깨끗이 씻김을 받은 땅 위에는 다시금 온갖 종류의 동물 울음소리가 활기차게 울려 퍼졌다.

햇살이 눈부셨다. 산들 바람이 부드럽게 불고 있었다. 세상과 땅은 방금 목욕을 마친 듯 말끔했다. 곳곳에는 새로운 식물들이 푸릇푸릇 싹을 틔우고 있었다.

배에서 나온 동물들은 힘찬 울음소리와 함께 암수가 짝을 지어 어디론가로 달려갔다. 새들은 힘찬 날갯짓으로 창공을 훨훨 날아갔다. 기어다니는 짐승들은 땅위를 꿈틀꿈틀, 엉금엉금 기어 다녔다.

"하나님, 감사합니다."

"아버지, 우리만 이렇게 살아남았습니다."

"오직 하나님의 은혜란다."

방주 밖으로 나온 노아는 가장 먼저 하나님께 감사 제단을 쌓아 올렸다. 정결한 짐승과 새를 잡아 그 제단 위에 불살라 바쳤다. 번제로 바친 것이다. 번제는 희생 제물을 불살라 바치는 제사 방식으로, 온전한 헌신과 희생을 뜻한다. 하나님께 감사의 마음으로 바치는 희생 제물에서 모락모락 연기가 피어올라 하늘로 올라가고 있었다. 하나님은 노아가 드리는 희생 제물의 향기를 맡고 흐뭇해하셨다.

'그래, 인간은 어릴 때부터 악한 마음을 품게 마련이지. 그럴 때마다 인류를 멸한다면 도무지 살아남을 방도가 없겠지.'

그러면서 하나님은 마음을 굳힌 듯 스스로에게 말씀하셨다.

'이후로는 인간의 악행 때문에 다시는 땅을 저주하고 물로 세상을 멸하는 일은 없으리라. 땅이 있는 한 자연의 순리에 따라 씨를 뿌리고 거두는 일, 추위와 더위, 사시사철, 낮과 밤이 끊임없이 이어지리라.'

9

무지개 언약

바라만 보아도 가슴 설레는
일곱 빛깔 무지개 하늘에 걸고
다시는 큰물로 땅을 심판 않으리
하나님은 노아와 새 무지개 언약 세우시네

하나님이 노아 일행에게 무지개 언약을 말씀하시다 (9:1-17)

노아 식구들이 방주 밖으로 나온 후, 하나님이 노아와 그의 세 아들에게 복을 주시며 말씀하셨다.

"너희는 아들딸을 많이 낳아라. 나날이 크게 불어나 온 땅 위에 널리 퍼지도록 하여라. 온 땅을 가득 채워라."

그러면서 하나님은 자신이 지으신 모든 동물을 그들의 손에 맡기셨다.

"이제부터 땅 위의 짐승들과 공중의 새들과 바다 속의 물고기들이 너희의 다스림을 받게 될 것이다. 이것들은 너희를 두려워할 것이다. 너희가 이것들을 책임지고 관리하도록 하여라."

이때 하나님은 한 가지 특별한 은혜를 사람들에게 베푸셨다.

"지금까지는 너희가 푸른 채소만을 양식으로 삼을 수 있었다. 하지만 이제부터는 짐승의 고기를 먹어도 된다. 그것들도 너희 양식으로 주마."

사람들은 대홍수가 있기 전에도 아마 동물을 잡아서 그 고기를 먹었을 것이다. 그것은 하나님의 명령을 어기는 일이었다. 하나님은 땅 위에 있는 씨 맺는 온갖 식물과 열매 맺는 온갖 나무를 양식으로 준다고 하셨을 뿐, 동물의 고기를 양식 삼으라는 말씀은 하신 적이 없기 때문이다. 어쨌든, 하나님은 홍수 이후 비로소 인간에게 육식을 공식적으로 허락하셨다. 그러면서 하나님은 한 가지 사항을 신신당부하셨다.

"너희가 고기를 먹되 피가 들어 있는 채로 먹어서는 안 된다. 피에는 생명이 깃들어 있기 때문이니라."

하나님은 이어서 엄숙히 경고하셨다. 하나님께서 말씀하시면서 가인의 손에 피를 흘리며 죽어가던 아벨을 떠올리셨던 것일까. 형이 제 아우를 쳐 죽이다니, 얼마나 끔찍한 일인가! 그런 일들이 반복되어서는 안 된다.

"너희는 생명인 피를 흘리게 하는 일이 절대 없도록 하라. 동물이든 사람이든 피를 흘리게 하는 일이 있으면 내가 보복하여 그 사람의 생명을 앗아갈 것이다. 특히 사람은 하나님의 형상대로 지음을 받았으므로 누구든지 사람을 죽여 피를 흘리게 한 자는 그도 역시 피 흘려 죽어야 하리라."

사람이 사람을 죽이는 살인 행위를 엄격히 금한 것이다. 물로 깨끗이 씻김을 받은 새 땅에서 이제 막 새 출발하는 시점이어서일까. 하나님은 노아와 그의 아들들에게 하고 싶은 말씀이 많았다.

"나는 이제 너희와 언약을 맺으려 한다. 이것은 너희뿐만 아니라 대대로 이어질 너희 후손과도 맺는 언약이다. 뿐만 아니라 방주 안에 타고 있던 모든 동물에게도 해당되는 나의 언약이다."

노아와 그의 세 아들은 무척 궁금했다. 하나님은 노아와 그의 세 아들에게 밝히 말씀하셨다.

"이후로는 내가 이번처럼 큰 홍수로 세상을 쓸어버리는 일이 다시는 없을 것이다. 그 증표로 내가 무지개를 구름 사이에 걸어 둘 것이다.

그 무지개가 언약의 증표이니라."

'무지개? 무지개가 도대체 뭐지?'

노아와 세 아들은 한층 더 궁금해졌다.

"혹시 내가 먹구름을 일으켜 큰비를 땅위에 퍼부을지라도 구름 사이로 무지개가 나타나면, 나는 내가 너희와 모든 동물과 맺은 언약을 기억하고 더는 비를 계속 내리지 않겠노라. 그리하여 앞으로는 대홍수로 사람과 짐승이 전멸하는 일은 결코 없을 것이다."

이른바 '무지개 언약'이다. 무지개는 물과 빛과 공기가 만들어내는 하늘의 예술이다. 기상 현상 중 가장 아름다운 모양새이며, 세상의 모든 빛깔이 응축되어 나타나면서도 순간순간 바뀌는 변화가 실로 오묘하다. 하나님은 이 같은 무지개 증표를 통해 다시는 대홍수로 세상을 심판하는 일은 없을 것이라는 사실을 확증해 주셨다.

술 취해 벌거벗은 노아와 그의 세 아들, 셈과 함과 야벳 (9:18-29)

노아는 아내와 세 아들 부부를 데리고 고지대 산비탈에서 땅을 일구며 포도 농사를 짓고 살았다. 방주가 머문 아라랏 지역인 아르메니아에서였다. 대홍수로 씻김을 받은 땅은 비옥했다. 해마다 포도를 풍성하게 수확할 수 있었다.

하루는 노아가 포도주를 아주 많이 마셨다. 그날따라 포도주를 계속 마시는 바람에 만취 상태가 되었다. 온몸이 후끈후끈 달아올랐다. 노아는 평소의 경건함을 잃어버리고 옷을 훌훌 벗어던졌다. 벌거벗은 상태로 자신의 장막 안에서 대(大)자로 누워 깊은 잠에 곯아떨어졌다. 드르렁 드르렁, 코까지 크게 골았다.

그때였다. 둘째 아들 함이 무슨 일인가로 아버지의 장막에 들어갔다가 그 광경을 보았다.

함은 자기도 모르게 얼른 고개를 돌렸지만, 아버지의 망측한 모습이 시야에 어른거렸다. 평소 경건하고 근엄한 아버지의 모습이 아니었다. 함은 믿을 수가 없다는 듯이 다시 눈을 돌려 그 광경을 확인했다. 문득 그런 모습의 아버지가 한없이 우스꽝스러워졌다.

"히히~ 아버지도 별수 없는 분이네. 예배드릴 때는 경건하신 분처럼 보였는데, 술에 취해 드러누워 있는 모습을 보니 영락없는 술꾼이야."

함은 아버지의 모습을 구석구석 눈으로 훑어 내려갔다. 다른 형제들에게도 아버지의 벗은 몸을 보여주고 싶었다.

"셈! 야벳! 어디 있어?"

그는 장막 밖으로 뛰어나가 두 형제를 급히 찾았다.

"함, 무슨 일인데 그래?" 두 형제가 궁금한 듯이 물었다.

"하하하, 내가 뭘 보았게?"

함은 우스워 죽겠다는 듯 깔깔거리며 말했다.

도대체 무슨 일인데 그러느냐고 두 형제가 재차 묻자, 그제야 함은 자신이 본 사실을 히죽거리며 이야기했다.

"아버지가 완전히 해롱이야."

"뭐라고? 그러면 안 되지. 함, 도대체 넌 제정신이야?"

두 형제는 아버지를 깔보고 비웃는 듯한 함의 태도에 정색을 했다. 셈과 야벳은 얼른 망토식의 긴 두루마리 옷, 겉옷을 취해 아버지의 장막으로 달려갔다.

셈과 야벳은 장막 입구에서 겉옷을 어깨에 걸치고는 아버지의 벌거벗은 모습을 보지 않으려고 뒷걸음질로 조심스레 아버지 곁에 다가갔다. 그리곤 얼굴을 돌린 채 겉옷을 활짝 펴서 벌거벗은 아버지의 아랫도리를 덮어 드렸다.

"아버지가 포도주를 과하게 드셨구나."

"그러게요, 형님. 우리도 포도주를 마실 때 너무 취하지 않도록 조심해야겠습니다."

셈과 야벳은 아버지의 실수를 악의적으로 즐기고 비웃은 함과는 달랐다. 그들은 아버지의 실수를 넓은 마음으로 받아들이고, 아버지에 대한 존경과 효와 신뢰를 저버리지 않았다.

아버지 노아가 누구던가. 당대에 하나님께 사랑받은 유일한 의인이 아닌가. 큰 홍수 때 인류의 유일한 소망인 방주의 선장이었고, 홍수 이후에는 인류의 새로운 시조가 된 인물이 아닌가. 그런 아버지 덕분에 대홍수 때 자신들도 죽지 않고 지금처럼 살아남은 것이 아닌가. 셈과 야벳은 아버지께 대한 효의 차원을 넘어 하나님의 사랑받는 사람에게 대하여 합당한 믿음의 예를 갖춘 것이다.

얼마나 시간이 지났을까. 노아가 술에서 깨어났다. 그리고는 곧이어, 누군가 자신의 벌거벗은 몸에 겉옷을 덮어 놓았다는 것을 알아차렸다.

그제야 노아는 포도주를 너무 많이 마셨다는 것이 생각났다. 어느 순간부터 기억의 필름이 끊어진 것이다. 노아는 당황했다.

'아, 내가 이런 실수를 하다니. 그렇다면 이 겉옷은 또 뭐지? 내가 벌거벗고 잠든 사이에 분명 무슨 일이 있었던 게로구나.'

오래지 않아 노아는 여러 정황과 얘기를 통해 모든 사실을 파악할 수 있었다. 둘째 아들 함이 자신에게 어떻게 했고, 첫째 셈과 막내 야벳이 어떻게 처신했는지도 알게 되었다. 노아 자신이 실수를 해서 추한 모습을 보여 주기는 했지만, 함이 한 일은 아들로서 불효막심한 일이었다. 노아는 그 일을 마음속 깊이 담아두었다.

하루는 노아가 세 아들을 장막으로 불렀다. 그들이 행한 바에 따라 복과 저주를 베풀었다. 둘째 아들 함에게는 저주를 선포했다.

"함, 너의 아들 가나안은 저주를 받을 것이다. 그는 종이 되리라. 종 가운데서도 가장 비천한 종이 되어 자기 형제들을 섬기게 되리라."

노아가 자신의 수치를 비웃은 둘째 아들 함을 직접 언급하는 대신 그의 아들 가나안을 언급한 것은, 그 저주가 장차 함의 후손에게 임할 것임을 암시한다. 그리고 어쩌면 그때의 일에 함의 아들 가나안도 알게 모르게 동참했을 가능성도 보여 준다. 다음으로 노아는 자신의 허물을 덮어 준 큰아들 셈에게는 축복을 해주었다.

"셈은 복을 받아라. 셈의 주님인 하나님은 찬양을 받으소서. 가나안은 그의 종이 되리라."

마지막으로 노아는 셈과 함께 자신의 허물을 가려 준 막내아들 야벳을 향해서도 축복을 해주었다.

"야벳도 복을 받아라. 하나님이 야벳을 일으켜 크게 번성케 하시기를 비노라. 또 셈의 장막에서 함께 넉넉히 살게 하시기를 원하노라. 그러나 가나안은 야벳의 종이 되리라."

노아가 세 아들에게 베푼 복과 저주의 내용은 이러하다. 큰아들 셈은 '하나님'이란 말이 상징하듯 종교적이고 영적인 복을 받았다. 둘째 아들 함은 '종'이란 말이 상징하듯 영육의 비천함이란 저주를 받았다. 그리고 셋째 아들 야벳은 '번성'이란 말이 상징하듯 물질적이고 세상적인 복을 받았다.

노아가 세 아들을 향하여 베푼 복과 저주는 하나님의 특별한 경륜에 따라 행해진 것이다. 이때 노아의 입술을 온전히 주장하신 분은 성령이셨다. 노아의 복과 저주는 실제적인 효력이 있어서, 이후의 역사를 보면 그대로 이루어졌다는 것을 확인할 수 있다.

큰 홍수가 있은 뒤에도 노아는 350년을 더 살다가 950세에 세상을 떠났다. 노아의 죽음으로 인류의 태고사(太古史)를 형성하는 10대 조상들의 삶이 마감되었다.

10

노아의 후손

대홍수 이후에도 하나님은 다시
생육하고 번성하라고 채우라고 축복하셨으니
세계 민족이 노아의 세 아들에게서 나오네

노아의 세 아들로 말미암아 인류가 번성하다 (10:1-32)

노아는 향년 950세를 일기로 죽었다. 그러자 노아의 세 아들 셈과 함과 야벳은 대홍수 이후 새로운 인류사를 펼쳐나가는 3대 조상이 된다. 대홍수를 기점으로 인류 역사가 새로운 전환기를 맞은 것이다. 노아의 세 아들인 셈과 함과 야벳의 족보에는 두 가지 사실이 나타나 있다.

첫째, 하나님은 태초에 에덴 동산에서 인류의 조상 아담에게 복을 주셨듯이 대홍수 이후 방주에서 나온 노아에게도 똑같이 복을 주셨는데, 노아의 세 아들 셈과 함과 야벳의 족보에는 인류가 크게 생육하고 번성하여 땅을 가득 채우는 과정이 나타나 있다.

둘째, 술에 취해 벌거벗은 노아의 실수에 대한 세 아들의 마음 씀씀이에 따라 노아는 각각 다른 복과 저주를 선포하고, 이러한 노아의 예언이 역사 속에서 구체적으로 이루어지는 과정이 나타나 있다.

노아의 방주가 머문 아라랏은 옛 대륙의 중심지다. 그 지역은 지브롤터에서 바이칼 해협에 이르는 내륙 수로의 중심지였다. 코카서스 족속과 인도-게르만 족속의 정착지를 통과하는 중심선이었다. 또한 희망봉에서 베링 해협에 이르는 경계선의 중심지였다.

노아의 세 아들에게서 나온 후손들은 각각의 언어, 인종, 민족, 지리적 특성과 형편에 따라 아시아, 아프리카, 유럽 등지로 퍼져나갔다. 당대에는 인류가 퍼져 나가는 중심지로서 그보다 더 적합한 지역은 없었다. 하나님은 대홍수 이후에 인류의 급속한 번성과 확장을 위해 노아의 방주를 그곳으로 인도하셨던 것이다.

노아의 세 아들에게서 뻗어나간 민족의 수는 70이나 되었다. 첫째 아들 셈에게서는 26민족이 형성되었고, 둘째 아들 함에게서는 30민족, 셋째 아들 야벳에게서는 14민족이 형성되었다. 각기 방언(언어)과 종족(혈통)과 나라(국가)대로 때로는 뭉치기도 하고 때로는 갈라지기도 하면서 도처에 흩어져서 살았다.

이들 민족의 분화와 정착 과정에서 노아의 예언은 성취되었다. 종교적 축복을 받은 셈의 후손은 약속의 땅 가나안(팔레스타인)을 중심으로 고대에 유명한 국가인 바빌로니아, 앗수르(아시리아) 등을 형성했다. 물질적 축복을 받은 야벳의 후손은 북방 너른 땅을 꾸준히 개척하여 유럽 지역 곳곳에 나라와 도시를 세웠다. 비천함의 저주를 받은 함의 후손은 지구 남반구인 아프리카와 남부아라비아 지역에 걸쳐 많은 민족을 형성하였다.

민족과 나라의 형성기에 주목할 만한 인물이 있다. 함의 손자이며 구스의 아들인 '니므롯'이다. 그는 아주 유명한 정복자로서 하나님을 대적한 무법자다. 무력을 사용하여 많은 민족과 나라를 정복하여 대제국을 건설한 후 무자비한 폭력으로 통치하였다. 그래서 하나님을 모르고 힘을 과시하며 제멋대로 살아가는 자들을 빗대어 "저자는 하나님을 대적한 니므롯 같다”라는 속담까지 생겨났다. 혹자는 니므롯이 바벨탑 건설의 주동자였다고도 한다.

이 시대에 또 하나 주목할 만한 인물은 ‘벨렉’이다. 그는 셈의 5대손으로 에벨의 아들이다. 그의 시대에 유명한 바벨탑 사건이 있었는데, 결국 그 바벨탑 사건으로 족속들의 언어가 달라지게 된다. 인류가 본격적으로 세상 도처에 분산되는 계기가 되는 사건이다.

11

바벨 탑 이야기

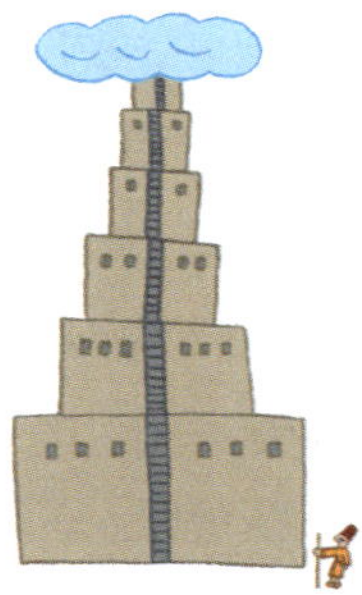

모든 종족의 언어가 하나뿐이던 시대
대홍수 이후 인류는 힘을 모아
하늘에 닿는 바벨 성을 쌓네

바벨탑 건설과 언어의 혼잡 (11:1-9)

온 땅을 뒤덮은 대홍수가 있은 지도 한참 지났다. 노아(1대) 이후로 셈(2대)→아르박삿(3대)→셀라(4대)를 거쳐 벨렉(5대) 시대까지 이르렀다. 100여 년의 세월이 흐른 것이다. 대홍수를 겪은 인간들은 잠시 자성하는 듯했지만 얼마 못 가서 다시금 악한 본성을 드러냈다.

벨렉의 시대에 사람들은 사방으로 흩어져 땅을 개척해 나가라는 하나님의 명령을 거부했다. 오히려 함께 뭉쳐 조직적으로 하나님을 거슬러 대적했다. 가인의 본성이 알게 모르게 영향을 미치고 있는 것이다.

대홍수 이후 사람들은 아라랏 지역에서 동쪽으로 차츰 이주하다가 유프라테스 강과 티그리스 강 사이에 광활하게 펼쳐진 비옥한 시날 평야에 터전을 잡았다. 시날 평지는 바벨론 지역을 가리킨다.

"자, 여러분! 내 말을 들어 보시오."

▲ 바벨탑을 쌓은 시날 평야의 바벨.

무리 중 누군가가 백성을 선동했다.

"우리 조상들은 졸지에 큰 홍수에 휩쓸려 맥없이 다 죽고 말았소. 앞으로 또 그런 일이 일어나지 말라는 법이 어디 있겠소. 그러니 이제는 다 같이 힘을 모아 그런 일에 대비하도록 합시다. 다시 똑같은 일을 겪을 수는 없지 않소?"

그의 목소리는 자신감과 교만으로 가득 차 있었다.

"그러다가 하나님의 심판을 받게 되면 어쩔 거요?"

누군가가 걱정스레 대꾸했다.

"하나님의 심판? 웃기는 소리 하지 말아요. 우리는 다시는 물에 쓸려나가는 일이 없도록 높은 탑을 쌓을 거요. 하늘까지 닿도록 높이 높이 탑을 쌓을 거요. 아무리 큰 물난리가 나도 끄떡없도록 튼튼한 탑을 하늘 꼭대기까지 닿을 만큼 높이 높이 쌓을 거란 말이오."

사람들은 모두 박수를 치고 함성을 질러대며 좋아했다.

"자, 그러면 이제부터 다 같이 하늘까지 닿는 탑을 쌓아 후세에 우리 이름을 크게 떨치도록 합시다. 다시는 난리에 휩쓸려서 온 땅에 흩어지는 일이 없도록 우리끼리 힘을 모읍시다."

그들은 시날 평지에 크고 견고한 성읍을 건설하고는, 그곳에 아주 높은 탑을 쌓아 올리기 시작했다. 그들은 다시는 홍수 심판을 내리지 않겠다는 하나님의 무지개 언약을 전혀 믿지 않았다. 그래서 다시는 대홍수로 망하는 꼴을 당하지 않겠다고 다짐했다.

하나님께서 '온 땅에 흩어져 충만하고 생육하며 번성하라'고 하셨는데도, 그들은 다 함께 모여 성읍을 건설한 뒤 그곳에 안주하려고 했다. 하나님의 보호하심보다 자력으로 자신들을 지켜내고자 하는 마음이 더 강했던 것이다. 그들은 하나님의 개입이 없는 자신들만의 세상을 만들고 싶었다. 스스로 하나님 같이 되려고 한 아담의 죄성(罪性)이 쓴 뿌리처럼 이어져 오고 있었다. 그들은 돌 대신 벽돌을 사용하고 진흙 대신 역청을 사용하여 탑을 견고하게 차곡차곡 쌓아 올렸다.

하루하루 높아져 가는 탑을 바라보며 그들의 자존심도 그만큼 더 높이 올라갔다. 수많은 무리가 달려들어 날마다 온종일 탑을 쌓아 올렸다. 어느새 탑은 하늘 높이 우뚝 솟아오르기 시작했다. 그들은 하루가 다르게 솟아오르는 거대한 탑을 보고 탄성을 질렀다.

"와! 좋구나. 그래, 더 높이! 좀 더 높이!"

신바람이 나서 계속 탑을 쌓아 올렸다. 탑이 높을수록 어떠한 대홍수에서도 살아남을 수 있다는 자신감이 생겼다. 그들의 교만은 그들이 쌓아 올라가는 높은 탑처럼 하늘 높은 줄 모르고 올라가고 있었다. 죽음을 보지 않고 구름 넘어 어딘가에 있을 천국으로 이동하고 싶었다. 계속 탑을 쌓다 보면 천국에 이르지 않을까. 죽음을 통과하여 스스로 천국에 이르는 구원의 길, 이것이 인본주의가 구체적으로 모습을 드러내는 출발점이다.

하루는 하나님이 땅 위로 내려오셔서 사람들이 건설한 성읍과 높이 쌓아 올린 탑을 바라보셨다. 하나님께서는 한눈에 사람들의 짓거리를 알아보았다. 그들은 하나님을 대적하는 일에 연합을 이루어 도저히 이길 수 없는 싸움에 쓸데없는 힘을 낭비하고 있었다.

하나님은 그들의 행위가 가소롭고 한심했다.

'이들이 모두 한 백성인 데다가 똑같은 언어를 사용하므로 이런 짓을 벌이는구나. 이것은 단지 시작에 불과하다. 저들이 장차 어떤 짓을 벌일지는 너무나 뻔하다. 그냥 내버려두었다가는 안 되겠구나.

우리가 내려가서 저들의 언어를 뒤섞어 놓자. 서로의 말을 알아듣지 못하게 하자."

하나님께서는 그들이 서로의 말을 알아듣지 못하도록 여러 가지 언어로 섞어 버렸다. 말이 통하지 않으니 바벨탑 건축 현장에서는 순식간에 오해와 다툼이 벌어졌다.

"여기 역청을 빨리 가져다줘요!"

"뭐라고? 벽돌을 더 달라고?"

"아니, 이쪽 말고 저쪽으로! 어허, 저쪽이라니까!"

"대체 뭐라는 거야? 자네 술 취했나?"

방금 전까지만 해도 스스럼없이 말이 통했는데, 갑자기 무슨 말을 하는지 서로 간에 알아들을 수가 없었다. 바벨탑 건설 현장은 순식간에 아수라장이 되었다. 말귀를 못 알아듣는 무식한 놈이라고 고래고래 고함치고 멱살을 잡고 삿대질하는 일이 계속 벌어졌다.

"에잇! 그만둡시다."

"흥~ 누가 할 소리!"

그들은 탑 쌓던 일을 중단할 수밖에 없었다. 당시 사람들이 사용하던 공통 언어는 원시 셈어로 추정된다. 하지만 하나님께서 사람들의 언어를 혼잡하게 만들자, 말이 통하는 사람들끼리 따로 무리를 지어 온 땅 사방으로 뿔뿔이 흩어질 수밖에 없었다.

아주 높은 탑을 쌓다가 언어가 혼잡하게 되고 만 '바벨'은 훗날 '혼잡'이란 뜻을 지니게 되었다. 사람이 사람의 영광을 높이려고 하는 일은 아무리 다수가 연합해서 하더라도 결국은 무너질 수밖에 없다.

셈에서 아브라함까지의 족보 (11:10-32)

성경 역사는 인류의 역사이기 이전에 하나님의 구원의 역사다. 하나님이 인류를 죄에서 구원하기 위한 구속사다. 그 중심에 메시아가 있다.

따라서 성경의 족보는 항상 메시아 혈통에 초점을 맞춘다. 셈에서 아브라함까지의 족보는 그래서 아주 중요하다. 후일 이 족보의 혈통을 통해 메시아 예수가 이 땅에 탄생하기 때문이다.

대홍수가 끝난 지 2년, 노아의 계보는 이러하다.

맏아들 셈은 100세에 아르박삿을 낳고 600세에 죽었다. 아르박삿은 35세에 셀라를 낳고 438세에 죽었다. 셀라는 30세에 에벨을 낳고 433세에 죽었다. 에벨은 34세에 벨렉을 낳고 464세에 죽었다. 벨렉은 30세에 르우를 낳고 239세에 죽었다. 르우는 32세에 스룩을 낳고 239세에 죽었다. 스룩은 30세에 나홀을 낳고 230세에 죽었다. 나홀은 29세에 데라를 낳고 148세에 죽었다. 데라는 70세에 아브람과 나홀과 하란을 낳고 205세에 죽었다.

이 족보에서 눈에 띄는 점이 있다. 고대 조상들의 수명이 많이 줄었다는 사실이다. 셈 이전에 살았던 아홉 조상의 수명은 이러했다. 아담 930세, 셋 912세, 에노스 905세, 게난 910세, 마할랄렐 895세, 야렛 962세, 야렛의 아들 에녹은 365세 때에 살아서 승천했다. 에녹의 아들 므두셀라 969세, 라멕 777세, 노아 950세. 도중에 승천한 에녹을 제외하고 이들의 평균 수명은 912세가 조금 넘는다.

노아 이후 아홉 조상의 수명은 이러하다. 셈 600세, 아르박삿 438세, 셀라 433세, 에벨 464세, 벨렉 239세, 르우 239세, 스룩 230세, 나홀 148세, 데라 205세. 이들의 평균 수명은 333세가 못 된다. 거의 3분의 1로 줄어든 것이다.

아담부터 노아 때와는 달리 셈부터 데라까지의 시대에는 인구가 많이 불어났다. 사람들이 많은 데다 그들 사이에 죄악이 더욱 횡행했기 때문에 그런 결과로 이어진 것이다. 죄는 수명의 단축을 초래한다. 죄는 결국 자기 스스로를 해치는 마음이고 행위이다. 죄의 삯은 죽음인 것이다. 오늘날엔 기껏 100세 시대를 노래 부르고 있지만, 그래도 당시에는 현 시대보다 세 배 이상 긴 수명을 누린 것을 알 수 있다.

이제 데라 가족을 자세히 살펴보자. 데라의 아들 아브람이 후일 선민 이스라엘의 조상이 된 아브라함이기 때문이다. 아브람은 '아브라함'으로 개명되기 이전의 이름이다.

데라는 오늘날 바빌로니아인 갈대아 땅 우르라는 도시에서 아브람과 나홀과 하란을 낳았다. 거기서 막내아들 하란은 이른 나이에 아버지 데라보다 먼저 세상을 떠났다. 죽기 전에 하란은 아들 롯과 두 딸 밀가와 이스가를 낳았다.

갈대아 우르에서 아브람과 나홀은 각각 아내를 맞았다. 아브람의 아내는 사래이고, 나홀의 아내는 죽은 동생 하란의 딸인 밀가다. 아브람의 아내 사래는 혼인한 지 한참 되었지만 자식을 낳지 못했다. 데라는 70세에 아브람을 낳았는데 이후 성경에 제시된 여러 연도를 참고하여 역산하면, 아브람의 출생 연도는 주전 2166년쯤이다. 아버지 데라는 아들의 이름을 아브람으로 지었다. '존귀한 아버지'라는 뜻이다.

어느 날, 아브람이 하나님의 부르심을 받았다. 그는 하나님의 소명에 순종하여 고향 갈대아 우르 땅을 떠나기로 결심하고 부친 데라를 설득했다. 데라는 장남 아브람의 뜻에 따르기로 했다.

데라는 아브람과 며느리 사래, 죽은 막내 하란의 아들인 손자 롯을 데리고 갈대아 우르를 떠나 가나안으로 향했다. 가나안은 갈대아 우르에서 까마득히 멀리 떨어진 미지의 땅이다.

데라는 가나안으로 향하는 도중에 몸이 따라주지 않아서 일단은 하란에 짐을 풀었다. 하란은 가나안으로 가는 길목으로 메소포타미아 북부 지역의 문명 도시이다. 소아시아와 바벨론을 잇는 주요 대상로에 위치해 있어 두로와의 무역을 통해 상업의 중심지로 성장했고, 앗수르 제국이 바벨론에게 멸망(BC 609년경)할 때까지 앗수르의 수도였다(사 37:11-12). 데라 가족은 그곳에서 한동안 머물렀다. 둘째 아들 나홀 부부는 뒤늦게 갈대아 우르를 떠나 합류했다.

지금까지의 창세기 이야기는 인류 역사의 태아기에 해당한다. 만물이 어떻게 태동되었는가? 인간이 어떻게 출현했는가? 하나님의 형상으로 지음 받은 인간이 어떻게 죄인의 신분이 되었으며, 하나님은 그런 사람들을 어떻게 대하셨는가? 교향악으로 말하면 일종의 서곡, 전주곡에 해당한다.

이후의 이야기는 하나님께서 사람들이 저지른 죄의 문제를 해결하기 위해 어떤 대책을 강구하셨는지를 보여준다. 하나님의 구원 계획은 처음에 한 민족이 아니라 한 사람을 통해서 구체적으로 드러나기 시작한다. 그 한 사람은 바로 아브람으로, 하나님께서는 이후에 그의 이름을 '아브라함'으로 개명해 주신다.

12
복의 근원 아브람

하나님이 크신 복 주심에
복의 근원이 된 아브람
갈 곳 몰라도 순종의 길 떠나
마침내 가나안 땅에 이르네

하나님이 아브람을 고향 땅에서 불러내시다 (12:1-3)

아브람은 부모, 일가친척들과 함께 고향 갈대아 우르에서 신실하게 살아가고 있었다. 우르는 달신(月神) 숭배가 성행한 우상의 도시였다.

어느 날, 하나님의 말씀이 아브람에게 임하셨다.

"아브람아, 너는 네 고향 네 친척 네 아버지 집을 떠나 내가 네게 보여줄 땅으로 가거라."

이 땅을 떠나라니! 당시 아브람이 살던 우르 땅은 최고로 웅장한 도시로 손꼽혔다. 당시 20만 명 가량이 살던 고대도시이다. 세계 최초의 서사시, 법전, 종교, 잠언, 문자 등을 탄생시킨 고대 문명의 중심지라 할 만하다. 지금까지 발견된 수메르 문서는 그 분량이 4만 행을 넘는다. 성서의 분량이 2만 3천 행임을 감안할 때 얼마나 방대한 양인지 상상이 갈 것이다.

문명의 땅을 버리고 어딘지도 모르는 미지의 땅으로 가라니! 갈대아 우르는 문명이 주는 혜택이 엄청 많았다. 이에 비해 당시 가나안 땅은 도시 개념이 아니다. 씨족 사회를 벗어나지 못했다.

▲ 아브람의 가나안 여정.

하나님의 음성을 들었을 때, 아브라함은 너무 놀랐다. 나름대로 하나님을 정성껏 섬기긴 했지만 하나님의 음성을 직접 듣기는 처음이었기 때문이다. 하나님은 계속 말씀하셨다.

“아브람아, 내가 네게 복을 주겠다. 네가 큰 민족을 이루게 하고 네 이름을 크게 떨치게 할 것이다.”

아브람을 향한 하나님의 복의 약속은 계속 이어졌다.

“너는 모든 사람에게 복의 근원이 될 것이다. 너를 축복하는 사람에게는 내가 복을 내리고, 너를 저주하는 사람에게는 내가 저주를 내리겠다. 땅에 살고 있는 세상 모든 민족이 너를 통해 복을 받을 것이다.”

실로 놀랍고도 엄청난 축복이 아브람의 미래를 향해 쏟아져 내렸다. 아브람은 기쁨으로 온몸을 떨었다. 성령이 아브람의 몸과 마음 안에서 힘차게 춤을 추고 있었다. 아브람은 감격하고 감사하여 하나님 앞에 엎드려 경배했다.

“네, 하늘의 하나님이시여! 제가 부르심에 순종하겠습니다!”

그 무엇이 가로막을 수 있을 것인가. 아브람은 정든 땅 정든 사람들을 기꺼이 떠나기로 결심한다. 아브람에게 베푸신 하나님의 복은 아브람에게도 적용되지만 궁극적으로는 그의 혈통을 좇아 이 땅에 오실 메시아 예수로 말미암아 최종 실현될 성격을 띤 인류의 복이다. 메시아 예수야말로 모든 복의 근원이요 통로이며 복 자체이기 때문이다.

아브람이 하나님의 부르심에 순종하여 길을 떠나다 (12:4-9)

아브람은 우상의 도시 우르를 떠나기로 마음먹었다. 아브람은 아내 사래와 상의하고 또 부친 데라를 설득했다.

마침내 아브람은 부친과 아내와 조카 롯을 데리고 길을 나섰다. 최종 목적지가 어딘지조차 알지 못하는, 정처 없는 길이었다. 의지할 데라고는 하나님밖에 없었지만, 하나님이야말로 사실은 오직 유일하게 믿고 기댈 만한 의지처라는 것을 아브람은 너무나 잘 알고 있었다. 고향 친척 아버지의 집을 과감히 떠난 아브람은, 유프라테스 강을 따라 북부 메소포타미아 방향으로 향했다. 걷고 또 걸었다. 이삿짐을 싣고 몇 날, 몇 주, 몇 달을 계속 여행했다.

고향 우르를 떠나 1,000km쯤 왔을까. 큰 도시가 보였다. 북부 메소포타미아 지역의 문명 도시 하란이었다. 오랜 여행에 지친 아브람 일행은 그곳에 잠시 머물기로 했다. 하란은 달의 여신을 모시는 종교도시이다.

어느 날, 아버지 데라가 아브람에게 물었다.

"아들아, 우리가 가고자 하는 땅이 어디냐?"

"아직 잘 모르겠습니다. 아직 하나님께서 정확하게 목적지를 알려주지는 않았습니다."

"그래? 그러면 여기 하란이 너를 불렀다는 그 신이 너에게 주겠다는 땅인지도 모르겠구나. 여기에서 사는 것도 괜찮을 것 같다. 아비는 이 땅이 좋다!"

"아버지, 이 땅은 아닙니다."

"왜 그러느냐?"

"하란은 우상의 도시입니다."

"그래? 그럼 네 마음대로 하거라! 나는 여기에 남겠다!"

데라는 한 발짝도 움직일 생각을 내지 않았다. 동생 나홀도 아버지를 두고서는 하란을 떠날 수 없다고 했다. 아브람은 하나님의 음성을 기다렸다. 그러나 하나님의 음성은 들려오지 않았다. 아브람도 하란에 머물 수밖에 없었다. 그렇게 세월은 흘러갔다. 그러다가 데라는 하란에서 205세에 죽음을 맞이했다.

아브람은 짐을 꾸렸다. 하란에 사는 동안에 하나님은 계속 침묵하셨지만, 아브람은 하란의 삶이 행복하지 않았다. 하란은 목적지가 아니다. 하나님께서는 언제 다시 나를 부르실까.

아버지가 돌아가시고 장례식이 끝났을 때, 아브람은 하나님의 부르심을 기다리며 도심지 외곽에서 장막을 치고 살고 있었다. 어느 날, 마침내 하나님의 음성이 들려왔다.

"아브람아! 아비를 보내고 슬프냐?"

"네, 동생 하란도 일찍이 죽고 이제 아버지까지 보내고 나니 마음이 서글퍼집니다."

"아버지에게 효도하느라 너무 지체되었구나. 이젠 떠나거라!"

"어디로 가라는 것입니까?"

"일단 짐을 꾸리고 떠나면 내가 알려주겠다. 명심할 것은, 정해진 길은 없다는 것이다! 내가 인도하면 거기가 길이 된다."

"알겠습니다!"

아브람은 장막을 거두어 길을 떠났다. 가족은 단출했다. 아내와 하란의 아들이자 아브라함의 조카인 롯이 가족의 전부였다. 롯이 길을 따라나선 것은 의외였다.

"너는 왜 여기 남으려고 하지 않느냐? 너도 하나님의 부르심을 들었느냐?"

"듣지 못했지만, 저는 그런 데는 관심이 없습니다."

"그러면, 왜 나를 따라가려고 하느냐?"

"큰 아버지의 큰 목적에 저도 따라붙고 싶습니다. 큰아버지는 당연히 복을 받을 것이고, 저도 그 복의 그늘에서 한 가문을 이루고 싶습니다."

"복이라고? 복은커녕 험난한 고생 길을 각오해야 할 것이다!"

"그만한 고생이 없이 어찌 성공을 기대하겠습니까?"

롯은 역시 야심이 큰 아이였다. 아브람은 더 이상 롯을 말릴 수가 없었다. 아버지가 없는 조카에게 아버지 노릇을 해주고 싶은 마음도 있었다. 그래서 롯을 데리고 떠났다. 거기에 노비가 몇 명 따랐다.

하란 땅이 멀어져 갔다. 아브람은 자꾸 뒤를 돌아보았다. 죽은 아버지와 나홀 동생이 그곳에 남아 있는 것이다. 그들은 하나님의 부르심을 받지 못했다. 부르심을 들은 아브람만이 하나님의 인도하심에 기대며 다시 먼 길을 떠나간다.

아브람 일행은 하란에서 얻은 모든 재산과 종들을 이끌고 남서쪽으로 내려갔다. 가나안 땅이 있는 곳이다. 그때 아브람은 75세였다(주전 2091년경). 하란에서 가나안까지는 남서쪽으로 500km 정도이다.

오랜 여행 끝에 아브람 일행은 마침내 하나님이 지시하신 가나안 땅에 도착했다. 그들은 그 땅을 쭉 통과하여 가나안 땅 중심부인 세겜에 이르렀다. 그 지역의 상수리나무 숲 근처에 짐을 풀었다. 그곳에는 가나안 원주민들이 살고 있었다. 그런데 그곳에서 하나님이 나타나 아브람에게 약속하셨다.

"아브람아, 내가 이 가나안 땅을 네 후손에게 주겠노라."

"오, 주님, 감사합니다!"

아브람은 다시 한 번 성령의 큰 축복에 몸을 떨었다. 그는 그곳에 제단을 쌓았다. 가나안에서 쌓은 첫 제단이다. 과연 하나님의 이 약속이 있은 지 700여 년 후, 곧 여호수아 시대에 아브람의 후손인 이스라엘 백성들은 가나안 원주민들을 몰아내고 그 땅을 기업으로 얻는다(주전

1400년경).

아브람은 일어나 계속 남쪽으로 이동하여 벧엘 성읍의 동편 산지에 자리를 잡고 장막을 쳤다. 아브람은 이곳에서도 가장 먼저 제단을 쌓고 하나님께 예배드렸다. 그 뒤에도 아브람은 계속 가나안 땅의 남쪽으로 이동하여 마침내 네겝에 장막을 치고 정착했다. 네겝은 가나안 남방의 너른 광야 지대를 일컫는 말이다.

아브람이 이집트로 내려갔다가 곤욕을 치르다 (12:10-20)

아브람 일행이 네겝에 거주한 지 꽤 오랜 시간이 흘렀다. 그러던 어느 해, 가나안 땅에 큰 흉년이 들었다. 그곳 기후는 11, 12월에 이른 비가 내리고 3, 4월에 늦은 비가 내린다. 이른 비는 파종을 위해 아주 긴요하다. 늦은 비는 농작물의 결실을 위해 필수적이다. 농사는 이 기간 동안 내리는 비에 전적으로 의존한다. 이때 비가 제대로 내리지 않으면 한 해 농사를 망치게 된다. 하필이면 아브람이 거주하는 시기에 이른 비와 늦은 비가 때맞추어 내리지 않았다. 가뭄 때문에 사람들은 마음이 타들어 가는 것 같았다.

'큰일이로군. 이러다가는 식솔들을 모두 굶겨 죽이고 말겠다. 이 일을 어쩌지?'

롯은 아브람의 얼굴에 근심이 잔뜩 서려 있는 것을 보았다.

"삼촌, 가뭄 때문에 염려가 많은가 봐요. 얼굴빛이 안 좋아요."

"그래, 너도 알다시피 우리가 큰 기근을 만났다. 이러다가는 친척 하나 없는 이 땅에서 거지꼴이 되겠구나."

"삼촌이 믿는 하나님도 참 이상하시네요. 멀쩡히 잘사는 삼촌을 이 땅으로 불러내면서 크게 복을 주신다고 하셨는데, 복은커녕 굶어 죽게 되었네요."

"조카야, 하나님에 대해서 그렇게 말해선 안 된다."

롯은 가끔씩 그렇게 어깃장을 놓곤 했다. 아브람은 그때마다 친척도 떠나라고 하신 하나님의 말씀이 생각났다. 그래서 롯이 따라나섰을 때도 어지간하면 하란에 남겨두려 했다. 그러나 아버지를 잃은 조카를 혼자 남겨둘 수가 없어서 데려온 터였다. 그런데도 어려움이 닥칠 때마다 믿음 없는 소리만 되풀이하여 아브람의 마음을 불편하게 하는 조카였다.

"삼촌, 그러지 말고 우리 이집트로 가요. 아주 가는 것이 아니라 기근만 잠시 피했다가 돌아오면 되잖아요."

사래가 그 말을 막았다.

"그건 하나님의 부르심에 어긋나는 일이다. 하나님께서는 우리를 가나안 땅으로 부르셨지 이집트 땅으로 부르신 게 아니잖니?"

롯도 지지 않았다.

"이집트로 아예 이민을 가자는 게 아니잖아요. 그곳에서 기근만 피하고 다시 돌아오면 되잖아요. 제 말이 틀렸나요?"

롯의 말에는 왠지 모를 자신감이 배어 있었다. 믿음 없는 말과 행동이 마음에 들지 않은 적이 여러 번이었지만, 이번만큼은 그의 제안이 옳은 것 같았다. 아브람이 롯의 말에 동의했다.

"그래, 잠시만 나갔다 오기로 하자."

아브람은 고민 끝에 얼마 동안 가나안 땅을 떠나 이집트에 내려가 거주하기로 마음먹었다. 네겝에서 이집트까지는 그리 멀지 않았다. 또 이집트는 나일 강의 정기적인 범람으로 하류의 땅이 비옥해서 가뭄이 드는 일이 거의 없었다.

이집트 국경 가까이에 이르렀을 때였다. 내내 무언가를 고심하던 아브람이 아내 사래를 보고 무겁게 입을 열었다.

"여보… 내가 보기에도 당신은 정말 아리따운 여인이오."

사래는 당시 66세로, 보기 드문 미인이었다. 수백 세까지 장수하던 시대임을 감안하면 한창 젊은 나이였다.

“갑자기 무슨 말씀을 하는 거예요?”

사래가 의외란 듯 물었다.

“이집트에 들어가면 분명 그곳 사람들이 당신의 아리따운 미모에 반할 거요. 그러면 그들은 당신 남편인 나를 죽인 뒤 당신을 취하려 할 것이오.”

정말 그랬다. 타국을 여행하는 나그네들은 여러 위험에 처해 있었다. 그 중에서도 특히 아름다운 여인은 본토 사람들에 의해 종종 욕심의 대상이 되곤 하였다. 아브람은 그런 사실을 염려한 것이다.

“여보, 그러니 우리 이렇게 합시다.”

아브람은 하나님을 의뢰하는 믿음의 족장답지 않게 잔꾀를 냈다.

“누가 묻거든 당신을 내 누이라고 소개합시다.”

“뭐, 뭐라고요? 누이라고요? 말도 안 돼요. 나는 당신 부인이지 누이가 아니잖아요.”

“맞소, 그야 당연하오. 당신은 엄연히 내 부인이오. 그렇지만 이집트 사람들에게 그대로 말했다가는 내 목숨이 위험해요. 당신을 노리는 사람들이 내 목숨부터 노릴 테니까 말이오.”

사래가 누이라니. 어찌 보면 전혀 틀린 말도 아니다. 그녀는 아브람과 아버지는 같지만 어머니가 다른 이복 여동생이기 때문이다. 그러나 지금은 엄연히 아브람의 아내다. 아브람은 반쪽의 진실은 숨겨 버렸다. 가나안을 떠나 이집트로 향하는 아브람의 양다리 걸치기는 믿음의 조상답지 않은 세속적인 처세술에 불과할 뿐이었다.

사래는 아브람의 마음을 이해할 것도 같았다.

“아…, 알겠어요. 당신의 생각대로 하세요.”

“미안하오. 내가 꼭 당신을 지켜주겠소.”

“하나님께서 지켜주셔야지요.”

"암, 물론 그렇소."

아브람은 아내를 데리고 이집트로 발걸음을 옮겼다. 하나님의 명령을 어긴다는 것, 아내의 신상에 일어날지도 모를 일에 대한 불안감으로 아브람의 마음은 편치 않았다. 사래 역시 같은 마음이었다.

아브람 일행이 이집트 땅에 들어서자 예상대로 그곳 사람들은 타국에서 들어온 아브람 일행에게 관심을 보였다. 특히 사래의 미모에 다들 수군거리며 감탄했다. 사래는 빼어난 미모와 더불어 현숙함과 영성을 갖춘 아름다운 여인이었다.

사래에 대한 소문은 삽시간에 널리 퍼졌다. 파라오(이집트 왕)의 신하들도 사래를 보고는 아리따운 여인이라고 입을 모아 칭찬했다. 아첨꾼 신하들은 파라오에게 사래를 취할 것을 은근히 종용했다.

"폐하, 흉년을 피해 가나안 지방에서 내려온 사람들이 있는데, 그중에 참으로 아리따운 여인이 있사옵니다."

파라오는 그런 여인이 있다면 당장 궁으로 불러들이라고 명령을 내렸다. 파라오의 신하들은 즉시 사래를 왕궁으로 데려갔다.

과연 사래는 파라오의 마음을 사로잡았다. 아름답다는 여인들을 많이 접한 파라오조차도 사래의 미모에 절로 감탄했다. 파라오가 아브람 일행에게 말했다.

"그대들은 잠시 내 가까이에서 지내도록 하시오. 적절한 때가 되면 그대들을 부르도록 하겠소."

그 말은 적당한 날을 받아 사래와 잠자리를 하겠다는 뜻이었다. 아브람 부부는 가슴이 덜컥 내려앉았다. 그러나 어떻게 해볼 도리가 없었다. 부디 하나님께서 지켜주실 것을 믿고 기도하는 수밖에 없었다.

사래 덕분에 아브람 일행은 이집트 왕궁에서 극진하게 대접받았다. 사래의 오라비로 소개받은 아브람은 양과 소, 암나귀와 수나귀, 남종과 여종, 그리고 낙타까지 푸짐한 선물을 받았다. 하지만 아브람의 마음은 그 선물의 양보다 더 불안해졌다. 파라오는 신하들에게 사리를 잘 치장시켜 놓으라고 명했다. 후궁으로 삼을 작정이었다.

그러나 하나님께서는 파라오의 뜻대로 일이 진행되도록 놓아두시지 않았다. 하나님께서는 파라오의 왕실에 재앙을 내리셨다. 궁중 사람들이 하룻밤 사이에 온갖 역병에 걸린 것이다. 파라오는 신하들과 긴급히 의논했다. 신하들은 이구동성으로 사래의 일로 재앙이 임한 것이라고 말했다. 파라오는 제사장들을 불러들여 해결책을 제시하라고 다그치자, 그들 중 한 명이 이렇게 답했다.

"폐하, 아뢰옵기 황송하오나 가나안에서 들어온 남매가 아무래도 심상치 않습니다. 저들에게는 강력한 신이 있는 것 같습니다. 그들을 불러 사정을 알아보시는 게 좋겠습니다. 아무래도 저들은 남매가 아니라 부부로 보입니다."

파라오도 당장 아브람을 궁으로 불러들였다.

"바른 대로 말하라. 이 여인이 정말 네 누이가 맞느냐?"

"실은…, 저의 이복누이입니다만, …제가 아내로…."

아브람의 말이 채 끝나기도 전에 파라오는 그럴 줄 알았다는 투로 아브람을 질책했다.

"네가 대체 어쩌자고 그랬느냐? 왜 네 아내라고 진즉 말하지 않았느냐? 그랬더라면 내가 저 여인을 어찌 후궁 삼으려 했겠느냐?"

아브람은 고개를 들지 못했다. 명백히 절반의 진실만을 내세운 자신의 잘못이었고, 자기 스스로 잔꾀에 걸려든 것이기 때문이다. 당시의 파라오가 폭군이었더라면 아브람은 죽은 목숨이나 매한가지였다. 감히 왕을 속이고 하사품을 받은 중죄인이었기 때문이다. 하지만 당시의 파라오는 어진 왕이었다. 그는 이내 화를 누그러뜨리고, 아브람에게 명했다.

"네 아내를 데리고 이 땅에서 즉시 떠나도록 하라!"

"그, 그래도 되겠습니까?"

"그렇다. 너희를 이 땅에 남겨 두었다가는 우리가 다 죽게 생겼다. 당장 떠나거라! 내가 하사한 선물은 그대로 가져가도 좋다."

"폐하께 심려를 끼쳐드려 황공하옵니다. 그러면 저희는 즉시 이 나라를 떠나겠습니다. 선물은 감사한 마음으로 갖고 가겠습니다."

"빨리 떠나라!"

아브람 일행은 속으로 안도의 한숨을 쉬었다. 결국 하나님이 개입하여 문제를 해결해 주신 것이다. 아브람은 사래를 데리고 파라오의 궁을 빠져나왔다. 일행과 소유물을 다 챙긴 후 이집트 땅을 떠나 가나안 땅으로 돌아갔다. 절반의 진실만으로 육신의 살림살이를 온전히 도모하려 했던 아브람의 시도는, 결국 하나님의 개입으로 쓰라린 상처만 남긴 채 끝나고 말았다.

13

아브람과 롯

가나안에서 아브람은 큰 부자 되지만
땅을 두고 롯에게 우선권 주니
롯은 비옥한 소돔과 고모라를 차지하네.

아브람이 조카 롯과 갈라지다 (13:1-13)

이집트 땅을 떠나 이전에 살던 가나안의 남쪽 광야지대 네겝으로 돌아온 아브람은 자신도 놀랄 정도로 이미 부자가 되어 있었다. 하란에서 얻은 것, 네겝 지방에서 장사하여 벌어들인 것에 이집트 왕에게서 받은 값진 선물까지 더해져서, 모든 살림살이가 풍요로웠다. 가축과 금은과 남녀 종들이 많았다. 아브람의 조카 롯도 많은 가축과 남녀 종들을 거느리게 되었다. 너그러운 삼촌 아브람이 롯에게 후하게 떼어 주었기 때문이다.

얼마 후, 아브람은 모든 식솔을 이끌고 네겝 지방을 떠나 벧엘 부근의 산지로 이주했다. 몇 해 전에 장막을 치고 제단을 쌓았던 곳이다. 그곳으로 이주한 아브람은 이번에도 가장 먼저 제단을 쌓고 하나님께 예배부터 드렸다. 이집트에서의 실패를 딛고 벧엘에서 새 출발을 다짐했다. 그것은 눈물로 올려드리는 회개의 제단이었다.

"주님, 제가 크게 잘못했습니다. 주님께서 지켜주시지 않았다면 이집트 땅에서 큰 곤욕을 치를 뻔했습니다. 갈대아 우르를 떠난 일이 모두 허사가 될 뻔했습니다."

제단을 쌓으면서 자꾸 눈물이 나왔다. 아브람은 굳게 다짐했다. 앞으로는 무슨 일이 있어도 약속의 땅 가나안을 떠나는 일은 하지 않겠다고.

아브람과 롯의 살림은 나날이 윤택해졌다. 아브람의 가축 떼도 날로 불어났고, 조카 롯의 가축 떼도 하루가 다르게 불어났다. 그러자 문제가 생겼다. 많은 가축 떼를 먹일 목초지가 턱없이 부족하게 된 것이다. 아브람의 식솔과 가축 떼가 훨씬 더 많았지만, 조카 롯의 식솔과 가축 떼도 만만치 않았다.

"야! 저리 못 가? 여긴 우리가 먼저 맡은 곳이야."

"무슨 소리, 처음부터 임자가 어디 있어? 아무나 먼저 먹이면 임자지."

"뭐야, 이 뻔뻔한 녀석들!"

아브람의 목자들과 롯의 목자들 사이에 다툼과 멱살잡이가 빈번하게 일어났다. 벧엘 땅은 산악을 낀 고원 지대였기에 애초에 목초지가 부족했다. 목초지가 넉넉한 곳은 가나안 원주민들이 차지하여 텃세를 부리고 있었다.

아브람은 어떻게든지 문제를 해결하지 않으면 안 되겠다는 생각이 들기 시작했다. 그러던 어느 날, 아브람이 조카 롯을 조용히 장막 안으로 불렀다.

"롯, 우리는 한 핏줄이 아니냐? 목초지 때문에 나의 목자들과 너의 목자들이 서로 싸워서야 되겠느냐?"

"삼촌, 목초지가 부족한데 그럼 어떡해요?"

롯이 불안한 기색을 내비치며 어쩔 수 없는 현상이라는 듯 볼멘소리로 대답했다. 혹시 삼촌이 자신을 멀리 쫓아내려고 하는 것은 아닐지,

속이 타들어갔다. 그런데 아브람의 입에서 뜻밖의 말이 나왔다.

"롯, 잘 살펴보면 벧엘 주변에는 좋은 목초지가 얼마든지 있다. 그러니 우리가 싸울 게 아니라 아무래도 서로 떨어져 사는 게 좋겠구나. 네가 먼저 선택하렴. 네가 왼쪽을 택하면 나는 오른쪽을, 네가 오른쪽을 택하면 나는 왼쪽으로 가마."

롯은 아브람의 말을 들으면서도 자기의 귀를 의심하지 않을 수 없었다. 집안의 서열로 보나 나이로 보나 기름진 땅과 좋은 목초지를 선택할 수 있는 권리는 아브람에게 먼저 있었다. 아브람은 롯의 삼촌이자 집안의 최고 어른이 아닌가. 하지만 아브람은 너그러운 마음으로 조카 롯에게 선택권을 양보하고 있는 것이다. 당시의 유목민 사회는 목초지의 좋고 나쁨에 따라 한 집안과 식솔들의 운명이 결정된다고 할 수 있었다. 그러니 아브람의 선택은 실로 '통 큰 양보'였다.

"삼촌, 그게 정말이에요? 진짜죠?"

롯은 입가에 미소를 띠며 믿기지 않는다는 듯 되물었다.

"그럼, 정말이지. 네가 먼저 좋은 곳을 선택하렴."

"삼촌, 정말 고맙습니다!"

롯은 즉시 물러나 벧엘 높은 언덕에 올라가서 주변을 빙 둘러 찬찬히 살펴보았다. 벧엘 동쪽의 요단 들녘이 아주 좋아 보였다. 물이 넉넉하고 땅이 기름진 게 마치 옛적 에덴 동산 같아 보였다. 이집트 나일 강 주변의 기름이 잘잘 흐르는 옥토를 연상시켰다. 오래 고민할 필요도 없었다.

"삼촌, 결정했어요. 벧엘 동편에 있는 요단 들녘으로 갈게요."

롯은 지체하지 않았다. 식솔과 가축 떼와 소유물을 전부 챙겨 곧장 아브람을 떠나 요단 들녘으로 이주했다. 롯은 요단 들녘의 여러 성읍을 두루 돌아다니다가 마침내 소돔 성에 자리를 잡았다. 당시 소돔 성은 극도로 부패한 도시였다. 그곳 사람들은 하나님을 거슬러 온갖 죄를 저지르고 있었다. 특히 성도덕이 아주 문란했다.

하나님이 아브람에게 땅과 후손에 대해 약속하시다 (13:14-18)

아브람은 떠나가는 조카 롯의 일행을 벧엘 높은 언덕에서 쓸쓸한 마음으로 지켜보았다. 일찍이 고향 땅에서 부친을 여읜 조카 롯. 고향 땅 우르를 떠나 하란을 거쳐 가나안 땅까지, 그리고 얼마 전 이집트에 내려갔다가 다시 가나안 땅에 돌아와 벧엘에 이르기까지, 얼마나 먼 거리와 오랜 세월을 조카 롯과 함께 동거동락했던가. 친아들처럼 알뜰히 보살폈건만, 아브람은 더 많이 챙겨 주지 못해 항상 미안한 마음이었다. 그런 피붙이 롯이 자기 곁을 훌쩍 떠나가자 아브람은 무척 허전하고 쓸쓸했다. 삼촌에 대한 배려가 조금도 없는 롯에게 섭섭한 마음이 드는 것은 어쩔 수 없었지만, 그래도 아브람은 아버지의 심정으로 조카 롯의 행복을 진심으로 빌어 주었다.

'롯, 잘 가거라. 어딜 가든 하나님을 섬기며 행복하게 살아야 한다.'

롯의 식솔들과 종들이 훌쩍 떠나가니 아브람은 가슴 한 구석이 뻥 뚫린 것처럼 허전하고 외로웠다. 바람마저 살랑살랑 불어와 아브람의 옷자락을 스쳐 지나갔다.

그때였다. 아브람을 위로하듯 하나님이 나타나 말씀하셨다.

"아브람아, 아브람아, 네가 지금 서 있는 곳에서 동서남북 사방을 한번 둘러보아라."

사랑이 흠뻑 깃든 나지막한 음성이었다. 아브람은 언덕에서 사방을 찬찬히 둘러보았다.

"아브람아, 어디까지 보이느냐?"

"엄청 너른 들판이 보입니다."

"그렇다. 그곳은 가나안 땅이니라. 네 눈에 보이는 모든 것, 네 앞에 펼쳐진 온 땅을 내가 너와 네 후손에게 영원한 기업(基業)으로 주겠노라."

아브람은 박찬 감동이 밀려왔다. 하나님은 또 말씀하셨다.

"그렇다. 너는 사방을 이리저리 왔다갔다 누비고 다녀 보아라. 내가 그 모든 땅을 네게 주겠노라."

아브람을 향한 하나님의 약속은 계속 이어졌다. "나는 또 네게 많은 후손을 주겠다. 네 후손이 땅의 티끌마냥 셀 수 없을 정도로 불어나게 하겠노라."

당시 80세쯤의 아브람은 아직 슬하에 자식이 없었다. 그런데도 땅의 티끌처럼 셀 수 없는 후손을 주시겠다니, 실로 놀라운 축복이 아닐 수 없었다.

"오, 하나님, 감사합니다."

아브람은 땅에 엎드려 경배했다. 그 뒤 아브람은 벧엘을 떠나 헤브론에 있는 상수리나무숲 부근에 장막을 치고 정착했다. 그 숲의 임자는 아모리 족속의 추장 마므레였다. 헤브론은 해발 930m의 유대 산지에 자리 잡고 있는 고대 성읍으로, 예루살렘에서 남서쪽으로 30km쯤 떨어져 있었다.

14
살렘 왕 멜기세덱

롯이 포로가 되었다는 조카 소식에
아브람 군대가 적을 물리치고 포로와 재물 되찾네
멜기세덱 왕이 아브람 군대에게
빵과 포도주 베풀며 하나님 이름으로 축복하네

아브람이 포로 되어 잡혀가는 롯을 구출하다 (14:1-16)

가나안 땅에 전쟁이 터졌다! 전쟁의 원인은 이러했다. 요단 들녘 주변의 다섯 도시국가인 소돔, 고모라, 아드마, 스보임, 소알이 서로 모의하고 연합하여, 12년 동안 조공을 바치며 섬기던 메소포타미아의 엘람 왕 그돌라오멜에 반기를 들고 일어선 것이다. 그들은 13년째에 조공 바치기를 과감히 거부하고 나섰다.

14년째 되던 해에 엘람 왕 그돌라오멜은 인근 메소포타미아 3개 국가인 시날, 엘라살, 고임과 동맹을 맺고, 반역한 국가들을 응징하기 위해 4개국 동맹군을 이끌고 가나안 땅을 침략해 왔다. 엘람 왕 그돌라오멜이 이끄는 메소포타미아 동맹군은 반역한 국가들을 치기에 앞서 가나안 땅에 거주하는 여러 족속과 성읍들부터 정복해 갔다. 월등히 앞선 강력한 군사력 앞에 가나안 족속은 속수무책으로 무너졌다. 르바 족속, 수스 족속, 엠 족속, 아말렉 족속, 아모리 족속이 차례로 쓰러졌다.

이윽고 엘람 왕 그돌라오멜은 동맹군을 이끌고 요단 들녘으로 향했다. 자신에게 반기를 든 다섯 도시국가를 응징할 요량이었다. 북부 메소포타미아 동맹군과 싸우기 위해 요단 들녘의 다섯 도시국가도 소돔 왕 벨라의 주도로 연합군을 형성하여 싯딤 계곡에 모였다. 그 계곡에는 역청 구덩이가 도처에 많았다. 그돌라오멜 왕이 진격을 명하는 고함을 질렀다. 소돔 왕 벨라도 맞받아쳤다.

마침내 싯딤 계곡에서 전투가 벌어졌지만, 애당초 상대가 되지 않는 싸움이었다. 요단 들녘의 다섯 도시국가는 하나같이 부패해 있었다. 대항할 힘이 있어서 반기를 든 게 아니었다. 조공을 바치는 게 아까워 객기를 부렸던 것이다.

전쟁은 싱겁게 끝났다. 북부 메소포타미아 동맹군의 일방적인 승리였다. 요단 들녘의 5개 연합국 군사들은 전투 의지를 상실한 채 도망치기에 바빴다. 칼에 찔려 죽는 자들보다 역청 구덩이에 빠져 죽는 자들이 더 많았다.

북부 메소포타미아의 네 나라 왕은 반기를 든 요단 들녘의 다섯 국가를 무자비하게 짓밟았다. 비옥하고 부유한 소돔과 고모라 성읍을 집중적으로 유린했다. 남녀노소 구분 없이 닥치는 대로 죽이고 사로잡았다. 눈에 걸리는 대로 재물이며 가축이며 양식을 모조리 약탈했다. 소돔 성에 살던 아브람의 조카 롯도 모든 재산을 약탈당하고 포로가 되었다.

"크, 큰일, 큰일 났어요!"

누군가가 크게 소리치며 히브리 사람 아브람의 장막으로 헐레벌떡 달려왔다. 히브리는 아브람의 조상 '에벨'에서 비롯된 말로, '건넌 자' 또는 '이주자'라는 뜻이다. 가나안 사람들은 유프라테스 강을 건너 가나안 땅으로 이주한 에벨의 후손 아브람을 '히브리 사람'이라 불렀다. 숨이 턱에 닿을 정도로 부랴부랴 달려온 그는 소돔 성의 한 군사였다.

싸움에서 크게 패하자 요령껏 전쟁터에서 도망친 것이다.

그때 아브람은 헤브론 땅의 상수리나무숲 근처에 살고 있었다. 그 상수리나무 숲의 임자는 아모리 족속의 추장 마므레였고, 에스골과 아넬은 그의 형제들이었다. 아브람은 그 지역 원주민의 지도자들인 그들과 상호동맹을 맺고 친밀하게 지내고 있었다.

도망쳐 나온 병사는 아브람에게 소돔 성의 다급한 상황을 숨 넘어가는 소리로 전해 주었다.

"내 조카 롯도 사로잡혀서 포로로 끌려가고 있다고?"

심장이 요동치기 시작했다. 조카 롯, 그가 누구인가. 낯선 가나안 땅에서 자식 없는 아브람에게 유일한 피붙이가 아닌가. 기름진 땅을 택하여 좋아라 웃으며 훌쩍 떠날 때는 섭섭한 생각도 잠시 들었지만, 막상 포로가 되었다니 조카에 대한 서운한 감정은 눈곱만큼도 없었다. 조카의 안위가 걱정될 뿐이었다.

어서 가서 구출해야 한다는 생각으로 아브람의 마음이 다급해졌다. 그에게는 318명의 장정이 있었다. 당시는 강한 부족이 약한 부족을 상대로 약탈을 일삼는 약육강식의 시대였다. 그래서 부족마다 장정으로 구성된 군사들이 있었다. 많은 식솔을 거느리고 있던 아브람도 마찬가지였다. 호신과 방어를 위해 집안의 남자 종들 가운데 체격 좋고 힘 좋은 자들을 골라 평소에 훈련시켜 놓고 있었다. 그들은 평소에는 목축을 하고 집안일도 하지만 부족 간의 전투가 벌어지면 곧바로 군사가 되었다. 아브람은 즉시 군사를 일으켰다.

"들어라, 너희는 속히 무장하고 나를 따르라!"

아브람은 지체하지 않았다. 318명의 집안 군사들을 이끌고 급히 그돌라오멜의 군대를 추격했다. 이때 아브람과 상호동맹을 맺고 가까이 지내던 아모리 족속의 추장 마므레와 그의 두 형제인 에스골과 아넬도 자신들의 군사를 이끌고 와서 합류했다. 조카 구출 작전을 펴는 아브람을 돕기 위해서였다.

그돌라오멜이 이끄는 북부 메소포타미아의 4개국 동맹군은 그때 단에 진을 치고 있었다. 헤브론에서 단까지는 약 200km다. 크게 이기고 엄청난 재물을 약탈한 터라, 그돌라오멜의 군사들은 부어라 마셔라 마음껏 술을 퍼마신 채 완전히 곯아떨어진 상태였다. 가나안 땅의 모든 족속을 철저히 짓밟아 놓았기에 설마 추격하는 군대가 있으리라고는 꿈에도 상상하지 못하고 있었다.

아브람과 318명의 군사들, 그리고 그에 합류한 아모리 족속의 군사들은 한밤중이 되어서야 단에 이르렀다. 그돌라오멜의 군사들은 만취한 채 경비도 제대로 세우지 않고 깊은 잠에 곯아떨어져 있었다. 아브람은 병력을 여러 패로 나눈 뒤 한밤중에 큰 함성을 지르며 일시에 습격했다.

술에 취해 깊은 잠에 빠져 있다가 큰 함성을 듣고 놀라 잠에서 깨어난 그돌라오멜의 군사들은 도대체 정신을 차릴 수 없었다.

"이크, 안 되겠다. 일단 도망치고 보자."

한 무리의 군사가 허겁지겁 도망치기 시작하자 다른 군사들도 싸울 엄두를 내지 못하고 덩달아 도망쳤다. 아브람의 군대는 다마스쿠스 북쪽에 있는 호바까지 80km 가량을 더 추격하며 적들을 크게 물리쳤다. 일개 부족의 군사들로 강력한 네 나라의 동맹군을 물리친 대단한 승리였다. 아브람은 큰 소리로 롯을 찾았다.

"롯, 롯! 어디 있느냐?"

"삼촌, 저 여기 있어요."

아브람과 롯은 서로 얼싸안았다.

"무사했구나. 하나님, 감사합니다."

아브람은 조카 롯과 그의 식솔들을 구출하고 빼앗긴 롯의 재물도 전부 되찾았다. 롯뿐만 아니라 다른 사람들도 전부 구출하고 그들의 재물과 가축도 도로 찾았다.

살렘 왕 멜기세덱이 개선하는 아브람을 축복하다 (14:17-24)

아브람 군대가 북부 메소포타미아의 동맹군을 쳐부수고 돌아오자, 살렘 왕 멜기세덱이 빵과 포도주를 가지고 개선하는 아브람의 군대를 마중 나왔다. 그는 하나님을 섬기는 제사장이기도 했다. '평화'란 뜻을 지닌 '살렘'은 '예루살렘'의 고대 이름이다.

"하늘과 땅을 지으신 하나님, 지극히 높으신 하나님이여!
아브람에게 복을 내려 주소서.
아브람의 손에 대적을 넘겨주신 하나님,
지극히 높으신 하나님이여! 찬양을 받으소서."

멜기세덱은 두 손을 높이 들고 아브람을 축복했다. 이에 응하여 아브람은 자신이 되찾은 전리품 가운데 십일조 곧 10분의 1을 떼어 살렘 왕 멜기세덱에게 바쳤다. 그때 소돔 왕도 '왕의 계곡'까지 마중 나와 있었다.

"아브람이여! 승리를 축하하오. 정말 대단한 일을 해내셨소. 그대가 되찾아온 전리품은 전부 가져도 좋소. 하지만 우리 성읍 사람들은 제게 돌려보내 주었으면 하오."

"왕이여, 지극히 높으신 하나님께 내가 손을 들어 맹세합니다. 나는 왕에게 속한 것은 신발 메는 끈 하나조차도 취하지 않을 것이오. 왕 때문에 내가 부자가 되었다는 말은 듣지 않을 것이오."

그러면서 아브람은 한 가지를 부탁했다.

"다만 내가 거느린 군사들의 먹을 것만은 챙길 것이오. 또 여기 있는 마므레와 에스골과 아넬은 나와 동맹을 맺고 함께 싸우러 올라간 자들이오. 그들에게는 자기들의 몫을 취하도록 해주시오."

소돔 왕이 기꺼이 허락했음은 두말할 필요가 없다.

15
뭇 별 같은 후손

오래도록 자식 없는 아브람에게
하나님은 그의 몸에서 틀림없이
자식이 태어난다는 약속 주시네

하나님이 아브람과 횃불 언약을 맺으시다 (15:1-21)

아브람은 노아의 10대 손이다. 아직도 슬하에 자식이 없다. 사방으로 전쟁의 기운이 먹구름처럼 자신의 주변을 감싸고 들어오자 아브람은 내심 불안해졌다.

'이러다가 자식 하나 없이 죽는다면, 하나님의 약속은 어찌 성취된단 말인가?'

가나안 북부 메소포타미아의 4개국 동맹군을 물리치기는 했지만 불안은 좀처럼 사그러들지 않았다. 하나를 물리치니 둘이 공격해 오고 4개를 물리치니 40개 부족들이 연합군을 이루어 공격해 올 태세이다.

그들이 다시 공격해 온다면 큰일이 아닐 수 없었다. 아브람은 제대로 잠을 이룰 수가 없었다. 300명 남짓의 군사로 야간의 기습 공격을 감행하여 기적적으로 큰 승리를 거두긴 했지만, 그건 벌집을 건드린 꼴이었다. 방심하다 크게 허를 찔린 북부 메소포타미아의 4개 국가들은 전열을 가다듬은 뒤 보복 공격을 감행할 가능성이 충분히 있었다. 아브람은 그걸 염려한 것이다. 아브람이 그렇게 근심걱정에 싸여 있을 때, 하나님이 환상 가운데 나타나 말씀하셨다.

"아브람아, 두려워하지 마라. 나는 너의 방패이니라."

하나님이 방패가 되어 주시겠다니, 그보다 큰 위안이 있을 수 있을까? 하지만 하나님의 선물은 거기에서 그치지 않았다.

"내가 네게 큰 상을 베풀겠노라."

아브람은 놀라서 하나님 앞에 넙죽 엎드렸다.

"주님, 제게 무슨 상을 주시렵니까?"

모든 것에 부족함 없다고 늘 감사하며 살아가는 아브람이지만, 그에게는 한 가지 평생소원이 있었다. 아브라함은 그것을 아뢰었다.

"주님, 제게는 아직 가문의 대를 이을 자식이 없습니다. 이대로라면 제 집에서 태어나 자란 엘리에셀이라는 종이 상속자가 될 것입니다."

"아니다!" 하나님은 단호하게 아브람의 말을 자르셨다. "그 종이 네 상속자가 되는 일은 결코 없을 것이다. 반드시 네 몸에서 태어날 자식이 네 상속자가 될 것이다."

이 말씀을 하신 후, 하나님은 아브람을 데리고 밖으로 나가셨다.

"아브람아, 눈을 들어 하늘을 바라보아라. 총총히 빛나는 저 별들을 네가 다 헤아릴 수 있겠느냐?"

"주여, 제가 어떻게 저렇게 많은 별들을 헤아릴 수가…."

"그렇다. 장차 네 후손이 저 무수한 별만큼이나 많아져서 셀 수조차 없게 될 것이다."

당시 아브람은 80세가 넘었고 아내 사래도 70세가 넘었다. 자식이 생기려면 벌써 생겼어야 할 나이가 아닌가. 하지만 아내는 불임증에 걸리고 말았는지 임신의 기미조차 보이지 않는다. 참으로 암담하고 막막했다. 하지만 아브람은 하나님을 믿었다.

"아멘! 주님 말씀대로 다 이루어질 줄 믿습니다."

아멘의 뜻은 '그렇게 될 줄 믿습니다' 또는 '말씀하신 대로 내가 믿습니다'이다.

"옳도다. 네가 나를 믿으니 의롭도다."

하나님은 아브람의 그런 믿음을 보고 그를 의롭게 여기셨다. 하나님은 아브람에게 계속 말씀하셨다. 별처럼 수많은 후손을 주신다는 약속에 더하여 후손들이 대대로 살아갈 터전이 될 땅을 약속하셨다.

"아브람아, 내가 이 가나안 땅을 네게 주마. 그렇게 하려고 내가 너를 갈대아 우르에서 이끌어 내었노라."

그 당시 아브람은 가나안 땅의 나그네 신세로, 한 평의 땅조차 없었다.

"주님, 제가 이 땅을 대대로 차지하게 된다는 사실을 어떻게 알 수 있겠습니까?"

"너는 3년 된 암소와 암염소와 숫양을 각각 한 마리씩 준비하여라. 또 어린 산비둘기와 어린 집비둘기 한 마리씩도 준비하여라."

"네, 금방 준비하겠습니다."

아브람은 하나님이 지시하신 대로 행했다. 희생 제물을 준비한 후 그것들의 몸통을 반으로 쪼개 양쪽으로 마주보도록 벌려 놓았다. 조금 있으니 솔개가 벌려놓은 고기를 먹으려고 그 위에 내려앉았다. 아브람은 휘휘 손을 내저어 그 솔개들을 쫓았다. 솔개는 수릿과에 속하는 육식조이다. 하늘에서 원을 그리며 돌다가 지상이나 수면 위의 먹잇감을 발견하면 곧바로 내려가 잽싸게 낚아채곤 한다.

얼마나 시간이 흘렀을까. 해가 뉘엿뉘엿 저물고 있었고, 아브람은 깊은 잠에 빠져들었다. 그때였다. 하나님의 말씀이 들려왔다.

"아브람아, 이제부터 내 말을 잘 들어 두어라."

하나님은 무척 중요한 말씀을 하시겠다는 듯 아브람의 주의를 환기시키셨다.

"후일 네 후손이 이방 땅에서 400년 동안 종살이를 할 것이다. 그 이방 나라 사람들은 네 후손을 마음껏 부려먹고 괴롭힐 것이다."

아브람의 후손인 이스라엘 백성들이 이집트 땅에서 혹독한 종살이를 할 것을 예언하신 것이다.

"그러나 때가 이르면 내가 그 이방 나라를 징벌하고 네 후손을 건져내겠노라. 그러면 네 후손이 많은 재물을 가지고 그 땅에서 빠져나오게 될 것이다."

이스라엘 백성들의 출애굽을 예언한 말씀이다. 성경에서 '애굽'은 오늘날의 이집트를 가리킨다. 아브람의 후손을 위한 하나님의 놀라운 섭리와 경륜의 말씀은 계속 이어졌다.

"네 후손이 이방 나라의 종살이에서 벗어나 이곳 가나안 땅으로 돌아오려면 400년이 지나야 한다. 그때가 되면 가나안 족속들의 죄악이 이 땅에 가득 찰 것이고, 그러면 내가 그들을 쫓아내고 네 후손을 이 땅으로 인도해 들일 것이다."

이는 후일 여호수아 시대(주전 1400년경)에 있을 가나안 정복을 예언한 말씀이다. 덧붙여 하나님은 말씀하셨다.

"아브람아, 너는 오래 살다가 평안히 죽어 땅에 묻힐 것이다."

과연 그랬다. 이후에 아브람은 천수를 다 누린 뒤 175세를 일기로 평안히 눈을 감았다.

언약 체결에 관한 의식은 계속되었다. 해는 이미 졌고 주위에는 어둠이 짙게 내렸다. 바로 그때였다. 갑자기 연기가 피어오르는 화로가 보이면서 타오르는 횃불이 나타나더니 몸통을 쪼개어 벌려 놓은 희생제물 사이로 지나가는 것이었다.

환상 속에서, 횃불은 마치 다리가 달려 있는 것처럼 제물 사이를 지나가고 있었다. 여기에서 '타오르는 횃불'은 하나님의 임재를 상징한다. 당대의 관습에 따라 이른바 '횃불 언약'이 체결된 것이다.

고대 중근동에서는, 언약이나 동맹을 체결한 뒤엔 그것을 확증하기 위해 짐승을 잡아서 그 고기를 양편으로 벌려 놓고 당사자들이 그 사이를 함께 지나가는 의식을 치르곤 했다. 약속을 깨뜨리면 그 짐승처럼 반드시 죽임을 당할 것이라는 의미가 깃든 엄숙한 체결 의식이다. 하나님도 이 같은 당대의 관습을 빌어 아브람과 언약을 체결하신 것이다. 그래서 '언약'을 가리키는 히브리어 '베리트'는 (짐승을 반으로) '자르다'란 의미가 있다.

아브람의 일생에서 이 날은 두고두고 잊을 수 없는 감동적인 사건이었다. 아브람에게 하나님이 축복의 도장을 확실하게 찍어 주신 날인 것이다. 그 도장은 불에 달군 하나님의 쇠도장(낙인)이다. 누구도 빼앗아 갈 수도 없고 물릴 수도 없는 '확인 증서'다.

하나님은 아브람의 후손에게 주실 약속의 땅 곧 가나안 땅에 대해 구체적으로 일러주셨다. 그 땅의 남쪽 경계는 이집트 강, 북쪽 경계는 유프라테스 강이다.

또 그 땅에 살고 있는 열 족속의 이름까지 일일이 말씀해 주셨다. 그 열 족속은 겐 족속, 그니스 족속, 갓몬 족속, 헷 족속, 브리스 족속, 르바 족속, 아모리 족속, 가나안 족속, 기르가스 족속, 여부스 족속이다.

16

하갈과 이스마엘

한숨만 쉬는 아브람의 아내 사래
나는 왜 아이를 낳지 못하나
몸종 하갈이 먼저 임신하다니
사래는 하갈을 학대하여 내쫓네

아브람의 소실 하갈과 서자 이스마엘 (16:1-16)

당시 아브람은 85세, 사래는 75세였다. 하란을 떠나 가나안 땅에 들어온 지 어언 10년, 이들 부부에게는 아직도 가문의 대를 이을 후사가 없었다. 아브람의 마음속엔 언제 자식이 생길까, 언제 아버지가 되는 날이 올까, 온통 그 생각뿐이었다. 눈치가 빤한 사래가 그런 남편의 마음을 모를 리가 있겠는가. 하루는 사래가 뭔가를 작심한 듯 무겁게 입을 열었다.

"여보, 오해하지 말고 내 말을 들어 보세요. 아무래도 하나님은 제게 자식을 허락해 주시지 않을 것 같아요. 당신이 더 늙기 전에 자식을 꼭 보아야 하니 내 여종과 잠자리를 갖도록 하세요."

사래로서는 참으로 크게 마음 먹은 결과였다. 남편과는 육신의 결합 이상의 결합으로 맺어져 있음을 한편으로는 확인하고 싶기도 했다. 그 무엇이 우리 두 사람을 갈라놓을 수 있단 말인가. 사래는 위험한 시험대 위에 올라설 것을 스스로 결심한 것이다. 그러나 아내의 제안을 받은 아브람은 펄쩍 뛴다.

"아니, 그게 무슨 망측한 말이오? 당신 외에 다른 여자에게서 자식을 낳으라니, 당치도 않소."

아브람은 두 가지 면에서 사래의 제안을 거절했다. 그에게 사랑하는 여인은 사래밖에 없다. 다른 여자와 잠자리를 갖는다는 것은 아내를 슬프게 하는 일이고 수치감을 안기는 일이다. 더구나, 큰 민족을 이루게 하신다는 하나님의 약속은 항상 사래를 염두에 둔 것이다. 다른 여인을 통해 이루어질 언약의 성취가 아니다.

아브람이 펄쩍 뛰자 사래는 나름대로 자기의 생각을 펼친다.

"여보, 당신을 불러내어 큰 민족을 이루게 하신다는 하나님의 약속은 당신과 맺은 것이지 나랑 맺은 것은 아니에요. 물론 나와 상관없는 약속이라는 뜻은 아니지요. 그래도 당신이 우선이에요. 당신의 자식이라면 누구의 배에서 나왔는지는 그리 중요하지 않아요."

"그것 참, 그렇지가 않소. 후사는 반드시 당신의 몸에서 나와야 하오."

그러나 이미 결심을 굳힌 사래는 쉽게 물러서지 않는다.

"제가 젊었을 때는 불임증에 걸렸고 지금은 아기를 임신할 수 있는 나이가 지나 버렸어요. 그러니 어떻게 내 몸에서 자식이 나와야 한단 말이에요? 고집 부리지 말고 한 살이라도 더 젊을 때 하갈의 몸을 빌려서 자식을 얻으세요."

사래의 몸종 하갈은 이집트 여인으로, 아브람이 흉년을 피해 이집트에 내려갔을 때 파라오에게서 선물로 받은 노비였다. 건강하고 발랄했다. 이집트인의 혈통이 있어서 얼굴도 그리 미운 편은 아니다.

그 날 이후, 어찌된 일인지 아브람의 눈에 자꾸 하갈이 들어왔다. 전에는 허드렛일이나 하는 여종으로 보였지만, 사래의 말을 듣고 난 후에는 여자의 얼굴로 보이기 시작했다. 그때마다 아브람은 머리를 흔들었다.

'내가 이런 생각을 하면 안 되지. 주여, 나를 붙잡아 주소서.'

그러나 아브람도 남자였다. 어린아이들이 보이면 사랑스러움이 샘솟듯 생겨났고, 그때마다 하갈이 눈에 들어왔다. 나이가 들어가자 초조함도 늘어갔다.

사래의 제안이 있은 지 며칠이 지났다. 아브람은 대가족을 돌보느라 여념이 없었다. 하갈의 문제를 다시 꺼낸 것은 이번에도 사래였다.

"여보, 기도 좀 해보셨어요?"

사래가 무슨 말을 하려고 하는지, 아브람은 너무도 잘 알았다.

"그건 당신에게 너무 상처를 주는 일이오. 당연히 하나님도 원하지 않을 일이오. 사람의 생각은 버리도록 합시다."

"그럼 큰 민족에 대한 하나님의 축복 약속은 어떻게 성취되나요? 이렇게 그냥 늙고, 아무 후사도 남기지 않고 죽으란 거예요? 너무 무책임한 노릇 아닌가요? 제발 내 부탁을 들어주세요."

아브람은 저절로 한숨이 흘러나왔다. 더는 사래의 마음을 돌릴 수 없다는 것을 알았다.

"그러면… 정말 그렇게 해도… 괜찮겠소?"

"좋을 리는 없지만, 당신 아들이 생기기만 한다면, 그보다 좋은 일이 어디 있겠어요."

"정 그러하다면 당신이 알아서 하시오."

사래는 남편의 허락을 받고 미소를 지었지만, 속마음은 복잡했다. 아브람의 사랑이 어떻게 변할지 모른다는 두려움을 그녀는 어찌할 길이 없었다. 그리고 이제는 어차피, 내친 걸음이었다.

결국 아브람은 하갈을 소실로 삼고 그녀와 잠자리를 가졌다. 씨받이 대리모 역할이었다. 하갈은 어김없이 임신을 했고, 배가 불러 왔다. 그런데 이게 웬일인가. 하갈의 태도가 변하기 시작했다. 짐짓 거드름을 피우며 여주인 사래를 깔보는 표정과 말씨를 감추지 않는 것이었다.

사래는 그제야 뭔가 일이 틀어져 버린 것을 알아차렸다. 크게 속이 상했다. 남편 아브람도 은근히 하갈의 임신한 몸을 살피고 살뜰히 챙기는 듯하여 질투심까지 솟아났다. 참다못한 사래가 하루는 날을 잡아 아브람에게 말했다. 불만이 가득 찬 말투였다.

"여보, 당신은 괴로운 내 심정을 알기나 해요? 내가 지금 받는 고통은 당신도 책임져야 해요."

그동안 참고 있던 속상함을 남편에게 털어 놓았다. 평소의 다소곳하고 나긋한 사래가 아니었다.

"내 종 하갈을 당신의 소실로 삼게 했는데, 그녀가 글쎄 아이를 갖고 나더니 나를 아주 우습게 여기고 얕보고 있어요. 이게 말이 돼요?"

사래의 목소리는 한층 격앙되었다.

"당신도 마찬가지예요. 그런 하갈을 눈감아 주고 오냐오냐 하니까 더 기가 살아서 나한테 그러는 거 아녜요. 당신하고 나하고 누가 잘못했는지 주께서 가려 주시길 바랄 뿐이에요."

아브람은 정신이 번쩍 들었다. 하갈이 자기 아이를 가진 게 꿈만 같아서 그동안 사래에게 소홀했던 게 사실이었다. 어찌 소실을 사래에 비할 수 있을까. 사래야말로 그토록 오랜 세월 동고동락한 조강지처가 아닌가.

"여보, 진정하고 내 말 좀 들어 보구려. 하갈이 내 자식을 임신한 건 사실이지만 어디까지나 당신의 몸종 아니오? 당신 소관이잖소? 이제부터 난 상관하지 않을 테니 당신 좋을 대로 하구려."

"좋아요, 이제부터 당신은 상관하지 마세요."

아브람의 다독이는 말투에 기분이 좀 풀린 사래가 확실하게 다짐받고 물러났다.

그때부터 사래는 노골적으로 하갈의 일을 간섭하고 나섰다. 그녀를 몸종 신분으로 대하면서 엄하게 굴었다. 하갈은 도와주기를 청하는 눈길로 아브람을 바라보곤 했지만, 태중 아이의 아버지는 짐짓 모른 체할 뿐이었다. 여주인 사래의 눈치를 보느라 그러는 것이다. 조금만 몸과 마음을 낮추면 아무 탈이 없었을 것을! 아차, 싶었지만 때는 이미 늦었다. 여자의 질투심까지 섞인 사래의 학대가 점점 심해졌다.

하갈은 더 이상 견딜 수가 없다고 마음의 결심을 하기에 이르렀다. 살 길은 하나뿐이었다. 몰래 보따리를 챙겨 도망치는 것. 그들에게서 달아나는 것. 태중의 아기와 함께 멀리 몸을 피하는 것. 하갈은 그렇게 자신에게 주어진 운명을 거부하고 새로운 길을 열기 위해 힘껏 도망치기 시작했다.

달리고 걷고 하다가 광야의 어느 샘가에 멈추게 되었다. 술로 가는 길목이었다. 그 길목은 이집트로 가는 지름길이다. 오늘날 아라비아 사막의 북서쪽이다. 헤브론의 아브람 장막에서 도망친 하갈은 브엘세바를 거쳐 고향 이집트로 갈 작정이었다.

임신한 몸으로 먼 길을 달려온 하갈은 지칠 대로 지쳐 있었다. 하갈은 고통 가운데서 주께 부르짖었다. 그녀 역시 아브람의 장막 아래에 오래 기거하면서 하나님에 대해서 듣고 배운 게 있었다.

하갈의 간절한 기도가 하늘에 닿은 것일까. 주의 천사가 나타나 하갈에게 말했다.

"하갈아, 네가 어디서 오는 길이냐?"

"네, 여주인 사래에게서 도망쳐 나오는 길입니다."

"하갈아, 돌아가서 네 여주인 사래를 잘 모시도록 하여라."

그러면서 주의 천사는 하갈에게 약속해 주었다.

"내가 장차 네 자손을 셀 수 없을 만큼 크게 불어나게 해줄 것이다. 네가 지금 아이를 가졌으니 곧 아들을 낳을 것이다. 아이를 낳거든 그 이름을 '이스마엘'이라 하여라. 주께서 너의 부르짖는 고통의 소리를 들어주셨느니라."

이스마엘은 '주께서 들으심'이란 뜻이다. 주의 천사는 말을 이었다.

"그 아이는 광야의 들나귀처럼 자유분방하게 살아갈 것이다. 닥치는 대로 치고받고 싸울 것이다. 다른 사람들도 그와 맞서 싸울 것이다. 그는 늘 문제를 일으키고, 피붙이들과도 등지고 살아갈 것이다."

천사의 말은 아이에게 일방적으로 좋은 예언인 것만은 아닌 것 같았지만, 한편으로는 크게 안심이 되는 면이 없지 않았다. 하갈의 귀에는 무엇보다도 '셀 수 없이 많은 자손을 주신다'는 말씀만이 크게 들렸다.

역사를 살펴보면 4천 년 전 술 광야에서 예언된 이 말씀의 성취를 확인할 수 있다. 오늘날 중근동 지역을 뒤덮고 있는 아랍 족속들이 바로 이스마엘의 후손들이다. 그들의 생활 방식 역시 그러하다. 마치 들나귀처럼 일정한 정착 생활을 포기하고 도시의 문명 생활을 도외시한다. 낙타나 말을 타고 창칼을 휘두르며(오늘날에는 총을 쏘아대며) 같은 족속끼리도 걸핏하면 싸움을 일삼는다. 그런 아랍계 유목민인 베두인 족속들이 이스마엘의 후손들이다.

"오~ 놀라워라. 이런 데서 내가 하나님을 뵙다니."

하갈은 방금 자신에게 나타나 말씀하신 주의 천사를 '엘 로이'라고 불렀다. '나를 살피시는 하나님'이란 뜻이다. 사람들은 나중에 그 샘을 '브엘-라해-로이'라고 불렀다. '나를 살펴보시는, 살아 계신 분의 우물'이란 뜻이다. 지금도 그 샘은 가데스와 베렛 사이에 있다.

하갈은 주의 천사가 지시한 대로 아브람의 장막으로 돌아가 다시 여주인 사래 밑으로 들어갔다. 때가 되자 하갈은 아브람의 아들을 낳았다. 아브람은 아이 이름을 '이스마엘'이라 지었다. 하갈에게서 그 아이에 관한 주의 천사의 예언을 전해 들었기 때문이다. 아브람이 하갈에게서 이스마엘을 얻었을 때는 그의 나이 86세였다. 가나안 땅에 첫 발을 내디딘 지 11년째 되던 해였다.

17

언약의 증표

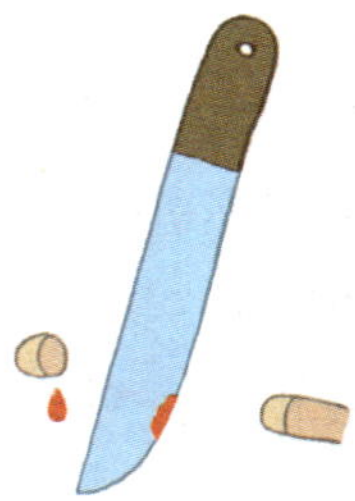

사라가 하나님의 이적으로 아들을 낳자
이름을 이삭으로 지으라 하시네
언약의 증표로 할례를 행하라 하시니
남자들은 출생 8일 만에 할례를 하게 되네

아브람이 아브라함으로, 사래가 사라로 (17:1-8, 15-22)

하갈의 몸에서 이스마엘이 태어난 지도 어느덧 13년이 흘렀다. 아브람은 이제 99세, 100세를 눈앞에 두고 있었다. 아내 사래는 90세를 앞두고 있다. 그렇다면 이제는 포기해야 하는 것이 아닐까. 아마 그럴 것이다. 그들 사이에 자식을 둔다는 것은 불가능에 가까울 것이다.

'이젠 아무래도 아내에게서는 자식을 기대할 수 없을 것 같군.'

아브람의 마음은 자꾸 약해지려 했다. 그러던 어느 날, 하나님이 나타나 말씀하셨다.

"아브람아, 나는 전능한 하나님이니라. 너는 내 앞에서 흠없이 살아야 한다. 내가 너와 언약을 맺고, 너를 크게 번성하게 하겠노라."

아브람은 자기도 모르게 얼른 얼굴을 땅에 대고 엎드렸다.

"아브람아, 너는 여러 민족의 아버지가 될 것이다. 그러므로 이제부터는 네 이름을 아브람이라 부르지 말고 '아브라함'이라 하여라. 내가 너를 여러 민족의 아버지로 삼을 것이기 때문이니라."

하나님이 직접 아브람의 이름을 바꿔 주신 것이다. '아브람'은 '고귀한 아버지'란 뜻으로 개인적인 성격의 이름이다. 하지만 이제 하나님은 아직껏 후사가 없는 아브람에게 '열국의 아버지'란 뜻을 지닌 '아브라함'이란 공적인 성격의 이름을 부여해 주심으로써 자신의 언약을 확증하신 것이다. 히브리 사회에서 이름이 갖는 의미는 무척 중요하다. 한 사람의 생애 전반을 특징짓고 있기 때문이다.

아브람, 아니 아브라함을 향한 하나님의 말씀은 계속되었다.

"아브라함아, 내가 너를 크게 번성하게 하겠노라. 네 후손 가운데서 민족들과 나라들과 왕들이 많이 나올 것이다. 지금 맺는 이 언약은 너뿐만 아니라 앞으로 오고 올 네 후손들과도 맺는 언약이니라. 나는 너의 하나님일 뿐만 아니라 네 뒤에 오는 네 모든 후손의 하나님이니라."

그러면서 하나님은 이전에 몇 번씩이나 약속하신 가나안 땅에 대한 약속을 또다시 해주셨다.

"아브라함아, 네가 지금 나그네로 살아가는 가나안 땅을 너와 네 후손에게 영원한 터전으로 주겠다. 진실로 나는 언제까지나 너와 네 후손의 하나님이 되어 주겠노라."

아브라함은 가나안 땅에 대한 하나님의 약속은 의심하지 않았다. 하지만 후손을 주시겠다는 약속에 대해서는 여전히 반신반의했다. 자신과 아내의 나이를 감안할 때 도저히 실현될 것처럼 보이지 않았기 때문이다.

'땅은 분명히 주어진다고 해도 대를 이을 자식은 어느 천년에 주신단 말인가.'

하나님의 약속에도 불구하고 아브라함의 얼굴빛은 그리 밝지 않았다. 자나깨나 집안의 대를 이을 자손, 본부인이 낳을 적자 아들에 대한 생각뿐이었기 때문이다. 이 같은 아브라함의 마음을 읽으셨는지 하나님이 또 말씀하셨다.

"아브라함아, 이제부터 네 아내를 사래라 부르지 말고 '사라'라고 불러라."

'사래'는 '나의 공주'란 뜻을 지닌 개인적인 성격의 이름이다. '사라'는 '열국의 어머니'란 뜻을 지닌 공적인 성격의 이름이다. '열국의 아버지'란 뜻의 아브라함이란 이름과 짝을 맞춘 개명이었다. 사래의 이름을 사라로 고쳐 주신 뒤 하나님은 그 이유를 설명하셨다.

"내가 이제 사라에게 복을 내려 네 아이를 낳게 해줄 것이다. 그녀의 이름을 바꾼 것은 그 아이를 통해 그녀가 뭇 나라의 어머니가 될 것이기 때문이다. 네 아내 사라가 낳은 후손 가운데서 많은 왕들이 나올 것이다."

아브라함은 어리둥절할 뿐이었다. 자신도 모르게 헛웃음이 새어나왔다.

'허허, 백 살 다 된 늙은이가 어찌 자식을 본단 말인가? 아흔 살이나 먹은 아내가 어찌 아이를 낳을 수 있단 말인가….'

아브라함은 솔직한 심정을 하나님께 아뢰었다.

"주님, 지금 제가 바라옵기는, 제 슬하의 이스마엘이나 복 받고 오래 살았으면 좋겠습니다."

아브라함은 장차 약속된 사라의 아들보다는 소실의 아들인 13세의 이스마엘이 눈에 밟혔다. 비록 서자이지만 한창 뛰놀며 성장하는 아들이 아버지의 눈에는 늘 믿음직스러웠다. 그만큼 눈에 보이지 않는 약속은 멀고 당장 눈에 보이는 현실은 가까웠다.

하지만 하나님은 단호하게 말씀하셨다.

"아니다! 네 아내 사라가 반드시 네게 아들을 낳아 줄 것이다. 그 아들이 태어나거든 이름을 '이삭'이라 하여라. 내가 그와 언약을 세울 것이니라. 그 언약은 이삭뿐 아니라 이삭의 후손에게도 영원히 이어질 것이다."

아브라함에게 대를 이을 자손을 주시겠다는 하나님의 약속이 진일보한 셈이었다. 태어날 아들의 이름까지 알려주셨지 않은가. 이때, 하나님은 아브라함이 아뢴 서자 이스마엘에 대한 부탁도 무시하지 않고 들어주셨다.

"아브라함아, 네가 이스마엘을 얼마나 아끼는지 그 심정을 잘 알겠다. 내가 이스마엘에게도 복을 내려 그로 많은 자식을 낳게 해주겠노라. 이스마엘의 후손도 크게 불어날 것이고, 그에게서 열두 부족의 지도자가 나올 것이다."

그러면서 하나님은 본래 하시고자 했던 말씀으로 돌아와 아브라함에게 결정적인 약속을 해주신다.

"아브라함아, 내년 이맘때다. 그렇다, 내년 이맘때에 네 아내 사라가 이삭을 낳을 것이다. 그러면 내가 그 아들 이삭과 새로이 언약을 맺겠노라."

아브라함의 대를 이을 자손에 대해 구체적인 기한까지 계시되었다. 아브라함이 일년 후에는 그토록 바라던 아들을 품에 안을 수 있게 된다는 것이 아닌가. 이쯤 되면 아브라함도 믿지 않을 도리가 없다. 일년 후의 미래가 아브라함의 눈앞에도 현실이 되어 그림으로 나타나 보이고 있었다.

"오, 주님! 감사합니다."

아브라함은 땅에 엎드려 경배했다.

언약의 징표 —할례를 행하라 (17:9-14, 23-27)

하나님이 또 아브라함에게 말씀하셨다.

"자, 이제 나는 너와 언약을 맺고자 한다. 지금 나와 맺는 이 언약을 너는 반드시 지켜야 한다. 너뿐 아니라 네 후손들도 이 언약을 굳게 지키도록 단단히 일러주어라."

아브라함은 마음을 가다듬었다. 하나님의 말씀이 이어졌다.

"네 집안의 모든 남자는 할례를 받아라. 또한 너의 후손 된 모든 남자들도 대대로 할례를 받아야 한다. 이것이 나와 너희 사이에 맺은 언약의 징표이니라."

할례란 말의 히브리어 '물로트'는 '주위를 둥글게 베다'란 뜻이다. 남성 생식기의 귀두 부분을 덮고 있는 표피를 베어내는 시술 행위를 말한다. 하나님은 좀 더 구체적으로 일러주셨다.

"아브라함아, 누구든지 네 집안의 사내아이는 태어난 지 여드레 만에 할례를 받아야 한다. 네 집에서 태어난 종들뿐 아니라 이방 사람들에게서 돈 주고 사온 종들까지도 할례를 받아야 한다. 그래야만 나의 언약이 너희 몸에 영원한 언약으로 남을 것이다. 할례를 받지 않는 남자는 결코 내 백성이 되지 못할 것이다. 그런 자들은 나와 맺은 언약을 어겼기 때문이니라."

이후로 이스라엘 백성들이 '할례 없는 자'라고 말할 때는 '택함 받지 못한 민족' 곧 '하나님을 알지 못하는 이방인'을 가리키는 말이 되었다.

고대 히브리인들의 개념상, 여자는 남자에 포함되는 것으로 간주되었다. 따라서 아브라함에게 지시하신 하나님의 할례 명령은 아브라함의 장막 아래 거하는 모든 남녀들에게 미치는 언약이었다.

당시 할례는 이집트, 에티오피아, 에돔 등 고대 중근동 지역에서 이미 시행되고 있었다. 이방 민족들은 미신적인 이유로나 위생상의 이유로 할례를 행했다. 대체로 사춘기나 성년의식 때 할례를 행했다. 그런데도 하나님이 할례를 선민에 대한 언약의 징표로 삼은 이유는 무엇일까.

하나님이 아브라함과 맺은 할례 언약에는 특별한 의미가 있었다. 번식 기능을 지닌 생식기는 생명의 상징인 만큼, 할례 행위는 죄로 타락한 육신적인 옛사람을 떨쳐낸다는 의미를 가진다. 동시에 이제부터는 새 생명으로 살아가야 한다는 의미이기도 하다. 곧 하나님의 백성으로 거듭 태어난다는 중생(重生)의 의미를 지닌다.

이처럼 하나님이 명하신 할례는 고결한 영적 의미를 지닌다. 그러므로 할례와 관련해서 정말 중요한 것은 몸에 행하는 육신의 할례가 아니라 심령에 행하는 마음의 할례다. 후일 이 같은 하나님의 참뜻을 깨달은 선지자들과 사도들은 육신의 할례를 과시하고 자랑하는 이스라엘 백성들을 책망했다. 그러면서 마음의 할례를 받으라고 권면했다.

그렇다면 생후 8일째에 할례를 받으라고 명하신 까닭은 무엇일까. 생리학적으로만 고찰하면 태어난 지 8일째가 할례를 시행하기에 가장 쉬울 뿐더러 통증을 가장 덜 느낄 때이기 때문이다. 하지만 여기에도 중요한 영적 의미가 있다. 제8일은 태초 7일 동안의 천지 창조 이후 새롭게 시작되는 첫날이기 때문이다. 안식일이 지난 첫날로, 장차 메시아 예수가 무덤에서 부활하신 날이기도 하다. 따라서 8일째의 할례는 새 출발, 새 생명, 새 창조를 의미한다. 할례는 하나님의 백성으로 새롭게 태어나 새 출발하는 거룩한 의식이다. 그래서 하나님은 할례를 언약의 징표로 삼으셨다.

하나님은 아브라함에게 모든 말씀을 마치시고 그를 떠나 하늘로 올라가셨다. 아브라함은 즉시 집안의 청지기를 불렀다.

"엘리에셀, 그대는 집안 남자들을 불러 모으시오. 단 한 사람도 예외 없이 전부 불러 모으도록 하시오. 즉시 그렇게 행하시오."

그날, 아브라함은 하나님이 이르신 대로 행했다. 자신은 물론이고 아들 이스마엘을 비롯하여 집에서 태어난 종들, 돈 주고 사온 종들까지 온 집안의 남자들에게 할례를 행했다. 그때 아브라함은 99세였고, 그의 아들 이스마엘은 13세였다(주전 2067년경).

18

의인 열 명만 있어도

사라가 내년에 아들을 낳고
소돔과 고모라는 멸망하리라
아브라함은 소돔과 고모라 성읍 위해
주의 심판 면하려고 매달려 중재하네

세 천사가 아브라함의 장막을 방문하다 (18:1-15)

아브라함이 집안의 모든 남자들에게 할례를 시행한 뒤 얼마쯤 지난 어느 날이었다. 그날따라 햇볕이 무척 뜨거웠다. 아브라함이 장막 문앞에 앉아 휴식을 취하고 있는데, 멀리서 누군가가 다가오고 있는 것 같았다.

아브라함이 눈을 크게 뜨고 보니, 세 명의 나그네들이 이쪽으로 오고 있었다. 아브라함은 후다닥 자리에서 일어났다. 중근동 지역에서는 예로부터 찾아온 손님을 극진히 대접하는 관습이 있었다.

'이토록 무더운 날씨에 어쩐 일일까?'

아브라함은 지체 없이 달려 나가 그들을 맞이했다. 얼굴을 땅에 대고 엎드려 절했다.

"어르신들, 괜찮으시다면 종의 집을 그냥 지나치지 마십시오. 날이 무척 무덥습니다. 발도 씻으시고 나무그늘 아래에서 좀 쉬었다 가도록 하십시오. 그러는 동안에 제가 먹을 것을 좀 장만하겠으니 드시고 기운 차리신 뒤에 떠나도록 하십시오. 이토록 무더운 날에 어르신들께서 종의 집을 찾아주셔서 그지없이 고마울 따름입니다."

나그네들이 잠깐 서로를 쳐다본 후 대답했다.

"좋소, 그렇게 하도록 합시다."

"여보, 여보!"

아브라함은 아내를 부르며 급히 장막 안으로 달려 들어갔다.

"여보, 손님들이 오셨소. 가장 고운 밀가루로 빵을 굽도록 하구려."

그런 뒤 아브라함은 가축 떼가 있는 곳으로 달려가 그 중에서 포동포동 살진 송아지 한 마리를 골라 종에게 넘겨주면서, 송아지를 잡아 요리를 하라고 일렀다.

잠시 뒤, 아브라함은 버터와 우유와 송아지 고기를 손님들 앞에 차려 놓았다.

"어르신들, 급히 마련하느라 음식이 변변치 못합니다. 그래도 성의껏 마련했으니 맛있게 드십시오."

"별 말씀을…. 고맙소. 잘 먹겠소."

세 나그네는 시장했는지 차려 준 음식을 맛있게 먹기 시작했다. 손님들이 나무 그늘에 앉아 식사하는 동안 아브라함은 곁에 서서 시중을 들었다.

"댁의 부인 사라는 어디에 있소?"

음식을 먹은 뒤 한 사람이 아브라함에게 물었다. 아브라함은 속으로 놀라지 않을 수 없었다. 이들이 어떻게 아내 이름을 알고 있단 말인가? 내심 의아했지만, 아브라함은 내색을 하지 않고 대답했다.

"아내는 지금 장막 안에 있습니다."

그러자 그들 가운데 한 사람이 말했다.

"내년 이맘때에 그대의 아내 사라가 아들을 낳을 것이오."

그 말을 듣는 순간, 아브라함은 그들이 단순한 나그네들이 아님을 알아차렸다.

이때, 사라는 장막 내실의 문간에 서서 이 말을 듣고 있었다. 히브리인들의 장막은 보통 두 부분으로 나뉜다. 바깥 부분은 거실 겸 손님 접대용이다. 안쪽 부분은 내실로, 부인의 방이다. 사라는 안쪽 내실의 문간에서 나그네의 말을 엿들은 것이다.

"풋~!"

사라는 자신도 모르게 헛웃음이 새어 나왔다. 이미 폐경된 지 오래였고, 남편은 100세가 내일모레였다. 사라는 속으로 웃으며 중얼거렸다.

'그 말대로 된다면야 오죽 좋을까…. 내가 나이 들고 남편도 늙었는데 어찌 그런 일이 있을 수 있으랴.'

그러자 주께서 아브라함에게 말씀하셨다.

"사라가 지금 내 말을 듣고 웃는구나. 속으로 말하길 '다 늙은 몸으로 어찌 자식을 낳으랴' 하는구나. 하지만 아브라함아, 나는 전능한 주다. 내가 하지 못할 일이 어디 있겠느냐? 나에게 불가능한 일이 무엇이 있겠느냐? 내년 이맘때 네 아내는 분명 아들을 낳을 것이다."

사라는 자신의 속마음이 들켜 버리자 덜컥 겁이 났다. 그래서 정색을 하며 잡아뗐다.

"주님, 전 웃지 않았어요."

"아니다, 분명 웃었느니라."

그래서 사라에게서 태어날 아이 이름이 '이삭'이 되었다. '웃음'이란 뜻이다.

아브라함이 소돔 성을 위해 매달리며 간구하다 (18:16-33)

"자, 이제 우린 일어나 가던 길을 가봐야겠소. 대접은 후히 잘 받았소."

나그네 아닌 나그네들이 자리에서 일어났다. 이때 아브라함의 손님

대접이 얼마나 정성스러웠는지, 후일 히브리 사회에서 나그네 대접의 본이 되었다. 세 사람은 자리에서 일어나 장막 문을 나섰다. 그들은 길을 떠나 저 멀리 소돔 성읍이 내려다보이는 언덕 높은 데까지 이르렀다. 그들을 배웅하려고 아브라함도 헤브론에서 대략 5km쯤을 함께 따라나섰다.

주께서는 그 언덕에서 아브라함에게 말씀하셨다.

"아브라함아, 내가 하고자 하는 일을 어찌 너한테까지 숨기겠느냐? 지금 소돔과 고모라에서 들려오는 희생자들의 울부짖는 소리가 너무나도 크구나. 그곳 사람들의 죄악이 하늘을 찌르고 있다. 이제 내려가서 나에게 들려오는 울부짖음처럼 소돔과 고모라 사람들이 그토록 악한 짓을 하는지 알아보아야겠다."

그러자 주의 곁에 있던 두 천사는 언덕을 떠나 소돔 성으로 내려갔다. 고지대인 헤브론에서 해안 평지 지역인 소돔과 고모라 쪽으로 내려간 것이다. 하지만 주님은 여전히 아브라함 앞에 서 계셨다.

아브라함은 가슴이 덜컥 내려앉았다. 소돔 성은 그의 유일한 피붙이인 조카 롯이 살고 있는 곳이 아닌가. 아브라함은 마음이 다급해졌다.

"주님, 주께서는 지금 소돔과 고모라를 쓸어 없애버리려고 하시는 것입니까? 소돔 성 안에 의로운 사람들이 있다면 그들도 악한 자들과 함께 없애 버리시렵니까? 소돔 성 안에 50명의 의인이 있다면 어찌하시렵니까? 그래도 온 성읍을 쓸어버리시렵니까? 50명의 의인을 봐서라도 성읍의 죄를 용서해 주실 수 없으십니까? 세상을 심판하시는 분께서 공정하게 판단해 주소서!"

아브라함은 하소연하듯 주께 바짝 다가가 간절하게 아뢰었다.

"그래, 저 소돔 성 안에 50명의 의로운 사람들이 있다면 내가 저 성읍을 쓸어버리지 않겠다. 그들을 봐서라도 용서하겠노라."

주께서 대답하셨다. 아브라함이 주께 다시 아뢰었다.

"주님, 성 안에 의인 다섯 명이 모자라 45명만 있다면 어찌하시렵니까? 다섯 명이 부족하다고 온 성읍을 쓸어버릴 작정이십니까?"

주께서 대답하셨다.

"저 성읍 안에 의인 45명만 있어도 내가 소돔을 쓸어버리지 않겠노라."

과연 45명의 의인들을 채울 수 있을까? 아브라함은 의심이 갔다. 그래서 다시 또 주께 아뢰었다.

"주님, 만일 의인이 40명밖에 없다면 어찌하시렵니까?"

"좋다. 40명의 의인만 있어도 저 성읍을 쓸어버리지 않겠노라."

아브라함은 다시 의심이 갔다. 과연 40명의 의인 숫자를 채울 수 있을까? 어쩌면 그만큼도 되지 못할지도 모른다. 얼굴이 화끈거렸지만 아브라함은 염치불구하고 또 아뢰었다.

"주여, 제발 노하지 마시고 제 말을 들어주소서. 저 성읍 안에 의인이 30명밖에 없다면 어찌하시렵니까?"

의외로 주님은 선뜻 대답하셨다.

"좋다. 의인이 30명만 있어도 쓸어버리지 않겠노라."

아브라함은 가슴을 쓸어내리며 안도했다. 하지만 그래도 안심이 되지 않았다. 만약, 만약 30명도 안 된다면 어찌할 것인가? 그래, 조금만 더 부탁해 보자. 아브라함이 주뼛주뼛 또 아뢰었다.

"주, 주여! 종이 감히 또 여쭙습니다. 만약 의인이 20명뿐이라면 어찌하시렵니까?"

"20명? 그래, 좋다. 20명만 있어도 용서하겠노라."

아브라함은 다시 한 번 가슴을 쓸어내렸다. 그러나 그것으로도 완전히 안심이 되지는 않았다. 의인이 20명에서 한 명만 부족하다면 어쩔 것인가? 만약 그렇다면, 소돔 전체가 멸망당하는 운명이 아닌가. 그래, 그런 일이 있어서는 안 된다. 아브라함은 갑자기 불안해졌다. 오래전의 대홍수 때와 마찬가지로 소돔 성 사람들이 졸지에 전멸할지도 모른다고 생각하니 온몸에 오싹 소름이 돋았다. 그래, 한 번만 더 매달려 보자. 안 된다면 할 수 없지만, 그래도 주님의 긍휼하심과 인자하심을 믿고 한 번만 더 매달려 보자. 아브라함은 염치 불구하고 또 아뢰었다.

"주여, 제발 노여워하지 마소서. 마지막으로 딱 한 번만 더 여쭙겠습니다. 저 성읍 안에 의로운 사람이 단지 10명뿐이라면 어찌하시렵니까?"

아브라함은 마치 죄 지은 사람처럼 몸 둘 바를 모르며 조심스레 주님의 반응을 살폈다. 주님의 반응은 의외였다. 조금도 망설임 없이 이번에도 선뜻 대답하셨다.

"좋다, 의인 10명만 있어도 저 성읍을 쓸어버리지 않겠노라."

아브라함은 연신 머리 숙여 주께 감사드렸다. 더 이상 여쭐 용기조차 나지 않았다. 설마 의로운 사람이 열 명도 안 되겠는가? 조카 롯의 가족이 의인들에 속하기만 한다면 거기에 몇 명만 더 보태도 의인 열 명은 거뜬히 채울 수 있으리라. 아브라함은 자신으로 인해 소돔이 구원을 받게 될 것만 같아 의기양양해지기까지 했다.

하지만 결과적으로 볼 때, 소돔 성에는 의인 10명이 없었다. 아니, 10명은 고사하고 의인의 반열에 힘들게라도 들 수 있는 사람은 아브라함의 조카 롯뿐이었다. 그런 롯조차도 아무런 영향력을 행사할 수 없는 인물에 불과했다. 그만큼 소돔 성의 죄악은 크고 깊고 심각했다.

아브라함과 말씀하기를 마친 주님은 그곳을 떠나가셨다. 아브라함도 자기 장막이 있는 헤브론으로 돌아갔다.

19

소돔과 고모라의 멸망

소돔 성 없애러 왔다네
롯이 천사들의 슬픈 소식을 전해도
한 귀로 듣고 한 귀로 흘리는 사람들,
롯의 가족이 도피처 향해 달릴 때
하늘의 유황불이 소돔 성에 떨어져 내리네

소돔과 고모라가 유황불에 불타 멸망하다 (19:1-28)

소돔의 타락상을 알아보기 위해 길을 떠난 두 천사가 소돔 성에 이르렀다. 이미 해가 저문 밤이었다. 두 천사는 나그네의 모습으로 소돔 성을 방문했다. 하늘의 순결한 아름다움을 지닌 준수한 남자의 모습이었다. 때마침 아브라함의 조카 롯이 성문 앞에 앉아 있다가 그들을 발견했다.

이 밤에 웬 나그네란 말인가? 의아스러운 마음이 들었지만, 롯은 자리에서 벌떡 일어나 그들에게 다가가서 얼굴을 땅에 대고 엎드려 절했다.

"어르신들, 해가 저물어 날이 어두우니 저희 집으로 가셔서 발을 씻고 하룻밤 묵도록 하십시오. 그런 뒤 내일 아침 해가 뜬 후에 길을 나서는 게 어떠신지요?"

손님 접대에 관해서는 롯도 아브라함에게서 배운 바가 있었다. 그래서 나그네들을 정중하게 초대했다. 두 천사는 갈 길이 바쁜 사람들처럼 쉬어 가려고 하지 않았다.

"아니오, 성의는 고맙소만 우리는 길거리에서 밤을 보내도록 하겠소."

소돔 성을 두루 돌아보며 그 형편을 살펴보려고 한 것이다.

"안 됩니다. 밤공기가 이렇게 차가운데 어찌 길거리에서 노숙을 한다는 말씀입니까? 부디 사양하지 마시고 누추하더라도 저희 집에서 하룻밤 묵도록 하시지요."

롯이 또다시 간곡히 청했다.

"그래요? 정 그러시다면 하룻밤 신세를 지도록 하겠습니다."

두 천사는 롯의 간절한 청에 거절하지 못하고 그의 집으로 들어갔다. 롯은 얼른 빵을 구워 대접했다. 음식을 먹고 난 뒤 두 천사가 막 잠자리에 들려던 참이었다.

쾅쾅! 쾅쾅쾅! 문 두드리는 소리가 요란했다.

"롯, 문 열엇! 빨리 문 열어! 얼른 열지 못해!"

소돔 사람들이 우르르 몰려와 롯의 집을 에워쌌다. 대문을 발로 걷어차기도 하며 쾅쾅 두드렸다. 젊은이나 늙은이 할 것 없이 소돔 성의 남자들이 죄다 몰려왔다. 준수한 두 남자가 롯의 집으로 들어갔다는 소문을 듣고 몰려든 것이다.

"아니, 대체 이 밤에 무슨 일인데 그러시오?"

롯이 대문을 살짝 열고 얼굴을 내밀며 말했다.

"흐흐흐~ 롯! 오늘 밤 당신 집에 들어온 사람들 있지? 당장 이리로 끌어내는 게 좋을걸. 우리가 그자들과 재미 좀 봐야겠어. 흐흐~"

남자들은 음탕한 웃음을 흘리며 말했다. 소돔 성에는 온갖 죄악이 난무했지만, 특히 동성애가 만연했다. 오죽하면 남색(男色)을 가리키는 영어 소도미(sodomy)가 소돔(sodom)이란 말에서 나왔을까.

아, 어떻게 이런 일이 있을 수 있을까. 소돔 성의 죄악상을 익히 알고 있는 롯은 문제가 심각함을 직감했다. 롯은 문 밖으로 나가 등 뒤로 문을 걸어 잠근 채 통사정했다.

"여보시오들, 제발 이러지 마시오. 그분들은 내 집에 오신 손님들이니 제발 못된 짓은 하지 마시오."

하지만 그들은 들은 척도 하지 않았다. 막무가내로 남자들을 내놓으라고 떼를 썼다. 안 된다, 도저히 그럴 수는 없다. 롯의 머릿속에는 두 나그네의 모습이 선명하게 떠올랐다. 그들을, 한없이 선량하게 생긴 그들을, 왜 어째서 그런지는 모르지만, 자기 같은 인간들로서는 도저히 흉내낼 수 없는, 도저히 범할 수 없는 어떤 성스러운 기운이 떠돌고 있는 그 두 사람은 어떻게든 보호하지 않으면 안 된다. 롯은 초조해졌다. 그리고는 자기도 모르게 불쑥 엄청난 협상안을 제시하고 있었다.

"여보시오들, 당신들도 알다시피 내겐 아직 남자를 모르는 두 딸이 있소. 내가 그 애들을 데리고 나올 테니, 당신들 좋을 대로 하시오. 하지만 내 집에 찾아온 손님들에게만은 아무 짓도 하지 마시오. 제발 제발 부탁이오."

실로 기상천외한 제안이었다. 롯은 그렇게 말하면서도 스스로 겁이 났다. 아니, 지금 나는 지금 무얼 하고 있는 거야? 딸들을, 소중한 딸들을 이자들에게 내주겠다고? 지금 너는 생전 처음 보는 이 나그네들을 대신해 딸들을 바치겠다고? 아주 짧은 순간이었지만, 롯은 자기 자신을 자책하고 있었다. 하지만 남자들은 롯의 놀라운 제안에도 코웃음을 쳤다.

"이 작자가 지금 뭐라는 거야? 집어치워! 당신은 저리 비켜! 어디서 굴러 들어와서 우리를 가르치려 드는 거야? 그자들보다 당신 먼저 혼 좀 나야겠군."

군중 심리까지 더해져 막무가내였다. 무리는 고래고래 소리 지르며 롯을 옆으로 밀쳐냈다. 어떤 자들은 도구를 사용하여 대문을 브수려고 했다.

그때였다. 롯의 집 안에 있던 두 천사가 손을 내밀어 롯의 옷자락을 붙잡더니 재빨리 집 안으로 끌어들이고는 문을 닫아 버렸다. 그리고 다음 순간, 무슨 조화를 부렸는지 문 밖에 서 있는 무리들이 허둥거리기 시작했다.

"앗, 대체 왜 이러지? 갑자기 앞이 안 보여."

"어? 이거 왜 이래? 당신도 그래? 나도 앞이 완전히 캄캄해지고 말았어! 아무것도 보이지 않아. 갑자기 왜 이러는 거야?"

모두 일시에 눈이 멀어 버렸다. 진작부터 심령의 눈이 어두운 그들이었는데, 이제는 천사의 심판으로 육신의 눈까지 멀고 만 것이다. 그런데도 소돔 성의 무리는 육욕의 대상을 찾아 대문을 부지런히 더듬거렸다.

두 천사가 롯에게 말했다.

"소돔 성의 죄악이 하늘을 찔러 주께서 이 성읍을 쓸어버리라고 우릴 여기로 보내셨소. 이제 더 기다릴 것도 없소. 우리가 곧 이 성읍을 쓸어버릴 작정이오. 이 집에 사는 사람들 말고 다른 식구나 친척들이 더 있소? 혹 다른 자녀나 사위나 친척들이 이 성읍 안에 살고 있거든 모두 데리고 성 밖으로 나가도록 하시오. 한시가 급하오!"

상황이 긴박했다. 조금이라도 더 빨리 움직이지 않으면 안 되었다. 롯은 서둘러 밖으로 나가서 자기 딸들과 혼인하기로 약속한 예비 사위들을 찾아다니며 말했다.

"여보게들, 이 성읍에서 어서 빨리 빠져나가야 한다네. 하나님께서 이 성읍을 곧 쓸어버리려 하시네!"

"예? 뭐라고요? 지금 뭐라고 말씀하시는 거죠?"

밤중에 부리나케 달려온 장인 될 사람의 말을 듣고 두 예비 사위는 의아해했다. 그리곤 말했다.

"장인어른, 아닌 밤중에 웬 홍두깨 같은 소립니까? 멀쩡한 성읍이 뭘 어찌 된다고 그러세요? 걱정 마시고 돌아가 주무세요. 하하, 살다가 별 소릴 다 듣겠네요."

그들은 롯이 실없는 소리를 한다고 생각했다. 롯은 애가 타서 거듭 설득했지만 그들은 단지 농담으로 여길 뿐이었다.

"그런 일은 없을 테니, 우리 걱정은 하지 말아요."

오래전에 노아에게서 대홍수의 경고를 들은 그 시대 사람들도 이와 똑같은 반응이었다. 속이 타들어갔지만, 어쩔 수 없었다.

동틀 무렵이 되자, 천사들이 롯을 거듭 재촉했다.

"이제 더 이상 지체할 시간이 없소. 빨리 서두르시오. 여기 있는 아내와 두 딸을 데리고 속히 이 성을 떠나시오. 꾸물거리다가는 당신들도 휩쓸려 목숨을 잃게 될 것이오. 어서 서두르시오! 어서요!"

천사들의 말이 한층 다급해졌다. 서둘러야 할 사람은 롯이지만 도리어 천사들이 답답한 심정으로 급하게 채근하고 있었다. 그래도 계속 꾸물거리자, 천사들은 롯과 그의 아내와 두 딸을 잡아끌어 성 밖으로 데리고 나갔다. 아브라함의 간청을 생각해서라도, 롯의 가족을 소돔 성 밖으로 대피시키려 한 것이다. 롯과 가족을 성 밖으로 이끌어 낸 뒤 천사들이 말했다.

"자, 서둘러 이곳을 벗어나시오. 될 수 있는 한 멀리 달아나시오. 어떤 일이 있더라도 절대로 뒤돌아보아선 안 됩니다. 들판에 머무르지도 말고, 곧장 저기 저 산으로 도망치시오. 그러지 않으면 당신들도 목숨을 잃게 될 것이오."

"저렇게 먼 산까지 도망치라고요?"

소돔 성에서 한참이나 떨어진 산을 보며 롯이 말했다.

"제발 저에게 은혜를 베풀어 주십시오. 저 산까지 달아나기에는 너무 멀어요. 도중에 재앙을 만나 죽을까 두렵습니다."

롯은 손으로 그보다 더 가까운 성 하나를 가리키며 말했다.

"보십시오. 저기 가까운 곳에 작은 성이 하나 있습니다. 그리로 피신하게 해주십시오. 그러면 우리가 죽지 않고 목숨을 부지할 수 있을 것 같습니다."

천사들은 고개를 끄덕이며 허락해 주었다.

"좋소. 그리하시오. 저 성은 쓸어버리지 않겠소. 저 성에 이를 때까지는 우리가 아무것도 하지 않을 것이오. 서둘러 그리로 도망가시오. 어서요!"

천사들의 목소리에는 다급함이 묻어나 있었다. 그래서 그 후 롯이 도피한 성은 '작다'는 뜻으로 '소알'이라 불리게 된다.

"여보, 빨리 갑시다. 얘들아, 어서 가자!"

그제야 롯은 식구들을 독촉하며 서둘러 소돔 성을 빠져나갔다. 롯이 소알에 이르렀을 때쯤 동쪽에서 해가 막 떠오르기 시작했다.

바로 그때, 하나님은 소돔과 고모라 성읍에 유황불을 소나기처럼 쏟아 부으셨다. 천지를 찢듯 천둥소리가 요란하고 번개가 사방에서 번쩍거렸다. 활활 불타는 유황이 세찬 폭풍우처럼 하늘에서 마구 쏟아졌다. 소돔 주변의 계곡에는 역청 구덩이가 곳곳에 많았다. 거기에 유황불이 떨어지자 소돔과 고모라 일대는 일시에 불바다가 되었다. 거대한 용광로처럼 되었다.

온 성읍이 불에 활활 타올라 지대가 서서히 함몰되어 갔다. 그러자 높은 지대에 있던 강물이 그곳으로 흘러들어 바다처럼 넓은 호수가 되었다. 오늘날 그곳은 죽음의 바다인 사해(死海)가 되고 말았다.

멀리서 지옥의 아비규환 같은 아우성이 들려왔다. 하나님은 대홍수 때 큰물로 지구를 쓸어버린 것처럼, 이번에는 큰불로 소돔과 고모라 일대를 태워 버린 것이다. 하나님은 두 성읍 소돔과 고모라, 성읍 부근의 들녘, 성읍 사람들과 가축들과 땅에서 자라나는 모든 것들을 불살라

버리셨다. 죄악으로 찌든 더러운 성읍을 유황불로 소각하셨다.

롯의 뒤를 따르던 롯의 아내는 엄청난 굉음과 번쩍거리는 번갯불에 일이 도대체 어떻게 되어 가는지, 두고 온 집 또한 불에 타고 있는지, 너무나 궁금해졌다. 그리고는 자기도 모르게 불타는 성읍을 되돌아보고 말았다. 그러자 그 순간, 롯의 아내는 그만 유황불 찌꺼기를 뒤집어쓴 채 그 자리에서 소금기둥이 되고 말았다. 수천 년이 흐른 오늘날까지도 롯의 아내 형상의 소금 화석상이 사해 동쪽 언덕에 남아 있다.

한편, 주님과 대화를 나누고 헤브론 장막으로 돌아온 아브라함은 일손이 통 잡히지 않았다.

'아, 어찌되었을까? 설마 무슨 일이 생긴 건 아니겠지? 의인 열 명만 있어도 심판하지 않고 용서해 주신다고 하셨으니 소돔 성은 무사하겠지. 분명 그럴 거야.'

잠을 이루지 못하고 밤새 뒤척거리다가 밤을 꼬박 새웠다.

다음날 이른 아침, 아브라함은 주님과 대화를 나누었던 곳으로 부랴부랴 달려갔다. 그곳은 헤브론에서 5㎞쯤 떨어진, 멀리 소돔 성이 내려다보이는 높은 언덕이었다. 아브라함은 뛰는 가슴을 진정시키고 거친 숨을 고르며 언덕에 올랐다. 그리고 보았다. 저 멀리 소돔과 고모라 성읍, 주변의 너른 들판이 내려다보이는 곳이었는데, 놀라운 일이 벌어져 있었다. 아브라함은 자기 눈을 믿을 수 없었다. 그는 그 자리에 털썩 주저앉고 말았다. 멀리 보이는 성읍에서는 시커먼 연기만 뭉클뭉클 솟아오르고 있었다. 마치 거대한 아궁이에서 연기가 피어오르는 것 같았다.

'아아, 하나님. 아아, 이럴 수가! 오! 주님. 아아~.'

아브라함은 끝없이 탄식하고 슬퍼하며 울고 또 울었다.

롯과 그의 두 딸 ―모압 족속과 암몬 족속의 기원 (19:29-38)

소돔과 고모라 성읍에 내린 하나님의 유황불 심판에서 살아남은 자는 겨우 셋, 롯과 그의 두 딸뿐이었다. 두 성읍을 멸망시킬 때 하나님은 특별히 아브라함을 생각하셔서 롯의 가족을 재앙에서 건져주셨다. 천사의 경고를 어기고 뒤를 돌아본 롯의 아내는 소금기둥이 되고 말았지만….

"딸들아, 아무래도 이곳은 위험하구나. 좀 더 멀리 높은 곳으로 올라가자."

소돔과 고모라 성읍에 내린 무시무시한 유황불 심판을 보고 롯이 잔뜩 겁먹은 표정으로 두 딸에게 말했다. 롯은 두 딸을 데리고 소알 성에서 나와 멀리 떨어진 깊은 산속으로 들어가 그곳의 넓은 동굴에 자리를 잡고 거주했다.

어느 날, 롯의 큰딸이 동생에게 말했다.

"얘야, 너도 알다시피 아버지는 나이 많고 주변에는 우리하고 혼인할 남자가 없다. 이러다가 집안의 대가 끊기는 건 시간문제야."

"언니, 그럼 어떻게 해? 지금으로선 어쩔 수 없잖아."

"얘, 그러지 말고 이렇게 하면 어떨까?"

"어떻게?"

"우리가 아버지께 술대접을 하자. 만취하여 사물을 분간하지 못하는 동안에 아버지와 잠자리를 갖는 거야. 그렇게 해서라도 가문의 대를 이어가는 게 좋지 않겠니?"

"아니, 언니! 무슨 그런 말을? 아무리 그래도 어떻게 아버지하고…."

"그럼 넌 다른 좋은 수가 있어?"

"그야 뭐…. 무슨 수가 있겠어."

"그러니 다른 생각 말고 내 말대로 하자. 응?"

그날 밤, 두 딸은 아버지에게 아주 거하게 술을 대접했다. 맘껏 술을 퍼마신 롯은 만취하여 잠에 곯아떨어졌다. 그 사이에 큰딸이 먼저 아버지와 잠자리를 했다. 그러나 롯은 자기 딸이 곁에 누울 때에도, 일어나서 나갈 때에도 전혀 알아차리지 못했다. 비몽사몽간에 일을 치른 것이다.

다음날, 큰딸이 작은딸에게 말했다.

"얘야, 오늘 밤에는 네 차례야. 아버지를 만취하게 한 뒤 네가 자도록 해. 그렇게 해서 우리 조상의 씨를 이어가자."

그날 밤에도 두 딸은 아버지 롯에게 거하게 술을 대접했다. 그날도 만취한 롯은 깊은 잠에 곯아떨어졌다. 이번에는 작은딸이 아버지와 잠자리를 했다. 롯은 이번에도 비몽사몽간에 일을 치렀지만 전혀 눈치채지 못했다.

얼마 후, 롯의 두 딸은 아버지의 아이를 가졌다. 출산 때가 되자 큰딸은 아들을 낳고 '모압'이라 이름 지었다. 모압은 '아버지로부터 난 자'란 뜻이다. 오늘날 모압 족속의 조상이 된 자다. 작은딸도 아들을 낳고 '벤암미'라 이름 지었다. 벤암미는 '내 아버지의 아들'이란 뜻이다. 오늘날 암몬 족속의 조상이 된 자다.

어떻게 이런 패륜이 저질러질 수 있었을까. 이 일은 히브리인들이 모압 족속과 암몬 족속에 대한 증오심이나 우월감 때문에 꾸며낸 이야기가 아니다. 성경은 아무리 수치스러운 이야기라도 하나님의 구속사 전개와 연관되면 사실 그대로를 정직하게 기록한다.

롯의 두 딸은 음란과 방종과 패륜과 남색의 도시인 소돔 성에서 보고 듣고 자랐다. 어떤 목적을 이루기 위해 수단쯤은 개의치 않는 그런 환경이었다. 도덕과 양심은 찾아보기 힘들었다. 더구나 그녀들의 들끓는 청춘의 피는 자신도 알지 못하는 욕망의 아우성을 내지르고 있었다. 그리고 그런 몸의 소리를 거부할 만큼 절제의 미덕과는 거리가 먼 그녀들이었다. 대를 이어야 한다는 의무감을 내세우면서도 한편으로는 몸의 소리를 들어주고 싶은 갈망 끝에 패륜이라는 것도 의식하지 못하고 그런 일을 저질렀는지도 모른다.

패륜의 결과로 생겨난 두 족속은 후일 두고두고 선민 이스라엘에게 눈앞의 가시가 되었다. 큰딸이 낳은 아들 모압에게서 비롯된 모압 족속은 사해의 동편 지역에서 살았다. 그들은 그모스 우상을 국가신으로 섬겼다.

작은딸이 낳은 아들 벤암미에게서 비롯된 암몬 족속은 요단 강 동편의 얍복 강과 아르논 강 사이에서 살았다. 그들은 몰록(몰렉) 우상을 국가신으로 섬겼다. 역사상 두 족속은 하나님의 백성인 이스라엘과 대대로 적대적인 관계를 유지했다.

20

그랄에서 아브라함은

아브라함이 남방 그랄에 살 때
아내 사라를 누이라고 하네
왕 아비멜렉은 사람을 보내
아름다운 사라를 데려오라 하네

아브라함이 그랄 땅에서 곤욕을 치르다 (20:1-18)

소돔과 고모라 성에 내린 하나님의 유황불 심판에 대한 충격 때문이었을까. 아브라함은 20년 동안 살던 헤브론 땅을 떠나 네겝(남방)으로 이동하여 그랄 땅에 거처를 잡았다. 그랄은 블레셋 족속이 살고 있던 산악 도시로, 가사(오늘날의 가자) 남방 13km 지점에 위치하고 있었다.

당시 아브라함은 99세, 아내 사라는 89세였다. 그 나이에도 아직 아이를 낳지 않은 몸이라 그런지 사라의 미모는 예전과 크게 다르지 않았다. 여전히 아름다웠다. 여인들 중에 단연 눈에 띄었다. 어느 날, 아브라함이 사라에게 말했다.

"여보, 아무래도 이곳은 낯선 지역인 만큼 당신을 내 누이라고 소개하는 게 더 안전할 거 같소."

약 24년 전에 이집트에서 그렇게 처신했다가 이집트 왕궁에서 겪은 곤욕을 까맣게 잊어버린 것일까. 아브라함은 아내의 미모로 인해 자기 목숨이 위태로워질까 봐 또다시 잔꾀를 부렸다.

예상대로 사라의 미모는 주변에 소문이 나기 시작했다. 아브라함은 사라를 누이라고 말하고 다녔고, 사람들은 그렇게 알았다. 오래지 않아 사라에 관한 소문은 그랄 왕 아비멜렉에게까지 전해졌다.

그랄 왕은 신하들을 보내 사라를 궁으로 데려오게 했다. 후궁으로 삼을 요량이었다. 사라를 떠나보내며 아브라함은 어찌할 바를 모르고 애간장을 태웠다.

그날 밤, 하나님이 그랄 왕의 꿈속에 나타나 말씀하셨다.

“아비멜렉아, 네가 그 여인을 데려왔으므로 넌 마땅히 죽어야 한다. 그 여자는 이미 혼인한 몸이다.”

다행스럽게도 아비멜렉은 사라와 아직 잠자리를 같이하지 않은 시점이었다.

“주여, 제가 무슨 잘못을 했기에 절 죽이려 하십니까? 주께서는 죄 없는 사람도 죽이는 분이십니까? 분명 아브라함은 자기 누이라고 했고, 그 여인도 아브라함을 자기 오라비라 했습니다. 그래서 제가 후궁을 삼으려고 데려온 것뿐입니다.”

이유 있는 변명이었다. 당시에 왕은 얼마든지 처녀를 후궁으로 삼을 수 있었기 때문이다.

하나님은 꿈속에서 계속 말씀하셨다.

“그래서 네가 죄 짓지 않게 하려고 이렇게 나서는 것이다. 사라의 몸에 손대지 말아라.”

“주여, 그러면 어찌해야 제가 살 수 있겠습니까?”

“그녀를 즉시 남편에게로 돌려보내라. 그녀의 남편은 예언자다. 그가 너를 위해 기도해 주면 네 목숨을 잃지 않을 것이다.”

하나님은 그러면서 다시 한 번 엄숙히 경고하셨다.

“만일 그녀를 그녀의 남편에게로 돌려보내지 않으면 너뿐만 아니라 네게 딸린 모든 사람들이 목숨을 잃을 것이다."

그랄 왕은 잠에서 깼다. 식은땀이 온몸을 적셨다. 아, 얼마나 다행스러운 일인가. 하마터면 덫에 걸려 목숨을 날릴 뻔했지 않은가.

다음날 아침, 그랄 왕 아비멜렉은 아브라함을 불러들여 질책하듯 따졌다.

"아브라함, 도대체 무슨 생각으로 그렇게 처신했소? 어쩌자고 나와 내 나라로 하여금 큰 죄를 짓게 하려 했느냔 말이오? 그대는 나에게 못할 짓을 했소!"

아브라함은 가슴을 쓸어내리고 안도하면서도 한편으로는 후회하는 마음이 가득 밀려왔다.

"두…, 두려워서 그랬습니다. 하나님을 두려워하지 않는 이곳 사람들이 제 아내를 빼앗은 뒤 저를 죽일까 봐 그랬던 것입니다."

아브라함이 주뼛거리며 대답했다. 그러면서 나름 핑계를 댔다.

"사실… 제 아내는 저의 이복누이이기도 합니다. 저와 제 아내는 아버지는 같지만 어머니가 다르기 때문입니다."

"됐소! 변명은 그만하시오. 그대의 아내를 돌려보낼 터이니, 나를 위해 기도해 주시오. 그대는 예언자가 아니오?"

그랄 왕은 사라를 즉시 아브라함에게 되돌려 보냈다. 사라를 보내면서 많은 가축 떼와 여러 명의 남녀종들도 딸려 보냈다. 그러면서 그랄 왕이 아브라함에게 말했다.

"보시오, 그대 눈앞에 보이는 땅은 모두 내 땅이오. 어디든지 그대가 살고 싶은 곳에 가서 평안히 사시오."

그랄 왕은 또 사라에게도 말했다.

"내가 은 1천 세겔을 그대의 오라비에게 주었소. 그것으로 내가 그대의 손끝 하나 건드리지 않았다는 사실을 입증하려 하오. 그대 일행과 이 땅 사람들은 그대가 결백하다는 사실에 대해 추호도 의심하지 않을 것이오."

그렇다, 사라의 순결은 중요하다. 이 사실은 하나님의 구속사에서 극히 중요하다. 당시는 하나님이 아브라함에게 주시겠다고 하신 약속의 아들 이삭이 태어날 시점이 채 1년도 남지 않은 때였다. 생각해 보라. 만일 사라를 잉태하게 한 그 씨가 아브라함의 씨가 아니고 그랄 왕의 씨라면 어떻게 되겠는가. 그런 의심조차 받게 된다면 어찌 되겠는가. 하나님의 구속사는 그 기초부터 무너져 내려 엉망이 될 수밖에 없다. 그래서 하나님은 그랄 왕이 사라의 근처에도 가지 못하도록 서둘러 그랄 왕의 꿈에 나타나 긴급 조치를 취하셨던 것이다.

그랄 왕이 사라와 잠자리를 함께 하지 않았다는 표시로 은 1천 세겔을 아브라함에게 주었는데, 당시 은 30세겔은 장정 노예 한 사람의 몸값이었다.

왕 앞에서 물러난 아브라함은 그랄 왕 아비멜렉을 위해 하나님께 기도드렸다. 그러자 하나님은 아비멜렉과 그의 아내와 여종들의 병을 고쳐 주셨다. 앞서 사라의 일로 인해 하나님이 그들의 생식기에 질병을 일으켰던 것이다. 병이 낫게 되자 이후부터 그랄 왕 아비멜렉 집안의 여자들은 아기를 가질 수 있게 되었다.

21

이삭의 출생

아브라함의 집에서 들려오는
아기 울음소리
사라가 낳은 외아들 이삭의
울음소리가 우렁차네

마침내 언약의 아들 이삭이 태어나다 (21:1-7)

두 천사를 대동하고 아브라함의 장막을 방문하신 하나님은 '내년 이맘때' 아내 사라가 아들을 낳을 것이라고 약속하셨다. 이후에 사라는 자꾸 거북함을 느꼈다. 소화도 제대로 되지 않았고 구토가 일어났다.

혹시 임신한 것은 아닐까? 얼마 전 집에 찾아온 나그네들의 말이 생각났다. 아무리 그렇다고 해도 이미 폐경이 된 몸이 아닌가. 그럴 수는 없다고 고개를 저으면서도 몸은 아무래도 다른 말을 하고 있었다.

그렇게 몇 개월 정도가 지나자 정말로 임신을 했다는 사실을 확신하게 되었다. 그래서 남편에게 조심스레 임신 사실을 알렸다.

"여보, 기뻐할 소식이 있어요!"

"무슨 일인데 그래? 우리에게 기쁜 소식이라니… , 설마 다, 당신이…"

아브라함은 사라의 얼굴 표정을 유심히 살피고는 말을 이었다.

"당신, 설마 임신한 것은 아니…"

"맞아요, 제가 임신했어요! 아기를 가졌다구요!"

사라의 얼굴에 활짝 웃음꽃이 피어났다.

"아니, 그게 정말이요?"

"정말이라니까요! 그 나그네들의 예언대로 제가 당신의 아기를 가졌다고요!"

아브라함의 눈시울이 뜨거워졌다. 사라는 정말 난생 처음으로 밝게 웃었다. 사라의 임신은 그렇게 시작되었다. 월경이 다 끊어진 여인이 임신이라니, 그건 기적이라고 하지 않을 수 없었다.

나그네들이 아브라함 부부에게 임신과 출산을 예언한지 1년이 흘렀다. 사라에게 출산의 날이 되었다. 아브라함은 100세, 사라는 90세였다.

아브라함은 아침부터 장막 문 앞을 왔다 갔다 하며 애간장을 태웠다. 사라는 장막 내실에서 오랫동안 출산의 고통을 겪고 있었다.

고통에 찬 사라의 비명이 장막 밖으로 연신 새어나왔다. 늦은 나이의 초산이라 아브라함의 걱정은 이만저만이 아니었다.

아브라함은 속으로 기도하고 또 기도했다. 그리고 마침내, '응~~애!' 하는 갓난아이의 우렁찬 울음소리가 장막 주변에 가득 울려 퍼졌다.

"주인님, 주인님! 마님이 아이를 낳았어요, 사내아이예요!"

여종 하나가 사라의 장막에서 급히 뛰쳐나오며 장막 문 앞에서 초조하게 기다리던 아브라함에게 출산 소식을 알렸다.

"오, 그래? 참으로 감사한 일이구나. 그래, 둘 다 무사하냐?"

"네, 주인님! 마님과 아이 둘 다 건강해요."

기적의 출산이었다.

"오, 하나님. 감사합니다."

아브라함은 약속대로 대를 이을 자손을 주신 하나님께 경배드렸다. 가나안 땅에서 하나님께 처음 약속받은 지 25년이 지난 때였다. 75세에 약속을 받고 100세에 마침내 아들을 얻은 것이다. 참으로 오랜 기다림이었다.

"여보, 정말 큰일을 치렀소. 이젠 푹 쉬구려."

아브라함은 두 손으로 사라의 손을 꼭 잡아 주었다. 사라는 아이를 얻었다는 기쁨에 출산의 고통쯤은 까맣게 잊은 표정이었다. 미소를 함빡 띤 채 곁에 누인 아기를 감격스럽게 바라보았다. 아브라함도 갓난아기에게서 눈길을 떼지 못했다.

아브라함은 사라가 낳은 아들 이름을 '이삭'이라 지었다. 하나님의 지시대로였다. 이삭은 '웃음'이란 뜻이다. 이런 이름을 얻게 된 것은 하나님에게서 처음 아이의 출생 예언을 들었을 때 아브라함과 사라가 못 미더워서 속으로 웃었기 때문이다. 하지만 이제는 아이를 얻은 기쁨에 벅차서 둘은 웃고 있었다. 그래서 또 부모를 웃게 하는 이삭이다.

이삭이 태어난 지 8일째, 아브라함은 하나님의 지시대로 할례를 베풀었다. 하나님의 백성으로 새 출발한다는 선민의식이었다. 사라는 할례 받는 이삭을 보고 기쁨에 겨워 노래했다.

"하나님이 내게 웃음을 주셨도다. 내가 아들을 낳다니.
이 소리를 듣는 자마다 나와 함께 기뻐 웃겠지.
누군들 아브라함에게 말할 수 있었으랴.
사라가 제 자식에게 젖을 빨리게 될 줄을.
이제 보라, 아브라함의 나이 그토록 늙었건만
오늘날 내가 그에게 아들을 안겨 웃음을 주었도다."

하갈과 이스마엘 모자가 쫓겨나다 (21:8-21)

이삭은 부모는 물론 집안 사람들의 사랑을 듬뿍 받으며 무럭무럭 자라났다. 어느덧 젖을 뗄 시기가 되었다. 히브리 사회에서 영아들은 보통 3세 무렵에 엄마 젖을 뗐다.

이삭이 젖을 떼던 날, 아브라함은 전통적인 풍습에 따라 큰 잔치를 베풀었다. 살진 가축을 많이 잡고 풍성한 음식과 좋은 술을 마련한 뒤 동네 사람들을 초청했다.

"자, 많이들 드시오. 차린 것은 별로 없지만 마음껏 먹고 마시도록 하시오. 오늘은 정말 기쁜 날이오."

아브라함의 장막이 시끌벅적했다. 잔치 마당에는 웃음소리가 끊이지 않았다. 이삭은 사람들의 관심을 한몸에 받으며 마당을 아장아장 걸어 다녔다. 왁자지껄 웃고 떠드는 가운데, 사라도 동네 사람들의 축하를 연신 받고 있었다. 그러다가 잠시 이삭을 시야에서 놓쳐 버렸다.

'앗? 이삭이 어디 있지?'

갑자기 이삭이 생각나서 둘러보니, 마당 한쪽에서 놀고 있는 모습이 보였다. 그런데 하갈의 소생인 이스마엘이 한참 어린 이삭을 놀리고 꼬집으며 짓궂게 굴고 있었다.

"꼬마야, 너 나한테 혼 좀 나볼래?"

당시 이스마엘의 나이 17세, 한창 푸릇푸릇한 나이였다. 비록 서자이지만, 이삭이 태어나기 전까지는 아브라함의 유일한 아들이었다. 집안의 대를 이을 몸이었고, 그래서 모든 이들의 사랑과 관심을 오롯이 한 몸에 받았었다. 하지만 이삭의 출생으로 하루아침에 모든 것이 바뀌었다. 이삭에게 전부 빼앗기게 되었다. 집안사람들의 관심과 사랑도, 가문의 상속권도 모두 다 빼앗길 운명이었다. 이스마엘은 어린 이삭을 볼 때마다 시기심과 박탈감이 솟구쳐 올랐다. 그런 마음에서부터 이복동생 이삭만 보면 못살게 굴었다. 잔칫날에는 이삭에게 더욱 심술을 부렸다.

그런 학대 장면이 하필이면 사라의 눈에 딱 걸리고 말았다. 그 모습을 목격한 사라는 크게 화가 났다.

"저, 저런 못된 녀석이!"

서둘러 아이를 데리고 돌아왔지만, 거기에서 그칠 수 없었다. 잔치가 끝난 후, 사라는 아브라함에게 즉각 그 사실을 알렸다.

"여보, 이스마엘이 이삭을 놀리고 못살게 굴어요. 당신도 알고 있나요?"

"이스마엘이 왜 자기 동생을 못살게 굴겠소? 귀여워서 장난을 좀 쳤겠지."

"아니라니깐요, 당신이 직접 보지 못해서 그래요. 이스마엘은 분명 이삭을 놀리고 못살게 굴었어요. 이삭의 볼을 꼬집고 귀를 잡아당기기도 했다니까요."

"그럴 리가 있겠소?"

아브라함은 믿을 수 없다는 듯 심히 난처한 표정을 지었다. 그 틈을 타서 사라는 작심하고 말했다.

"여보, 이스마엘을 제 어미와 함께 쫓아내 버립시다. 아무것도 모르는 어린 이삭이 학대당하는 것을 더는 두고 볼 수 없어요. 또 내 아들 이삭이 차지해야 할 유산을 계집종의 자식과 나누어 가지게 할 수도 없어요."

사라의 말도 틀린 말은 아니었다. 그러나 아브라함의 입장이 사라와 완전히 같은 수는 없다. 아브라함은 괴로웠다. 가슴이 답답했다. 이럴 수도 없고 저럴 수도 없었다. 사라와 이삭을 생각하면 여종과 그녀의 아들을 내보내야 한다. 그러나 하갈과 이스마엘을 생각하면 쉽게 내보낼 수도 없는 노릇이었다. 아브라함에게는 여종 하갈이 낳은 이스마엘도 엄연히 자식이 아닌가. 또 첫 정이라는 것이 무 자르듯 그리 쉽게 떨어지는 것이 아니잖은가. 나날이 고민이 깊어 갔다. 아브라함은 하나님을 찾지 않을 수 없었다.

"아브라함아, 이스마엘과 그의 어미로 인해 괴로워하지 마라. 오직 이삭에게서 태어나는 자식만이 네 가문을 이을 씨가 될 것이다. 너는 사라가 말한 대로 하여라."

괴로워하는 아브라함에게 하나님이 나타나 말씀하셨다. 어쩌지 못하는 아브라함을 위해 하나님이 직접 교통정리를 해주신 것이다. 그러면서 이스마엘에 대한 약속도 해주셨다.

"아브라함아, 하지만 하갈이 낳은 아들도 네 자식이다. 내가 그 아들에게도 큰 나라를 이룰 수 있게 해주겠노라."

아브라함은 감복하지 않을 수 없었다. 이스마엘을 떠나보내는 아비에게는 천금 같은 위로가 아닐 수 없었다. 다음날 아침, 아브라함은 먹을 것과 물이 가득 든 가죽부대를 챙겨 하갈의 어깨에 메어주고는 아들과 함께 장막을 떠나게 했다.

"어딜 가든 부디 몸조심하고 아들을 잘 보살피도록 하시오. 미안하오."

아브라함은 무겁게 입을 열었고, 하갈은 이미 각오했는지 아무 말도 하지 않고 뚝뚝 눈물만 흘렸다. 아브라함은 이스마엘의 어깨를 감싸 안으며 나지막하지만 사랑이 담뿍 담긴 어조로 말했다.

"아들아, 어딜 가더라도 아브라함의 아들로 당당하게 살아가거라."

이스마엘은 어머니 하갈과 달리 아버지에 대한 원망의 눈빛을 감추지 못했다.

"아버지, 도대체 왜 우리가 떠나야 합니까?"

아브라함을 두 눈을 질끈 감았다가 뜨며 이스마엘에게 말했다.

"지금 내 사정을 다 말할 수는 없구나. 너도 아버지가 되면 알게 될 것이다."

"아버지, 너무하십니다."

이스마엘은 아브라함의 옷자락을 붙잡고 눈물을 보였다. 아브라함은 가슴이 찢어지는 것 같았지만, 이를 앙다물며 자식을 떼어놓았다.

"미안하구나. 부디 어머니를 잘 섬기고 성공하도록 해라. 항상 몸조심하고….”

이스마엘은 불만이 가득한 표정이었다. 하갈이 그런 아들을 달래며 아버지에게서 떼어냈다. 모자는 손을 잡고 집을 나섰다. 떠나가는 모자의 뒷모습을 바라보는 아브라함의 가슴은 미어졌다. 목이 메고 눈가에 눈물이 촉촉이 맺혔다. 힘든 걸음으로 정처 없이 장막을 떠나가는 모자를 안타까운 눈길로 오래 바라보았다.

아브라함의 장막을 떠나 아들과 함께 길을 나선 하갈은 브엘세바 광야를 헤매고 다녔다. 그 광야는 가나안에서 이집트로 가는 대상로였다. 이때 하갈은 아들과 함께 고향 이집트로 돌아가려 했다. 그러나 기후 조건상 자주 길이 바뀌는 광야에서 그만 길을 잃고 말았다. 광야를 헤매는 동안 가죽부대에 들어 있던 물도 다 떨어졌다. 햇볕은 종일 뜨겁게 내리쬐었고 갈증은 점점 심해졌다. 목이 바싹바싹 타들어 갔다.

이러다간 꼼짝없이 광야에서 죽고 말겠다는 마음이 들었다. 하갈은 불볕더위를 피해 덤불 그늘에 아들을 놓아두었다. 어디선가 물을 찾아야 했다. 그녀는 아들과 조금 떨어진 곳으로 비척비척 걸어가다가 털썩 주저앉았다. 아들과는 50m 가량 떨어진 곳이었다. 갈증으로 목이 타들어 가는지 열일곱 살의 이스마엘은 소리 내어 엉엉 울었다. 갈증도 갈증이지만 아버지에게 버림받았다는 분노가 억울한 울음으로 터져 나왔다.

하갈은 아들의 울음소리에 더욱 더 가슴이 미어지는 것 같았다. 아들이 저렇게 통곡하다가 죽을 것만 같았다. 하갈 역시 두려움과 억울함을 이기지 못해 대성통곡을 하기 시작했다. 그때였다.

“하갈아, 무슨 일이냐?”

주의 천사가 하늘에서 하갈을 불렀다.

“하갈아, 두려워하지 마라. 하나님이 네 아들의 우는 소리를 들으셨느니라.”

하갈은 그 즉시 알아차렸다. 하나님께서는 역시 하갈 자신이 아닌 이스마엘의 울음소리를 들으신 것이다. 어쨌든 이스마엘은 아브라함의 아들이 아닌가. 하나님께서는 아브라함을 위해 소돔 성에서 조카 롯을 구했듯이, 이번에도 아브라함을 위해 아들 이스마엘의 울음소리를 들으신 것이다. 그만큼 믿음의 조상 아브라함은 하나님에게 있어 소중한 존재였다. 하갈은 그 사실을 직감으로 알고 있었다.

"하갈아, 걱정하지 마라. 네 아들이 기특하지 않느냐? 너는 일어나 아들을 일으켜 세우고 그를 다독여 주어라. 내가 네 아들로 하여금 많은 민족들과 큰 나라를 이루게 하겠노라."

'아~ 주님!'

하갈은 감복했다. 그러니까 대략 18년 전 이스마엘을 임신했을 때가 떠올랐다. 그때 하갈이 여주인 사래의 구박을 피해 광야로 도망쳤을 때, 주의 천사가 나타나 돌아가라고 말씀하신 적이 있었다. 바로 그때의 주의 천사가 또 다시 나타나신 것이다. 울음을 그치고 나서야, 하갈은 그때의 천사가 다시 나타났다는 사실을 알게 되었다.

바로 그 순간, 하갈의 마음에는 왠지 생명의 샘이 아주 가까운 곳에 있을 것 같다는 생각이 들었다. 하나님이 하갈의 눈을 열어 주신 것이다. 과연, 얼마 떨어지지 않은 곳에 샘이 있었다. 하갈과 이스마엘을 살려주게 될 생명의 샘이었다. 하갈은 샘을 향해 달려가 가죽부대에 물을 가득 채웠다. 여자가 어머니가 되면 여자로서의 자신은 망각 속에 묻어버리는 것일까. 하갈은 감히 자신이 먼저 물을 마실 생각조차 하지 못하고 있었다. 어떻게든 이스마엘에게 어서 빨리 물을 가져다주어야 한다는 생각뿐이었다. 이스마엘은 덤불 그늘에서 훌쩍훌쩍 울고 있었다.

이스마엘은 정신없이 물을 받아마셨다. 이어 하갈도 물을 마시고 기운을 차렸다. 기운을 차리자 길이 보였고, 다시 방향을 잡아 길을 떠났다. 그리고 광야 어딘가에 둘은 무사히 정착했다.

이스마엘은 비록 서자이지만 어디까지나 아브라함의 아들인지라 하나님이 그를 보살펴주셨다. 이스마엘은 어른이 되어 활 쏘는 사람이 되었다. 호전적이고 전투적인 용사가 된 것이다. 이스마엘이 성장하여 바란 광야에서 거주하게 되었을 때, 그의 어미 하갈이 이집트 처녀를 데려와 짝을 지어 주었다.

아브라함과 아비멜렉이 평화 조약을 체결하다 (21:22-34)

당시 아브라함은 가나안 남방의 브엘세바 지역에 살고 있었다. 브엘세바는 헤브론에서 남서쪽 방향으로 45km 지점에 위치해 있는 고대의 주요 성읍이다. 하루는 블레셋 땅에서 그랄 왕 아비멜렉이 군사령관 비골을 대동하고 아브라함을 찾아왔다.

"아브라함이여, 그대가 하는 일마다 그대의 하나님께서 항상 함께하시는구려."

선한 말로 인사하는 것으로 보아 좋은 일로 아브라함을 찾아온 것이 분명했다.

"알다시피 나는 지금껏 그대에게 잘 대해 주었소. 그러니 그대도 내게 잘 대해 주었으면 하오. 하나님 앞에서 내게 맹세해 주시오. 나와 내 아들과 내 후손들에게 거짓된 행동을 하지 않고 대대로 호의를 베풀겠다고 말이오."

상호 불가침 조약인 평화조약을 맺자는 것이었다. 한 도시국가의 왕이 일개 부족장에게 그런 의사를 내비친 것이다. 이는 아브라함의 세력이 그 일대에서 무시하지 못할 정도로 커졌다는 사실을 보여준다. 하나님이 아브라함에게 크게 복 주시고 그를 보살펴 주신 결과였다.

"좋습니다. 그렇게 하도록 합시다. 내가 맹세하지요."

그랄 왕 아비멜렉은 평화의 사람 아브라함이 내미는 화친의 손길을 기꺼이 받아들였다. 하지만 아브라함은 일전에 그랄 왕의 종들이 자신의 우물을 빼앗은 일을 기억하고는 그 문제를 상기시켰다.

“아니, 그런 일이 있었단 말이오?”

처음 듣는 얘기라는 듯 그랄 왕이 당황해하며 말을 이었다.

“사실 난 누가 그런 짓을 했는지 전혀 알지 못하오. 그대도 그런 일이 있었다는 것을 여태 말한 적이 없지 않소? 하지만 걱정 마시오. 앞으로는 절대로 그런 짓을 못 하도록 종들에게 단단히 일러두겠소.”

모든 일이 순조롭게 해결되었다. 아브라함과 아비멜렉은 평화조약을 체결했다. 아브라함은 새끼 암양 일곱 마리를 건네주었다.

“이것들을 받아 주시오. 내가 이곳의 우물을 팠다는 증거로 드리는 것이오.”

고대 히브리 사회에서 일곱은 신성한 맹세의 숫자였다.

“알겠소. 이곳 우물들은 분명 그대의 것이오.”

이렇게 해서 아브라함은 브엘세바 일대의 우물들을 합법적으로 소유하게 되었다. 물이 귀한 광야 지대에서는 우물만큼 소중한 재산이 없었다. 우물은 한 부족의 생존과 직접 결부되어 있었다. 사막 지방에서 부족 간의 전쟁은 대부분 물 때문이었다. 그런 물을 안정적으로 확보하게 된 것이다. 그날 두 사람은 우물을 두고 맹세하였으므로 그곳을 ‘브엘세바’라고 불렀다. ‘맹세의 우물’이란 뜻이다.

그랄 왕 아비멜렉과 군사령관 비골은 아브라함과 더불어 평화조약을 맺은 뒤 블레셋 땅으로 되돌아갔다. 아브라함은 그날의 조약을 기념하여 브엘세바에 에셀나무를 심고 영원히 살아 계시는 주 하나님께 예배를 드렸다. 에셀나무는 시나이 반도에서 주로 생육하는 상록수다. 이후 오랫동안 아브라함은 브엘세바에서 평화롭게 살았다.

22

여호와이레

가까스로 얻은 아들을 바치라니
이게 웬 날벼락인가
차라리 이 목숨을 달라 하소서
그럼에도 아브라함은 길을 떠나네

여호와이레 하나님 -주께서 준비하시리라 (22:1-24)

이삭이 무럭무럭 자라남에 따라 아브라함의 장막에는 웃음이 늘어갔다. 하하하, 호호호, 허허허. 이삭의 행동 하나, 표정 하나마다 웃음이 터져 나왔다. 이삭은 아브라함의 장막에 날마다 웃음꽃을 활짝 피웠다. 눈에 넣어도 아프지 않다는 말은 이삭을 두고 한 말인 듯했다. 그런 이삭은 아브라함 부부의 전부였다. 바라보고만 있어도 절로 미소가 흘렀다. 기적처럼 얻은 아들은 아브라함과 사라의 기쁨이고 소망이었다. 날마다 젊어지는 기분이었고 새로운 인생을 사는 것 같았다.

이삭은 건강하게 자라났다. 어느덧 어린 티를 벗고 청소년으로 자라났다. 한 번도 속 썩이는 일 없이 고분고분 순종하고 매사에 예의바르게 행동했다. 그런 이삭을 아브라함은 한없이 사랑하고 또 사랑했다.

그러던 어느 날, 하나님이 아브라함을 부르셨다.

"아브라함아!"

"네, 하나님. 제가 여기 있습니다."

아브라함이 머리를 조아리며 대답했다.

"아브라함아, 네가 끔찍이 아끼는 외아들 이삭을 데리고 모리아 산으로 가라. 내가 지시한 그 산으로 가서, 그 아이를 내게 번제물로 바쳐라."

순간, 아브라함은 자신의 귀를 의심했다. 하지만 분명 잘못 들은 게 아니었다. 모리아 산은 아브라함의 장막이 있는 브엘세바에서 북쪽으로 80km 정도 떨어진 곳에 있는 바위산이다. 예루살렘을 둘러싸고 있는 산악지역으로 북동쪽에 있다. 훗날 솔로몬 성전이 이곳에 건축된다.

아브라함은 하나님의 말씀을 아무래도 믿을 수가 없다. 분명히 외아들 이삭이라고 하시면서, 이삭을 희생 제물로 바치라니! 외아들이라면 하나밖에 없다는 뜻이 아닌가? 다시 자식이 주어질 리도 만무하다. 그런데 그렇게 어렵게 얻은 내 아들 이삭을… 하나뿐인 내 외아들 이삭을 바치라고? 도대체 하나님은 무슨 뜻이 있어서 외아들을 바치라는 것인가?

아브라함은 괴로웠다. 아무래도 하나님을 납득할 수가 없었다. 하지만 납득할 수 없는 것이 어디 한두 번인가? 사람의 마음으로는 하나님을 헤아릴 수가 없다. 하지만 그래도, 그렇다고 해도…. 사라에게조차 하나님의 그런 명령을 있는 그대로 말해줄 수가 없었다. 밤새도록 잠 못 이룬 채 뒤척거렸다. 이삭의 해맑은 얼굴이 자꾸만 떠올랐다. 그렇게 번민과 상념의 밤이 깊어 갔다. 까만 밤을 하얗게 지새웠다.

다음날 이른 아침이었다.

"여보, 이삭과 함께 어딜 좀 다녀오리다. 하나님께 제사를 드려야겠소."

"제사라고요? 어디에서 제사를 드리려고요?"

"아들과 조용한 장소에서 예배를 드리며 하나님을 묵상하고 싶소."

▲ 이삭과 함께 모리아 산으로 가는 아브라함.

다른 때와는 달리 얼굴에서 웃음기라고는 찾아볼 수 없는 남편에게 무슨 일이 있는 것일까. 하지만 사라는 아브라함의 근엄한 표정 앞에서 감히 물어볼 수조차 없었다.

"그래요? 그럼, 조심해서 다녀오세요."

그리 대답하고는 사라는 이삭을 챙기기에 바빴다.

"아들, 아버지 말씀 잘 듣고 몸조심하고…."

영문을 모르는 사라는 이삭의 옷매무새를 이리저리 고쳐 주며 다정스럽게 말했다. 아브라함은 나귀에 안장을 얹고 번제용 장작을 준비한 다음, 아들 이삭과 두 종을 데리고 하나님이 지시하신 모리아 산으로 길을 떠났다. 발걸음이 천근만근이었다.

길을 떠난 지 사흘째, 저 멀리 모리아 산이 아브라함의 눈에 들어왔다. 막상 그 산을 보니 또다시 가슴이 막혔다. 아브라함이 종들에게 말했다.

"너희는 여기서 나귀와 함께 잠시 기다려라. 나와 이삭은 저 산에 올라가서 하나님께 제사를 드리고 돌아오도록 하마."

그리고는 아들에게 번제용 장작을 짊어지고 가도록 했다. 이삭은 그것이 자기 자신을 태울 땔감이 될 것이라고는 꿈에도 모르고, 장성한 아들의 모습을 아버지에게 자랑이라도 하는 것처럼 거침없이 무거운 짐을 짊어졌다. 불과 칼을 챙기면서 아브라함은 가슴이 미어지는 것 같았다.

산으로 올라가는 내내 말이 없었다. 긴 침묵이 어색했던지 이삭이 물었다. 쾌활한 목소리였다. 이삭은 오랜만에 장막을 멀리 벗어나 아버지와 단둘이서 긴 여행을 떠난 게 들뜨고 좋았다.

"아버지, 하나님께 제사를 드린다면서 왜 불과 칼과 장작만 가지고 가세요? 번제물로 바칠 양은 어디에 있어요?"

아들의 한마디 한마디가 아브라함의 가슴을 때렸다. 하지만 아무렇지 않은 듯 침착하게 대답했다.

"얘야, 그건 걱정 말아라. 하나님이 알아서 마련해 주실 거야."

정말 그렇게 되기를 아브라함은 여행 내내 빌고 또 빌었다. 두 사람은 계속 산으로 올라갔다. 마침내 하나님이 가라고 지시한 곳까지 이르렀다. 모리아 산 중턱의 어느 바위 언덕이었다.

"아버지, 하나님께 제사드릴 장소가 여기예요? 그런데 양은 어디 있어요?"

이삭이 주위를 두리번거리며 양을 찾았다. 그러는 사이, 아브라함은 말없이 돌 제단을 차곡차곡 쌓아 올렸다. 제단이 완성되자 그 위에 번제용 장작을 하나씩하나씩 포개어 놓았다. 그런데 아버지의 그런 모습이 이삭의 눈을 사로잡았다. 평소 자상하고 다정스러운 아버지의 모습이 아니었다. 결의에 찬 듯 입술을 굳게 다물고 마음이 무거운 듯 묵묵히 할 일만 하고 있었다.

그제야 이삭은 이상한 낌새를 느꼈다. 정말 이상했다. 장막을 떠나 모리아 산에 이르기까지, 그리고 산에 와서도 아버지는 이삭의 얼굴을 제대로 바라본 적이 없었다. 한 번도 이삭의 눈을 마주보지 않았다. 하루에도 수십 번씩 바라보며 웃고, 눈길 마주치며 미소 짓던 아버지의 모습이 아니었다.

이삭은 무엇인가 자신에게 큰일이 닥쳐오고 있음을 직감했다. 그렇다면, 자신이 바로 희생 제물로 바쳐진다는 뜻이 아닐까. 희생 제물로 바쳐질 양은 따로 없다. 자기 자신이 바로 양인 것이다. 정말, 정말 그런 일이 있을 수 있을까. 아버지는 외아들인 자기 자신을 하나님께 바칠 속셈이란 말인가. 도저히 믿을 수 없는 일이었다. 그래도, 이삭은 희미하게나마 이해하고 있었다. 하나님과의 관계 속에서는 어떠한 일도 벌어질 수 있다는 것을. 그는 아버지가 무서워졌다. 하나님이 무서워졌다. 마침내 아버지가 어렵게 입을 뗐다.

"아들아, 내 아들아, 하나님은 바로 너를…. 너 이삭을 희생 제물로 원하셨단다."

거짓말 같은, 도저히 믿고 싶지 않은 현실이었다. 그러나 지금 제단 위에는 번제용 장작이 다 쌓아올려져 있고, 그 위에 자신이 제물로 놓여져야 한다. 그것이 정녕 하나님의 뜻이라면, 아마도 아버지 아브라함은 아무리 자기의 뜻과 다르더라도 하나님을 따를 것이다. 이삭은 그런 아버지를 이미 알고 있었다. 아버지의 마음속에는 결국 외아들인 자기보다도 하나님이 훨씬 더 위에 있다는 것을. 자기 자신이 아무리 소중한 존재라 할지라도, 그 순위를 뒤바꿀 수는 없다는 것을.

정녕 그렇다면, 아버지는 자신을 저 장작더미 위에 나를 올려놓고, 그리고 불을 붙이고 말 것이다. 어쩌면 그런 아버지에게서 도망칠 수 있을지도 모른다. 모든 것을 다 뿌리치고 달아나는 것은 그리 어려운 일이 아니다. 이삭은 팔팔하고, 아버지 아브라함은 늙고 노쇠하셨으니까. 하지만 이삭은 반항할 마음이 없었다. 이삭은 아버지의 속마음을 이미 다 알고 있다는 듯 순순히 자신의 몸을 아버지의 손길에 맡겼다.

아브라함은 고개를 떨군 채 이삭을 밧줄로 묶기 시작했다. 이삭은 마치 정해진 순서를 따르듯이 조금도 저항하지 않았다. 아브라함은 속울음을 삼키고 또 삼키면서 꽁꽁 묶인 이삭을 묶어 장작더미 위에 올려놓았다. 아니, 이삭 스스로 장작더미 위에 누웠다. 이삭은 기도하는 심정으로 가만히 두 눈을 감았다. 이제 어쩔 수가 없다. 주님께 모든 것을 다 맡기는 수밖에는.

'주님, 이제 이 몸을 주님께 바치니 받아 주소서.'

이삭은 뜨거운 눈물을 삼키며 속으로 기도했다. 머나먼 훗날, 사람들은 모리아 산에서 보았던 이 광경을 갈보리 산에서 또 보게 된다. 그리고 온 인류의 가슴에 깊이 각인된다.

아브라함은 손에 칼을 잡았다. 파르르 손이 떨렸다. 입술을 앙다물고 양손으로 칼을 꽉 움켜쥔 채 위로 번쩍 치켜들었다.

'주여, 제게 주신 외아들 이삭을 이제 주께 돌려 드리나이다. 받아 주소서.'

속으로 기도하면서 사랑하는 이삭의 심장을 향해 막 칼을 내리꽂으려는 찰나였다.

"아브라함아! 아브라함아!"

하나님이 다급한 목소리로 아브라함을 찾으셨다. 거듭 거듭 아브라함을 부르셨다. 아브라함이 아들의 심장에 칼을 꽂으려는 순간, 누군가 자신의 팔을 꽉 붙드는 것 같은 느낌을 받았다. 주의 천사였다.

"아브라함아, 아브라함아! 그 아이에게서 당장 손을 떼라. 그 아이에게 어떤 짓도 하지 마라."

주의 천사가 다급한 목소리로 말했다. 아브라함의 손길이 멈추자 천사가 말을 이었다.

"알았다, 알았노라. 이제야 알겠노라. 그토록 아끼는 외아들까지도 주저하지 않고 내게 바치는 걸 보니, 네가 얼마나 나를 경외하는지 이제야 알겠노라."

하나님이 아브라함을 시험하신 것이다. 하지만 그 시험은 아브라함을 유혹에 빠뜨려 실족시키려는 시험(temptation)이 아니었다. 더욱 성숙한 믿음의 조상으로 단련시키기 위한 시험(test)이었다. 아브라함은 하나님께 대한 전적인 사랑과 믿음으로 혹독한 시험을 통과해 냈다.

이로 인해 아브라함은 후세에 믿음의 조상이라 불리게 된다.

음~메~에~. 그때 어디선가 짐승의 울음소리가 들렸다. 아브라함이 주위를 둘러보니 숫양 한 마리가 가시덤불에 뿔이 걸려 꼼짝달싹 못 하고 있었다. 아브라함은 그 숫양을 끌고 와서 이삭 대신 번제물로 바쳤다. 그런 뒤 아브라함은 그곳 이름을 '여호와이레'라 불렀다. '하나님께서 마련하신다'라는 뜻이다. 과연 주께서는 이삭을 대신할 제물을 미리 준비해 놓으셨던 것이다. 그때 주의 천사가 하늘에서 두 번째로 아브라함을 불러 말씀하셨다.

"아브라함아, 내가 나를 두고 맹세하노라. 네가 그토록 애지중지하는 외아들까지도 아끼지 않고 내게 바쳤으니 내가 네게 복을 내리겠노라. 네 후손이 하늘에서 총총히 빛나는 수많은 별들처럼, 바닷가에 무수히 널려 있는 모래알처럼, 번성하게 될 것이다. 네 후손은 원수들을 쳐부수고 그들의 성읍을 능히 차지하게 될 것이다. 세상의 모든 민족들과 나라들이 네 후손으로 말미암아 복을 받을 것이다."

여기서 후손은 육적으로는 아브라함의 후손인 '이스라엘'이다. 하지만 영적인 의미에서의 참된 후손은 장차 아브라함의 혈통을 통해 이 땅에 오실 '메시아 예수'를 가리킨다. 메시아 예수로 인해 땅 위의 모든 사람들이 참된 구원의 복을 받게 되는 것이다.

한편, 여기서 아브라함에게 복을 베푼 '주의 천사'는 좀 특별하다. 성경을 자세히 살펴보면, 이 같은 주의 천사는 하나님께 지음 받은 일반 천사가 아니다. 천사는 사람에게서 경배를 받을 수도 없고, 사람에게 복을 베풀 수도 없다. 여기에서 아브라함에게 경배를 받고 또 복을 베푼 주의 천사는 하나님이다. 좀 더 구체적으로 말하면, 성육신 이전의 예수 그리스도, 곧 제2위 하나님인 성자 하나님이다. 피조물이 된 사람이나 천사는 하나님께 복을 빌 수는 있지만 복을 베풀 수는 없다. 오직 성부, 성자, 성령의 삼위 하나님만이 복을 베푸실 수 있다.

그런데 삼위 하나님 중 사람이나 천사의 형상을 갖추고 이 땅에 임하신 분은 제2위 하나님이신 성자 하나님뿐이다. 성자 하나님이 성육신하기 이전의 구약 시대에도 택한 백성의 구원을 위해 적극적으로 활동하셨음을 알 수 있다.

아브라함과 이삭은 모리아 산에서 숫양을 잡아 제사를 드린 후 종들이 기다리고 있는 곳으로 내려왔다. 그들은 브엘세바의 장막으로 돌아가 거기에서 계속 살았다.

아브라함의 동생 나홀의 가계 - 리브가에 주목하라 (22:20-24)

모리아 산 사건이 있은 지 얼마 후, 아브라함은 동생 나홀의 소식을 들었다. 아브라함에게는 두 동생이 있었다. 막내동생 하란은 고향 갈대아 우르에서 일찌감치 죽었다. 바로 아래동생 나홀은 당시 메소포타미아 북부 지역의 하란 땅에서 살고 있었다. 아브라함은 그곳을 다녀온 대상(隊商)에게서 나홀에 관한 안부를 전해 들었다. 밀가와의 사이에서 여덟 자식을 두었다는 소식이었다.

나홀의 여덟 자식은 태어난 순서대로 이러했다. 맏아들 우스, 둘째 부스, 셋째 그므엘, 넷째 게셋, 다섯째 하소, 여섯째 빌다스, 일곱째 이들랍, 여덟째 브두엘이다. 나홀의 막내아들 브두엘은 슬하에 1남 1녀를 두었다. 아들은 라반이고, 딸은 리브가였다.

아브라함의 동생 나홀의 가계가 소개된 이유는 브두엘의 딸 리브가 때문이다. 나홀의 손녀요, 브두엘의 딸이며, 라반의 여동생인 리브가는 이후에 아브라함의 아들 이삭과 혼인한다. 그런 뒤 쌍둥이 아들 에서와 야곱을 낳는다. 말하자면 그녀는 언약 가문의 며느리요 아내요 어머니가 되는 중요한 인물이다. 그래서 이삭의 혼인 문제를 다루기에 앞서 나홀의 가계가 먼저 소개된 것이다.

23

사라의 죽음과 장례

아브라함의 아내 사라가
127세에 세상 떠나자
아브라함은 슬픔에 겨워 울다
사라가 묻힐 땅을 구하러 다니네

사라의 죽음과 그녀의 매장지 막벨라 동굴 (23:1-20)

아브라함이 브엘세바에 거주한 지도 어언 40여 년이 되었다. 그 뒤 아브라함은 브엘세바를 떠나 헤브론으로 거처를 옮겼다. 헤브론은 아브라함 일행이 맨 처음 가나안 땅에 들어와 20년 가까이 살던 곳이다. 브엘세바 북동쪽 45km 지점에 위치한 성읍이다. 예루살렘에서는 남서쪽으로 30km 지점에 있다.

헤브론에 거주하던 시기에 아브라함의 아내 사라가 노환으로 몸져누웠다. 아브라함과 이삭은 사라의 임종이 다가오고 있음을 알았다. 사라는 거의 죽은 듯이 누워 있었다. 이제 막 숨이 넘어가려는 순간이 다가왔다. 아브라함은 아내의 얼굴을 쓰다듬으며 나직하게 말했다.

"여보! 기운 좀 차려요. 눈 좀 떠 봐요."

사라는 그 음성을 알아들었는지 살짝 눈을 떴지만 힘이 드는지 다시 감았다. 얼굴에는 표정이 없었다. 아브라함은 마음을 단단히 다잡았다.

이삭의 음성은 더 절절했다.

"어머니! 저 이삭이에요. 아, 어머니!"

그 소리에 사라가 눈을 다시 떴다. 눈동자에 잠깐 빛이 들어왔다가 이내 사라지며 아예 눈을 감아 버렸다.

"어머니! 아, 어머니…!"

이삭은 애타게 어머니의 이름을 불렀지만 세상을 떠나는 어머니를 더 이상 붙잡을 수 없다는 것을 알았다. 그래도 애통해하며 계속 어머니를 불렀다. 어깨에 닿는 아버지의 손길이 느껴졌다. 아버지의 손길은 억세었지만 따뜻하게 다가왔다.

사라가 임종을 맞이했다. 향년 127세. 남편 아브라함을 따라 갈대아 우르 땅을 떠나 하란을 거쳐 가나안 땅에 들어온 지 62년, 그토록 애타게 기다리던 아들을 낳은 지 37년째 되던 해였다. 믿음의 조상 아브라함의 아내가 되어 언약의 후사를 잉태하고 출산했다. 이렇게 메시아의 길을 예비한 복된 여인 사라가 127세를 일기로 하늘의 부름을 받은 것이다.

그래서일까. 성경은 여인들 가운데 유일하게 사라의 향년을 기록함으로써 그녀의 죽음을 오래도록 추모한다. 사라의 임종 때 아브라함은 137세이고 이삭은 37세였다.

아브라함은 눈을 감은 아내의 가녀린 손을 잡고 하염없이 울었다. 아내와 살았던 날들이 눈앞에 파노라마처럼 펼쳐졌다. 한 동네에서 살았던 어린 시절, 사랑을 고백하던 날, 혼인식…. 고향 친척을 떠나야 한다는 말에 말없이 따라 준 아내는 참으로 고마운 사람이었다.

아브라함은 아내의 시신 옆에서 오래도록 흐느꼈다. 그녀와 함께했던 생사고락을 생각하니 울음이 그치지 않았다. 아내로서, 누이로서, 벗으로서 함께 울고 웃었던 동고동락의 긴 세월이었다. 그런 아내를 떠나보내려니 눈물이 그치지 않았다. 하지만 언제까지 슬퍼하며 울고 있을 수만은 없었다. 당장 아내를 장사 지내는 일이 급선무였기 때문이다.

팔레스타인은 더운 지방이었지만 지중해의 영향으로 다습했다. 시체가 금방 부패하여 사후 24시간 이내에 장사하는 것이 관례였다. 아브라함이 사라의 죽음을 놓고 마냥 슬퍼하지 못하고 서둘러 매장지를 구한 까닭도 이 때문이다.

아브라함은 헷 사람들을 찾아갔다. 그들은 아브라함이 거주하던 헤브론 성읍의 원주민들이다. 헷(히타이트) 족속은 함의 손자요 가나안의 아들인 헷의 후손이다. 일찍부터 가나안 땅에 이주하여 여러 지역을 차지한 채 크게 위세를 떨치고 있었다.

"여러분, 내 말 좀 들어 보십시오. 여러분도 알다시피 저는 여러분에게 몸 붙여 사는 나그네에 불과합니다. 하지만 이곳에서 제 아내가 죽었소. 이제 내 아내를 장사 지내려 하니 여러분 소유의 땅을 제게 좀 파시길 바랍니다."

아브라함이 머리 숙여 정중하게 부탁했다. 아브라함은 장차 가나안 땅이 하나님의 약속대로 자기 후손들의 터전이 될 것이라는 확신이 있었다. 그래서 사라의 시신을 가나안 땅 헤브론에 매장하려는 것이다.

"어르신, 우리는 평소 덕망 높은 어르신을 존경해 왔습니다. 우리가 어찌 어르신의 부탁을 거절할 수 있겠습니까? 우리가 가진 매장지 가운데 마음에 드는 곳을 골라 고인을 잘 모시길 바랍니다. 어르신이 쓰시겠다고 하면 누구도 반대할 사람이 없을 것입니다."

헷 사람들은 어느 모로 보나 아브라함이 반듯한 사람임을 잘 알고, 이미 모두가 존경의 마음을 품고 있었다. 당시의 사회에서 아브라함은 인격적인 면에서는 물론이고 재력적인 면에서도 명망과 영향력이 대단했던 것이다.

"고맙소. 제 아내를 이 땅에 장사 지낼 수 있도록 흔쾌히 허락해 주시니 참으로 고맙소이다."

아브라함은 공손히 허리 굽혀 절했다. 그런 뒤 말을 이었다.

"그렇다면 소할의 아들 에브론이 소유한 밭이 있잖습니까? 그 밭의 끝자락에 있는 막벨라 동굴을 제게 팔라고 전해 주십시오. 값은 충분히 쳐드릴 테니 그 동굴을 제 아내의 묘실로 삼게 해주십시오."

'막벨라 동굴'은 '이중의 동굴'이란 뜻이다. 굴 안에 또 다른 굴이 있어 그렇게 불렀던 것이다. 히브리인들은 고대인들이 일반적으로 화장을 했던 것과 달리 시신을 동굴이나 토굴에 매장하는 풍습이 있었다.

마침 소할의 아들 에브론도 그 자리에 앉아 있었다. 그가 자리에서 일어나 성문 광장에 나와 있는 헷 사람들 앞에서 아브라함에게 큰 소리로 말했다.

"어르신, 제 소유인 밭을 그냥 드리겠습니다. 밭에 딸려 있는 동굴까지 함께 드리도록 하겠습니다. 그곳에 고인을 잘 모시도록 하십시오."

고대 사회에서 성문 광장은 매매, 재판, 집회 등이 이루어지던 공공장소였다. 거기에서 공개적으로 말을 한 것이므로, 수많은 증인들 앞에서 구두 계약을 한 것이나 마찬가지였다. 아브라함은 또다시 허리 굽혀 절한 뒤, 모두가 듣는 자리에서 에브론에게 말했다.

"그대의 호의는 참으로 고맙지만 어찌 그 밭을 공짜로 얻을 수 있겠소. 값을 충분히 지불한 뒤 아내를 장사 지내도록 하겠습니다."

그러자 에브론이 대답했다.

"어르신, 값으로 치자면 밭 값은 은 400세겔입니다. 하지만 우리 사이에 어찌 밭 값을 따질 수 있겠습니까? 그러니 그냥 그곳에 고인을 모시도록 하십시오."

명망 있는 지역의 유지들이 밭 값을 놓고 흥정하는 것은 점잖지 못하다는 의미였다. 은 한 '세겔'의 대략 11.5g으로, 노동자 4일치의 품삯에 해당하는 가치를 지녔다. 은 30세겔은 당시 장정 노예 한 사람의 몸값이었다.

▲ 사라가 매장된 막벨라 동굴.

아브라함은 헷 사람들이 보는 가운데 밭 값으로 은 400세겔을 에브론에게 건네주었다. 그러자 에브론은 밭과 그 밭에 딸린 동굴과 나무들을 아브라함에게 넘겨주었다. 많은 증인들 앞에서 정식으로 매매계약이 성립된 것이다. 본래 에브론 소유였던 마므레 숲 앞의 밭, 그 밭에 딸린 동굴, 밭 주변의 나무들이 아브라함의 소유로 명의가 변경되었다.

아브라함이 굳이 정당한 값을 치르고 밭을 구매한 일은 아주 지혜롭고 현명한 처사였다. 만일 에브론의 처음 제안대로 그의 호의를 좋게 받아들여 공짜로 취했더라면, 훗날 상황 변화에 따라 에브론의 후손으로부터 언제든지 소송을 당해 시빗거리가 될 수 있었다. 하지만 많은 증인들 앞에서 정당한 값을 지불하고 문서로 된 매매 증서를 소유함으로써 이후에라도 다른 말을 일체 할 수 없게 만들었다.

이렇게 해서 아브라함은 비록 자그마하지만 약속의 땅 가나안에서 자신의 명의로 된 최초의 땅을 소유할 수 있었다. 당시 아브라함은 137세로 가나안 땅에 첫 발을 내디딘 지 62년째 되던 해였다(주전 2029년경).

매매 계약을 체결한 후에야 아브라함은 헤브론 땅 막벨라 동굴에 아내 사라를 장사 지냈다. 이후로 이 동굴에는 아브라함 부부, 이삭 부부, 야곱 부부가 묻혔다. 이스라엘 백성의 3대 조상이 묻힌 유서 깊은 선영이 된 것이다.

24

이삭과 리브가

아브라함의 종이 이삭의 짝을 찾아
하란 땅 나홀 성에 이르러
우물 곁에 앉아 기도할 때
물 길으러 오는 리브가를 보네

머나먼 하란 땅에서 이삭의 신붓감을 구하다 (24:1-67)

막벨라 동굴에 사라를 장사 지낸 지도 3년이 지났다. 아브라함은 140세, 이삭은 40세였다. 아브라함이 가나안 땅에 들어와 거주한 지도 어언 65년이 흘렀다.

3년 전에 일생의 반려자를 먼저 떠나보낸 아브라함은 생의 황혼기를 맞아 외로웠다. 자신도 머잖아 맞게 될 죽음을 예견하고 그동안 차일피일 미룬 중차대한 일을 처리해야 할 필요성을 절감했다. 40세가 될 때까지 배우자 없이 홀로 있는 아들 이삭의 혼인 문제였다. 마음이 다급해졌다. 그는 집안일을 맡아 관리하는 청지기를 불렀다.

"그대에게 아주 중요한 일을 맡기려 하네."

"네, 주인님. 말씀만 하십시오."

그 청지기의 이름은 엘리에셀로, 다마스쿠스 출신이었다. 이스마엘과 이삭이 태어나기 전에는 집안 상속자로 점찍어 둘 만큼 신실하고 충성된 노종이었다. 오랜 세월 아브라함의 장막에서 동고동락했기에 누구보다도 아브라함의 의중을 잘 아는 믿음직한 청지기였다.

“먼저 내 환도뼈 밑에 그대 손을 집어넣고 맹세부터 하게.”

뭔지 몰라도 아주 중요한 일인 것만은 분명했다. 환도뼈는 사타구니 뼈를 가리킨다. 할례 대상인 남근 아래의 환도뼈에 손을 넣고 맹세하는 것은, 그 맹세의 중요함과 엄숙함과 신성함을 반영하는 것이다. 아브라함의 청지기는 잔뜩 긴장된 표정으로 자기의 손을 아브라함의 환도뼈 아래에 넣었다.

“그대는 천지를 지으신 하나님을 두고 맹세하게. 자네가 할 일은 내 며느릿감을 골라 오는 일일세. 하지만 이곳 가나안 족속들의 딸들 중에서는 고르지 말게나. 내 피붙이가 있는 내 고향으로 가서 내 아들 이삭의 신붓감을 골라 오겠다고 맹세하게.”

언약 가문의 족장으로서 신앙의 순결성과 혈통의 순수성을 보존하려는 중대한 조치였다. 그러자 청지기가 맹세하기 전에 물었다.

“주인님, 만약 제가 고른 여인이 저를 따라 이 땅으로 오지 않겠다고 하면 어찌해야 합니까? 제가 도련님을 모시고 주인님의 고향으로 가야 합니까?”

문명의 도시 하란에 비해 가나안 땅은 척박한 곳이었다. 일가친척과 친구들이 있는 정든 고향을 떠나 낯선 사람들이 사는 낯선 땅으로 따라 나설 처녀를 찾는다는 것은 쉬운 일이 아닐 것이다. 더군다나 신랑 될 사람의 얼굴이나 신상 정보도 알지 못하니 그럴 가능성은 충분했다. 아브라함의 대답은 단호했다.

“안 되네. 그건 아닐세. 어떤 경우라도 이삭을 그리로 데려가서는 안 되네. 여인이 따라오려고 하지 않는다면 지금 하는 맹세를 지키지 않아도 되네.”

아브라함은 집안 청지기 엘리에셀에게 확신을 심어 주었다.

"일찍이 주 하나님께서 내게 맹세하시기를, 이 땅을 내 후손에게 주시겠노라 하셨네. 그대보다 앞서 하나님이 천사를 보내어 거기서 내 아들 이삭의 신붓감을 데려올 수 있도록 모든 일을 형통하게 인도하실 것이네."

그러면서 다시금 경고하듯 당부했다.

"내 아들 이삭을 절대 그곳으로 데려가서는 안 되네."

혹시라도 이삭이 그리로 갔다가 그곳에 눌러살까 봐 노파심에서 신신당부한 것이다. 언약의 후사 이삭이 약속의 땅 가나안을 벗어나게 하는 일은 없도록 하겠다는 굳은 의지였다. 그제야 청지기는 주인 아브라함의 환도뼈 밑에 손을 넣고 맹세했다.

청지기 엘리에셀은 신부 집에 보내는 선물과 패물을 열 마리 낙타에 실은 뒤, 몇몇 젊은 종들을 데리고 길을 떠났다. 헤브론에서 주인의 동생 나홀이 살고 있는 북부 메소포타미아의 하란까지는 대략 800km, 2천 리나 되는 먼 길이다. 부지런히 가더라도 25일 정도 걸린다. 이삭의 신붓감을 찾아 아브라함의 장막 집을 떠난 청지기 일행은 부지런히 걷고 또 걸었다.

오랜 여행 끝에 청지기 일행은 하란 땅의 한 성읍에 이르렀다. 그들은 성읍 밖 우물가에 앉아 휴식을 취했다. 짐을 부려 낙타들도 쉬게 했다. 때는 동네 아낙들이 우물로 물을 길으러 나오는 저녁 무렵이었다. 청지기는 간절히 기도했다.

"아브라함의 하나님, 제 주인 아브라함에게 은총을 베푸셔서 오늘 이 종의 일이 형통할 수 있도록 도와주소서. 이제 마을 여자들이 이곳 우물로 나올 것입니다. 그때 제가 한 처녀에게 말하기를 '물동이를 기울여 물 좀 마실 수 있도록 해주겠소?' 하겠사오니, 그때 그 처녀가 '어르신뿐만 아니라 낙타들에게도 물을 먹이겠어요.'라고 대답한다면, 바로 그 처녀가 하나님이 정해 주신 도련님의 짝인 줄 알겠습니다.

그런 일이 일어난다면 하나님이 제 주인 아브라함에게 은총을 베푸신 줄로 알겠습니다."

아브라함의 청지기가 드린 기도 속에는 이삭의 짝이 될 처녀의 조건이 이미 다 들어 있다. 성 밖의 우물물을 길어 나른다는 것은, 집안일을 적극적으로 돕는 성실하고 부지런한 여성이라는 것을 나타내 준다. 무더위에 지친 나그네에게 물을 대접할 줄 아는 친절하고 마음씨 착한 여성이어야 하고, 더 나아가서는 따로 부탁하지 않아도 말 못 하는 짐승조차 배려할 줄 아는 자상한 여성이어야 한다는 뜻이다. 청지기는 착하고 친절하고 슬기로운 처녀를 신붓감으로 구할 수 있게 해달라고 기도한 것이다.

청지기가 기도를 채 마치기도 전에 한 처녀가 어깨에 물동이를 메고 우물가로 나왔다. 아리따운 처녀였다. 인상도 무척 밝고 좋았다.

'오, 하나님이 종의 기도에 응답해 주신 것일까?'

청지기는 처녀를 유심히 살펴보았다. 그 처녀는 한눈팔지 않고 부지런히 우물에서 물을 길어 물동이에 가득 채웠다. 마침내 청지기가 그 처녀에게 다가가 말을 걸었다.

"아가씨, 목이 말라 그러니 아가씨 물동이의 물을 좀 얻어 마실 수 있겠소?"

그러자 그 처녀가 상냥한 목소리로 대답했다.

"그럼요, 어르신. 어서 물을 드십시오."

그녀는 나그네가 물을 마실 수 있도록 서둘러 물동이를 내려놓았다. 아브라함의 청지기가 물을 다 마시자 그 처녀가 말했다.

"어르신, 저기 있는 어르신의 낙타들도 물을 마시게 할게요."

그녀는 물동이에 남은 물을 여물통에 쏟아부었다. 그리곤 다시 우물로 내려가서 물을 가득 길어와 여물통에 채웠다. 청지기는 처녀의 행동을 유심히 지켜보았다. 열 마리의 낙타가 충분히 물을 먹을 때까지 그녀는 땀을 뻘뻘 흘리며 계속 물을 길어 왔다.

낙타는 대략 190리터의 물을 마신다. 열 마리를 충분히 먹였으니 얼마나 부지런히 움직였을까. 착하고 성실하고 부지런한 아가씨인 것이 틀림없다. 이 처녀야말로 하나님이 정해주신 이삭의 짝이 될 운명인 모양이다. 낙타가 물을 다 마시자, 늙은 청지기는 그 처녀의 손에 금코걸이 한 개와 금팔찌 한 쌍을 쥐어 주며 말했다.

"아가씨는 뉘 집 따님이시오? 혹 아가씨 집에 우리 일행이 묵을 만한 방은 있소?"

"네, 어르신. 저는 브두엘의 딸 리브가입니다. 제 할머니는 밀가라 하고, 할아버지는 나홀이라 합니다."

리브가가 말을 이었다.

"저희 집에는 묵을 방이 많고 낙타에게 먹일 겨와 여물도 넉넉합니다."

그 말을 들은 청지기는 무릎을 꿇고 주께 경배드렸다.

"주님, 감사합니다. 제 주인 아브라함의 하나님을 찬양합니다. 주님께서는 제 주인에게 하신 약속을 잊지 않으셨습니다. 이렇듯 저의 발걸음을 제 주인의 동생 집으로 곧장 인도해 주셨나이다."

아브라함의 청지기에게서 사연을 전해 들은 리브가는 집으로 달려가 식구들에게 그 사실을 알렸다.

"아버지! 오빠! 제 말 좀 들어 보세요."

리브가에게는 오라비가 있었다. 이름은 라반이었다. 라반은 누이동생의 금코걸이와 금팔찌를 보았다. 그는 리브가의 말을 전해 듣고 급히 우물가로 달려갔다. 청지기 일행은 여전히 낙타들과 함께 우물가에 그대로 있었다.

"아니, 여태 밖에 서 계셨습니까? 먼 여행길에 무척 고단하셨을 텐데 어서 저의 집으로 가시지요. 어르신 일행이 묵으실 방도 깨끗이 치워놓았고 낙타들이 머물 공간도 충분합니다."

라반은 청지기 일행을 집으로 초대하여 친절하게 대해 주었다. 일행에게 발 씻을 물도 가져다주고 낙타들에게 겨와 여물도 주었다. 그런 뒤 라반은 음식상을 차려 왔다.

"무척 시장하실 텐데 차린 것은 별로 없지만 많이 드시지요."

아브라함의 청지기가 고개를 끄덕이며 입을 열었다.

"제가 여기에 온 목적부터 말씀드리도록 하겠습니다. 말씀을 들어주시기 전에는 먹을 수 없습니다."

무더위 속에서 몇 주에 걸쳐 줄곧 여행을 한 상태였다. 그러나 아브라함의 청지기는 허기를 채우는 일보다 주인님께 대한 책임감이 더 강했다.

"아, 어서 말씀하십시오."

라반이 자세를 바로 하고 들을 채비를 하자 청지기가 말했다.

"이 몸은 아브라함의 청지기입니다. 하나님께서 제 주인님에게 큰 복을 베푸셔서 주인님은 가나안 땅에서 큰 부자가 되었습니다. 양 떼와 소 떼, 은과 금, 남종과 여종, 낙타와 나귀 등 많은 재물을 소유하고 계십니다."

그런 다음 청지기는 자신이 이곳까지 찾아온 목적을 이야기했다.

"제 주인마님께서 늘그막에 외아들을 낳으셨는데 주인님은 그 아드님께 모든 재산을 물려주셨습니다. 그 아드님의 나이가 올해 사십인데 아직 짝을 구하지 못했습니다. 주인님은 제게 맹세시킨 뒤, 반드시 주인님의 고향 땅으로 가서 아드님의 신붓감을 데려오라고 지시했습니다."

그제야 라반은 지금까지의 일들이 어느 정도 이해되었다.

"아, 혼사 문제로 먼 길을 오셨군요."

"그렇습니다. 이곳 성 밖 우물가에 이르렀을 때, 저는 거기에서 하나님께 기도했습니다. '제가 물을 달라고 했을 때 제게 물을 주고, 또 낙타들에게도 물을 주는 처녀가 있다면 그 처녀가 바로 하나님이 정해 주신

도련님의 짝으로 알겠습니다.' 하고 기도했습니다. 그런데 마침 한 처녀가 우물가로 나왔고 제가 하나님께 기도한 대로 다 행했습니다."

청지기는 리브가를 바라보며 빙그레 웃었다. 오랫동안 알고 지내던 사이처럼 편안한 모습이었다.

"그런데 알고 보니 그 처녀가 제 주인님의 동생인 나홀 어르신의 손녀가 되더군요. 그래서 저는 하나님의 섭리와 인도하심으로 알고 그녀에게 금코걸이와 금팔찌를 준 것입니다."

"오, 그래요?"

브두엘과 라반은 진지하게 듣고 있다가 아주 놀랍다는 듯 반응했다. 당시에 딸의 혼인 문제는 전적으로 아버지가 결정했는데 아버지는 장남과 상의했다. 그래서 리브가의 혼인을 놓고 그녀의 아버지와 오라비가 전면에 나선 것이다. 모든 사연을 상세히 아뢴 뒤 아브라함의 청지기는 결론적으로 말했다.

"이렇듯 하나님은 이 몸을 선한 길로 인도해 주셔서 제 주인님 동생의 손녀딸을 도련님의 신붓감으로 데려갈 수 있게 해주셨습니다. 그러니 이제 어르신들께서는 제 주인님의 뜻을 받아 주실 것인지 아닌지 가부를 말씀해 주십시오. 어르신들이 제게 분명히 말씀해 주셔야 저도 어떻게 해야 할지 다음 일을 결정할 수 있습니다."

라반과 브두엘은 서로 눈을 맞추면서 한 뜻임을 확인했고, 라반이 나서서 말했다.

"어르신의 말을 듣고 보니 이 모든 일은 전적으로 하나님께서 하시는 일임이 분명합니다. 그러니 우리가 어찌 좋다 싫다 말할 수 있겠습니까? 리브가를 데려가도록 하십시오. 주님 뜻대로 이 아이를 데려가 그대의 주인 아브라함의 며느리로 삼도록 하십시오."

라반과 브두엘이 흔쾌히 허락했다. 아브라함의 청지기는 엎드려 주께 경배드린 뒤 처녀의 아버지인 브두엘과 오라비인 라반에게도 큰 고마움을 표시했다. 청지기는 주인집에서 가져온 금은보석과 고운 옷가지들을 꺼내 리브가에게 패물로 주었다.

리브가의 부모와 오라비에게도 값비싼 선물을 많이 주었다. 당대에 신부를 데려가는 것에 대한 빙폐였다. 혼사 문제를 결정지은 뒤 청지기 일행은 라반이 차려 놓은 음식을 맛있게 먹었다. 그날 밤에는 그 집에서 묵었다.

다음날 아침, 아브라함의 청지기가 말했다.

"어르신들, 이제 제 주인님에게로 돌아가야겠습니다."

"아니? 이렇게나 빨리요?"

리브가의 가족들이 당황한 듯 되물었다. 그러면서 부탁했다.

"아직 어린 아이인데 멀리 보내려니 너무나 섭섭하고 아쉽습니다. 며칠만이라도 이 아이가 우리와 함께 지내도록 해주십시오. 그런 다음에 데려가도록 하십시오."

리브가의 오라비와 어머니가 간청했지만, 아브라함의 늙은 청지기는 생각이 달랐다. 이제나저제나 눈이 빠지도록 소식을 기다리고 있을 주인님을 생각하면, 하루라도 빨리 길을 나서야 할 것 같았다. 또한 꾸물거리다가는 자칫 일이 틀어질 수도 있는 노릇이었다. 맹세로써 다짐한 자신의 책임을 완수하기 전에는 한시도 마음 편히 머무를 수 없었다.

"어르신들, 여기서 더 지체하지 않게 해주셨으면 합니다. 두 분께서는 제가 곧바로 가나안 땅의 주인님에게로 돌아갈 수 있게 보내주셨으면 합니다. 주인님은 이제나저제나 애타게 소식을 기다리고 있을 것입니다."

그러자 리브가의 오라비와 어머니가 말했다.

"정 그러시다면 리브가를 불러 그 아이 생각은 어떠한지 물어보도록 합시다."

곧장 리브가가 불려 오자, 두 사람이 리브가의 의중을 물었다.

"얘야, 너는 곧바로 이분과 함께 떠날 생각이냐, 우리와 함께 며칠이라도 더 집에 머물다가 가겠느냐?"

리브가는 상황이 어떻게 돌아가고 있는지를 다 파악하고 있었다. 그녀는 밤새 생각했고 이미 마음을 굳힌 상태였다.

"어머님, 그리고 오라버님. 지금 길을 떠나겠어요."

어찌 리브가인들 태어나 자란 정든 고향, 친척, 부모 집을 떠나는 게 아쉽고 서운하지 않을 수 있었으랴. 하란에서 헤브론까지 멀고 먼 2천 리 길을 연약한 여성의 몸으로 여행해야 하는 일, 더군다나 낯선 이국땅에서 시집살이해야 하는 일이 기다리고 있었다. 그런 일을 결심하는 것은 그야말로 일생을 거는 큰 모험이 아닐 수 없었다.

그러나 리브가는 이번의 모든 일이 하나님의 섭리에 따라 이르어진 일임을 확신할 수 있었다. 이미 길이 정해져 있는데, 하루를 미룬다고 무슨 차이가 있으랴. 차라리 하루라도 앞당겨 자신을 기다리고 있는 미래를 맞이하고픈 마음까지 들 정도였다.

리브가의 결심이 확고한 것을 보고 오라비와 어머니는 아브라함의 청지기를 더 이상 붙잡지 않았다. 리브가를 그녀의 유모, 몸종과 함께 떠나보내기로 했다. 그들이 떠나갈 때 오라비 라반이 누이에게 복을 빌어 주었다.

"우리 누이 리브가여, 크게 번성하고 풍요롭기를!
그녀의 후손들도 모든 적들을 물리치고 크게 승리하기를!"

그 무렵, 이삭은 연로한 아버지 아브라함을 모시고 네겝(가나안 남방)에서 살고 있었다. 이삭은 아버지 아브라함의 지시로 자신의 신붓감을 구하러 멀리 떠난 청지기의 일이 형통하게 풀리기를 기도했다.

좋은 배우자를 찾을 수 있게 해달라고 매일 기도하던 터였다.

이삭이 들판에 나가 묵상을 하고 있을 때였다. 저 멀리서 한 무리의 낙타 떼가 다가오는 것이 보였다. 청지기 일행이었다. 이삭은 무리를 향해 걸어가기 시작했다.

멀리서 리브가는 일행을 향해 오고 있는 이삭을 보고는 낙타에서 내린 다음 아브라함의 청지기에게 물었다.

"저 들판에서 우리 쪽으로 다가오는 분은 누구신지요?"

"제 주인님의 아드님인 이삭 도련님입니다."

리브가는 얼른 너울을 꺼내 얼굴을 가렸다. 혼인하기 전에는 신랑이 신부의 얼굴을 보아서는 안 되는 풍습에 따른 것이다. 이것은 신랑에 대한 신부의 순결, 복종, 겸양 등을 나타내는 행위였다.

"이제야 오시는군요. 손꼽아 기다렸답니다. 모두 건강한지요?"

이삭은 활짝 웃으며 반갑게 청지기 일행을 맞이했다. 청지기는 이제까지의 일을 들려주었다.

"오~ 주님, 감사합니다."

이삭은 엎드려 하나님께 경배드렸다. 140세의 아브라함도 돌아온 청지기에게서 모든 이야기를 자초지종 전해 듣고, 주님께 엎드려 경배드렸다.

그리하여 모두의 축복 속에서 이삭과 리브가의 혼인식이 거행되었다. 이삭은 40세였다. 며느리를 맞아들이는 날, 노년의 아브라함은 죽어도 여한이 없다는 듯 매우 흡족해했다. 혼인식을 올린 뒤 이삭은 어머니 사라가 지내던 장막 안으로 리브가를 데리고 들어갔다.

'오늘처럼 기쁜 날, 어머니가 계셨더라면 얼마나 좋아하셨을까?'

이삭은 그날따라 유난히 어머니가 그리웠다. 어머니를 여읜 지도 어느덧 3년, 참으로 쓸쓸하고 울적한 날들이었다. 그렇지만 이제 리브가로 인해 이삭은 그런 마음을 달랠 수 있었다.

25

야곱과 에서

리브가는 쌍둥이 야곱과 에서 낳네
두 민족은 뱃속에서부터 싸우네
야곱은 에서의 발뒤꿈치 잡고 나오그
에서는 커서 건장한 사냥꾼 되네

아브라함이 후처 그두라를 얻다 (25:1-6)

아브라함의 인격과 신앙은 성숙해 갔지만, 사라가 떠난 뒤로는 한구석이 텅 빈 듯한 외로움과 쓸쓸함이 일상 속에 들어앉은 것 같았다. 외아들 이삭이 혼인하여 가정을 이룬 뒤에는 그런 공허감이 더해졌다. 하나님과 함께 하는 삶은 중심이 충만하여 근본적으로는 허무라는 것이 있을 수 없다. 하지만 그렇다고 해서 일상생활 속의 모든 것이 두루두루 꽉 차 있는 것만은 아니다.

아브라함은 노년의 쓸쓸함을 달래려 후처 그두라를 얻었다. 그 나이에는 거의 불가능한 일이 일어난 것이다. 더구나 아브라함은 그두라에게서 여섯 아들을 보았다. 그들은 순서대로 시므란, 욕산, 므단, 미디안, 이스박, 수아다. 이들 중 둘째 욕산의 손자인 드단의 후손은 후일 강력한 아시리아 족속을 형성하여 큰 제국을 이루었다. 넷째인 미디안의 후손들로 구성된 미디안 족속은 사사 시대에 이스라엘을 크게 위협하는 존재가 된다.

대족장이자 큰 부자인 아브라함은 자신의 소유물과 명의를 적자인 이삭에게 전부 물려주었다. 그렇지만 후처 자식들에게도 한 밑천씩 재산을 나누어 주고, 가나안 밖으로 이주시켰다. 팔레스타인 동쪽 아라비아 지역이다. 약속의 땅 가나안에 살고 있는 이삭에게서 멀리 떠나서 살도록 미리 조치를 한 것이다. 자신이 죽은 후에 혹여 생길지도 모를 이복형제들 간의 알력과 재산 분쟁을 사전에 방지하기 위함이었다. 또한 언약의 후사인 이삭이 살고 있는 가나안 땅을 후처의 자식들로부터 온전히 보호해 주기 위한 결단이기도 했다.

아브라함이 죽어 자기 조상들에게로 돌아가다 (25:7-11)

아브라함이 175세가 되었다. 믿음의 조상도 나이는 속일 수가 없었다. 하루가 다르게 기력이 떨어져 갔다. 돌이켜보면 그때는 아브라함이 하나님의 부르심을 받고 고향 갈대아 우르를 떠나 도중에 하란에서 얼마간 머물렀다가 마침내 가나안 땅에 이른 지 꼭 100년째 되던 해다. 아내 사라는 40여 년 전에 세상을 떠났고, 외아들 이삭은 어느덧 75세의 중장년이 되었다.

이삭은 아버지를 닮아서인지 자식을 아주 늦게 보았다. 60세 되던 해, 곧 리브가와 혼인한 지 20년 만에야 어렵사리 쌍둥이 아들을 얻었다. 쌍둥이인 에서와 야곱은 어느새 15세의 청소년들이 되어 있었다.

이리저리 떠돈 나그네 삶이었지만 여한은 없었다. 행하는 손길마다, 향하는 걸음마다 하나님이 늘 함께하셨고 풍성하게 복을 주셨다. 이제는 미련 없이 세상을 떠나 아내 사라와 한시라도 빨리 재회하고 싶었다. 점점 기운이 빠지고 숨이 가빠졌다. 평생 자신에게 신실하셨던 주님의 인자하신 모습이 눈에 어른거렸다.

아버지의 임종이 가깝다는 소식을 듣고 서자인 이스마엘도 달려왔다.

마침내 임종의 날이 이르렀다.

"아버지! 기운 차리세요. 아버지, 아- 아버지!"

아버지의 침상 곁에서 이삭과 이스마엘이 다급하게 부르짖었다. 그러나 아브라함은 더는 숨쉬지 않았다. 잠자듯 평온한 얼굴이었다. 아브라함은 천수를 누리고 기운이 다해 죽었다. 이 세상 나그네 여정을 마치고 소망하던 하늘나라 본향으로 돌아갔다. 앞서 세상을 떠난 자기 조상들이 있는 곳으로 들어간 것이다. 이렇게 아브라함의 죽음과 함께 언약 가문의 1세대는 구속사의 뒤안길로 물러났다.

이삭과 이스마엘은 아버지의 유언에 따라 부친의 시신을 헤브론 땅의 막벨라 동굴 묘실에 장사 지냈다. 그 동굴 묘실은 40여 년 전에 이삭의 모친 사라도 매장된 곳이다.

아브라함의 서자 이스마엘의 후손들 (25:12-18)

이스마엘은 아브라함의 서자다. 본부인 사라가 아이를 낳지 못하던 때에 아브라함이 집안의 몸종인 이집트 여인 하갈에게서 얻은 자식이다. 사라의 몸에서 이삭이 태어나기 전까지, 그러니까 14세까지는 아브라함의 상속자로서 기대와 사랑을 한몸에 받았다. 하지만 사라에게서 이삭이 태어나자 이스마엘은 찬밥 신세가 되어 어머니 하갈과 함께 아브라함의 장막에서 쫓겨났다. 그렇게 쫓겨나 광야에서 헤매다가 거의 죽게 되었을 때, 주의 천사가 이들 모자에게 나타나 약속해 주신 것이 있었다. 이스마엘의 후손들을 크게 번성케 하여 많은 민족들과 나라들을 이룰 수 있게 해주시겠다는 약속이었다.

이제 그 약속의 성취를 볼 수 있다. 이스마엘은 활 쏘는 사냥꾼이 되었는데 슬하에 열두 아들을 두었다. 태어난 순서는 이러하다. 느바욧, 게달, 앗브엘, 밉삼, 미스마, 두마, 맛사, 하닷, 데마, 여둘, 나비스, 게드마. 이스마엘의 열두 아들은 나중에 12부족의 조상이 된다. 그들의 이름은 그대로 그들이 살던 마을과 성읍의 이름이 되었다.

이스마엘의 후손들은 하윌라에서부터 술 광야에 이르는 광활한 지역에 걸쳐 살았다. 아라비아 사막의 남서쪽 지역에서 이집트 동쪽의 광야 지대에 이르기까지, 더 멀리 유프라테스 강에 이르기까지 광범위한 지역에 흩어져 살았다. 이스마엘의 후손들은 아브라함의 다른 후손들과 떨어져 살았다.

이스마엘이 아브라함의 장막에서 쫓겨난 때는 17세 때였다. 이후 모친 하갈과 함께 바란 광야를 주요 터전으로 삼아 주로 사냥하며 살아갔다. 89세 되던 해에 아브라함이 위독하다는 소식을 듣고 급히 찾아가 임종을 지켜본 뒤, 이복동생 이삭과 함께 부친의 장례식을 치렀다. 이스마엘은 이삭보다 14세가 더 많다. 아브라함이 죽은 뒤로 이스마엘은 48년을 더 살다가 137세 때에 기력이 쇠하여 죽었다.

이삭이 쌍둥이 아들 야곱과 에서를 얻다 (25:19-26)

아브라함의 죽음은 하나님의 구속사에서 언약의 1세대가 그 역할을 다하고 역사의 뒤안길로 물러났음을 뜻한다. 이제 언약 2세대가 구속사의 전면에 등장할 차례다. 이삭이 그 주인공이다.

이삭은 아브라함이 100세에 기적처럼 얻은 아들이다. 태어난 지 8일째에 할례를 받았고, 세 살 무렵에 젖을 뗐다. 이후 이삭은 모든 이들의 사랑과 관심을 한몸에 받으며 아브라함의 장막에서 건강하게 자라났다.

이삭이 성장하여 어른이 되자 아브라함은 신앙의 순결성을 유지하고 혈통의 순수성을 보존하려고 언약 계승자 이삭의 배필을 아주 신중하게 골랐다. 멀리 하란(밧단아람) 땅까지 가서 신붓감을 구해왔다. 그녀가 바로 아브라함의 친동생인 나홀의 손녀 리브가다. 아버지는 브두엘이고, 라반은 그녀의 오라비다. 라반은 나중에 야곱의 장인이 되는 인물이다.

이삭은 40세 때 리브가와 혼인했다. 그런데 혼인한 지 한참 지나도 자식이 생기지 않았다. 당시 140세의 아브라함도 손자 보기를 학수고대했지만 집안 내력인지 아이가 쉽게 들어서지 않아 초조해했다. 이삭 부부는 모든 면에서 부족함이 없었지만 슬하에 자식이 없었다. 그래서 이삭과 리브가 부부는 마음 한쪽이 늘 허전했다. 혼인한 여자가 아이를 낳지 못하는 것을 큰 수치로 여기던 시대였다. 그렇게 무자(無子)의 세월이 속절없이 길어졌다.

"여보, 너무 걱정하지 말아요. 나의 모친께서도 90세 되어 나를 낳았다오. 그에 비하면 아직도 당신은 젊은 편이니 조만간에 하나님이 자식을 허락해 주실 것이오. 그러니 너무 초조해하지 말고 마음을 편히 가져요."

이삭은 아내 리브가를 따뜻한 말로 다독여 주었다. 리브가는 시아버님처럼 소실을 들여서라도 자식을 얻자고 슬쩍 운을 떼었지만, 이삭은 그런 말도 되지 않는 소리 하지 말라며 펄쩍 뛰었다.

이삭에게는 오직 리브가뿐이었다. 리브가는 남편이 다른 여자를 소실로 들이지 않는 것에 안심하면서도 한편으로는 늘 초조하고 불안했다. 그렇게 혼인한 지 20년이 흘렀다. 이삭은 어느덧 60세가 되었다. 이삭은 하루도 빠짐없이 기도를 드렸다.

"주님, 제 부친 아브라함이 100세에 기적처럼 이 몸을 얻게 하신 것처럼, 제게도 자식을 허락해 주옵소서. 아내가 자식을 가질 수 있도록 은총을 베풀어 주소서."

그런 기도가 통한 것일까. 마침내 하나님이 이삭의 기도에 응답하셨다. 리브가가 임신한 것이다.

"여보, 배가 불러도 너무 불러오는 것 같아요. 아무래도 쌍둥이를 임신한 것 같네요. 얘들이 뱃속에서 뛰놀고 있는 것이 느껴져요."

과연 그랬다. 배가 부를수록 쌍둥이가 뱃속을 운동장 삼아 서로 치고받고 다투는 듯 요동쳤다. 힘들어 죽을 지경이었다. 리브가는 참다 못해 하나님께 기도했다.

"하나님, 고통이 심해 견딜 수가 없어요. 제발 저를 좀 도와주세요."

그 기도를 들으신 주께서 리브가에게 말씀하셨다. 그 말씀은 놀라운 계시였다.

> "네 뱃속에 두 민족이 들어 있도다.
> 두 민족은 네 뱃속에서부터 서로 갈라지리라.
> 한 민족이 다른 민족을 압도하게 되리니
> 형이 아우를 섬기게 되리라."

향후 구속사의 큰 줄기를 보여주는 위대한 계시였다. 쌍둥이 동생 야곱의 후손(이스라엘)과 형 에서의 후손(에돔) 사이에 전개될 상호 갈등과 분열과 종속의 역사가 그 몇 마디 속에 강력하게 암시되어 있었다. 리브가는 주께서 주신 이 신탁의 말씀을 마음 깊이 새겨두었다.

달이 차서 해산할 때가 되자 과연 리브가는 쌍둥이를 낳았다. 먼저 나온 아기는 온몸이 불그스레하고 온통 털투성이였다. 그래서 이삭은 그 아이 이름을 '에서'라 지었다. '털이 많다'는 뜻이다. 나중에 에서는 '에돔'이라는 별명으로도 불렸는데, 그 뜻은 '붉다'란 뜻이다. 에서는 온몸이 붉었고, 나중 일이지만 붉은 팥죽 한 그릇에 장자의 명분을 팔아넘기게 된다.

응애, 하는 울음소리와 함께 연달아 아기가 나왔다. 또 아들이었다. 아기 울음소리가 없던 이삭의 장막에 연신 울리는 갓난아이의 울음소리는 큰 경사가 아닐 수 없었다. 뒤이어 나온 아기는 앞서 나온 형의 발뒤꿈치를 꽉 붙들고 있었다. 그래서 이삭은 그 아이 이름을 '야곱'이라 지었다. '발뒤꿈치를 붙잡다'란 뜻이다.

리브가가 쌍둥이 아들을 낳았을 때 이삭은 60세로, 혼인한 지 20년째 되던 해였다. 오랜 기도와 기다림 끝에 얻은 소중한 쌍둥이였다.

에서가 야곱에게 장자권을 팔다 (25:27-34)

이삭 부부의 살뜰한 돌봄 속에 두 아이는 무럭무럭 자라났다. 쌍둥이 형제는 체형이나 성격 면에서 영 딴판이었다. 불그스레한 피부에 건장한 체격, 온몸에 털이 수북한 형 에서는 용맹스러운 사냥꾼이 되어 종일 들판에 나가 지내다시피 했다. 거칠고 야성적인 사내아이였다.

하얗고 부드러운 피부를 지닌 야곱은 조용한 성격이어서 주로 장막 안에 머물렀다. 강한 인상을 풍기는 에서와 대조적으로 야곱은 평온하면서도 내성적인 성격을 지녔다. 그는 주로 부모의 장막에 거하면서 하나님의 언약을 깊이 묵상하곤 했다.

에서는 하나님의 언약에는 관심이 없었고, 날만 새면 들판으로 달려 나가 사냥몰이에 재미를 붙여 날이 저무는 줄도 몰랐다.

"아버지, 이 고기 좀 드셔 보세요. 제가 오늘 사냥한 것이에요."

그날도 에서는 들판에서 사냥해서 잡은 짐승으로 고기를 구워 아버지 이삭에게 드렸다.

"넌 어찌 그리 이 애비 마음을 잘 아느냐?"

고기를 좋아하는 이삭은 그런 에서가 무척 마음에 들었다. 무엇보다 남자답고 씩씩했기 때문이다. 자신에게는 없는 용맹함이 더욱 든든했다. 과연 집안의 대를 이어갈 맏아들답다고 생각하고 에서를 더욱 사랑했다.

"어머니, 뭐 다른 거 도와드릴 거 없나요?"

그날도 야곱은 장막에서 어머니 리브가의 집안일을 챙기며 도와주고 있었다. 일하는 게 꼼꼼하고 차분했다. 딸이 없는 리브가로서는 딸같이 자상한 야곱의 손길이 여간 도움 되는 게 아니었다. 리브가는 불같은 성격을 지닌 맏이 에서보다 조용하고 차분한 둘째 야곱을 더욱 좋아했다.

어느 날, 야곱은 장막 근처에서 팥죽을 끓이고 있었다. 뽀글뽀글

끓고 있는 팥죽이 아주 먹음직스럽게 보였다. 때마침 형 에서가 들판을 쏘다니다가 집으로 돌아왔다. 아침 일찍부터 사냥감을 쫓아다니며 들판을 이리저리 헤매느라 무척 허기진 상태였다.

"아우야, 지금 끓이고 있는 게 팥죽 맞지? 거참, 맛있게 생겼다. 나 좀 먹게 해다오. 형이 배고파 죽을 지경이다."

에서가 침을 꿀꺽 삼키며 말했다.

"안 돼, 내가 힘들게 끓인 거야."

"에이, 형제간에 왜 이래? 좀 먹자니까. 배에서 꼬르륵 소리 나는 거 안 들려?"

에서가 다그쳤다. 그러자 야곱이 진지하게 말했다.

"그럼 형이 가진 장자의 권리를 나한테 팔아. 그러면 이 팥죽 다 줄게."

"장자의 권리라고? 그게 뭔데? 그래, 그래라. 까짓 거 너 가져라. 지금 배고파 죽을 지경인데 그런 게 다 무슨 소용이야."

에서는 귀찮다는 듯 설렁설렁 대답했다. 맛있는 팥죽 냄새가 코를 자극하여 어서 팥죽을 먹고 싶었다.

"그럼 장자의 권리를 내게 팔겠다고 맹세해."

"맹세? 어떻게?"

에서는 야곱이 시키는 대로 맹세하고, 장자의 권리를 야곱에게 넘겨주었다. 그러자 야곱이 팥죽과 빵을 에서에게 넘겨주었다. 에서는 허겁지겁 먹은 뒤 또다시 화살통을 어깨에 둘러메고 들판으로 나갔다. 에서는 자신의 장자권을 아주 가볍게 여겼다.

장자권이 뭐길래 야곱이 그토록 차지하려고 애썼을까. 당대에 그것은 정말 소중한 가치를 지닌 명분이요 권리였다. 한 집안의 장자가 갖는 권리는 대체로 이러했다.

첫째, 가장인 아버지와 함께(혹은 아버지를 대신하여) 한 집안의 기둥이 되어 대소사를 결정할 수 있는 권위와 명예가 부여되었다.

둘째, 다른 아들들에 비해 두 배가 되는 몫을 아버지에게서 상속받을 수 있었다.

셋째, 아버지로부터 장자의 축복을 받아 가문의 전통과 대를 공식적으로 이어갈 수 있었다.

여기에다 특별히 하나님과 언약을 맺은 아브라함과 이삭의 언약 가문에서는 하나님이 약속해 주신 후손의 번영과 가나안 땅의 상속이라는 권리도 부여받을 수 있었다. 무엇보다도 구속사의 핵심인 메시아, 그 메시아로 이어질 혈통을 계승해 나갈 수 있었다.

부모의 가르침을 등한시하고 사냥감을 찾아 밤낮으로 들판만 쏘다닌 에서는 이런 가치를 전혀 몰랐다. 하지만 부모의 장막에서 그런 가르침에 귀를 기울인 야곱은 일찍부터 소중한 가치를 깨닫고 그것을 얻기 위해 힘썼다. 결국 야곱은 맹세로 인친 구두 계약을 통해 형 에서에게서 장자의 명의를 획득할 수 있었다.

26

우물 전쟁

물이 귀해 우물 두고 싸우자
이삭은 싸우지 않고 양보하네
이삭은 브엘세바에서 주신
하나님의 언약대로 제단을 쌓네

이삭이 흉년을 피해 그랄 땅으로 이주하다 (26:1-11)

그 무렵, 이삭은 헤브론 땅에 살고 있었다. 그런데 그 땅에 극심한 흉년이 들었다. 대략 1세기 전에 부친 아브라함이 겪은 것과 같은 아주 혹독한 기근이었다.

이삭은 기근을 피해 블레셋 왕 아비멜렉이 다스리던 그랄로 이주했다. 그랄은 블레셋 족속이 차지한 영토였지만 가나안 지역에 속했다. 이삭이 그랄 땅에 거주하고 있을 때 주께서 이삭에게 나타나 말씀하셨다.

"이삭아, 너는 이집트로 내려가지 말고 가나안 땅에 계속 머물도록 하여라. 내가 네 아버지 아브라함에게 맹세했던 것같이 네게 복을 주겠노라. 네 후손은 하늘의 별들처럼 불어날 것이고 장차 이 땅을 차지하게 될 것이다."

"주님, 감사합니다."

이삭은 엎드려 주께 경배했다. 이삭은 이집트로 내려가지 않고 그랄에 그대로 머물며 살았다.

이삭의 아내 리브가는 매우 아리따워서 사람들의 눈에 단연 돋보였다. 그랄 사람들은 리브가에게 특별한 관심을 보였다.

"저토록 아름다운 여인은 누구시오? 정말 보기 드문 미인이오."

그랄 사람들이 이렇게 물으면 이삭이 대답했다.

"아, 네. 제 누이입니다."

그녀를 아내라고 곧이곧대로 말하면 그곳 사람들이 아름다운 리브가를 차지하려고 자신을 죽일까 봐 두려웠기 때문이다. 이삭은 오래전에 부친 아브라함이 저지른 실수를 자신도 모르게 그대로 반복하고 있었다. 아브라함은 아내 사라를 누이라고 소개했다가 두 번이나 큰 곤욕을 치른 적이 있었다. 이삭이 그 전철을 밟고 있었다.

이삭은 꽤 오랫동안 그랄 땅에서 살았다. 이삭은 40세에 얻은 아내 리브가를 무척 사랑했다. 큰 무리를 이끄는 대족장들이 종종 여러 명의 첩을 들이곤 했지만 이삭은 오로지 리브가만을 사랑했다.

하루는 블레셋 왕 아비멜렉이 자기 집 창문에서 바깥을 내다보고 있다가, 다정한 연인의 모습을 발견하고는 시선을 뗄 수 없었다. 이삭이 리브가를 다정스럽게 껴안고 있는 모습을 왕이 창문을 통해 우연히 목격한 것이다. 왕은 호기심이 나서 창문으로 바짝 다가갔다.

'저들이 누구지? 가만 있자… 저들은 우리 땅에 이주해 온 이삭과 그의 누이가 아닌가? 그런데 어찌 된 일이지? 둘이서 부부처럼 사랑스럽게 껴안고 있지 않은가?'

왕은 즉시 이삭을 불러들여 따져 물었다.

"어찌 된 일이오? 내가 우연히 창문을 통해 보니 그대가 누이라는 여인을 사랑스럽게 껴안고 있었소. 내가 보기에 그 여인은 그대의 아내가 분명한데, 어찌자고 누이동생이라고 했소?"

이삭이 크게 당황해하며 어물어물 변명했다.

"그게… 실은… 제 아내를 탐내는 이곳 사람들이 그녀를 차지하려고 이 몸을 죽일지도 모른다는 생각에 두려워서 그랬습니다."

사실 당시에는 그런 일이 종종 있었다. 이삭의 말을 듣고 아비멜렉 왕이 말했다.

"그래, 그렇다고 그런 속임수를 쓴 거요? 하마터면 우리 백성 중 누군가가 그대 아내를 범할 뻔하지 않았소? 그대 때문에 우리가 큰 죄를 저지를 뻔했단 말이오!"

하나님을 믿는 언약의 족장이 이방 왕에게서 이유 있는 책망을 듣는 부끄러운 순간이었다. 아비멜렉 왕은 즉시 자기 백성들에게 경고했다.

"들어라, 누구든지 이 사람이나 그의 아내를 건드리는 자는 극형에 처해질 것이다."

그랄 땅에 이주한 이삭 부부에게 안전한 생활을 보장해 준 것이다. 모두가 하나님께서 언약의 후사인 이삭의 후원자가 되어 주셨기에 가능한 일이었다.

이삭이 우물을 파고 블레셋 왕과 평화조약을 맺다 (26:12-33)

그랄로 이주한 그 해, 이삭은 그 땅에서 농사를 지었다. 하나님이 복 주셔서 엄청난 소출을 거두었다. 이삭은 큰 부자가 되었다. 재산이 많이 불어났다. 가축 떼도 자꾸 불어났다. 남녀종들도 많아졌다. 그러자 블레셋 사람들이 이삭을 시기하기 시작했다. 그들은 이삭의 부친 아브라함이 생전에 파 놓은 우물들을 흙과 쓰레기로 다 메워 버렸다.

하루는 블레셋 왕 아비멜렉이 이삭에게 말했다.

"이삭, 그대는 오히려 우리보다 더 강해졌소. 이제는 내가 감당하지 못하겠으니, 우리 땅에서 떠나도록 하시오."

나날이 강성해지는 이삭의 세력이 은근히 위협적으로 느껴졌기 때문이다.

"네, 그리 하도록 하지요."

이삭은 대항하지 않고 순순히 성읍을 떠났다. 그는 온유한 성격을 지닌 평화의 사람이었다. 이삭은 그랄 땅을 떠나 어느 계곡으로 들어가 한동안 장막을 치고 살았다. 거기서 이삭은 부친 아브라함이 생전에 팠던 우물들을 다시 팠다. 부친이 죽은 뒤 블레셋 사람들이 그 우물들을 메워 버렸는데, 그런 우물들을 다시 되살려 내곤 했다.

어느 날, 이삭의 종들은 계곡에서 우물을 파다가 물줄기를 찾아냈다. 우물은 소중한 재산이었다. 더욱이 물이 귀한 가나안 남방의 사막 지대에서는 생존의 열쇠나 마찬가지였다. 고생 끝에 그런 귀한 우물을 얻은 것이다.

그런데 샘이 터지자 그랄의 목자들이 이삭의 종들과 다투면서 그 우물을 자기들 것이라고 우겼다. 이삭은 그 우물을 '에섹'이라 불렀다. '다툼'이란 뜻이다. 이삭은 힘들게 얻은 우물을 통 크게 양보하고는 다른 곳에 다시 우물을 팠다. 거기서도 물이 나오자 역시 다툼이 생겼다. 그랄의 목자들이 적대적인 감정으로 또 시비를 걸었다. 이삭은 그 우물을 '싯나'라 불렀다. '적대(敵對)'라는 뜻이다.

온유와 평화의 사람 이삭은 그 우물도 역시 양보하고 다른 장소로 옮겨갔고, 거기서 또 우물을 팠다. 이번에도 물이 콸콸 솟아났지만, 이번에는 다툼과 시비가 벌어지지 않았다. 이삭은 그 우물을 '르호봇'이라 불렀다. '활짝 트인 곳'이란 뜻이다. 이삭이 주께 감사드렸다.

"주께서 우리에게 탁 트인 땅을 주셨으니 우리가 이곳에서 번성할 수 있게 되었도다."

세월이 흘렀다. 이삭은 그랄 계곡을 떠나 부친 아브라함이 오랫동안 거주한 브엘세바로 이주했다. 그날 밤, 주께서 나타나 이삭에게 말씀하셨다.

"이삭아, 나는 네 아버지 아브라함의 하나님이다. 내가 너와 함께하리니 너는 두려워하지 말아라. 네 아버지 아브라함에게 약속한 대로 내가 네게 복 주리니 네 자손이 크게 번성하게 될 것이다."

"오, 주님! 감사합니다."

이삭은 그곳에 제단을 쌓고 주께 경배드렸다.

하루는 블레셋 왕 아비멜렉이 친구 아훗삿과 군사령관 비골을 데리고 그랄에서부터 이삭을 찾아왔다.

이삭이 그들에게 말했다.

"무슨 일로 나를 찾아오셨소? 그대들은 내가 판 우물들을 빼앗고 게다가 내가 밉다고 쫓아내기까지 하지 않았소?"

"이삭, 그 일은 참으로 미안하게 생각하오. 오늘 우리는 좋은 일로 찾아왔소. 그대와 평화조약을 맺고 싶소. 서로가 침범하지 말고 평화롭게 지내자는 계약을 맺도록 합시다. 그대의 하나님이 그대와 항상 함께하시는 것을 우리가 분명히 목격했소."

블레셋 왕은 항상 양보하고 배려하는 이삭의 온유한 성품에 감동했다. 늘 양보하면서 살아가는 것 같은데도 하는 일마다 형통하게 풀리는 이삭의 행보를 보고는, 이삭과 불편하고 적대적인 관계를 가져봐야 하등 좋을 게 없다고 판단한 것이다. 그럴 바에는 차라리 이삭을 친구로 만드는 편이 낫다고 생각했다. 게다가 이삭의 세력이 만만치 않아 은근 위협을 느끼기도 했다. 블레셋 왕은 체면이나 위신을 잊고 말을 이어갔다.

"비록 우리가 그대에게 호의를 베푼 것은 아니지만, 그대를 해치지 않고 무사히 우리 땅에서 지내게 해주었잖소. 또한 그대가 우리 땅을 떠날 때도 아무 일 없이 평화롭게 보내 주었잖소. 그러니 그대도 우리를 해치지 않겠다고 약속해 주시오."

그러면서 속마음을 내비쳤다.

"그대는 분명 그대의 하나님께 살뜰하게 보살핌을 받고 매사에 복을 받고 있는 게 분명하오."

결국 이삭을 보호해 주고 있는 이삭의 하나님 때문에 평화조약을 맺고 싶다는 말이었다.

"좋소. 왕의 뜻이 그러시다면 조약을 맺도록 합시다."

평화를 사랑하는 온유의 사람 이삭이 마다할 리 없었다. 게다가 왕의 위신을 생각지 않고 일개 부족장에게 먼저 평화조약을 맺자고 조르듯 하니, 이삭으로서는 못 이기는 체 응하기만 하면 되었다.

"자, 내 잔을 받으시지요. 하하!"

"하하, 내 잔부터 받으시지요."

왁자지껄 잔치가 벌어졌다. 이삭은 자신의 장막을 찾아온 블레셋 왕 일행에게 거나한 잔치를 베풀고 함께 먹고 마셨다. 부족이나 국가 간에 평화조약이 체결되면 큰 향연을 베풀어 유대관계를 공고히 하는 것이 관례였다.

다음날 아침 일찍, 이삭과 그들은 서로 맹세했다. 그런 후 블레셋 왕 일행은 이삭의 환송을 받으며 평안히 자기네들 땅으로 떠나갔다. 바로 그날, 이삭의 종들이 달려와서 말했다.

"주인님, 오늘 저희가 우물을 팠더니 물이 콸콸 터져 나왔습니다."

참으로 반가운 소식이었다. 하나님이 또 복을 주신 것이다. 이삭은 그 우물을 '세바'라 불렀다. '맹세'란 뜻이다. 그날 블레셋 왕과 평화조약의 준수를 맹세했기 때문이다. 오늘날까지도 그 우물이 있는 성읍은 '브엘세바'라 불린다. '맹세의 우물'이란 뜻이다.

에서는 점점 하나님에게서 멀어져 가고 (26:34-35)

이삭의 쌍둥이 아들 에서와 야곱은 어느덧 어른이 되었다. 이삭의 맏이 에서는 우상풍속에 젖은 가나안 여인을 아내로 맞았다. 그것도 두 명이나 맞았다. 브에리의 딸 유딧과 엘론의 딸 바스맛이었다. 당시에서의 나이는 40세였는데 부모의 동의 없이 자기 뜻대로 행한 불신앙적 혼인이었다. 그 일은 이삭과 리브가의 마음에 큰 근심거리가 되었다. 그때에 이삭의 나이는 100세였다.

이삭은 부친 아브라함을 떠올렸다. 부친께서는 자신에게 신앙의 배우자를 찾아주기 위해 2천 리 먼 길을 마다하지 않으셨다. 그런데 자신은 반푼어치도 아버지를 따라가지 못했다는 자괴감이 들었다. 물론 자식 이기는 부모 없으니 자유분방한 사냥꾼인 에서의 고집을 꺾지는 못했을 것이지만….

에서는 위대한 언약 가문의 장자로 태어났음에도 불구하고 언약 가문의 순수성을 망각하고 살았다. 하나님보다 세속의 사는 재미에 더 맛이 들려서 하나님과 하나님의 언약 축복에서 점점 멀어져 갔다. 자신이 그렇다는 것도 까맣게 모르는 채.

27

축복의 향방

눈이 어두운 이삭은 야곱을
에서로 알고 장자 축복을 하네
뒤늦게 돌아온 에서는
사라진 장자권에 탄식하네

야곱이 아버지를 속여 형의 축복을 가로채다 (27:1-29)

세월은 쏜살같이 지나갔다. 이삭의 나이 어느덧 137세. 어느새 기력이 쇠해지고 눈이 매우 침침해졌다. 사물을 분간하기가 힘들 정도였다. 이삭은 이복형 이스마엘을 떠올렸다. 그가 137세를 일기로 세상을 떠났기 때문이다.

이삭은 불현듯 자신도 언제 죽을지 모른다는 불안감이 생겼다. 죽기 전에 꼭 해야 할 일이 있었다. 언약 가문의 후사에게 공식적으로 복을 빌어 주는 일이었다.

하루는 이삭이 맏아들 에서를 조용히 불렀다. 눈이 침침한 이삭으로서는 두 아들이 쌍둥이라 에서인지 야곱인지 쉽게 분간이 가지 않았다. 하지만 귀는 그런대로 밝았기에 목소리로 확인할 수밖에 없었다.

"에서냐?"

"네, 아버지. 접니다. 말씀하십시오."

"얘야, 내가 늙어서 이제는 언제 죽을지 모르겠구나. 그러니 너는 지금 들판으로 나가서 나를 위해 사냥을 해다오. 그런 후에 네가 잡은 짐승으로 별미를 만들어 내게로 가져오너라. 내가 그걸 먹고는 죽기 전에 네게 마음껏 축복을 해야겠다."

유언과 함께 마지막 축복을 하겠다는 말씀이었다. 고대세계에서 족장의 유언 축복은 굉장한 권위와 효과가 있었다. 특별히 하나님과 언약을 맺은 아브라함과 이삭 가문에서는 신적인 효과까지 더해졌다. 그래서 족장의 유언 축복은 권위와 명분과 효력이 있었다.

리브가는 남편 이삭이 맏이 에서를 조용히 부를 때부터 뭔가 이상한 낌새를 직감적으로 느꼈다. 그래서 아까부터 예의 주시하던 터였다. 리브가는 에서가 남편의 장막으로 들어갈 때부터 문 앞에서 귀를 기울였다. 그래서 남편이 맏아들에게 하는 말을 전부 엿들었다.

'남편이 에서에게 유언 축복을 하려고 하는구나… 이대로 두면 안 되겠다.'

리브가는 머리를 굴렸다. 분명 쌍둥이(야곱, 에서)를 임신했을 때 하나님은 밝히 말씀하시기를 "형이 아우를 섬기리라."고 하셨다. 그렇다면 언약 가문을 이을 자는 형 에서가 아니라 아우 야곱이 되는 것이 마땅한 것이 아닌가. 리브가는 하나님께 받은 계시가 머릿속을 맴돌았다. 아무래도 빨리 손을 쓰지 않으면 안 될 것 같았다.

부친의 말을 들은 에서는 신이 났다. 에서가 좋아라, 하며 일어나 장막 밖으로 나왔다. 리브가는 얼른 장막 문에서 떨어져 집안일을 보는 체했다.

"어머니, 저 들판에 나가서 사냥을 하고 올게요."

에서는 자신보다 동생을 좋아하는 어머니가 눈치 채지 않도록 평소와 다름없이 주섬주섬 사냥도구를 챙겼다. 그런 뒤 총총걸음으로 장막을 빠져나와 들판으로 바삐 나갔다.

에서가 들판으로 나가자마자 리브가는 다급한 목소리로 야곱을 찾았다. 야곱은 평소처럼 장막 부근에 있었다.

"네, 어머니. 저 여기 있어요. 무슨 일로 절 찾으세요?"

야곱이 하던 일을 멈추고 어머니에게 다가오며 궁금한 듯 물었다. 리브가는 야곱을 한쪽으로 잡아끌며 떨리는 목소리로 말했다.

"얘야, 방금 네 아버지가 네 형에게 말하는 것을 들었다. 사냥해서 그 짐승의 고기로 별미를 만들어 오면, 그것을 먹은 뒤 죽기 전에 장자의 축복을 해주겠다고 하더구나."

"예? 정말이에요?"

야곱이 충격인 듯 크게 놀랐다. 당황해서 어쩔 줄 몰라 하는 야곱을 보며 리브가는 서둘러 야곱에게 말했다.

"야곱아, 일이 급하다. 형이 사냥해서 짐승을 잡아오기 전에 일을 마쳐야 한다. 그러니 넌 지금 가축 떼가 있는 곳으로 급히 달려가서 통통한 염소 새끼 두 마리를 골라 내게로 가져오너라. 내가 그것으로 아버지가 좋아하는 요리를 만든 뒤에 네게 주겠다. 그러면 너는 그 음식을 아버지에게 가져가서 잡수시게 한 다음 유언 축복을 받도록 하려무나."

야곱은 장자 축복의 소중함을 잘 알고 있었다. 조부 아브라함 때부터 이어지는 언약 가문의 축복이 아니던가. 그 축복을 선망하던 그였기에 오래전에 형에게서 장자권을 사들이지 않았던가. 비록 팥죽 한 그릇에 지나지 않았지만, 분명 에서의 맹세까지 받아놓은 것이 아닌가. 야곱도 마음이 다급해졌다.

"어머니, 형은 몸에 털이 많지만 저는 살결이 매끈합니다. 축복을 하려고 아버지가 제 몸을 만지시면 금방 알아차리실 텐데요. 그리 되었다가는 축복은커녕 도리어 저주를 받을까 두렵습니다."

야곱이 떨리는 목소리로 걱정스럽게 말했다. 하지만 리브가는 조금도 흔들리지 않았다. 물론 야곱에 대한 편애도 어느 정도는 작용하고 있었다. 그러나 그녀는 무엇보다도 쌍둥이를 임신했을 때 하나님께 받은 계시를 잊지 않고 있었다. 그래, 그때 하나님께서는 형이 아우를 섬길 것이라고 분명히 말씀하셨지 않은가.

리브가가 속으로 확신하며 머뭇거리는 야곱에게 힘 있게 말했다.

"야곱아, 넌 걱정하지 마라. 만약 발각되면 저주는 내가 다 받으마. 그러니 어서 염소를 골라서 내게 가져오너라. 서둘러라. 형이 먼저 짐승을 잡아오면 모든 게 다 그르치게 된단다."

그 말에 야곱도 마음이 급했는지 더 이상 묻지 않고 얼른 움직였다. 야곱은 가축 떼 중에서 염소 두 마리를 골라 어머니에게로 끌고 왔다. 리브가는 그것을 잡아 이삭이 좋아하는 요리를 만들었다. 그런 뒤 리브가는 에서의 의복 가운데 좋은 것 하나를 골라 야곱에게 입혀 주었다. 염소 털가죽을 사용해서 매끈한 야곱의 팔을 감아 주고 목 부분도 감싸 주었다. 눈이 침침하여 사물을 제대로 분간하지 못하는 이삭이기에 야곱을 에서처럼 그럴듯하게 변장시킨 것이다.

"꾸며 놓고 보니, 제법 에서 같아 보이는구나. 이제 이 요리를 아버지에게 갖다 드리도록 하여라."

야곱은 어머니가 만든 별미 음식을 들고 아버지 앞으로 갔다. 아버지를 속이고 형의 축복을 가로챈다는 사실에 두려움이 밀려왔다. 저절로 손이 떨렸다.

'안 돼, 침착하자. 침착해야 한다.'

야곱은 주문을 외우듯 스스로를 달래고 진정시켰다. 아버지 이삭의 장막 문 앞에 이르러 야곱은 크게 심호흡한 뒤 결연한 자세로 들어갔다.

"아버지! 제가 왔습니다."

"누구냐? 에서냐?"

"네, 아버지의 맏이 에서입니다. 아버지께서 이르신 대로 다 행했습니다. 들판에서 짐승을 사냥한 뒤 그 고기로 별미를 만들어 왔습니다. 일어나셔서 제가 준비한 이 음식을 드셔 보십시오. 그런 뒤에 저를 축복해 주세요."

"얘야, 어떻게 이렇게 빨리 잡았느냐?"

이삭이 의아한 듯 물었다.

"네, 아버지. 하나님께서 오늘따라 사냥감을 빨리 잡을 수 있도록 도와주셨어요. 사냥감도 금방 나타났을 뿐 아니라, 단번에 화살을 명중시켰어요."

"오, 그래? 얘야, 그럼 이리 가까이 오려무나. 네가 정말 에서인지 한 번 만져 봐야겠구나."

눈이 침침한 이삭이지만 아무래도 목소리나 분위기가 에서와는 사뭇 다른 듯해서 이상하게 여겼던 것이다. 야곱은 등줄기가 서늘해졌다. 손에서는 식은땀이 났다. 만약 들통 나는 날에는…. 심장이 요동쳤다. 하지만 이제 와서 물러설 수도 없는 노릇이다. 눈을 질끈 감고 아버지에게 다가갔다.

"거참, 이상하구나. 분명 목소리는 야곱의 목소리인데 손은 에서의 손이로구나."

이삭이 더듬더듬 만져보고는 고개를 갸우뚱거렸다.

"네가 정말로 에서가 맞느냐?"

이삭이 확인하듯 다시 물었다.

"네, 그럼요, 아버지. 제가 바로 에서예요. 오늘따라 바람이 세차게 부는 들판을 한참 쏘다니다 보니 목이 좀 이상해졌나 봅니다."

야곱이 임기응변으로 둘러댔다. 기어코 장자의 축복을 받겠다는 의지가 강했기에 어떡하든 고비를 넘기려 애썼다.

"그래? 그럼 네가 만든 음식을 내 앞으로 가져오너라. 내가 먹고 마음껏 축복해 주마."

이삭도 의심을 거두고 축복하기로 마음먹었다.

야곱은 안도의 한숨을 쉬며 어머니가 마련한 별미를 아버지 앞에 내놓았다. 이삭은 맛있게 먹었다.

"아버지, 여기 포도주도 좀 드세요."

이삭은 거절하지 않고 포도주도 마셨다. 기분이 한결 좋아졌다. 음식을 다 먹은 뒤 이삭은 자세를 고쳐 앉으며 말했다. 나이는 많고 눈은 침침했지만 자세를 바로잡고 앉으니 대족장의 면모와 위엄이 풍겼다.

"얘야, 이리로 다가와 내게 입을 맞추려무나."

"네, 아버지!"

야곱이 아버지 이삭에게 바짝 다가가 이마에 입을 맞추었다. 이삭이 아들의 옷에서 나는 냄새를 흠뻑 맡은 뒤 입을 열어 축복을 베풀었다. 풍성하고 신령한 축복이었다. 장차 기업으로 물려받을 가나안 땅의 풍요로움, 민족들과 열방들보다 뛰어날 것이며, 모든 이들에게 복의 근원이 될 것이라는 위대한 축복이었다.

"내 아들의 몸에서 나는 이 냄새여!
주께서 복 내리신 이 들판의 향기로다.
주께서 하늘 이슬로 이 땅을 기름지게 하시어
온갖 곡식과 포도주가 풍성히 맺히기를 비노라
사람들마다 너를 섬기고 민족들마다 네게 무릎 꿇으리라.
네 피붙이들 모두가 네게 다스림을 받겠고
네 어미에게서 난 자손들이 모두 네 앞에 무릎 꿇으리라.
너를 저주하는 자들에게는 저주가 내리고
너를 축복하는 자들에게는 복이 임하리로다."

축복을 빼앗긴 에서가 대성통곡하다 (27:30-40)

야곱이 이삭의 축복을 받고 아버지의 장막에서 막 물러 나왔을 때였다. 들판에서 짐승을 사냥하고 돌아온 에서는 이삭의 장막 밖에서 우렁찬 목소리로 아버지를 찾았다.

"아버지, 제가 왔어요!"

장막 밖에서 에서의 우렁찬 목소리가 들렸다. 맹세까지 하며 장자의 권리를 동생 야곱에게 넘겨준 사실은 까맣게 잊고 있었다. 그만큼 에서는 장자권을 가볍게 생각했다. 그럼에도 불구하고 아버지의 장자 축복은 집안의 맏이인 자신의 것이라고 철석같이 믿고 있었다. 어리석은 에서였다.

"아버지, 일어나십시오. 제가 만든 별미를 드시고 제게 복을 베풀어 주세요."

에서는 자신이 사냥한 짐승으로 요리한 음식을 아버지 앞에 내밀었다. 장자 축복을 받는다는 생각에 에서의 목소리는 한껏 흥분돼 있었다.

"아니, 넌… 너는 누구냐?"

이삭이 의아하다는 듯 떨리는 목소리로 물었다. 뭔가 불길한 예감이 뇌리를 스쳤다.

"네, 아버지. 전 아버지의 맏이 에서예요. 아까 아버지께서 말씀하신 대로 얼른 일어나셔서 제가 만든 별미를 드시고 제게 장자의 축복을 해주셔야죠."

아무 영문을 모르는 에서는 얼른 축복받고 싶어 애가 탔다. 이삭은 방금 야곱을 축복한 뒤 힘이 부쳐서 자리에 누워 있었다. 그런 아버지를 에서가 부축해 일으켰다. 그런데 웬일로 아버지 이삭은 몸을 부들부들 떨며 말을 더듬거렸다.

"아니, 이런 일이… 이럴 수가! 그렇다면 방금 전에 내게 음식을 가져온 그 아이는 도대체 누구였단 말이냐? 나는 그 음식을 먹고 그 아이에게 모든 복을 빌어 주었다. 그러니 그 아이가 복을 받을 것이다."

"아버지, 그게 무슨 말씀이세요? 지금 무슨 말씀을 하시는 거예요? 이미 음식을 드시고 복을 빌어 주었다니요? 누구한테요? 저는 축복을 받지 않았는데 축복을 이미 받은 그자는 대체 누구란 말입니까?"

에서의 목소리는 극도로 격앙되어 있었다.

"아버지, 아버지의 맏이인 제가 지금 음식을 가져왔단 말이에요. 제가 맏이 에서예요. 어서 드시고 제게 복을… 복을 빌어 주셔야죠. 아버지, 아버지! 제게도 복을 빌어 주세요. 네? 아버지! 제발 제게도 복을…."

에서는 감정이 고조되어 말까지 더듬거렸다. 아버지를 붙들고 큰 소리로 목 놓아 울면서 절규했다. 이삭은 힘없는 목소리로 대답했다.

"에서야, 어쩔 수 없구나. 이젠 나도 어쩔 수 없어. 네 동생 야곱이 나를 속이고 네가 받을 복을 가로챈 게로구나. 그러니 장자의 복은 야곱이 받겠구나. 이젠 어쩔 수가 없어."

주 여호와의 이름으로 행해진 맹세를 거두어들일 수 없듯이 족장의 유언 축복도 그러했다. 주 여호와의 이름으로 행해진 것이기에 취소하거나 무를 수 없었다. 또한 두 번 행해질 수도 없었다. 그만큼 언약 가문의 유언 축복은 무겁고 위대했고 신성했다. 그제야 에서는 지난날 팥죽으로 자신의 장자권을 샀던 야곱의 행위를 기억했다.

"아버지, 그러니까 그 녀석 이름이 야곱이지요? 남의 발뒤꿈치나 잡는 녀석 아닙니까? 지난번에는 제게 팥죽 한 그릇을 주고 장자의 권리를 앗아가더니 이번에는 제가 받을 축복마저 몰래 가로챘어요. 그 녀석은 저를 두 번이나 속였단 말입니다."

에서는 다시 애처로운 눈길로 아버지를 바라보며 애원했다.

"아버지, 그래도 혹 제게 베푸실 복이 남아 있지 않나요? 제발 제게도 축복을 좀 베풀어 주세요. 아버지, 네?"

"아들아, 난 그 아이에게 모든 복을 빌어 주었단다. 널 다스리도록 했고, 모든 피붙이들로 하여금 그의 종이 되게 하였단다. 또 하늘 이슬의 복을 받아 곡식과 포도주도 풍성하게 거두도록 빌어 주었다. 그러니 무슨 복이 남아 있어 네게 복을 빌어줄 수 있겠느냐?"

이삭도 안타깝다는 듯 처량하게 말했다. 그래도 에서는 큰 소리로 울며불며 계속 매달렸다.

"아버지, 그러지 말고 제게도 제발 복을 빌어 주세요. 아버지께서 빌어 주실 복이 어디 그것뿐이겠어요? 아버지, 제발…."

그러자 이삭은 마지못해 손을 뻗어 에서의 머리 위에 얹고는 복을 빌어 주었다. 하지만 그것은 복이라기보다는 차라리 저주에 가까웠다. 거친 환경에서 칼(무력)에 의지하며 살아야 할 운명이었다. 그마저도 종의 신세로 살아야 할 비천한 신세였다. 후일 척박한 세일 산지에 터전을 잡고 살아가는 에서와 그의 후손 에돔 족속의 운명이 그러했다.

> "네가 살아갈 들판은 거칠고 척박한 땅
> 그 땅에는 하늘에서 이슬 한 방울 내리지 않으리라.
> 너는 일평생 칼을 의지하고 살아가야 할 운명
> 그럼에도 네 아우를 상전으로 섬겨야 하는 신세니
> 애써 힘을 길러 그 굴레를 벗어던지기를 비노라."

형과 동생의 운명은 그렇게 갈렸다. 동생 야곱은 장막의 사람답게 내성적이면서도 소심하고 꾀 많은 사람이었다. 하지만 그의 소심함과 잔꾀 뒤에는 영적인 것에 대한 갈망과 수용력이 숨어 있었다.

에서는 외향적이면서도 호탕했다. 하지만 그러한 세상적인 매력 뒤에는 영적인 것을 무시하고 가볍게 여기는 태도가 숨어 있었다. 인간적으로는 충분히 매력적인 사람이지만 신령한 것보다는 세속적인 것에 더 마음을 두었다. 언약 가문의 장자로 태어났으면서도 집안 대대로 내려오는 하나님의 언약을 하찮게 여겼다.

야곱은 자신의 약점과 단점에도 불구하고 신령한 것을 추구하여 마침내 하나님의 언약 축복을 취했기에 하나님께서는 계속 그를 찾으시고 돌보셨다. 야곱과 더불어 구속사를 이끌어 나가셨다. 그의 혈통을 통해 메시아 예수의 가계를 일구어 가셨다.

에서가 아우 야곱을 죽이려고 마음먹다 (27:41-46)

'야곱, 이 녀석! 내 이 녀석을 반드시 죽이고 말리라.'

에서는 뿌드득 이를 갈았다. 가슴속 깊이 원한을 품었다. 하지만 당장 어떻게 할 수는 없는 노릇이었다. 늙으신 아버지가 마음에 걸렸기 때문이다. 임종할 날이 멀지 않았다고 보고, 아버지가 돌아가시면 그때 야곱을 죽여 버리겠다고 단단히 벼르고 있었다.

"야곱, 이 녀석, 내가 언젠가는 반드시 널 죽이고 말겠어. 두고 보자!"

에서가 입에 달고 다니는 말이 리브가의 귀에 들려오지 않을 도리가 있겠는가. 그냥 엄포로 하는 말이 아니었다. 그렇다고 리브가가 그런 말을 하지 말라고 맏아들에게 책망할 입장은 아니다.

어느 날, 리브가는 에서의 눈을 피해 은밀히 야곱을 불렀다.

"얘야, 큰일 났구나. 네 형이 너를 죽이려고 단단히 벼르고 있는 것 같다. 그래야만 한이 풀릴 모양이다."

리브가는 야곱에게 한 가지 방책을 일러주었다.

"야곱아, 속히 몸을 피해 내 친정집이 있는 하란으로 떠나거라. 외삼촌 라반의 집에 머물면서 상황을 지켜보도록 하자꾸나. 시간이 지나 형의 분이 풀리면 그때 내가 사람을 보내 이곳으로 오라고 전갈을 보내마. 이러다간 너도 에서도 목숨이 온전하기가 어렵겠다. 이 어미가 하루아침에 두 아들을 다 잃을 수야 없지 않겠느냐?"

에서가 분에 못 이겨 야곱을 죽이게 되면, 에서 역시 살인자가 받을 형벌로 목숨을 잃게 될 것이다. 그 점을 걱정한 것이다. 사실 이번 일을 처음부터 꾸미고 주도한 사람은 리브가였다. 그녀가 쌍둥이를 임신했을 때 하나님께 받은 계시가 있었다. 게다가 그녀는 장막에서 자신의 일을 돕는 야곱을 편애했다. 리브가가 하나님의 계시에 따라 그 뜻과 경륜을 이루려고 한 것까지는 그렇다 쳐도, 방법이 선하지 못했다. 하나님의 방법이 아니었다. 리브가는 자신의 섣부른 인간적인 방법으로 인해 하나님의 오묘한 섭리와 경륜에 따라 일이 선하게 이루어지지 못했다.

그래서일까. 사랑하는 아들 야곱을 하란으로 떠나보낸 후 리브가는 두 번 다시 그 아들을 보지 못하고 눈을 감고 만다. 속임수로 축복을 가로챈 야곱 역시 무수히 속고 속이는 파란만장한 일생을 살게 된다. 하나님의 선한 일은 언제나 그 방법까지도 선하고 옳아야 한다.

야곱에게 도피 계획을 일러준 뒤 리브가는 곧바로 남편 이삭을 찾아갔다. 나이 많고 눈이 침침한 남편은 야곱에 대한 에서의 살의와 형제간의 팽팽한 긴장감을 알아차리지 못했다. 이때 리브가는 에서의 두 아내인 헷 족속의 딸들을 핑계 삼았다. 두 며느리인 유딧과 바스맛 이야기를 남편에게 했다.

"여보, 하나님도 모르고 자기들 우상만 섬기려는 헷 족속의 며느리들 때문에 요즘 내가 미칠 지경이에요. 도무지 여호와 신앙을 받아들이려 하질 않아요. 사사건건 말대꾸도 심하고요. 날 아주 우습게 보는 것 같아요."

"그래요? 사실을 말하자면, 나도 그 점 때문에 많이 속이 상해요."

남편이 호응해 주자 리브가는 힘을 얻어 더 열심히 속내를 털어놓는다.

"만일 야곱마저 헷 족속 여인을 아내로 맞아들인다면 정말이지 더는 살고 싶지 않아요. 더 이상 살아갈 맛이 없을 거예요."

그러면서 리브가는 마음속에 간직한 본론을 슬쩍 꺼내놓았다.

“그러니 여보, 야곱은 내 피붙이가 있는 하란으로 보냅시다. 외삼촌 집에 머물면서 거기서 짝을 찾아 아내를 맞게 합시다. 일찍이 시아버님도 당신 짝을 찾으려고 그곳으로 청지기를 보내지 않았어요? 그래서 절 만난 거구요. 그러니 야곱도….”

“알았소. 잘 알겠소. 그거 좋은 생각이오. 그렇게 합시다.”

리브가의 말에 이삭도 흔쾌히 허락했다. 리브가의 말이 구구절절 합당했고, 자신도 이방 며느리들로 인해 속상한 일이 이만저만 아니었기 때문이다. 비록 늙고 병들기는 했지만 이삭의 여호와 신앙은 그 뿌리가 깊었다.

28

하늘까지 닿는 사닥다리

들판에서 돌을 베개 삼아 잠자던 야곱,
천사가 하늘까지 닿는 사닥다리 타고
오르락내리락 하는 꿈을 꾸네

야곱을 하란 땅으로 도피시키다 (28:1-9)

리브가는 마음이 급했다. 한시도 지체할 일이 아니었다. 꾸물거리다 에서가 알아채기라도 하면 야곱을 곱게 보낼 리 없다. 리브가의 성화에 이삭은 다음날 야곱을 불렀다.

"얘야, 이리 가까이 오렴."

60세의 늦은 나이에 어렵게 본 막내를 멀리 낯선 땅으로 떠나보낸다고 생각하니, 이삭은 야곱이 자신을 속이고 축복을 가로챘다는 사실에 대해서는 까맣게 잊어버렸다. 서운한 감정은 눈 녹듯 사라져버리고, 측은하고 애잔한 아버지의 마음만 가득했다.

이삭은 사랑스러운 손길로 야곱의 손을 꼭 붙잡고 말했다. 아버지의 따스한 온기가 전해져 왔고, 대족장의 근엄한 품위가 느껴졌다.

"얘야, 너는 형처럼 가나안 여자를 아내로 맞아서는 안 된다. 이 땅의 여자에게 장가갈 생각은 아예 하지도 말아라."

이렇게 당부하던 이삭은 야곱을 부른 목적을 말했다.

"너는 지금 당장 밧단아람으로 가서 네 외할아버지 브두엘의 집으로 찾아가라. 외삼촌 라반의 딸들 가운데 하나를 택하여 혼인하도록 하여라."

밧단아람은 '아람의 평야'란 뜻이다. 유프라테스 강의 상류 지역인 메소포타미아 북부 지방을 가리킨다. 야곱의 어머니 리브가의 고향인 하란을 달리 부르는 명칭이다. 이삭은 먼 길을 떠날 야곱을 사랑스럽게 껴안은 후 그의 머리 위에 손을 얹고 축복했다.

"전능하신 주께서 네게 복을 내려주시리라.
네가 자식을 많이 볼 것이고 네 후손도 수없이 불어나리니
네가 여러 민족들과 나라들을 세우리라.
주께서 네 조부 아브라함에게 복을 내리신 것처럼
오늘날 너와 네 후손에게도 복을 내리시길 비노라.
네가 지금 나그네로 살고 있는 이 가나안 땅을
장차 유산으로 받을 수 있게 되기를 바라노라."

단지 아버지로서가 아니라, 언약 가문의 족장으로서 자신의 대를 잇는 후사에게 베푸는 신령한 축복이었다. 야곱 역시 형의 노여움이 시간이 흐른다고 해서 사라질 것이 아님을 알았다. 그만큼 장자권 상실에 대한 형의 실망과 원한은 생각보다 컸다. 야곱은 아버지의 말씀에 순종하기로 마음먹었다.

"아버지, 다시 뵐 때까지 오래오래 건강하세요."

야곱은 엎드려 아버지에게 큰절을 올렸다. 늙고 병든 아버지를 두고 멀리 떠나간다는 생각에 눈물이 핑 돌았다. 이삭도 목이 메는 듯했다.

"그래, 얘야. 부디 몸조심하고 좋은 아내를 얻도록 하여라."

장막 밖에서 리브가는 아까부터 초조했다. 에서가 들판에서 돌아오면 모든 일이 그르칠 수 있기 때문이다. 리브가는 여행에 필요한 간단한

짐을 챙긴 후 장막 밖에서 야곱이 나오기를 애타게 기다렸다. 아버지와 작별인사를 마친 야곱이 장막 밖으로 나오자 리브가는 즉시 아들의 손을 잡아끌며 말했다.

"얘야, 서둘러라. 네 형이 들판에서 돌아오면 일을 그르칠 수 있단다."

리브가는 간단히 꾸린 작은 짐을 야곱에게 건네주며 급하게 말했다. 짐을 건네받은 야곱은 그 자리에 엎드려 리브가에게도 큰절을 올렸다.

"어머니, 부디 건강하세요. 형의 분이 풀리면 곧바로 제게 연락 주세요. 다시 뵐 때까지 부디 건강하시고요…."

야곱은 말끝을 흐렸다. 눈물이 앞을 가렸다. 리브가의 눈에도 눈물이 그렁그렁 맺혔다. 하지만 여유롭게 석별의 정을 나눌 때가 아니었다. 그녀는 얼른 야곱을 일으켜 세우며 말했다.

"그래, 아들아. 이 어미는 걱정 말고 어서 서둘러라. 갈 길이 멀다. 얘야, 부디 몸조심해야 한다. 외삼촌을 만나거든 이곳 안부도 전해 주고…."

리브가도 목이 메여 말을 제대로 잇지 못했다.

"그럼, 어머니. 전 이만 떠날게요."

야곱은 옷소매로 눈물을 훔치며 자리에서 일어나 어머니와 마지막 포옹을 한 뒤 밧단아람이 있는 북쪽으로 길을 나섰다. 야곱은 가다가도 한동안 계속 뒤를 돌아보았다. 리브가는 어서 가라고 연신 손짓했다.

리브가와 야곱은 그래도 머지않아 서로 만나게 될 줄로 믿고 있었다. 잠시 동안만 외삼촌 집에 도피해 있으면 될 줄 알았다. 그러나 야곱의 이 여행길은 무려 20년이나 걸렸다.

훗날 이집트 왕 앞에서 야곱이 밝힌바 그때 그의 나이가 130세인 점을 참조하여 역으로 계산하면, 이때 야곱의 나이는 77세였다. 요즘 시대에는 상노인에 속하지만 당시에는 중장년이었다. 야곱의 향년이 147세였음을 감안하면, 생애의 후반부에 이제 막 들어선 참이었다.

들판에서 돌아온 에서는 허를 찔린 듯 크게 당황했다.

"예? 야곱이 집을 떠났다고요? 언제요? 어디로요?"

에서가 당황한 것은 복수의 계획에 차질이 생겼기 때문이다. 자신도 모르게 온몸에서 힘이 빠져나갔다. 호시탐탐 때를 기다렸다가 기어코 쓰러뜨리고 싶은 표적이 갑자기 안개 속으로 자취를 감춰 버린 것이다.

에서는 두 주먹을 불끈 쥐었지만, 한편으로는 김이 빠진 느낌이었다. 에서는 야곱이 부모님 말씀에 따라 어머니의 친정이 있는 밧단아람으로 떠난 사실을 결국 알게 되었다. 아버지가 아우를 밧단아람으로 떠나보내며 어떤 당부의 말을 했는지에 대해서도 전해듣게 되었다. 가나안 처녀와는 혼인하지 말고 어머니 고향의 피붙이 가운데서 신붓감을 찾으라고 했다는 것을.

'아무래도 내가 아버지의 축복을 받지 못한 게 내 아내들 때문인지도 몰라. 처음부터 내 아내들을 못마땅해 하셨거든. 그럼, 나도 아버지 피붙이 가운데서 아내를 구해 볼까?'

에서는 아내로 맞은 가나안 여인들이 부모의 마음에 차지 않는다는 것을 잘 알고 있었다. 그래서 아버지의 피붙이 가운데서 또 다른 아내를 취함으로써 아버지의 마음을 돌리려고 애썼다. 그래서 에서는 아버지의 배다른 형인, 큰아버지뻘 되는 이스마엘에게로 찾아가서 그의 딸 가운데서 한 명을 골라 새로 맞아들였다. 그녀의 이름은 '마할랏'이었다.

그러나 그건 에서의 착각이었다. 근본적인 문제는 잘못된 혼인에 있다기보다는 언약 가문의 장자권을 한 그릇 팥죽보다도 가볍게 여긴 그의 불신앙에 있었다. 그래서 후일에 성경은 에서를 가리켜 신령한 것의 가치를 모르는 '망령된 자'라고 표현한다.

야곱이 벧엘 들판의 꿈속에서 사닥다리 환상을 보다 (28:10-22)

얼마나 걸었을까. 부모와 작별하고 브엘세바 장막을 떠난 야곱은 밧단아람을 향해 쉬지 않고 길을 재촉했다. 혹시 에서가 자신을 죽이려고 부리나케 뒤쫓아 오지나 않을까, 두려운 마음에 경계심을 늦추지 않았다. 평소 우락부락한 에서의 불같은 성격을 잘 알고 있었다. 야곱은 되도록 빨리 브엘세바 장막에서 멀리 벗어나려고 애썼다.

그렇게 정신없이 온종일 뛰다시피 걷다 보니 어느덧 해가 뉘엿뉘엿 지고 있었다. 주변에는 마을이 없었다. 온통 황량한 들판뿐이었다. 더 가다가는 밤길에 무슨 일을 당할지 모를 일이었다.

'아무래도 안 되겠구나. 여기서 하룻밤 지내고 가야겠다. 그런데 여기가 어딜까? 내가 얼마쯤 달려왔을까?'

야곱은 도주하면서도 내내 불안했다. 아버지의 장막에서 떠나면 조부 아브라함과 부친 이삭으로 이어지는 가문의 언약에서 멀어지는 것은 아닐까? 공연히 형의 심기만 건드리고 어리석은 짓을 한 것은 아닐까? 집을 떠나면 하나님과도 결별하고 하나님의 보호에서도 멀어지는 것은 아닐까? 아버지의 장막에 하나님이 거하신다는 것은 너무나도 분명한데, 장막 밖으로 멀리 떠나면 하나님의 축복이 어떻게 내게 임할 수 있단 말인가? 하나님은 과연 나를 언약 가문의 상속자로 인정하실까? 아버지를 속여 장자의 축복을 취한 나의 행동은 단순한 사기극에 불과한 것은 아닌가? 장자의 축복을 누리기는커녕 내 꾀에 스스로 빠져 내 인생을 다 망치고 마는 것은 아닌가?

온갖 불길한 생각들이 불러오는 초조함으로 갈수록 힘을 잃었다. 그때까지만 해도 하나님에 대한 야곱의 지식은 보잘것이 없었다. 하나님을 어느 부족의 수호신 정도로 생각하고 있었다.

야곱은 낯선 들판에서 하룻밤을 노숙하게 되었다. 야곱은 주변에서 평평한 돌 하나를 주워 그 돌로 베개를 삼았다. 겉옷을 이불 삼아 들판의 움푹 파인 곳에 누워서 잠을 청했다. 밤하늘의 무수한 별들이 맑고 총총하게 빛났다. 금방이라도 야곱의 머리 위로 쏟아져 내릴 듯했다. 차가운 밤공기가 알싸하게 몸속을 후비고 들어왔다. 멀리서 들짐승들의 울음소리가 간간이 들려왔다.

부모 집을 떠난 첫날부터 야곱의 하란 여정은 고달프기만 했다. 지금껏 부모의 따뜻한 장막에서 곱게 자란 야곱이었다. 하지만 이제는 천지간에 혼자였다. 들판의 밤공기보다 더 냉혹한 세파에 홀로 던져진 것이다. 앞으로 어찌해야 할지 막막했다. 인자한 아버지 이삭과 따스한 미소를 띤 어머니가 벌써부터 그리웠다.

종일 먼 길을 정신없이 달리느라 온몸이 지치고 피곤했던 야곱은 이내 깊은 잠에 빠져들었다.

야곱은 꿈을 꾸었다. 아주 긴 사닥다리가 땅에 세워져 있는데, 꼭대기가 하늘까지 닿아 있다. 하나님의 천사들이 그 사닥다리를 타고 땅과 하늘 사이를 오르락내리락한다. 참으로 신기한 광경이었다. 야곱이 넋 놓고 지켜보는데, 그 사닥다리 높은 곳에서 음성이 들려왔다.

"야곱아, 나는 네 할아버지 아브라함의 하나님이고 네 아버지 이삭의 하나님이다."

야곱은 숨을 죽였다. 아브라함의 하나님, 이삭의 하나님. 그 다음은 누구일까. 에서의 하나님…. 이렇게 이어지면 어머니 리브가와 함께 꾸몄던 모든 일이 다 허사가 되고 만다. 하지만 정말 다행히도, 하나님의 말씀은 그렇게 이어지지 않았다.

"야곱아, 네가 지금 누워 있는 이 가나안 땅을 너와 네 후손에게 주겠다. 네 후손은 땅의 티끌처럼 크게 불어나 사방으로 퍼져나갈 것이다. 땅 위의 모든 종족들은 너와 네 후손으로 말미암아 복을 받게 될 것이다."

야곱은 어안이 벙벙한 채 듣고만 있었다. 하나님은 이어서 말씀하셨다.

"야곱아, 나는 항상 너와 함께 할 것이다. 네가 어딜 가든 너를 지켜 줄 것이고, 결국엔 너를 인도하여 다시 이 땅으로 돌아오게 할 것이다. 오늘 내가 네게 약속한 것들을 다 이루기 전에는 절대로 네 곁을 떠나지 않을 것이다."

야곱의 하나님! 그렇다, 하나님은 드디어 야곱의 상속권을 인정하신 것이다. 가문의 언약 축복은 이제 야곱에게로 대물림되었다. 떳떳하지 못한 방법으로 장자 명분을 얻었는데도 하나님은 야곱에게 은총과 긍휼을 베풀어 주셨다. 저 말씀보다 더 분명한 언약이 또 있을까. 하나님은 분명 야곱을 이삭 집안의 장자권 계승자로 인정해 주신 것이다.

야곱은 땅에 엎드려 주님께 경배했다. 하나님이 그 들판의 밤하늘 아래에서 야곱에게 약속하신 것은 이러했다. 첫째, 가나안 땅을 주시겠다는 것. 둘째, 후손이 크게 번성토록 하시겠다는 것. 셋째, 복의 근원이 되게 하시겠다는 것(이것의 궁극적인 성취는 야곱의 후손으로 오실 메시아 예수를 통해서다). 넷째, 안전한 여행과 무사 귀향을 위해 항상 함께 하시겠다는 것.

이렇게 하나님은 아브라함과 이삭에게 하신 약속을 야곱에게도 하심으로써 그를 언약 가문의 후사로 인정하신 것이다.

야곱은 꿈에서 깨어났다. 꿈이 너무나 생생했다. 그는 자기 자신이 누워 있었던 바로 그 자리에도 주님이 계신다는 것을 확신하게 되었다.

"오, 주께서 바로 이곳에 계시는데도 내가 그걸 몰랐구나."

한편으로는 감격하고 또 한편으로는 두려운 마음이 들었다.

"아, 이곳은 얼마나 두려운 곳인가. 바로 여기가 하나님의 집이 아닌가? 이곳이 바로 하늘로 들어가는 문이로구나."

다음날 아침, 야곱은 일찍 일어나 어젯밤 베고 잔 그 돌로 기념비를 세웠다. 그 위에 기름을 부었다. 그런 뒤 야곱은 그곳을 '벧엘'이라 이름 지었다. '하나님의 집'이란 뜻이다. 그 성읍의 본래 이름은 '루스'였다. 이삭의 장막이 있는 브엘세바에서 대략 100km 떨어진 곳이다.

▲ 하란으로 도피하는 야곱

그곳은 조부 아브라함이 가나안 땅에 들어와 처음으로 제단을 쌓은 곳이기도 하다.

돌로 기념비를 세운 뒤 야곱은 주께 맹세하면서 약속했다. 천지간에 혼자인 줄 알았다가 하나님이 자신과 함께하셨음에 크게 감격하여 절절한 마음으로 서원했다.

"하나님, 하나님께서 제게 약속하신 대로 항상 함께 하소서. 가는 곳마다 저를 지켜 주시고, 먹을 것과 입을 것을 마련해 주신다면, 그리하여 제가 무사히 아버지가 계시는 고향 집으로 다시 돌아가게 해주신다면, 평생 주님만 저의 하나님으로 섬길 것입니다. 또한 제가 세운 이 기념비가 있는 곳은 하나님의 집이 될 것입니다. 그리고 주께서 제게 주신 모든 것들 가운데 십분의 일을 하나님께 돌려 드리도록 하겠습니다."

야곱이 이때 하나님께 서원한 것은 세 가지다. 첫째, 평생 주님만 자기 하나님으로 섬기겠다는 것. 둘째, 벧엘을 하나님의 성소로 삼겠다는 것. 셋째, 소득의 10분 1인 십일조를 하나님께 바치겠다는 것.

거칠고 황량한 벧엘 들판의 차가운 노숙 자리에서, 야곱은 뜻하지 않게 하나님을 뵈었다. 큰 위로와 복을 받은 야곱은 감격에 겨워 이렇듯 감사 서원을 했다.

벧엘 체험은 향후 야곱의 생애를 믿음의 반석 위에 올려놓는 견고한 기둥과 튼튼한 뿌리가 된다.

29

야곱의 혼인

야곱은 첫눈에 라헬에게 반하네
7년을 라반의 머슴살이하다가
라헬에게 장가든 그날 밤
신부가 바뀌다니, 이게 웬일인가?

야곱이 하란 땅에서 외삼촌 라반을 만나다 (29:1-14)

야곱은 하룻밤 사이에 엄청난 변화를 경험하였다. 벧엘 들판에서 하늘까지 닿은 사닥다리 꿈을 꾼 덕분이었다. 하나님의 인도하심과 보호하심을 받는다고 생각하니 힘이 절로 솟아났다.

벧엘에서부터 하란까지는 아직도 700km 정도가 더 남아 있었다. 하지만 집을 떠나올 때의 막막한 심경과는 달리 이제는 한결 몸도 마음도 가벼워졌다.

야곱은 몇 날 며칠을 부지런히 걷고 또 걸었다. 마침내 가나안 북동쪽, 유프라테스 강 너머의 드넓은 평야 지대에 이르렀다. 거기서부터는 외갓집 하란 땅이었다.

야곱은 안도의 숨을 내쉬었다. 오랜 여행으로 온몸이 곤하고 지칠 대로 지쳤다. 하지만 목적지에 이제 거의 다 왔다는 생각에 마지막 힘을 내어 부지런히 걸었다.

야곱은 들판에서 목자들이 양 떼에게 물을 먹이는 우물을 만났다. 우물은 큰 돌로 뚜껑이 덮여 있었다. 장정 두서너 명이 달라붙어야 힘들게 옮길 수 있는 무겁고 평평한 돌이었다. 이렇게 무거운 돌로 뚜껑을 덮어 놓는 이유는, 물이 귀한 지방인지라 한 개인이 물을 독차지하지 못하도록 하기 위함이었다. 물론 광야의 무더위나 먼지로부터 신선도를 유지하려는 목적도 있었다. 목자들은 양 떼가 우물가에 모이면 한데 힘을 합쳐 그 돌을 옆으로 옮겨 놓는다. 그리곤 물을 퍼서 양 떼에게 먹인 다음, 다시 그 돌로 우물을 덮어 놓는다.

때마침 물을 먹이러 양 떼를 몰고 온 목자들이 우물가에 앉아 쉬고 있었다. 야곱이 그들에게로 다가가 말을 걸었다.

"평강을 바랍니다, 형제들이여. 그대들은 어디서들 오는 길이오?"

유목민들 사이에서는 처음 보는 낯선 사람이라 하더라도 이렇게 형제라 부르며 친근하게 인사를 나누는 것이 관례였다.

"형제여, 우리는 하란에서 오는 길이라오."

야곱의 귀가 번쩍 뜨였다. 하란이라면 어머니의 친정집이 있다는 곳이 아닌가?

"혹시 그대들은 나홀이라는 분의 손자인 라반이란 사람을 알고 계시오?"

"라반이라고요? 그럼요, 알다마다요."

목자들은 잘 알고 있다는 듯 선뜻 대답했다. 야곱은 더욱 힘이 나서 또 물었다. 목소리가 활기찼다.

"그분은 평안하신가요?"

야곱의 물음에 목자들은 "아, 물론 잘 지내고 계시지요."라고 대답하고는 저쪽에서 한 무리의 양 떼를 몰고 오는 누군가를 보자 얼른 말을 돌렸다.

"아, 저길 보시오. 때마침 그분 따님이 양 떼를 몰고 이리로 나오고 있군요."

모든 일이 순조롭게 술술 풀려나가는 것이 분명했다. 주님이 정말로 자신의 발걸음을 형통하게 인도하고 계시다는 확신이 들었다. 야곱은 만면에 희색을 띠며 자기 물음에 친절하게 답해 준 목자들에게 말했다.

"아직도 해가 중천에 떠 있는데 지금은 양들을 모을 때가 아니지 않은가요? 양들에게 물을 먹이고 나서 다시 풀을 뜯기러 가야 할 것 같네요."

목자들은 고개를 저었다.

"아니에요, 그럴 순 없습니다. 목자들이 전부 이곳으로 모이고 난 뒤에야 양들에게 물을 먹일 수 있어요. 모두 힘을 합쳐야 우물 뚜껑으로 쓰이는 돌을 옮길 수 있거든요."

야곱이 우물가에서 목자들과 이런 이야기를 나누고 있는 동안에 라헬이 아버지의 양 떼를 몰고 우물가로 다가왔다. 라헬은 아버지의 양 떼를 돌보고 있었다.

라헬을 처음 보는 순간, 야곱은 그녀가 바로 외삼촌 라반의 딸이라는 것을 알아보았다. 눈이 번쩍 뜨일 정도로 아름다운 여인이었다. 긴 여행길의 피곤함도 싹 사라져버린 것 같았다.

야곱은 목자 두 명을 데리고 얼른 뛰어가 우물의 돌뚜껑을 들어 옆으로 옮겨 놓았다. 그런 뒤 라반의 양 떼에게 물을 먹이기 시작했다.

라헬은 낯선 이가 자신에게 적극적으로 도움을 베풀자 고맙다는 인사를 해야겠다고 생각하고 다가갔다. 그런데 그 낯선 이가 라헬을 덥석 껴안으며 뺨에 입을 맞춘 뒤에 갑자기 소리 내어 엉엉 우는 게 아닌가. 야곱은 낯설고 먼 이국땅에서 피붙이를 만났다는 생각에 감정이 북받쳐 올랐던 것이다.

라헬이 얼떨떨한 상태에서 몸을 뒤로 빼면서 당황해하며 물었다.

"아니? 도대체…무슨 일이세요? 누구신데 이렇게 갑자기…."

"실은… 난 그대의 외사촌 야곱이라오. 나의 어머니는…."

야곱은 목이 메어 울음 섞인 소리로 자신을 소개했다. 자신은 가나안 땅 브엘세바에 살고 있는 이삭과 리브가의 쌍둥이 아들이고, 어머니 리브가는 라반의 여동생이며, 라헬의 아버지 라반은 자기의 외삼촌이 된다는 사실을 말했다.

"저… 정말이세요?"

라헬도 크게 놀랐다. 아버지 라반에게 여동생이 있고, 자신에게 고모 되는 그분이 멀리 가나안 땅으로 출가했다는 사실은 익히 들어 알고 있었다. 그렇지만 이렇게 우물가에서 외사촌을 만날 것이라곤 상상조차 하지 못했다.

라헬은 야곱을 데리고 자신의 집으로 갔다. 집 가까이에 오자 라헬은 야곱보다 앞서 집으로 뛰어가더니 아버지 라반에게 큰 소리로 소식을 알렸다.

"아버지! 아버지! 얼른 여기 좀 나와 보세요!"

라반은 라헬에게서 소식을 전해 듣고는 급히 달려나와 조카를 맞아주었다.

"네가 정말 리브가의 아들이냐?"

"네, 삼촌! 제가 리브가의 아들 야곱입니다."

야곱은 어머니 리브가에 대하여 이모저모를 말해 주었다. 듣고 있던 라반은 연신 고개를 끄덕였다. 다 맞는 말이라는 몸짓이었다.

"조카야, 어서 오너라."

라반은 야곱을 덥석 껴안고 뺨에 입을 맞추며 기뻐했다. 여동생 리브가를 아브라함의 청지기에 딸려 가나안 땅에 시집보낸 지 어언 97년의 세월이 지났다. 먼 길이다 보니 오가지도 못하고 애타게 소식만 궁금해하던 차였다.

"그래, 어머니는 잘 계시고? 아버지는? 어떻게 이렇게 먼 길까지…?

아, 아니지, 여기서 이럴 게 아니고 어서 집으로 가자. 잘 왔다, 조카야."

라반은 야곱의 손을 꼭 잡고 자기 집으로 데려갔다.

"먼 길 오느라 힘들었지? 우선 씻고 음식부터 먹은 뒤에 얘기하도록 하자꾸나."

라반은 발 씻을 물과 음식을 가져오게 한 뒤 야곱이 씻고 먹는 모습을 흐뭇하게 지켜보았다. 궁금한 게 한두 가지가 아니었지만 꾹 참았다. 야곱이 음식을 다 먹어가자 더는 참지 못하고 이것저것 묻기 시작했다.

"그래, 어머니는 요즘 어찌 지내지?"

기운을 차린 야곱은 외삼촌 라반에게 그동안 겪은 일들을 들려주었다. 차분하고 조용한 성격의 야곱인지라 집안일을 조곤조곤 재미나게 이야기했다. 라반과 그의 식구들은 야곱 주변에 빙 둘러앉았다. 한 마디도 놓치기 아까운 듯 모두 귀 기울여 듣고 있었다. 라헬의 눈은 누구보다도 더욱 총기가 빛났다.

"야곱아, 정말 나의 피붙이가 맞구나."

야곱의 이야기를 다 듣고 난 라반은 다시금 야곱을 크게 얼싸안으며 감개무량한 목소리로 말했다.

"자, 이젠 아무 걱정 말고 내 집에서 편히 지내도록 하려무나. 불편한 게 있으면 서슴지 말고 언제든지 말하도록 하고."

그러면서 라반은 집안 식구들을 일일이 소개시켜 주었다.

"얘는 큰딸 레아, 얘는 아까 낮에 우물가에서 만났던 작은딸 라헬…."

야곱이 레아와 라헬 자매를 아내로 맞다 (29:15-30)

야곱이 한 달 정도 외삼촌 라반의 집에서 지냈을 때였다. 야곱은 본래 성실하고 부지런하여 누가 시키기 전에 일을 찾아서 하는 편이다. 가나안 땅에서도 집안일을 이모저모 잘 돕는 바람에 어머니의 사랑을 듬뿍 받았던 그가 아닌가. 외삼촌 라반의 집에서도 다르지 않았다.

도착한 이튿날부터 이것저것 일을 찾아서 했다. 아무리 말려도, 쉬는 게 더 힘들다며 부지런히 손발을 놀렸다. 그런 야곱이 라반은 마음에 쏙 들었다. 유목민의 삶은 늘 일손이 모자란 법인데, 부지런한 야곱이 여간 보탬이 되는 게 아니었다. 어떻게든지 야곱을 붙잡고 싶었다. 라반이 어느 날 마침내 입을 열었다.

"야곱아, 네가 아무리 내 조카라고 해도, 내 일을 거저 해주어서는 안 될 것 같다. 삯을 얼마나 쳐주면 되겠는지 솔직히 말해 보아라."

야곱이 워낙 일을 잘하니 라반도 그냥 데리고 있는 게 부담이었다. 또한 라반은 물질에 욕심이 많았다. 인근에서 자린고비로 소문난 사람이다. 그래서 제법 재산을 모으고 먹고 살 만했지만 더 많이 갖고 싶고 누리고 싶은 소유욕은 오히려 더 커져가기만 했다. 그런 라반인지라 부지런한 야곱이 어느 날 훌쩍 떠나갈까 봐 은근히 걱정이 되기까지 했다. 그래서 품삯 이야기를 먼저 꺼낸 것이다. 야곱은 품삯이라니 가당치 않다는 듯 손을 내저었다.

"무슨 말씀이세요, 삼촌. 제가 이렇게 자고 먹을 수 있는 게 어딘데요."

"아니다, 그럴 수는 없다. 자, 말해 보아라. 내가 무얼 어떻게 해주면 좋겠느냐?"

정식으로 노동계약을 맺자는 말이었다. 라반은 야곱처럼 큰 일꾼을 놓치고 싶지 않았다.

라반에게는 두 딸이 있었는데 큰딸은 레아, 작은딸은 라헬이었다. 라반의 여동생이고 이삭의 아내이며 야곱의 어머니인 리브가는 빼어난 미모의 소유자다. 자고로 여인의 미모는 집안 내력을 무시할 수 없다. 라반의 두 딸도 인근에서 소문날 정도로 예뻤다.

둘 다 예뻤지만 각기 특색이 있었다. 큰딸 레아는 시력이 별로 좋지 않았다. 부잣집 맏며느리처럼 둥근 얼굴에 후덕하고 마음씨 좋게 생겼다. 그렇지만 총명한 기운이 어딘지 부족해 보이는 것이 사실이었다.

반면, 작은딸 라헬은 요즘 시대의 모델이나 탤런트처럼 늘씬했다. 얼굴도 작고 턱선도 고왔다. 한마디로 미모에 있어 언니는 뭔가 좀 부족하고, 동생은 흠 잡을 데 없이 예쁘다고 할 수 있었다.

야곱이 누구에게 더 끌렸겠는가? 두말할 나위 없이 작은딸 라헬이다. 사실 야곱은 우물가의 첫 만남 때부터 라헬에게 푹 빠졌다. 짧은 기간이지만 함께 지내면서 더욱 그랬다.

"저… 외삼촌이 품삯을 먼저 말씀하시니…."

야곱은 계면쩍은 얼굴로 머리를 긁적이며 어렵게 입을 열었다.

"외삼촌, 실은… 외삼촌의 작은딸 라헬을 사랑하고 있어요. 라헬을 제게 주십시오. 그러면 품삯 대신 7년 동안 외삼촌의 집안일을 해드리지요."

당시의 풍습에 따르면, 신랑 될 사람은 장인 될 사람에게 신부의 몸값을 지불해야만 아내로 데려올 수 있었다. 7년의 품삯으르 혼인지참금을 대신 하겠다는 말이었다.

라반은 재빠르게 머리를 굴렸다. 라반도 야곱이 라헬을 많이 좋아한다는 걸 이미 눈치채고 있었다. 싫지 않은 계약 조건이었다.

"그래, 그렇게 하자. 라헬을 낯선 사람과 결혼시키느니 네게 주는 것이 훨씬 낫지. 이제부터 여기에서 나랑 같이 살도록 하자."

야곱 시대에는 물론이고 오늘날까지도 중근동 지역의 유목민들은 피붙이들끼리의 혼인을 가장 선호하는 경향이 있다. 오래 지켜보아 믿을 만하고 또 함께 어울려 살 수 있기 때문이다.

야곱은 혼인 약속을 받아낸 이후 더욱 부지런히 일했다. 하지만 해가 갈수록 외삼촌 라반은 본성을 점차 드러냈다. 이것저것 집안의 힘든 일을 많이 시켰다.

그래도 야곱은 묵묵히 일했다. 일이 너무 많고 힘들다 싶으면서도 장차 아내로 맞을 라헬을 생각하면 순식간에 피곤이 달아났다. 다행히

라헬도 야곱을 좋아했다. 남몰래 야곱에게 이것저것 챙겨주곤 하여, 힘든 줄 모르고 지낼 수 있었다.

그렇게 하루하루가 지나갔다. 열심히 일하는 사람에게는 시간도 빨리 지나가는 것일까. 어느덧 7년의 세월이 흘렀다. 7년이면 2,555일이다. 드디어 그 날들이 다 채워졌다.

"외삼촌, 제가 일하기로 약속한 기한을 다 채웠으니 이제는 라헬을 아내로 맞게 해주세요. 저는 지금이라도 결혼을 할 준비가 되어 있어요."

"그럼, 당연히 그래야지. 이젠 조카 야곱이 내 사위가 되겠구먼. 허허허!"

라반은 흔쾌히 승낙했다. 혼인식 날이었다. 라반은 동네 사람들을 불러놓고 큰 잔치를 열었다. 예나 지금이나 혼인식에는 피로연이 따르게 마련이다. 넉넉한 집안에서는 일주일 동안 거나하게 혼인잔치를 베푸는 것이 당시 중근동 지방의 풍습이었다. 신랑 야곱은 여기저기서 따라주는 축하주를 사양치 않고 받아 마시는 바람에 적잖이 취했다.

드디어 기다리고 기다리던 첫날밤이 되었다. 야곱은 떨리는 마음으로 신부를 맞았고, 첫날밤을 보냈다. 그런데 날이 밝자마자 야곱은 소스라치게 놀라지 않을 수 없었다. 그의 옆자리에는 라헬이 아닌 레아가 누워 있는 것이 아닌가! 어떻게 이런 일이 벌어질 수 있을까. 야곱은 머리를 쥐어뜯으며 기억을 돌이키려 해도 선명하지가 않았다. 신부는 풍습에 따라 온몸을 베일로 감싼 채였고, 야곱은 추호도 의심을 할 이유가 없었다.

야곱의 첫날밤이 그렇게 된 것은 말할 나위도 없이 라반의 계략이었다. 아버지의 뜻에 따라 레아는 동생 대신 신방에 들었고, 아버지의 뜻에 따라 마치 라헬인 것처럼 자연스럽게 행동했다. 레아 역시 야곱에게 연정을 품고 있었으니 아버지의 뜻에 따라 연기를 하는 일이 가능할 수 있었다.

아침에 눈을 뜨자마자 야곱은 신부의 정체를 확인하고는 기겁을 했다. 주섬주섬 옷을 챙겨 입고는 곧장 라반에게로 달려가서 따졌다. 속았다는 배반감에 목소리가 격앙되어 있었다.

"외삼촌! 어떻게 제게 이러실 수가 있습니까? 라헬에게 장가들려고 7년이나 죽자고 일하지 않았습니까? 그런데 왜 저를 속인 겁니까? 이게 말이 된다고 생각하십니까? 제가 원한 건 라헬이란 말입니다."

라반은 당황한 표정을 짓는 척했지만, 일찌감치 각오하고 있었던 터였다.

"자, 자, 조카. 아니, 이젠 내 사위지. 자, 고정하고 내 말 좀 들어보게나."

라반은 격앙된 야곱을 달래고 진정시키며 능청스럽게 말했다.

"이 사람아, 자네는 모르고 있었단 말인가?"

"아니, 도대체 뭘 가지고 그러시는 겁니까?"

"어허, 이 사람도 참! 정말 몰랐나 보군 그래. 우리 고장에서는 언니보다 동생을 먼저 시집보내는 법이 없다네. 어찌 언니를 놔두고 동생이 먼저 시집간단 말인가. 안 되지. 그럴 수는 없는 법이지. 암, 그렇고말고."

오늘날 동양 사회에서도 이런 풍습이 있기는 하다. 하지만 미리 말했어야 옳았다. 라반은 일부러 말하지 않은 것이다. 야곱이 작은딸 라헬을 워낙 사랑하는 걸 알았다. 그걸 이용하여 이번 기회에 큰딸까지 시집보내 야곱의 노동력을 최대한 공짜로 써먹자는 심산이었다. 이해관계 앞에서는 비정한 아버지요 얍삽한 삼촌이었다. 마침내 라반은 본심을 드러냈다.

"야곱, 기왕 일이 이렇게 된 거 어쩌겠나? 내 큰딸을 아내로 맞고 7일간의 혼인잔치 기간을 채우기만 하게나. 그러면 그때 내가 작은딸도 자네에게 주도록 하지."

"네에? 7일간의 혼인잔치 기간을 채우면 작은딸도 준다고요?"

"그럼, 진짜 약속하겠네. 그런데… 대신 조건이 있네. 작은딸 라헬도 데려가려면 혼인 지참금을 내야 하지 않겠나? 그 값으로 7년 동안 내 일을 더 해주게나. 자네 그럴 수 있겠나?"

"뭐라고요? 7년을 더 일꾼 노릇을 하라고요?"

야곱은 눈앞이 캄캄했다. 어떻게 보낸 7년인가. 낮의 더위와 밤의 추위를 견디면서 행여 들짐승들이 가축 떼를 해코지할까 봐 잠도 제대로 못 잤다. 자나 깨나 노심초사하며 외삼촌의 가축 떼를 돌본 7년이 아니던가. 말이 좋아 조카고 사위 될 사람이지, 마치 종이나 다름없이 보낸 고단한 세월이었다. 그런데 그런 종살이를 또다시 7년이나 더 해야 한다니….

외삼촌이 야속했다. 아니, 경멸스러웠다. 그러나 라헬을 떠올리면 그 제안을 거절할 수도 없었다. 라헬을 아내로 얻을 수만 있다면…. 라헬에 대한 사랑은 도무지 떨칠 수 없었다. 지금 그녀를 붙잡지 않으면 영원히 놓칠 것 같았다. 외삼촌이 더한 걸 요구했다면 어쩔 것인가. 그리 생각하니 라헬에 관한 한 어디까지나 갑은 외삼촌이요 자신은 을이었다. 라반의 처사에 화가 나서 펄쩍 뛰던 야곱은 마침내 결심한 듯 대답했다.

"좋아요. 그렇게 할게요. 일주일 후에 라헬을 제 아내로 주신다면 앞으로 7년 더 외삼촌을 위해 일하도록 할게요."

"좋아, 잘 생각했네. 암, 그래야지."

라반은 입가에 미소를 지으며 흡족해했다. 야곱은 라반의 말대로 큰딸 레아를 첫 아내로 맞아들이고 7일간의 혼인잔치 기간을 채웠다. 그러자 라반은 약속대로 작은딸 라헬을 야곱에게 주어 아내로 삼게 했다. 언니 레아 때처럼 동생 라헬을 시집보낼 때도 라반은 여종 빌하를 주어 몸종으로 삼게 했다.

마침내 야곱은 그토록 사랑하는 라헬을 아내로 맞았다. 그때 야곱의 나이 84세. 요즘으로는 한참 늦은 나이지만, 당시로서는 한창때였다. 라반의 계략으로 야곱은 졸지에 자매를 아내로 맞았다. 하지만 야곱은 처음부터 줄곧 라헬에게만 마음이 쏠렸다. 혼인 후에도 첫째 부인 레아보다 둘째 부인 라헬만 사랑했다. 야곱은 외삼촌이자 장인인 라반과의 약속을 어김없이 지켰다. 라헬을 데려오는 혼인 지참금으로 또다시 7년 동안을 더부살이하며 라반의 집안일을 돌보았다.

신혼 첫날밤에 신부가 바뀌어 버린 사건 때문인지, 야곱은 레아에게는 아무래도 정이 가지 않았다. 더구나 언니 레아의 용모는 동생보다 못했다. 야곱으로선 아름다운 라헬만으로도 아무런 부족함이 없었다.

그러나 하나님께서 하시는 일은 사람의 계획과 생각을 초월하신다. 하나님은 라반의 악한 의도까지도 선하게 사용하셨다. 야곱은 그 이면까지 보지 못했지만, 아니 볼 수 없었지만, 하나님은 야곱의 두 아내를 통해 원대한 계획을 이루셨다. 그로써 이스라엘 12지파가 형성된 것이다. 그러니 어찌 되었건 하나님은 레아를 야곱의 첫 부인으로 짝 지워 주심으로써 대민족의 레일을 깔아 놓으셨다.

결국, 레아와 그녀의 몸종에게서 난 여덟 아들과 라헬과 그녀의 몸종에게서 난 네 아들은 잘 자라서 이스라엘 12지파의 조상이 된다. 특별히 레아가 낳은 넷째 아들 유다에게는 주목해야 한다. 유다의 혈통을 통해서 구속사의 핵심이요 정수인 '메시아 예수'가 이 땅에 태어났기 때문이다. 사람의 생각과 계획을 초월하는 하나님의 섭리와 경륜은 참으로 오묘하고 위대할 따름이다.

야곱이 첫째 아내 레아가 아들들을 출산하다 (29:31-35)

인간의 감정은 어떻게든 드러나게 마련이다. 숨기고 감추는 데에는 늘 한계가 있다. 더구나 사랑의 감정은 어떤 식으로든 표출될 길을 찾게 된다. 야곱의 사랑 또한 다르지 않았다. 라헬에게로 기운 마음을 어찌 인위적으로 조절할 수가 있겠는가. 이런 야곱의 마음을 레아와 라헬이 모를 리 없었다. 문제는 늘 레아였다. 레아는 자기 신세가 서럽고 서러워 혼자 눈물을 훔친 게 한두 번이 아니었다.

하나님은 레아가 남편의 사랑을 받지 못하는 것을 보시고는 애잔하게 여기셨다. 그래서 레아의 태를 활짝 열어 아기가 잘 들어서게 해주셨다. 하지만 웬일인지 라헬은 통 자식을 낳지 못했다. 야곱의 사랑을 독차지하는데도 라헬에게는 아기가 들어서지 않았다.

레아가 첫아들을 낳았다. 야곱의 장남이다. 그 아이를 낳고 레아가 속으로 말했다.

'주께서 내 괴로운 마음을 알고 나를 돌봐주시는구나. 이젠 남편도 나를 사랑하겠지.'

그래서 아기 이름을 '르우벤'이라 지었다. '주께서 나의 괴로움을 돌봐주셨다'란 뜻이다. 남편의 사랑을 받지 못하는 레아의 괴로움이 첫아들의 이름 속에 담기게 된 것이다.

레아를 향한 하나님의 연민은 그것으로 끝나지 않았는지 레아가 또 임신하여 아들을 낳았다. 야곱의 차남이다. 그 아이를 낳고 레아가 속으로 말했다.

'주께서 남편 사랑을 받지 못하는 내 처지를 아시고 내 간구하심을 들으셔서 이렇게 또 아들을 주셨구나.'

그래서 레아는 아기 이름을 '시므온'이라 지었다. '주께서 내 간구하심을 들으셨다'란 뜻이다.

레아는 그렇게 떡두꺼비 같은 두 아들을 낳고는, 이젠 아이들을 봐서라도 남편이 나를 사랑하지 않을 수 없을 것이라는 마음을 품었다. 하지만 그렇지 않았다. 야곱은 레아의 출산을 기뻐하면서도, 라헬은 어찌하여 언니처럼 자식을 낳지 못하는지 그걸 더 아쉬워하고 답답해하는 것 같았다. 오매불망 라헬만 죽도록 사랑하는 야곱이었다.

하지만 저울추는 좀처럼 바로잡히지 않았다. 레아가 또 다시 아들을 낳은 것이다. 야곱의 셋째 아들이다. 이때에도 레아는 속으로 말했다.

'내가 이렇게 셋씩이나 아들을 낳았으니 남편도 이제는 나와 연합하게 되겠지.'

그러면서 아기 이름을 '레위'라 지었다. '연합하다'란 뜻이다. 남편과 살갑게 뜻이 통하고 연합하기를 바라며 지은 이름이다. 그런데 이 이름 속에는 놀라운 구속사적 경륜이 담겨 있다. 후대에 레위 자손들은 제사장 가문이 된다. 성전에서 봉사하는 사역자들이 되어 하나님과 이스라엘 백성을 '연합시키는' 중보자의 사명을 감당한다.

저울추는 좀처럼 바로잡히지 않았다. 레아가 또 임신하여 아들을 낳은 것이다. 야곱의 넷째 아들이다. 이때에도 레아가 속으로 말했다.

'이제 나는 주님을 찬양하리라.'

그래서 레아는 아기 이름을 '유다'라고 지었다. '찬송하다'란 뜻이다. 이 이름 속에도 놀라운 신적 경륜이 깃들어 있다. 이제 레아는 자신에게 다가오지 않는 남편의 사랑을 더 이상 갈구하지 않는다. 전적으로 하나님을 소망하며 주님만 찬양하기로 마음먹는다. 사람에게 의존하는 대신에 주님만 의존하기로 한 것이다.

이런 맥락에서 후대에 유다 자손 중에서 인류의 유일하고 참된 소망인 메시아 예수가 탄생한 것은 참으로 의미 깊다. 넷째 유다까지 줄줄이 낳은 뒤 레아에게 더는 아기가 들어서지 않았다.

30

야곱의 아내와 자식

두 여인의 질투와 경쟁 속에
야곱의 자식들이 줄줄이 태어나고
하나님의 손길이 함께하시니
노비와 가축이 점점 불어나네

야곱의 두 아내가 경쟁하듯 자식을 생산하다 (30:1-24)

"여보, 나도 아기를 낳고 싶어요. 아기를 낳지 못하면 차라리 죽어 버리고 말 거예요."

혼인 5년째가 되자 라헬은 초조해졌다. 언니 레아는 넷씩이나 줄줄이 아들을 낳았는데, 자기는 여전히 감감 무소식이다. 라헬은 언니를 시샘하며 야곱을 들들 볶았다. 라헬이라면 껌뻑 죽는 야곱도 어이가 없었다. 버럭 성을 냈다.

"대체 나더러 어쩌라는 거요? 태를 주관하시는 분은 하나님이 아니오? 하나님이 그대에게 자식을 주시지 않는데 난들 어쩌란 말이오. 나더러 하나님 역할이라도 하란 말이오?"

라헬도 물러서지 않고 대꾸한다.

"누가 뭐래요, 두고 보세요! 어떡하든 아이를 갖고야 말겠어요. 당신은 오늘 밤 내 몸종 빌하와 잠자리를 갖도록 하세요. 그렇게 해서라도 아기를 내 품에 안고야 말겠어요."

몸종을 통해 낳은 아들은 본부인의 아들로 입적된다. 당시의 풍습이 그러했다. 당시에 여인의 불임은 큰 수치로 여겨졌다. 심지어 하늘의 형벌로 간주되기까지 했다. 그래서 몸종을 통해서라도 아기를 품에 안고 싶었다. 언니 레아의 연속 출산으로 여인 특유의 질투심까지 활활 불타올랐다. 그렇게 느긋하게 있다가는 야곱의 사랑마저 빼앗길지도 모를 일이었다. 야곱의 본부인은 자기 자신이라는 사실을 더욱 확실히 해두려면 아무래도 자식이 있어야 했다.

라헬의 생각은 맞아떨어졌다. 라헬의 몸종 빌하가 임신하여 아들을 낳은 것이다. 야곱의 다섯째 아들이다. 그 아이를 받아들고 라헬이 속으로 말했다.

'하나님이 내 하소연을 듣고 공의로운 판단으로 억울함을 풀어 주셨구나.'

라헬은 아기 이름을 그래서 '단'이라 지었다. '판단하다'란 뜻이다.

라헬의 몸종 빌하가 또 임신하여 아들을 낳았다. 야곱의 여섯째 아들이다. 이때에도 라헬이 그 아이를 두고 속으로 말했다.

'내가 언니와 경쟁하여 마침내 이겼다.'

그래서 라헬은 아기 이름을 '납달리'라 지었다. '경쟁하다'란 뜻이다.

이처럼 라헬은 언니 레아와 자식 낳기 경쟁을 벌였다. 여인의 질투 본성이 적나라하게 드러나는 현장이다. 그렇게 해서 생긴 야곱의 열두 아들이 후일 이스라엘의 12지파를 형성하게 된다.

레아는 라헬이 몸종을 통해 두 아이를 얻게 되자 자신은 네 아들이나 있는데도 질투심이 발동했다.

'그래, 나라고 해서 그렇게 못 하란 법이 없지.'

레아 또한 자기의 몸종 실바를 야곱에게 소실로 주어 잠자리를 갖게 했다. 레아의 작전 또한 맞아떨어져서, 실바가 야곱의 아들을 낳았다.

야곱의 일곱째 아들이다. 그 아기를 두고 레아는 속으로 말했다.

'이거야말로 행운이로군.'

그래서 레아는 아기 이름을 '갓'이라고 지었다. '행운'이란 뜻이다.

라헬의 몸종 빌하가 두 아이를 연속해서 낳은 것처럼 레아의 몸종 실바 역시 또 아들을 낳았다. 야곱의 여덟째 아들이다.

그 아기를 두고 레아가 속으로 말했다.

'나처럼 행복한 여자가 또 있을까? 모든 여인이 날 보고 복 받았다고 하겠지?'

그래서 레아는 그 아기 이름을 '아셀'이라고 지었다. '복됨'이란 뜻이다.

이제, 야곱의 자식들을 한번 정리해 보자. 야곱의 첫째 부인 레아가 네 아들을 줄줄이 낳았다. 르우벤, 시므온, 레위, 유다가 그들이다. 그러자 언니를 시샘한 야곱의 둘째 부인 라헬이 자기 몸종 빌하를 남편에게 소실로 주어 두 아들 단과 납달리를 얻었다. 그러자 이를 시샘한 첫째 부인 레아가 자기 몸종 실바를 남편에게 소실로 주어 두 아들 갓과 아셀을 얻었다.

이렇게 야곱에게 여덟 아들이 생겨났다. 야곱 부인들의 자식 낳기 경쟁이 한창일 때였다. 논에서 밀을 수확할 시기인 5월경이었다. 야곱의 맏이 르우벤이 들판에 나갔다. 그때 르우벤의 나이는 어림잡아 7, 8세 정도였을 것이다. 르우벤이 집안사람들을 따라 들판에서 뛰놀다가 우연히 향 좋고 열매가 예쁜 식물을 보았다. 르우벤은 뭔지도 모르면서 그것을 캐어 엄마에게 건네주었다.

"엄마, 이것 좀 봐. 냄새가 좋은 데다가 열매도 예뻐."

"어디 보자. 아니, 이것은 합환채네. 어디서 이 귀한 걸 캤니?"

레아가 함박웃음을 지으며 르우벤에게서 합환채를 받았다. 가지과에 속하는 맨드레이크라는 허브식물이다. 마취제와 흥분제로 잘 알려진 식물로, 향기가 좋고 보통 5, 6월경에 열매를 맺는다. 이 소식을 라헬이 듣게 되었다.

"언니, 르우벤이 합환채를 캤다면서? 그것 좀 나눠 줘."

아기를 갖고 싶었던 라헬은 '사랑의 열매'라 불리는 합환채를 복용하면 효험이 있을까 싶어서 그렇게 부탁한 것이다. 하지만 레아가 그걸 라헬에게 넘겨줄 리 없었다.

"얘, 무슨 소릴 하는 거야? 내 남편까지 빼앗아간 마당에 내 아들이 가져온 합환채까지 달라고? 너도 양심 좀 있어라."

"언니, 합환채를 내게 주면 오늘 밤에는 남편더러 언니의 침실에 들라고 할게."

남편의 잠자리를 놓고 자매간에 흥정을 하는 기막힌 상황이 벌어졌다. 날이면 날마다 라헬만 찾는 남편이기에 레아는 그 제안에 귀가 솔깃했다.

"좋아, 반드시 약속을 지켜야 한다?"

밤이 되었다. 야곱이 들에서 일을 마치고 돌아오자 레아는 기다렸다는 듯 밖으로 마중 나가 야곱을 잡아끌며 말했다.

"오늘 밤은 내 침실로 오세요. 르우벤이 구해 온 합환채를 라헬에게 준 대가로 오늘 밤은 내가 당신을 차지하기로 했어요."

야곱은 떨떠름한 표정을 지으며 라헬을 바라보았다. 라헬은 고개를 끄덕여 보이며 레아의 말을 수긍해 주었다.

그날 밤, 야곱은 레아와 잠자리를 가졌고, 하나님은 레아의 소망을 들어주셔서 레아의 태를 여셨다. 레아는 유다에 이어 다섯 번째로 아들을 낳았다. 순서상으로는 아홉째 아들이다. 그 아기를 두고 레아가 말했다.

'내가 내 몸종을 남편에게 주었더니 하나님이 내게 보상해 주셨구나.'

레아는 아기 이름을 '잇사갈'이라 지었다. '보상받았다'란 뜻이다.

다시 열린 레아의 태가 또 쉽게 아들을 낳았다. 자신의 배로 여섯 번째 아들을 낳은 것이다. 순서상으로는 야곱의 열째 아들이다. 그 아기를 두고 레아가 말했다.

'내가 아들을 여섯씩이나 낳아 주었으니 이젠 남편도 나를 존중하고 내 곁에 있겠지.'

그래서 레아는 아기 이름을 '스불론'이라 지었다. '함께 거하다' 또는 '존중하다'란 뜻이다.

얼마 뒤 레아가 딸을 낳고, 그 이름을 '디나'라 지었다. '심판' 혹은 '투쟁'이란 뜻이다. 야곱에겐 다른 딸도 있었지만 성경에는 디나의 이름만 기록되었다. 그 이유는 구속사의 무대에 디나만 등장하기 때문이다. 얼마 후, 과연 우리는 디나의 성폭행 사건을 접할 수 있다.

라헬은 언니 레아가 앞서 낳은 네 아들에 이어 또다시 두 아들을 더 낳자 괴롭고 힘들어서 견딜 수가 없었다. 하나님도 가혹하시지. 도대체 왜 언니에게는 아들을 여섯이나 주시면서도 내게는 하나도 주시지 않는 것일까? 몸종을 통해서가 아니라 내 배가 아파서 낳은 아이를 갖고 싶다. 라헬은 매일같이 하나님께 간절히 기도했다.

"주님, 이 여인을 부디 불쌍히 여기시고 아이를 허락해 주세요."

그러자 하나님은 라헬을 불쌍히 여기시고 마침내 그녀의 태를 열어 주셨다.

"여보, 임신이에요! 제가 드디어 아기를 가졌어요. 제 배 좀 만져 보세요. 아기가 발로 차는 것 같아요."

라헬은 세상에서 자기 혼자 임신한 것처럼 좋아서 어쩔 줄 몰랐다. 야곱도 싱글벙글 입이 귀에 걸렸다. 라헬의 친자식을 품에 안을 수 있게 되었기 때문이다.

야곱의 장막에서 무려 열한 번째로 아기 울음소리가 울려 퍼졌다. 라헬이 아들을 낳은 것이다.

라헬은 '하나님이 마침내 나의 수치를 없애 주셨구나'라고 생각했다.

하지만 라헬은 그것으로 만족하지 않았다. 아기를 하나만 보아도 여한이 없겠다고 생각했던 라헬은, 막상 아들을 낳고 나자 더욱 더 욕심이 났다. 그래서 '하나님께서 내게 아들을 하나 더 주신다면 얼마나 좋을까' 라고 생각하고는, 아기 이름을 '요셉'이라 지었다. '더하다'라는 뜻이다.

야곱이 장인 라반과 품삯 계약을 맺고 일하다 (30:25-43)

요셉을 얻었을 때 야곱은 91세였다. 고향 집 브엘세바를 떠나온 지도 어언 14년이 흘렀다. 어느새 장년을 넘어 노년으로 접어들건만 자기 소유물은 아직 없었다. 라반의 두 딸을 아내로 얻은 대가로 14년을 오롯이 장인을 위해 공짜로 일했기 때문이다.

야곱은 두 아내와 두 소실, 그리고 열한 명의 아들과 여러 명의 딸들을 거느린 어엿한 가장이 되었다. 그러나 처음 하란 땅에 발을 내디뎠을 때처럼 여전히 처가살이 신세를 면치 못하고 있었다. 야곱은 언젠가부터 허탈감이 밀려오기 시작했다. 그래서 마음을 굳게 먹고는 장인 라반을 찾아갔다.

"장인어른, 드릴 말씀이 있습니다."

"무슨 일인데 그러는가?"

라반도 뭔가 심상찮은 분위기를 느꼈다.

"잘 알다시피 저는 그동안 장인어른을 위해 밤낮으로 일해 왔습니다. 이제는 저도 제 살 길을 찾아야지요. 저를 고향으로 돌아가게 해주세요. 아내들과 자식들도 전부 데려가겠습니다. 제가 그동안 얼마나 열심히 일했는지는 장인어른께서도 잘 아시지 않습니까?"

"어허, 자네 갑자기 왜 이러나? 마음 가라앉히고 차분히 얘기해 보세."

라반은 야곱의 저돌적인 행동에 적잖이 당황하며 사태를 수습하려 애썼다.

"그야 내가 잘 알지. 그래서 늘 자네한테 고마운 마음을 품고 있다네. 그러니 자네만 좋다면 여기에 더 머물렀으면 하네. 일전에 점을 한번 쳐 보았더니, 자네 덕분에 주께서 내게 복을 주신 것이라고 하더군."

그러면서 라반은 이렇게 덧붙였다.

"나도 그동안 자네를 제대로 대우하지 못해 마음이 불편했다네. 자, 말해 보게. 앞으로는 반드시 품삯을 지불하도록 하지. 그래, 내가 품삯으로 얼마를 어떻게 쳐주면 좋겠는가?"

말은 번지르르했지만 라반은 행여 야곱이 많은 품삯을 요구할까 봐 바짝 긴장했다. 야곱이 입을 열었다.

"제가 얼마나 열심히 일했는지, 처음 제가 이곳에 오기 전보다 가축이 얼마나 불어났는지, 장인어른이 잘 아실 것입니다. 이제는 저도 제 가족을 위해 할 일을 해야 하지 않겠습니까?"

야곱은 품삯 이야기를 꺼내기 전에 다시금 그간의 고생과 성실함을 강조했다.

"그거야 내가 잘 알지. 알다마다. 자, 그러니 말해 보게나. 자네에게 어떻게 해주었으면 좋겠나?"

라반은 입이 바짝 마른 듯 긴장한 모습이 역력했다.

"장인어른, 다른 건 바라지 않습니다. 한 가지만 허락해 주신다면 다시 장인어른의 가축 떼를 먹이고 돌보겠습니다."

"그래, 그게 뭔가?"

라반이 급히 되물었다.

"오늘 장인어른의 가축 떼를 살펴보고, 그 가운데서 점이 있거나 얼룩무늬를 띤 양이나 염소, 그리고 검은 새끼 양을 가려낼 거예요. 앞으로 태어날 새끼들 중에서 그런 것들이 나오면 제 품삯으로 쳐주십시오."

중근동의 양들은 대부분 흰색을 띠었다. 염소는 흑갈색이었다. 따라서 양이든 염소든 점이 있거나 얼룩무늬를 띤 것, 검은색 양은 무척 드물었다. 이런 것들은 유전학상 열성이어서, 어쩌다 드물게 나왔다. 야곱은 이런 희귀한 종자들만 자기 소유로 삼겠다고 말한 것이다. 라반에게는 매우 유리한 조건이 아닐 수 없었다.

"그래? 그게 정말인가?"

바짝 긴장하던 라반이 만면에 웃음을 띠며 확인하듯 되물었다. 자신에게 절대 유리한 조건이기 때문이다. 야곱이 다시금 확인해 주었다.

"네, 정말입니다. 나중에 장인어른께서 확인하면 아실 겁니다. 만일 제가 차지한 몫 가운데 양이든 염소든 점이나 얼룩무늬 없는 것들이 있다든지, 또는 검지 않은 양이 있으면 그것들은 모두 장인어른의 가축 떼 중에서 제가 훔친 것이라고 간주해도 좋습니다. 그런 것들이 있으면 몇 배로 쳐서 모두 돌려드리겠습니다."

"좋아, 아주 좋네. 그러세. 자네 말대로 하세. 핫핫핫-!"

소인배 라반은 많은 것을 양보한 대인배라도 되는 양 호탕하게 껄껄 웃었다. 기분이 좋았다. 푼돈 들여 야곱의 노동력을 다시 써먹을 수 있게 되었기 때문이다.

그날로 라반은 자기 가축 떼 중에서 점이 있거나 얼룩무늬 있는 것, 검은 양들을 모두 가려내어 아들들에게 따로 맡겼다. 나머지 가축 떼는 야곱에게 주어, 그곳에서 사흘 길쯤 떨어진 곳에서 따로 돌보게 했다. 사흘 길은 대략 100km다. 유전학상 우성인 라반의 가축들과 열성인 라반의 아들들이 맡은 가축들 사이에 어떤 교접 행위도 일어나지 못하게 하려는 조치였다. 사위를 상대로 품삯을 최대한 아끼려는 약은 행위였다.

하지만 뛰는 자 위에 나는 자가 있는 법. 야곱도 자신의 오랜 경험을 살려 나름대로 꾀를 썼다. 야곱은 미루나무, 감복숭아나무, 플라타너스 나무의 푸른 가지를 꺾었다. 그런 뒤 나무껍질을 벗겨내어 알록달록

줄무늬가 있는 막대를 만들었다. 그런 다음에 그 막대들을 양에게 물을 먹이는 구유 곁에 여기저기 세워 놓았다.

'자, 됐다. 이제 양들이 이 막대들을 보면서 교미하겠지.'

야곱의 생각에, 가축들이 교미할 때 세워놓은 알록달록한 나뭇가지들을 보면, 점 있거나 얼룩무늬 있는 새끼를 밸 것이라 여겼던 것이다. 시각적 효과를 노린 것이다. 짐승들이 교미할 때 주변 분위기나 환경이 잔상 효과를 준다고 여긴 셈이었고, 그래서 그것들이 새끼를 밸 때 어떤 영향을 미칠 것이라고 믿었다. 야곱은 그런 미신적인 방법을 사용한 것이다.

야곱의 계획은 일단 맞아떨어졌다. 가축들은 물을 먹으러 우물가 구유로 와서는 알록달록한 나뭇가지들을 보면서 교미했다. 야곱은 오랜 목자 생활을 통해 양들이 물을 먹을 때 교미하는 일이 많다는 사실을 알고 있었다.

놀라운 일이 벌어졌다. 야곱이 세워 놓은 그 알록달록한 나뭇가지 앞에서 교미를 하고 새끼를 밴 가축들은 모두 점이 있거나 얼룩무늬 있는 새끼들을 낳았다. 검은 양도 수시로 태어났다.

야곱은 그렇게 태어난 새끼 양들을 따로 구분해 놓았다. 라반의 가축 떼와 섞이지 않도록 했다. 시간이 지날수록 그런 가축들이 눈에 띄게 불어났다.

야곱이 누구던가. 형과 아버지를 속이고 축복을 가로챈 꾀 많은 인물 아닌가. 구유 옆에 항상 알록달록한 막대들이 세워져 있으면 자칫 발각될 수가 있다. 그래서 야곱은 튼튼한 가축들이 교미할 때만 알록달록하게 껍질 벗긴 나뭇가지들을 저들의 눈에 띄는 곳에 가져다 놓고, 허약한 가축들이 교미할 때면 그것들을 갖다 놓지 않았다.

대체로 봄에 교미하여 가을에 태어나는 가축들은 튼실했다. 가을에 교미하여 겨울을 거쳐 다음해 봄에 태어나는 가축들은 허약했다. 머리 좋고 눈치 빠른 야곱은 이런 사실도 이미 파악하고 있었다. 그러다 보니 허약한 것들은 죄다 라반의 소유가 되었고, 튼실한 것들은 전부 야곱의 몫이 되었다.

갓 태어난 토실토실한 점박이 새끼 양을 바라볼 때마다 라반은 심기가 불편해졌다.

"거참, 이상하네. 또 점이 있는 것이로구먼…. 참으로 알다가도 모를 일이야. 어째서 이런 일이 반복되는 거지?"

라반이 마뜩찮은 표정으로 퉁명스럽게 말했다. 그렇다면 정말 구유 옆에 알록달록한 나뭇가지 막대를 세운 야곱의 꾀가 먹혀들어서 이런 결과가 생겨난 걸까. 그렇지 않다. 실험해 보아도 그런 현상은 나타나지 않는다.

그런 현상이 나타난 이유는 오직 하나, 하나님이 야곱에게 복을 주셨기 때문이다. 하나님은 일찍이 벧엘 들판에서 맺은 야곱과의 언약을 기억하셨다. 야곱이 무엇을 어떻게 믿었든, 그것과는 아무런 관련이 없다. 순전히 하나님에 의해 하나님을 통한 풍요의 선물이 주어진 것이다.

그렇게 세월이 흘렀다. 야곱이 라반과 정식으로 품삯 계약을 맺고 일한 지도 6년이 지났다. 하나님이 풍성하게 복을 주셔서 야곱은 어느새 큰 부자가 되었다. 많은 가축 떼뿐만 아니라 수많은 낙타와 나귀도 소유하게 되었다. 남녀종들도 많이 거느렸다.

이때 야곱은 97세, 요셉은 6세 정도였다(주전 1909년경). 야곱이 부모와 헤어져 가나안 땅의 고향집 브엘세바를 떠난 지 20년이 지났다.

31

미스바 협정

야반도주하는 야곱을 따라잡는
라반 일행에게 주께서 경고하시니
라반은 결국 야곱에게 화친을 청하네

야곱이 장인 라반에게서 몰래 도망치다 (31:1-21)

날이 갈수록 야곱의 재산이 불어나자 라반의 아들들은 자기들끼리 수군거리곤 했다.

"아무래도 수상쩍지 않니? 야곱이 아버지의 재산을 몰래 빼돌린 게 틀림없어. 그렇지 않고서야 어떻게 저렇게 부자가 될 수 있겠어? 언제 한번 걸리기만 해봐라."

오래지 않아 그렇게 수군거리는 말이 야곱의 귀에까지 들려왔다. 장인어른도 차츰 태도가 달라졌다.

"여보게, 왜 그리 굼뜨나? 이리 좀 와 보게. 자네 눈엔 저 양이 아파하는 게 보이질 않는가? 빨리 조치를 취하게! 원, 그렇게 느려 터져서야…."

늘 뭔가가 못마땅하다는 어투였다. 사사건건 질책이고 트집이었다. 야곱을 바라보는 눈빛도 예전 같지 않았다. 예전에는 자기 재산을 불려주는 복덩어리로 보았다면, 지금은 자기 재산을 축내는 골칫덩어리쯤으로 보는 것 같았다.

물론 야곱의 재산만 늘어난 것은 결코 아니다. 야곱이 더 큰 복을 받은 건 사실이지만 야곱으로 인해 라반도 많은 복을 받은 것이 사실이었다. 이전에 비하면 라반은 비교할 수 없이 큰 부자였다.

그러나 남의 손에 있는 떡이 더 커 보이는 법. 자기 가축 떼가 불어나는 것은 생각하지 않고 야곱의 가축 떼가 불어나는 것이 심히 배 아팠다. 이렇게 라반은 야곱의 형통을 시샘했다. 언제는 야곱 덕에 부자가 되었다고 좋아하더니, 이제는 자기 덕에 야곱이 부자 되었다고 있는 대로 생색을 냈다.

야곱은 심사가 복잡했다. 하루하루가 가시방석이었다. 괴로웠다. 밤새 잠 못 들고 뒤척이는 날이 많았다. 그러던 어느 날, 주께서 야곱에게 나타나 말씀하셨다.

"야곱아, 이제 너는 일어나 네 조상들이 살던 땅, 가나안 땅으로 돌아가라. 내가 너와 함께 하겠노라."

야곱은 마침내 큰 결심을 했다. 그래, 이제 떠나자. 여기 계속 있다가는 험한 꼴을 당할 수도 있을 것이다. 왜 진작 떠날 생각을 못했을까?

야곱은 라반과 그의 아들들이 눈치채지 못하도록 라헬과 레아에게 슬그머니 귀띔하여 자기 가축 떼가 있는 들판으로 나오게 했다.

"내 얘기 좀 들어 보구려. 요즈음 장인어른의 낯빛이 예전 같지 않소. 나를 대하는 태도가 확 달라졌소. 처남들도 모이기만 하면 날 험담하는 것 같소."

야곱은 자세를 고쳐 앉고는, 자신의 말 못할 고충을 아내들에게 털어놓기 시작했다.

"잘 알다시피 내가 당신들의 아버지를 위해 밤낮 구분 없이 얼마나 열심히 일했소?"

"맞아요. 당신이 우리 집안을 위해 수고한 것은 우리가 잘 알지요."

레아가 그 사정을 알아주는 대답을 하자 야곱의 말에는 더욱 힘이 묻어났다.

"알아주어 고맙소. 그런데도 장인어른은 틈만 생기면 날 속였소. 내 품삯을 주겠다고 해놓고 몇 번이나 마음을 바꾸었소. 장인어른은 처음 맺은 계약 조건을 마음대로 바꾸기까지 했소. '이제부터는 점 있는 가축들만 자네 품삯이네' 하면, 태어나는 가축마다 점 있는 것이 태어났소. 장인어른이 또 마음을 바꿔 '이제부터는 얼룩무늬 있는 가축들만 자네 품삯이네' 하면, 태어나는 가축마다 얼룩무늬 있는 것이었소. 내 아버지의 하나님께서는 그렇게 나를 지켜주셨소. 한번은 이런 꿈을 꾸었소. 가축들이 교미할 무렵에 내가 꿈속에서 보니, 암컷과 교미하는 수컷들은 죄다 얼룩무늬가 있거나 점이 있거나 줄무늬가 있는 것들이었소."

야곱은 그간의 박대와 서러움이 한꺼번에 밀려드는 듯 말하는 사이사이에 잠시 목이 잠겼다.

"그때 주의 천사가 나를 부르시어 내가 대답하였더니 이르시기를 '야곱아, 라반이 지금까지 네게 어떻게 해왔는지 내가 다 알고 있다. 눈을 들어 똑똑히 보아라. 암컷과 교미하는 수컷들이 전부 얼룩무늬가 있거나 점이 있거나 줄무늬가 있는 것들이 아니냐? 내가 네게 복을 주어 너로 부자가 되게 하겠노라' 하셨소."

그러면서 야곱은 두 아내에게 따지듯 물었다.

"내가 당신들의 아버지 덕분에 부자가 되었다고 생각하시오?"

이렇게 묻고는 그녀들이 대답하기도 전에 또 입을 열었다.

"아니오. 절대 그렇지 않소. 하나님이 나의 억울함을 아시고 장인어른의 가축을 빼앗아 내가 흘린 땀과 눈물에 대해 보상해 주셨던 것이오. 주께서 장인어른을 막으셔서 나에게 해를 끼치지 못하게 하셨단 말이오.

나를 부자로 만든 분은 장인어른이 아니라 바로 하나님이란 말이오."

20년 세월 동안 라반의 집에서 온갖 박대와 서러움을 겪어 왔지만, 야곱의 신앙은 이처럼 크게 성숙해 있었다. 야곱의 하란 생활은 그를 언약의 후사답게 키우시려는 하나님의 훈련이요 연단의 세월이었던 것이다.

한바탕 하소연을 쏟아낸 뒤 야곱은 아내들을 부른 진짜 목적을 나직한 목소리로 이야기했다.

"내가 이런 하소연이나 하자고 당신들을 이리로 부른 게 아니오. 실은 최근 주께서 내게 나타나 말씀하신 게 있소. 그분은 내가 고향 집을 떠나 이곳 하란으로 올 때, 도중에 벧엘 들판에서 나타나셔서 동행과 보호를 약속해 주셨던 바로 그분 하나님이오."

"당신에게 들어서 우리도 잘 알고 있어요." 레아가 남편의 말을 받았다.

"그 하나님께서 내게 이르시기를 '이제 일어나 이곳을 떠나라. 네 고향 가나안 땅으로 돌아가라'고 명하셨소. 그래서 당신들을 몰래 여기로 부른 것이오. 이제 난 이곳을 떠나 고향으로 돌아갈 결심을 굳혔소. 당신들은 어떻게들 생각하시오?"

남편의 하소연을 안타까운 눈길로 묵묵히 듣고 있던 레아와 라헬은 오래 생각할 필요도 없다는 듯 선뜻 대답했다.

"그래요. 당신이 부자가 된 것은 우리 아버지 때문이 아녜요. 당신 덕분에 우리 아버지가 큰 부자가 된 것이지요. 그런데도 아버지가 우리에게 물려주신 유산은 땡전 한 푼도 없어요. 아버지는 우리를 당신에게 팔아넘기고 우리에게 주어야 할 몫까지 다 가로채셨어요."

라헬이 오히려 더 역정을 냈다. 레아도 옆에서 고개를 끄덕이며 동감한다는 뜻을 나타냈다.

"그런 뒤에는 우리를 마치 남인 양 대하셨어요. 떠돌이 나그네처럼 대하셨다고요. 당신 말이 맞아요. 하나님이 우리 아버지에게서 빼앗아 당신에게 주신 모든 재산은 우리와 우리 자식들의 것이에요. 그러니 하나님이 당신에게 말씀하신 대로 행하도록 하세요. 우리도 당신 따라 당신의 고향으로 내려갈게요."

아버지 라반에 대해 야곱보다 더 말할 게 많고 더 서러운 게 많다는 말투였다. 욕심 많은 라반은 딸들에게조차 인심을 크게 잃은 것이다.

"그리 말해주니 정말 고맙소. 자, 이런 일은 지체하면 그르치기 쉬우니 즉시 행하도록 합시다. 장인어른이나 처남들이 눈치채지 못하게 신속하게 움직여야 하오. 그들이 알면 우리를 곱게 보내 줄 리 있겠소? 자, 어서 서두르시오!"

야곱과 두 아내는 서둘러 집으로 돌아가 가축 떼, 밧단아람에서 벌어들인 재산, 남녀종들을 전부 챙겼다. 유목민들은 양 떼를 몰고 집을 나서면 몇 날, 몇 주, 몇 달이고 집에서 멀리 떨어진 들판에서 먹고 자며 지내곤 했다.

야곱은 용의주도한 인물이다. 라반이 양털 깎으러 집을 떠나 멀리 들판으로 나간 사이에 일을 처리했다. 유목민들에게 양털 깎는 일은 무척 중요한 행사였고 큰 잔칫날이었다. 그 사이에 야곱은 자신의 모든 짐과 재산을 다 챙길 수 있었다.

라헬은 특별히 아버지 소유인 드라빔 신상을 훔쳐 짐 속에 넣었다. 드라빔은 은이나 나무 등으로 만든 사람 모양의 작은 입상(立像)이다. 하란 지역에서 가정 수호신으로 모셨다. 집안에 모셔두기도 하고, 호신부(護身符)로 몸에 지니고 다니기도 했다. 드라빔 우상은 자녀들 간에 재산 분쟁이 생겼을 때 집안 상속자임을 내세우는 유력한 증거물로 사용되기도 했다. 그런 소중한 드라빔을 영악한 라헬이 아버지 몰래 챙긴 것이다.

"자, 이제 서둘러 떠나도록 합시다."

"얘들아, 빨리빨리 움직이자. 요셉은 엄마 곁에 바짝 붙어 다니고…."

야곱은 서둘러 아내들과 자식들을 낙타에 태웠다. 라반에게는 도망치는 낌새를 조금도 내비치지 않은 채 일을 서둘렀다. 이렇게 해서 야곱은 객지살이 20년 만에 라반과 그의 아들들이 살고 있는 하란 땅을 떠나 아버지 이삭이 살고 있는 가나안 땅을 향해 길을 나섰다. 야곱의 나이는 97세, 고향 땅에 계신 부친 이삭의 나이는 157세였다. 이삭의 향년이 180세이므로, 임종하기 23년 전이었다.

떠날 때는 빈손에 지팡이 하나 짚고 왔지만 돌아갈 때는 큰 일가를 이루었다. 마치 거상(巨商)의 행렬 같았다. 하지만 고향집을 떠나올 때와 마찬가지로 고향집으로 돌아갈 때에도 몰래 도망치는 발걸음이었다. 고단한 야곱의 일생이다.

야곱은 일행을 독려하고 걸음을 재촉하여 유프라테스 강을 건넜다. 그리고 길르앗 산악 지대 쪽으로 향했다. 그곳은 가나안 지역으로 요단 강 동편에 위치한 길르앗 성읍의 산악 지대다. 하란에서 이곳까지는 어른의 빠른 걸음으로 대략 10일 걸렸다.

라반이 야곱 일행을 급히 추격하다 (31:22-42)

라반은 사흘이 지난 뒤에야 야곱이 재산을 챙겨 식솔들을 거느리고 도망을 쳤다는 것을 알고는 땅을 쳤다. 엄청난 배반감이 몰려왔다.

"이렇게 뒤통수를 칠 줄이야. 절대로 용서하지 않겠다!"

라반은 아들들과 친척들로 급히 추격대를 꾸렸다. 창칼과 활로 무장하고는 야곱 일행을 급히 뒤쫓아 갔다.

"서둘러라! 야곱에게는 식솔이 적지 않은데다 가축 떼가 딸려 있으니 멀리 가진 못했을 것이다. 가나안 땅 깊숙이 들어가기 전에 반드시 따라붙어야 한다."

라반은 자신에게 큰 피해를 끼치고 달아난 중죄인을 잡으려는 듯 거칠게 추격대를 몰아붙였다. 따지고 보면 야곱은 라반의 재산에는 털끝 하나 건드리지 않았다. 단지 자기 재산만 챙겨서 떠났을 뿐이다. 물론 인사 한 마디 없이 몰래 떠난 것은 사실이지만….

라반의 추격대는 이레 만에 길르앗 산악지대에서 야곱 일행을 거의 따라잡았다. 내일이면 야곱 일행은 꼼짝없이 붙잡힐 형국이었다.

야곱 일행은 길르앗 지방의 어느 산속에 장막을 치고 묵었다. 라반의 추격대도 언덕 너머 길르앗 산악 지대에 장막을 친 상태였다.

야곱 집안의 종 하나가 허둥대며 다급한 목소리로 보고했다.

"주인님, 큰일 났습니다. 저쪽 언덕 너머에 창칼과 활로 무장한 사람들이 장막을 치고 있습니다. 아마도 라반이 이끄는 추격대 같습니다. 어찌하면 좋을까요?"

어찌할 방도가 없었다. 야곱 일행은 아녀자들과 비무장 상태의 남녀종들뿐이기 때문이다. 빠져나갈 구멍이 없었다. 야곱은 반사적으로 벧엘에서 돌베개를 베고 자다가 꿈속에서 보았던 천사들을 떠올렸다. 주님을 의지할 수밖에 다른 도리가 있을 수 없었다.

"오, 주님, 벧엘 들판에서 주님은 제게 안전한 보호와 무사 귀향을 약속해 주셨나이다. 이제 내일이면 꼼짝없이 라반의 추격대에 붙잡혀 다시 하란 땅으로 끌려가게 생겼습니다. 주께서 제게 가나안 땅으로 가라 명하셨으니, 이제 주께서 이 문제를 해결해 주소서. 부디 벧엘 언약을 기억하셔서 저로 무사히 고향집에 이를 수 있게 해주소서."

야곱의 기도는 간절했다. 야곱이 그렇게 밤새도록 기도하고 있을 때, 하나님께서는 라반의 꿈속에 나타나 말씀하셨다.

"라반아, 너는 야곱을 해하지 마라. 좋은 말이든 궂은 말이든 야곱과 일체 시비하지 말고, 그를 곱게 보내 주어라."

좋은 말로 이르셨지만, 강력한 경고가 포함되어 있었다. 만일 거역하면 어떤 징벌이 가해질지 모를 일이었다. 오랫동안 야곱을 지켜보면서 하나님의 손길을 분명히 느껴 온 터라, 라반은 감히 거역할 생각을 낼 수가 없었다. 꿈을 깬 라반의 등줄기에선 식은땀이 흘러내렸다.

다음 날, 라반이 추격대를 이끌고 야곱의 장막에 이르렀다. 야곱은 모든 것을 포기하고 장막에 그대로 머물러 있었다. 마침내 라반과 야곱이 대면했다. 야곱은 바짝 긴장하였다.

"여보게, 자네는 어쩌자고 이런 짓을 하는가? 무슨 까닭으로 이렇게 비밀리에 나를 떠났는가? 마치 전쟁포로 잡아가듯 내 딸들과 손자들을 이렇게 끌고 가도 되는 건가?"

야곱은 라반이 어떻게 나올지 몰라 잔뜩 긴장했다. 그러나 의외로 말투가 사납지 않았다. 적이 마음이 놓였다. 어젯밤 하나님이 라반에게 경고하신 덕분이었다. 라반은 말을 이었다.

"여보게, 자네가 고향집으로 돌아간다고 곱게 말했으면, 어찌 내가 안 보내 주었겠는가? 북도 치고 수금도 뜯고 노래도 부르면서 기쁘게 떠나보냈을 걸세."

야곱은 침묵을 지켰다. 라반에게 속아서 살아온 그였기에, 그의 진심이 믿기지 않았다.

"그런데 이게 대체 무슨 짓이란 말인가? 내 딸들과 손자들에게 작별인사조차 못하게 해서야 되겠는가? 내겐 자네를 해칠 힘이 있다네. 하지만 어젯밤 꿈에 자네 조상의 하나님이 내게 나타나셔서, 자네와 일체 시시비비를 따지지 말라고 하시더군."

그러면서 라반은 진짜 하고 싶은 말을 했다.

"자네가 그토록 고향집으로 돌아가고 싶어 하는 마음은 충분히 이해한다네. 그걸 막지는 않겠네. 하지만 어째서 자네는 우리 집의 신상까지 훔쳐 가는가? 그건 도저히 묵과할 수 없네. 그 신상을 당장 이리 내놓게."

라반이 말하는 신상이란 라헬이 몰래 훔쳐온 드라빔이다. 야곱은 라반의 말을 듣는 동안 내내 하나님께 감사하는 마음이었다. 하나님께서는 자신의 기도에 응답해 주신 것이다. 라반이 저 정도로 그치는 것을 달리 어떻게 설명할 수 있단 말인가. 야곱이 장인의 말에 응답했다.

"제가 말씀드리지 못하고 급히 떠난 것은 장인어른께서 제 아내들을 빼앗아가실까 봐 두려워서 그랬습니다. 제 좁은 소견과 불찰을 용서해 주십시오. 그렇지만 장인어른 집의 신상은 절대 훔치지 않았습니다."

야곱은 라헬이 그 신상을 몰래 훔친 사실을 전혀 알지 못했다. 그래서 라반을 향해 당당하게 말을 이어갔다.

"만일 우리 일행 가운데 그 신상을 훔친 사람이 나오면 장인어른께서 그 사람을 죽여도 좋습니다. 뿐만 아니라, 우리가 가진 소유물 가운데 장인어른의 것이 하나라도 섞여 있으면 얼마든지 도로 가져가십시오."

"알겠네. 자네 말이 사실인지 확인해 보도록 하겠네. 협조 부탁하네."

라반은 야곱 일행의 짐을 뒤지기 시작했다. 먼저 야곱의 장막부터 뒤졌다. 이어 큰딸 레아의 장막을 뒤지고, 이어서 두 몸종의 장막을 뒤졌다. 하지만 어디에서도 신상은 발견되지 않았다. 마지막으로 라반은 작은딸 라헬의 장막에 들어갔다.

라헬은 훔쳐온 신상을 낙타의 안장 밑에 숨겨두고 그 위에 깔고 앉아 있었다. 큰 광주리처럼 생긴 안장은, 이동할 때는 낙타 위에 올려놓고 흔들리지 않도록 끈으로 고정시킨다. 라헬은 이 안장 안에 펼쳐져 있는 담요 밑에 신상을 숨겨 놓고 그 위에 앉아 있었던 것이다.

라반은 결국 신상을 찾아내지 못했다. 고개를 계속 갸웃거리며 라헬의 장막에서 나온 라반은, 라헬이 여전히 낙타 위에 앉아 있는 것을 보았다. 이상하게 생각할 법도 했다. 이때 라헬이 선수를 쳐 얼른 입을 열었다.

"아버지, 기분 나빠하지 마세요. 제가 지금 생리 중이라, 내려서 아버지를 맞을 수 없네요."

유목민들은 생리 중인 여자를 부정하게 생각하여 아예 접촉을 삼갔다. 라헬은 임기응변으로 이런 관습을 빙자하여 아버지의 접근을 막은 것이다. 라반도 그 말에 더는 가까이 가지 않았다. 설마 신성한 가정 수호신이 생리 중인 라헬의 하체 밑에 깔려 있으리라고는 상상조차 할 수 없었다.

이것만 보더라도 금은과 목석으로 만들어진 우상의 헛됨과 거짓됨을 잘 알 수 있다. 실제로 드라빔은 라헬의 엉덩이 아래에 깔려 있었기 때문이다.

라반이 이곳저곳을 샅샅이 뒤져도 신상을 찾을 수 없게 되자, 야곱이 성을 버럭 내며 라반에게 따졌다. 자신의 짐을 마구 뒤지는 동안 꾹 참고 있었던 감정이 폭발한 것이다.

"장인어른! 제가 무슨 큰 죄를 지었다고 이러십니까? 사냥감을 추적하는 사냥꾼처럼 저를 이렇듯 불같이 뒤쫓아 오신 이유가 뭡니까? 대체 무슨 신상을 훔쳤다고 저의 모든 짐을 이 잡듯 마구 헤치고 뒤지는 것입니까?"

야곱은 그간의 서러운 감정까지 폭포수처럼 쏟아냈다.

"장인어른, 지난 20년 동안 저는 장인어른의 가축 떼를 제 몸을 사리지 않고 돌봐 주었습니다. 그토록 오랜 세월을 돌보는 동안, 장인어른의 가축 떼 중에 한 마리라도 낙태한 적이 있었습니까? 장인어른의 가축 떼 중에서 새끼 양 한 마리라도 제가 잡아먹은 적이 있었습니까? 어쩌다 들짐승한테 양 한 마리가 물려 죽어도 제가 그 값을 다 물어냈습니다. 낮이든 밤이든 도둑맞은 게 하나라도 생기면 장인어른은 그 손해를 모두 제게 떠넘겨 변상하게 했습니다. 저는 황량한 들판에서 낮에는 더위에 시달리고 밤에는 추위에 떨면서 잠도 제대로 못 잔 때가 한두 번이 아니었습니다. 그렇게 저는 장인어른 집에서 마치 종살이하듯 20년을 보냈습니다. 그 중 14년은 장인어른의 두 딸을 얻으려고 공으로 일했고, 나머지 6년 동안만 품삯 계약을 맺고 일했습니다. 그마저도 장인어른은 제게 주시기로 약속한 품삯을 얼마나 자주 마음대로 변경했습니까?"

야곱의 말은 하나도 틀리지 않았다. 라반은 한마디도 반박하지 못하고 묵묵히 듣고만 있었다. 추격할 당시에 치솟았던 분노는 어느새 사라지고 얼굴에는 미안해하는 기색마저 역력했다. 야곱은 하던 말을 마무리했다.

"만일 우리 조상의 하나님, 제 할아버지 아브라함의 하나님, 제 아버지 이삭의 하나님께서 저와 함께하지 않으셨다면, 아마도 장인어른은 저를 빈털터리로 내보냈을 것입니다. 하나님은 그동안 제가 얼마나 힘들게 지냈는지를 다 아시고 어젯밤에 장인어른을 꾸짖으신 것입니다."

야곱과 라반이 상호불가침 계약을 맺다 (31:43-55)

"여보게, 진정하게. 내가 자네를 어떻게 하려고 이러는 것은 아닐세. 알다시피, 자네 아내들은 다 내 딸자식들이 아닌가? 그런데 어찌 내가 내 딸들과 내 딸들이 낳은 자식들을 야박하게 대할 수 있겠는가?"

라반이 수그러든 목소리로 말했다. 그동안 야곱을 너무 무시했던 것 같았다. 야곱이 형의 보복을 피해 피신해 왔다는 약점을 이용하여 자기 재산을 불리기에 바빴다. 그러나 이제 야곱이 이모저모 따지자 라반은 반박할 말이 없었다. 이렇듯 야곱은 당당했고, 라반은 궁지에 몰렸다. 어젯밤 하나님의 개입으로 상황이 완전히 역전된 것이다.

"자, 그만 진정하고 이리 오게나. 우리 계약을 맺도록 하세. 이곳에 함께 돌무더기를 쌓아 올려 그것으로써 나와 자네 사이에 증거물을 삼도록 하세나."

"좋습니다, 장인어른. 그렇게 합시다."

야곱도 흔쾌히 동의했다. 야곱은 돌 하나를 가져다가 그곳에 기념비를 세우고, 라반 일행은 돌을 모아다가 무더기를 쌓았다. 그런 뒤 야곱과 라반은 그 돌무더기 곁에서 함께 음식을 먹었다. 오늘날에도 그러하지만 당시에도 계약이 체결되면 공동식사로 상호간에 우의를 다졌다.

라반은 거기 쌓은 돌무더기를 '여갈-사하두다'라 불렀다. 라반이 사용하는 아람어로 '증거의 무더기'란 뜻이다. 야곱은 그것을 '갈르엣'이라 불렀다. 야곱이 사용하는 히브리어로 '증거의 무더기'란 뜻이다. 각자 자기 고향의 언어로 부른 것이다. 이렇게 부른 까닭은, 라반이 그 돌무더기를 보고 "이 돌무더기는 오늘 우리가 맺은 계약의 증거일세." 라고 말했기 때문이다.

그 돌무더기는 '미스바'라고도 불렸다. 그 까닭은, 라반이 야곱에게 말하기를 "우리가 떨어져 있는 동안에도 주께서 우리 두 사람을 지켜보실 것이네."라고 했기 때문이다. 미스바는 '(지켜보는) 파수대'나 '(지켜보는) 망루'란 뜻이다. 그렇게 '미스바'라고 불린 데에는 다른 이유도 있었다. 그때 라반이 야곱에게 또 말하기를 "자네가 내 딸들을 구박하거나 내 딸들 외에 다른 여인들을 아내로 맞는다면 하나님이 그 모든 것을 지켜보고 계신다는 사실을 명심하게."라고 했기 때문이다.

"자, 이보게. 여기 돌무더기도 있고 또 이렇게 기념비도 있네. 이제부터 우리 사이에 이 돌무더기가 증인 노릇을 해주고, 또 이 기념비도 역시 그럴 걸세. 명심하게나. 이후로 자네는 이 돌무더기를 넘어 내가 있는 곳으로 쳐들어와서는 안 되네."

"그야 당연한 말씀입니다."

라반도 계약을 맺고 또 음식을 먹고 나니 기분이 많이 풀렸다. 라반도 다짐했다.

"나도 이 돌무더기를 넘어 자네 있는 곳으로 쳐들어가지 않겠네. 장차 우리 둘 중에 계약을 어기는 자가 있다면, 아브라함의 하나님, 나홀의 하나님, 그들의 조상들이 섬기던 하나님께서 옳고 그름을 판가름해 주실 것이네."

이렇게 라반은 돌무더기와 기념비를 증인 삼아 야곱과 상호불가침 계약을 맺었다. 이는 라반이 그동안 야곱에게 잘못한 게 많아 무언가 보호 장치를 만들고 싶었기 때문이다. 나중에 세력을 크게 키운 야곱이 지난날의 악감정으로 자신을 공격할까 두려웠던 것이다.

야곱도 조부 아브라함과 부친 이삭이 섬기는 하나님의 이름을 걸고 맹세했다. 그날 밤, 야곱은 그곳 길르앗 지역의 산속에서 가축을 잡아 하나님께 제물을 바쳤다. 그런 뒤 일행들과 음식을 나눠 먹으면서 밤을 지냈다.

다음날 아침, 라반은 아침 일찍 일어나 손자들과 딸들에게 작별인사를 하고는. 하란 땅 자기 집으로 돌아갔다. 야곱도 일행을 이끌고 가나안 남쪽을 향해 다시 길을 떠났다.

32

얍복 강가에서

형의 공격이 두렵기만 한 야곱은
홀로 얍복강가에 남지만
누군가와 밤새도록 씨름 하다가
결국 축복을 받아내네

야곱이 형 에서와 대면할 준비를 하다 (32:1-21)

야곱 일행은 길을 재촉했다. 라반과 헤어진 뒤 요단 동편의 길르앗 산악 지대를 출발하여 남쪽으로 내려갔다. 그렇게 계속 길을 가던 중 야곱의 눈앞에 놀라운 광경이 나타났다.

큰 세력과 위엄을 갖춘 신비롭고도 강력한 군대가 두 진영을 이루고 있었다. 자세히 보니 하나님의 천사들로 구성된 휘황찬란한 하늘 군대, 천군(天軍)이 아닌가. 야곱은 그들을 보고 말했다.

"와, 이곳은 하나님의 진영이 있는 데로구나."

야곱은 감탄을 발하며 그곳 이름을 '마하나임'이라 불렀다. '두 진영' 또는 '두 군대'란 뜻이다. 이곳은 요단 강 동쪽 지역으로 얍복 강 가까이에 있었다. 후일 가나안 정복 이후에는 갓 지파와 므낫세 반 지파의 접경지대를 이룬 곳이다.

야곱의 귀향길에 하나님의 군대가 등장한 것은 약속의 땅 가나안으로 돌아오는 언약의 계승자를 영접한다는 의미가 있다. 또한 잠시 뒤에 형 에서의 군대와 맞닥뜨릴 때 하나님의 군대가 이렇게 호위하고 있으니, 조금도 겁먹지 말고 의연하게 대처하라는 의미가 포함되어 있다. 하지만 야곱은 형을 대면해야 한다는 생각에 두려움이 물밀 듯 몰려왔다. 과연 형이 자신을 어떻게 대할지, 오만 가지 생각이 머릿속을 어지럽혔다. 20년이라는 긴 세월도 형의 분노를 삭이지 못한 것은 아닐까? 물론 충분히 그럴 수 있는 일이다. 형과의 대면시간이 다가올수록 야곱의 두려움과 번민은 깊어만 갔다.

야곱은 어쨌든 형과 화해하고 싶었다. 그래서 일단 최선을 다해 자신의 진심을 전하기로 결심했다.

야곱은 에돔 들녘의 세일 땅에 사는 형 에서에게 자기보다 앞서 심부름꾼들을 보냈다. 그들을 보내면서 야곱이 단단히 일렀다.

“너희는 앞서 가서 내 형님을 찾아뵙고 이렇게 말씀드려라. 진실한 목소리로 아뢰기를 ‘어르신의 아우 야곱은 지금껏 하란 땅 외삼촌 라반의 집에 몸 붙여 살았습니다. 거기서 20년을 지내는 동안 하나님께 큰 복을 받아 처첩과 자식들과 많은 가축 떼와 남녀종들을 거느리게 되었습니다. 이제야 아우가 돌아와 형님께 문안드리니 부디 너그러운 마음으로 받아 주시기를 바랍니다.’ 하여라. 잘 알아들었느냐?”

“네, 주인님. 명심하겠습니다.”

“그래, 최대한 공손하게 아뢰어야 한다. 자, 그럼 출발하여라.”

야곱은 심부름꾼들을 보내 놓고는 초조하게 기다렸다. 그런데 심부름꾼들이 돌아와 전한 소식은 야곱을 놀라게 하기에 충분했다.

“주인님, 저희가 세일 땅으로 가던 도중에 주인님의 형님을 만나게 되었습니다. 그분 역시 주인님이 가나안 땅에 돌아왔다는 소식을 듣고 주인님을 만나러 곧장 이리로 오는 중이었습니다. 400명 가량 되는 장정들을 거느리고 이리로 오고 있습니다.”

"뭣이라? 형님이 400명이나 되는 장정들을 거느린 채 이리로 오고 있다고? 그래, 그들이 무장하고 있더냐?"

"네, 손에는 칼을 쥐고 등에는 활과 전통을 둘러메고 있었습니다."

야곱의 가슴이 철렁 내려앉았다. 형님이 아직도 분을 삭이지 못한 모양이었다. 외삼촌의 손에서 겨우 벗어났다 싶었더니 이제는 더 무서운 형님의 칼이 기다리고 있다니!

야곱은 절로 한숨이 나왔다. 와락 겁이 났다. 홀몸도 아니고 처첩과 자식들과 남녀종들까지 딸린 마당에 꼼짝없이 모든 식솔이 몰살당할 판국이었다.

어떻게든 살 궁리를 하지 않으면 안 되었다. 야곱은 함께 움직이는 사람들과 가축 떼를 두 무리로 나누었다. 에서가 한 무리를 공격하면 그 사이에 다른 한 무리라도 잽싸게 도망을 쳐서 목숨을 건지도록 해야겠다는 생각에서였다. 그렇게 일행을 두 무리로 나눈 뒤에 야곱은 벧엘의 하나님을 기억하며 엎드려 기도드렸다.

"조부 아브라함의 하나님, 부친 이삭의 하나님, 주님께서는 제게 분명히 약속하시기를, 이 몸이 무사히 고향집으로 돌아갈 수 있도록 함께해 주시고 항상 지켜 주실 것이라고 하셨습니다."

고향집을 떠나던 날이 어제 같았다. 그때 벧엘에서 돌을 베개로 삼아 잠들었을 때, 하나님께서 꿈에 나타나셔서 약속하신 일을 상기시키는 기도였다. 그때로부터 벌써 20년의 세월이 흘렀다. 야곱의 기도는 이어진다.

"주님, 주께서 명하신 대로 이제 하란 땅을 떠나 고향집으로 가고 있습니다. 고향집을 떠나 요단 강을 건널 때는 지팡이 하나가 전부였습니다. 하지만 지금 저는 주께서 복 주신 덕분에 두 무리의 떼를 거느리게 되었습니다. 그런데 지금 제 형 에서가 400명의 군사를 이끌고 제게로 다가오고 있습니다."

형은 아무래도 야곱에게 보복을 감행하려고 하는 것 같았다. 군대를 끌고 온다는 것은 바로 그 신호가 아니겠는가.

"주님, 형님의 손에서 이 몸을 구해 주소서. 형 에서가 저를 공격하여 제 아내들과 자식들을 죽일까 심히 두렵습니다. 주님, 부디 벧엘의 약속을 기억해 주소서. 어디서나 저와 함께하시고 언제든지 보살펴 주셔서 제 후손이 바닷가의 모래알처럼 셀 수 없을 정도로 크게 불어나게 해주시겠다고 약속하시지 않았습니까? 그러니 부디 저를 형의 손에서 건져 주소서!"

지난 세월, 드러나게 믿음 생활을 한 것은 아니었지만, 박대를 받고 서러움을 겪을수록, 어려운 일을 당하고 위기에 처할수록, 야곱은 기도했고 그러면서 믿음이 자라났다. 더디기는 했지만 자기 꾀와 술수에 의존하지 않고 하나님을 의지하는 법을 배웠다. 이때에도 야곱은 오직 믿을 데라곤 하나님뿐인지라 하나님께 매달려 간절히 기도하고 있었다.

그날 밤을 지새운 뒤, 야곱은 먼저 형에게 바칠 선물을 정성껏 마련했다. 자신의 가축 떼 중에서 흠 없고 살지고 색깔 고운 것들로 암염소 200마리, 숫염소 20마리, 암양 200마리, 숫양 20마리, 젖 나오는 어미낙타 30마리와 새끼들, 암소 40마리, 황소 10마리, 암나귀 20마리, 새끼나귀 10마리를 골랐다. 순전히 형의 노여움을 풀기 위한 예물이었다. 야곱은 이렇게 정성껏 골라낸 가축들을 자기 종들에게 넘겨주며 지시했다.

"너희는 나보다 앞서 이 가축들을 몰고 가되 수십 마리씩 여러 떼로 나누어 몰고 가도록 하라. 그리고 각각의 가축 떼들은 서로서로 일정한 간격을 띄운 채 몰고 가도록 하라."

한꺼번에 바치는 많은 선물보다 여러 번에 걸친 선물 공세를 통해 형의 마음을 차츰차츰 누그러뜨려 보자는 심산이었다. 또 에서가 선물을 받아들이지 않고 가축 한 떼를 치면, 그 사이에 다른 떼는 도망칠 수 있는 시간을 벌어 보자는 계산도 깔려 있었다. 야곱은 하나님을 의지한다면서도 아직도 자기의 꾀를 버리지 못했다. 야곱은 가축 떼를 몰고 가장 앞장서서 가게 될 종에게 특별히 일렀다.

"내가 하는 말을 잘 새겨듣도록 하라. 네가 가축 떼를 몰고 갈 때 내 형님 에서가 너를 만나 묻기를 '네 주인은 누구냐? 너는 어디로 가는 길이냐? 네가 몰고 가는 이 가축 떼는 누구 것이냐?' 하거든, 너는 그분께 대답하기를 '이것은 모두 당신 종 야곱의 것으로, 야곱이 그분의 형님 되시는 에서께 바치는 선물입니다. 야곱도 지금 우리 뒤에 따라오고 있습니다.' 하여라."

야곱은 두 번째 가축 떼를 몰고 갈 종과 세 번째 가축 떼를 몰고 갈 종에게, 그리고 나머지 종들에게도 똑같이 일렀다.

"너희는 내 형님 에서를 만나거든 꼭 이렇게 대답해야 한다. '당신의 종 야곱은 지금 우리 뒤에 따라오고 있습니다.' 하고 말이다."

야곱이 이렇게 자기보다 앞서 형 에서에게 여러 차례 선물을 보낸 것은 그렇게 함으로써 형의 분노가 차츰 누그러져 결국엔 자신을 용서하고 받아들이지 않을까 싶어서였다. 또 그런 차원에서 야곱은 자신을 '에서의 종'이라 말하라고 신신당부했다.

야곱은 이렇게 정성껏 마련한 선물을 자기보다 앞서 에서에게 보냈다. 자신은 뒤에 남아 장막에 머물렀다. 형 에서의 환심을 사려는 작전은 과연 성공하게 될 것인지, 야곱은 불안감과 긴장감을 떨쳐내지 못했다.

야곱이 얍복 강에서 주의 천사와 씨름하다 (32:22-32)

어느덧 해가 지고 밤이 되었다. 야곱은 밤중에 일어나 두 아내와 두 소실, 열한 명의 아들을 데리고 얍복 강 나루터로 가서 강을 건너게 했다. '얍복'은 세겜 땅 맞은편에 있는 요단 동편의 강으로, 이름의 뜻은 '푸르다' 또는 '흐르다'이다. 그 뜻에 맞게 시퍼런 강물이 거세게 굽이쳐 흐른다. 그래서 야곱은 강 나루턱의 물 얕은 개울가로 데려가서 식솔들을 안전하게 건네주었다.

"여보, 당신은 어쩌시려고요?"

걱정 가득한 얼굴로 레아와 라헬이 뒤에 혼자 남게 된 남편을 챙긴다. 라헬은 옆에서 남편의 안부를 걱정하고, 레아는 조금 떨어진 자리에서 눈으로만 근심의 빛을 보낸다. 두 아내가 남편을 사랑하는 법은 달랐지만 마음은 하나였다.

"내 걱정은 하지 말아요. 나는 여기 남아 해야 할 일이 좀 있소. 애들을 잘 챙기도록 하시오. 날이 밝는 대로 나도 곧 뒤따라 건너리다."

야곱은 얍복 강 너머로 식구들을 다 건너보내고 또 자기에게 딸린 소유물들을 강 건너로 보낸 뒤에 홀로 강변에 남았다. 벧엘의 하나님을 떠올리며 밤새워 기도할 요량이었다. 기도로써 라반의 손에서 벗어났듯 이번에도 기도로써 에서의 칼에서 무사히 벗어나기를 기대했다. 그러나 두려웠다. 두려움이 온몸을 매섭게 파고들었다.

"주여, 주여!"

뒤에는 라반과 그의 아들들이 버티고 있다. 앞에는 형 에서의 400명의 군대가 다가오고 있다. 야곱의 앞뒤에 있는 모두에게 야곱은 도망자였다. 형에게서는 도망을 갔다가 돌아오고, 라반에게서는 도망갔다가 도망쳐 나오는 중이다. 그의 이름은 도망자! 결국 혼자였다. 이 순간 두 아내와 두 소실, 그리고 11명의 아들들과 많은 남녀종들도 보호자가 되지 못했다. 의지할 데라곤 오직 벧엘의 하나님뿐이었다.

"주여, 내가 죽게 되었나이다. 나를 돌아보소서!"

야곱의 두려움은 앞뒤의 대적자 때문만은 아니다. 홀로 남은 외로움이 더 힘들게 했다. 두렵고 떨리고 외로웠다. 대찬 인생 야곱이 무서워하고 있다. 내일 대면할 에서를 생각하면 머릿속이 하얗게 되었다. 마음이 자꾸만 약해졌다. 마음이 극도로 약해져서 오직 하나의 길만이 열려 있다. 하나님을 향한 길이다. 하나님과 통할 수 있는 길이다. 간절히 두 손을 모은다. 야곱은 무릎을 꿇는다. 주님을 애타게 찾고 간절히 구하는 야곱의 기도가 오래도록 이어진다.

밤이 깊어갔다. 밤공기는 차갑고 밤하늘의 별빛은 유난히 밝았다. 밤이 깊어갈수록 야곱의 기도는 간절하고 치열해졌다. 번민과 두려움에 휩싸인 채 연신 부르짖었다.

"주여, 저를 도와주소서! 주여, 구원의 손길을 베푸소서! 주여…."

그때였다. 갑자기 누군가가 야곱 앞에 나타났다.

"누… 누구요?"

야곱은 자신도 모르게 경계 태세를 갖추었다. 에서가 보낸 암살자인가, 아니면 라반이 보낸 사람인가. 야곱은 기죽지 않으려고 목소리에 힘을 준다.

"정체를 밝히시오. 대체 사람이오, 유령이오?"

그자는 아무 대답 없이 야곱에게로 다가왔다. 야곱은 그가 누구든 붙잡아야 한다고 생각했다. 그런데 그 사람을 붙잡은 순간, 엄청난 힘이 느껴졌다. 그 누구에게서도 느껴보지 못한 강력한 힘이었다. 결코 만만한 상대가 아니었다.

야곱은 정신을 바짝 차리고 다시 단단히 그를 붙들려고 했다. 그러자 그 사람은 야곱을 냅다 뿌리쳤다. 거세게 뿌리쳤기에 야곱이 힘없이 툭 나가떨어졌다. 그래도 야곱은 그 자리에서 벌떡 일어나 더욱 세게 붙잡았다. 이번에도 그 사람은 야곱을 뿌리쳤다. 하지만 이번에는 야곱이 나가떨어지지 않았다. 그 사람의 허리춤을 아주 꽉 붙잡았기 때문이다. 그 사람은 더 세게 야곱을 밀어내며 뿌리치려 했다. 야곱은 죽기살기로 붙잡고 매달렸다.

밤중에 씨름판이 벌어졌다. 얍복 강변의 모래사장에서 먼 훗날 온 인류가 대대로 지켜보게 될 씨름 한판이 벌어졌다. 한 사람은 세게 밀어내며 뿌리치고, 또 한 사람은 떨어지지 않으려고 사력을 다해 붙잡고 매달렸다. 모래가 이리저리 어지럽게 튀었다. 오래도록 쉽게 결판이 나지 않았다. 밤새도록 두 사람은 치열하게 씨름했다.

언뜻 보기에는 야곱이 이기는 판 같았다. 야곱과 싸워서 밀리고 있는 신비스러운 그 사람…. 겉보기에는 승기를 잡은 것 같았지만 야곱은 인생 최대의 적수를 만났다는 것을 실감하고 있었다. .

야곱은 자신이 밀리고 있음을 알았다. 20년 전 벧엘에서 만난 하나님 같은 느낌이었다. 홀로 있으면서 두렵고 떨리는 마음을 어쩌지 못하고 있었을 때의 상황이 지금 그대로 재현되고 있었다. 그렇다면 그때 만났던 하나님이 야곱을 찾아오신 것이 아닌가.

하나님이 왜 지금 여기에 나타나셨을까. 그렇다, 분명 자신을 도우러 오신 것이 분명하다. 그렇다면 이제는 이분을 놓치지 말고 굳게 붙들어야 한다. 그러면 살 수 있다. 이분이야말로 구원의 생명줄이다. 야곱은 젖 먹던 힘까지 다 내어 그분을 붙들고 죽자 살자 늘어졌다. 그러면서 울며불며 사정한다.

"살려 주세요, 제발 한 번만 도와주세요. 제발…."

야곱은 너무도 힘겨웠다. 밤새도록 매달려 회개하고 있었다. 잘못했다고, 잘못 살았다고, 한번만 살려 달라고…. 하나님을 붙들고 놓치지 않았다. 야곱을 내버려두고 달아나려는 하나님을 이제는 하나님을 부둥켜안고 울고 있다. 하나님의 품에서 울고 있다.

얼마나 붙들고 매달리며 씨름했을까. 어둠이 걷히고 먼동이 떠올랐다. 두 사람은 누구도 포기할 태세가 아니었다. 먼저 손을 놓는 사람이 상대방에게 냅다 엎어치기당할 것이다. 그때였다. 그 사람의 오른손이 야곱의 엉덩이 쪽을 향해 높이 들렸다가는 거세게 내리쳐졌다. 퍽! 하는 소리가 날 정도였다. 그 사람은 도저히 이길 수 없다는 것을 알고는 야곱의 환도뼈를 세게 후려친 것이다. 야곱은 환도뼈를 크게 다쳤다. 환도뼈는 남근을 중심으로 엉덩이 부위에서 허리를 받쳐 주는 골반뼈다. 히브리인에게 환도뼈는 생명과 힘의 근원으로 여겨졌다. 그래서 아주 중요한 일을 서약할 때는 환도뼈 아래에 손을 넣고 맹세를 한다. 일찍이 아브라함이 아들 이삭의 배우자를 구하러 멀리 청지기를 떠나보낼 때 자신의 환도뼈 아래에 손을 넣고 맹세하게 했다.

상대가 야곱을 향해 말했다.

"됐다. 이제 그만, 그만 하자."

야곱은 환도뼈가 부서진 듯 아팠지만 입을 악다물었다.

"안 됩니다. 당신이 내 생명을 보장해 주지 않으면 절대로 못 놓습니다."

끝까지 붙들어야 아내들과 자식들을 건질 수 있다. 그러려면 이 사람에게서 자신의 생명은 물론 아내들, 자식들, 남녀종들, 가축들의 생명과 안전을 확실히 보장받아야 한다.

"보아라, 저기 동이 트고 있지 않느냐? 나도 이만 가봐야겠다. 이젠 나를 놓아라."

"안 됩니다. 보내 드릴 수 없습니다. 제 생명의 안전을 담보해 주지 않으면 결코 보내 드릴 수 없습니다. 제 아내들과 자식들과 재산을 보호해 준다는 약속 없이는 보내 드릴 수 없습니다. 벧엘에서 약속하신 그 복을 보장해 주지 않으면 절대로 보내 드리지 않겠습니다."

필사적이었다. 환도뼈를 크게 다친 야곱은 질질 끌려다니면서도 끝까지 그 사람을 놓지 않았다.

"참으로 끈질긴 놈이로구나. 네 이름이 무엇이냐?"

마침내 그 사람이 야곱에게 이름을 물었다.

"제 이름은 야곱입니다."

"야곱이라…. 남의 발꿈치나 몰래 붙잡는 사기꾼을 말하는구나. 사기꾼…."

신비한 상대에게서 사기꾼이라는 말을 듣자 야곱은 수치심과 함께 벌컥 눈물이 쏟아져 내렸다. 그렇다. 야곱의 일생은 사기꾼 같은 삶이었다. 속이고 속임 당하는 일의 연속이었다. 부끄러운 인생이었다.

"이제부터는 네 이름을 야곱이라 하지 말고 '이스라엘'이라 하여라."

"이스라엘… 왜 그런 이름을 주십니까?"

"그 이름은 좋은 이름이다. 네가 사람들뿐만 아니라 하나님과도 겨루어 이겼다는 이름이니라."

야곱은 더는 묻지 못했다. 그의 이름은 이제 이스라엘이다. '이스라엘'은 '하나님과 겨루어 이긴 자'란 뜻이다. 남의 발뒤꿈치나 붙잡으며 교활하게 속이던 인간 야곱이 하나님과 겨루어 이긴(하나님께 죽자고 매달려 마침내 자신의 소원을 이룬) 이스라엘이 된 것이다. 참으로 고귀한 이름이다.

'이스라엘'이라는 이름을 받은 야곱은 완전히 새로 태어난 기분이었다. 신비스러운 사람에게서 새 이름을 부여받은 야곱이 당돌하게 물었다. 아직도 얼굴에는 눈물자국이 남아 있었다. 그래도 한결 안정을 찾은 목소리였다.

"당신의 이름은 무엇입니까? 제게 말씀해 주십시오."

"무엇 때문에 내 이름을 알려고 하느냐?"

그렇게 반문하면서도 그 사람은 이름을 밝히지 않았다. 정체를 밝히는 대신 야곱에게, 아니 이스라엘에게 복을 베풀어 주었다. 그렇다면 그 사람은 누굴까. 사람에게 복을 베풀 수 있는 분은 오직 하나님뿐이다. 천사도, 아브라함도, 모세도, 다윗도, 바울도 다른 사람을 위해 하나님께 복을 빌 수는 있지만 직접 복을 베풀 수는 없다. 복은 오직 전능자 하나님만이 베풀 수 있다. 하나님은 복의 주체요 근원이시기 때문이다. 그래서 하나님은 베푸는 자로서 복을 주시는 분이지 사람처럼 복을 비는 분이 아니다.

그런데 야곱에게 나타난 그 사람은 야곱에게 복을 베푸셨다. 따라서 천사는 아니다. 일반 사람은 더군다나 아니다. 성경 신학으로 고찰하면 그 사람은 삼위 하나님 중에서도 제2위 하나님인 '성자 하나님'이다. 훗날 이 땅에 성육신하신 예수 그리스도시다. 삼위 하나님 중 유일하게 제2위 하나님만이 사람이나 천사의 형상으로 종종 등장하시곤 한다. 성경에서는 대개 '주의 천사'라는 말로 표현되었다.

아브라함의 장막에서 쫓겨난 하갈이 광야를 헤맬 때 그녀에게도 나타나신 적이 있었다. 소돔과 고모라 성을 멸하려 하실 때에도 두 천사를 대동하시고 아브라함의 장막을 방문하셨다.

후일 이분은 여리고 성을 공격하기 직전의 여호수아에게도, 사사로서 사명감을 주시기 위해 기드온에게도 나타나셨다. 이 외에도 구속사의 중요 고비마다 나타나셔서 성부 하나님의 온전한 뜻을 이루신다.

아, 이분이야말로 하나님이시다! 상대는 자신의 이름을 말해 주지 않았지만, 그분이 하나님이신 줄을 알았다. 그리고 하나님의 얼굴을 대면하고서도 이렇듯 멀쩡하게 살아 있다는 것은 기적이 아닐 수 없었다.

야곱은 크게 감격했다. 벧엘의 하나님이 자신을 잊지 않고 기도에 응하셨다. 이렇게 찾아오셔서 복을 주신 것이다. 야곱은 깊이 감사드렸다. 그래서 그곳 이름을 '브니엘'이라 지었다. '하나님의 얼굴'이란 뜻이다. 하나님의 얼굴을 뵌 장소이기 때문이다. 살아 있음을 감사하는 지명이기도 했다. 히브리인들은 지극히 거룩하신 하나님의 얼굴을 감히 볼 수 없다고 생각했고, 만일 본다면 누구든지 죽음을 면할 수 없다고 생각했기 때문이다.

야곱, 아니 이스라엘이 브니엘을 떠날 때는 멀리 동녘에서 태양이 떠오르고 있었다. 환도뼈를 다친 야곱은 절름거리며 발걸음을 옮겼다. 이런 사실로 인해 오늘날까지도 이스라엘 자손들은 환도뼈에 붙어 있는 힘줄을 먹지 않는다. 그날 밤에 얍복 강변에서 씨름한 그 사람이 야곱의 환도뼈를 쳐서 그 힘줄을 다치게 했기 때문이다.

야곱은 들판을 향해 걸어간다. 밤새도록 온 힘을 다해 힘들게 씨름하여 육신은 절름거리고 지쳤지만 마음은 새털처럼 가벼웠다. 사방이 온통 야곱을 응원하며 환영해 주는 것 같았다. 야곱이 보기에는 온통 브니엘…, '하나님의 얼굴'로 보였다.

오랜만에 야곱의 얼굴에 밝은 미소가 감돌았다. 그 밤에 야곱은 하나님에 대하여 더욱 강력한 신앙 체험으로 무장하게 되었다. 이제는 더 이상 누구도 두렵지 않았다.

33
눈물의 해후

얍복 강가에서의 치열한 기도로
야곱은 형 에서와 만나네
무리 4백 명 거느린 에서는
복수 대신 화해를 택하네

야곱과 에서가 기쁨 중에 상봉하고 화해하다 (33:1-20)

주의 천사가 떠나간 후 야곱은 담대하게 얍복 강을 건넜다. 이제 더는 피하지 않고 형과 대면할 수 있을 것 같았다. 어젯밤 홀로 얍복 강변에 남아 있을 때와는 완연히 다른 모습이다.

강을 건넌 뒤 앞서 건넌 일행과 합류한 야곱은 눈을 들어 앞을 바라보았다. 저 멀리서 형 에서가 400명의 무리를 거느리고 자기 쪽으로 다가오고 있었다. 하나님의 보호하심을 분명히 믿으면서도 그 군대를 보는 순간, 야곱은 불안해졌다. 그래서 나름대로 작전을 펴기 시작했다.

"자, 모두들 내 말을 똑바로 듣고 내 말대로 빠르게 움직여라!"

야곱은 서둘러 대열을 정비했다. 두 아내 레아와 라헬, 두 소실 빌하와 실바에게 저마다 자신들이 낳은 아이들을 각각 나누어 맡겼다. 남녀종들이 몰고 나간 가축 떼의 행렬은 멀찌감치 앞서 있었다. 그 가축 떼와 많이 떨어져서, 맨 앞줄에는 두 소실과 그녀들에게서 태어난 자식들(단, 납달리, 갓, 아셀)을 세웠다. 그 뒷줄에는 레아와 그녀가 낳은 자식들(르우벤, 시므온, 레위, 유다, 잇사갈, 스불론)을 세웠다. 그리고 맨 뒷줄에는 라헬과 그녀의 소생 요셉을 세웠다. 야곱이 특별히 사랑하고 아끼는 사람들을 맨 뒤에 세운 것이다.

이렇게 가족들의 행렬 순서를 정해 놓은 뒤 야곱 자신은 맨 앞으로 나가 앞장서서 걸었다. 이전에 뒤로 빠지던 모습과는 확실히 달라진 의연한 태도였다.

형 에서와의 거리가 차츰 가까워지자 야곱은 넙죽 땅에 엎드려 절했다. 형을 대면할 때까지 일곱 번이나 얼굴이 땅에 닿도록 큰절을 올렸다.

같은 해, 같은 날, 같은 시에 태어난 쌍둥이는 둘 다 100세 가까운 노인이었다. 둘 다 큰 일가를 이룬 족장들이지만 야곱의 행동은 영락없이 주인을 대하는 종의 자세였다. 왕을 대하는 신하의 자세였다. 그보다 정복자에게 항복하며 처분만 기다리는 패전국 신하의 모습이었다.

땅에 엎드린 야곱은 별별 생각을 다 했다. 한번 분노하면 주체하지 못하는, 불같이 우락부락한 형의 성격을 잘 알고 있었다. 장자의 축복을 빼앗긴 그때의 분을 에서가 아직 삭이지 못하고 복수를 벼르고 있다면 자신은 죽은 목숨이나 마찬가지였다.

'나 하나쯤 죽는 것이야 그렇다 쳐도, 저 어린 것들은 무슨 죄가 있나?'

어젯밤 자신에게 나타나 복 주신 하나님을 생각하면, 지난날의 잘못을 용서받고 형과 화해할 수 있을 것도 같았다.

'그래, 고비마다 하나님은 항상 날 도와주셨어. 그래서 어젯밤에도 내게 나타나신 거야. 주여, 이번에도 절 도와주소서.'

그렇게 별별 생각을 다 하면서 일곱 번째 절을 한 다음 그대로 땅에 엎드려 있을 때였다.

"아우야! 내 아우 야곱아!"

형 에서가 말에서 뛰어내려 자신에게로 힘껏 달려왔다. 울음 섞인 목소리로 자기 이름을 다정스레 부르는 게 아닌가. 브엘세바 광야의 들판을 바람처럼 누비던 용맹무쌍한 사냥꾼 형이 울먹거리면서 말했다.

"아우야, 그동안 어떻게 지냈느냐? 나다, 네 형 에서야. 어서 일어나라."

에서가 야곱을 자리에서 일으켜 세우더니 덥석 끌어안고 말했다. 야곱이 의아스럽다 할 만큼 형답지 않은 목멘 소리였다. 형의 눈에는 기쁨의 눈물이 그렁그렁 맺혀 있었다. 그런 형의 모습을 보니 야곱도 울음이 터져 나왔다.

"형님, 에서 형님! 잘못했어요. 형을 속인 거 정말 잘못했어요."

"아니다. 아우야. 그런 말 하지 마라. 난 다 잊었다. 너도 이젠 더 이상 자책하지 마라. 아우야, 그 동안 어디 몸 상한 데는 없느냐?"

"형님!"

"아우야!"

헤어진 지 20년 만의 상봉이었다. 형제는 부둥켜안은 채 엉엉 울었다. 무리들이 보고 있었지만 족장의 체면도 다 벗어던졌다. 그저 서로의 얼굴을 마주보고 어루만지며 줄줄 흐르는 눈물을 주체하지 못했다. 오래도록 큰 소리를 내며 엉엉 울었다.

야곱이 하란을 떠나 가나안 땅에 들어섰다는 소식을 처음 들었을 때만 해도 에서의 분은 풀리지 않은 상태였다. 마침내 벼르던 복수의 기회가 왔다고 쾌재를 불렀다. 야곱을 죽여 원한을 풀겠다고 다짐했다. 그래서 훈련된 장정 400명에게 칼과 활로 무장하게 한 뒤 뿌드득 이를 갈며 야곱에게로 나아갔다.

그러던 야곱이 얍복 강변에서 주의 천사와 씨름할 때부터 에서의 심경이 차츰 변화되기 시작했다. 분노는 사라지고 그리움이 싹텄다. 증오 대신 형제애가 샘솟았다. 어쩐 일일까. 이런 갑작스런 변화는 무엇 때문일까. 에서로서는 알 수 없는 어떤 힘이 에서의 저 깊은 마음 안에서 작용했기 때문이다.

하룻밤을 자고 난 에서에게서는 지난날의 원한이 눈 녹듯 사라져버렸다. 갑자기 오래 전 헤어진 동생이 그리워졌다. 그들 사이에 무슨 일이 있었든, 어머니 뱃속에서 한날한시에 태어난 하나뿐인 아우는 자신의 분신이나 마찬가지가 아닌가. 동생이 고향집을 떠나 먼 타국에서 나그네 세월을 보낸 것이 그렇게 애처롭고 애틋할 수가 없었다. 들판을 누비던 에서는 원래 호탕하고 인간미 넘치는 남자였다. 한 번 마음이 풀리니 더없이 좋은 형으로 돌아갔다.

이렇게 에서가 누그러진 마음을 품고 야곱에게로 가는데, 야곱이 보내온 선물인 가축 떼가 줄을 이었다. 또 멀리서부터 아우가 엎드려 거듭 큰절하며 가까이 오고 있었다. 그래서 에서도 약대에서 뛰어내려 한걸음에 달려가 야곱을 덥석 껴안았던 것이다. 반가움과 그리움의 울음이 잦아들 즈음, 에서가 고개를 들어 야곱의 뒤를 따르는 여인들과 아이들을 둘러보며 물었다.

"아우야, 함께 온 이 사람들은 누구냐?"

"네, 형님. 하나님께서 제게 은혜를 베푸셔서 이 몸에게 주신 아내들과 자식들입니다."

야곱은 맨 앞줄에 선 두 소실과 그녀의 자식들부터 소개했다. 그들이 나와 에서에게 절을 올렸다. 다음으로 그 뒷줄에 선 레아와 그녀의 자식들을 소개하자 그들도 절을 올렸다. 마지막으로 맨 뒷줄에 선 라헬과 요셉을 소개했다. 그들도 앞으로 나왔다. 라헬에게는 시숙이요 요셉에게는 큰아버지인 에서에게 절을 올렸다.

"어이쿠, 제수씨들. 저는 야곱의 쌍둥이 형 에서올시다."

"오냐, 오냐! 귀여운 내 조카들이로구나."

에서가 반갑게 야곱의 아내들과 자식들을 맞았다. 당시 야곱의 자식들은 모두 15세 미만의 고만고만한 아이들이다. 에서는 흐뭇하게 미소 지으며 하나하나 껴안아 주고 머리를 쓰다듬어 주었다. 야곱은 옆에서 그런 광경을 흡족한 표정으로 지켜보았다. 그때 에서가 갑자기 생각난 듯 야곱에게 물었다.

"참, 아우야! 내가 이리로 오다 보니 여러 가축 떼가 줄줄이 너희보다 앞서 오더구나. 웬 것들이냐?"

"아, 형님. 그것들은 제가 형님께 드리는 예물입니다. 제 딴에는 정성껏 마련했는데 형님 마음에 들었으면 좋겠습니다."

야곱이 대답했다.

"아우야, 무슨 그런 것을…. 그럴 필요까지 없다. 나도 형편이 넉넉하다. 네 살림을 축내고 싶지 않구나."

에서가 극구 사양했다.

"아닙니다, 형님. 변변치 않지만 형님 마음에 드신다면 괘념치 마시고 제 선물을 받아 주십시오. 제 잘못을 용서하고 이렇게 기쁘게 맞아 주시니, 형님 얼굴을 뵙는 것이 마치 하나님 얼굴을 뵙는 것 같습니다. 그것들은 제가 형님께 드리려고 마련한 선물이니 부디 받아 주십시오. 하나님이 그동안 제게 큰 은혜를 베푸셔서 저는 모든 것을 넉넉히 가졌습니다."

"그래, 알았다. 정 그렇다면 고맙게 받도록 하마."

에서도 더는 사양치 않고 야곱의 호의를 받아들였다. 그러면서 야곱에게 말했다.

"자, 아우야! 우리 여기서 이럴 게 아니라 이제 길을 떠나도록 하자. 가는 길이 험하니 내가 앞장서서 인도해야겠구나."

도적 떼가 수시로 출몰하는 광야 여행길에 자신의 군대로 야곱 일행을 목적지까지 인도하고 보호하겠다는 말이었다.

"형님의 호의는 감사하지만 보시다시피 제 자식들은 아직 고만고만한 게 다들 어립니다. 가축 떼 중에는 어린 새끼들도 많아 찬찬히 돌봐 주어야 합니다. 형님의 군대를 따라 하루만 강행군해도 모두가 지쳐 쓰러지고 말 겁니다."

야곱의 맏이인 르우벤이 15세 안팎이고 막내 요셉은 6세 정도였다. 그 외 아홉 명이 그 사이에 줄줄이 있었다. 야곱은 이런 사정을 말한 것이다.

"그러니 형님 먼저 가십시오. 저는 아이들과 가축 떼 새끼들이 무리 없이 따라올 수 있도록 천천히 이끌고 가겠습니다. 형님이 먼저 세일 땅에 가 계시면 머잖아 뒤따라가 다시 찾아뵙도록 하겠습니다."

"하긴 그도 그럴 것 같구나. 그러면 내 사람들 가운데 몇을 네게 붙여줄 테니 그들과 함께 오도록 해라."

에서는 아우에게 한 가지라도 도움을 주고 싶어 안달이었다.

"그럴 필요까지 있겠습니까? 형님이 이토록 저를 반갑게 맞아 주시는 것만으로도 저는 마치 날아갈 듯 기쁩니다. 모든 게 넉넉하고 충분합니다."

야곱은 사양하며 에서의 용서와 환대에 거듭 감사를 표했다.

"그럼 아우야, 나는 이만 돌아가마. 조만간 다시 만나 못다 푼 긴 회포를 풀도록 하자꾸나. 어쨌든 잘 돌아왔다. 무리하지 말고 조심해서 가도록 하여라."

형제는 해후의 정을 풀기도 전에 또다시 아쉬운 석별 인사를 나누었다. 에서는 그날로 길을 떠나 자신의 본거지인 세일 산지로 돌아갔다.

야곱도 일행을 이끌고 여행을 계속했다. 에서와 헤어진 야곱은 서쪽으로 길을 잡아 진행하다가 숙곳이란 마을에 이르렀다. 요단 강 동편 계곡에 있었다.

야곱 일행은 숙곳에 자리를 잡고 체류했다. 그곳에 장막을 치고 가축들이 비바람을 피할 움막도 지었다. 그곳 이름이 '숙곳'이라 불린 것은 그런 까닭에서였다. 숙곳은 '움막' 또는 '초막'이란 뜻이다.

야곱이 숙곳에 머물기로 결정한 이유는 이렇다. 하란을 떠나온 뒤 잠시도 쉬지 않고 장거리 여행을 하느라 어린 자녀들과 가축 떼의 새끼들이 지나치게 무리했기 때문이다. 또한 야곱도 계속 초긴장 상태여서 심신이 많이 지쳐 있었다. 처음에는 라반에게 쫓겨서 그러했고, 그 뒤에는 형 에서와 대면해야 했기에 더욱 그러했다.

처음에 야곱은 숙곳에 오래 머물 생각이 없었다. 얼마 동안 휴식을 취하면 일행의 체력이 회복될 터이고, 자신도 심적 안정을 얻으면 곧바로 움직일 생각이었다. 하지만 일단 장막을 치고 움막을 만들어 살다 보니 생각보다 오래 머물게 되었다. 숙곳에서 몇 해를 넘기게 되었다. 하지만 그곳은 마땅한 정착지가 아무래도 아니어서, 그곳을 떠나기로 했다.

야곱은 숙곳을 떠나 요단 강을 건너 가나안 서편 지역의 세겜 성읍에 이르렀다. 세겜은 에발 산과 그리심 산 사이의 골짜기 동쪽 입구에 자리잡고 있었다. 예루살렘 북쪽 65km 지점이다. 일찍이 야곱의 조부 아브라함이 가나안 땅에 들어와 장막을 치고 여호와 하나님께 첫 제단을 쌓은 유서 깊은 곳이다.

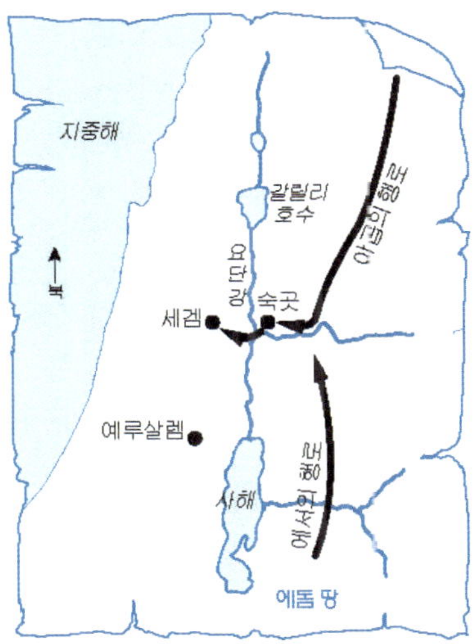

▲ 가나안으로 귀환하는 야곱

또한 세겜은 요단 동편에서 서편으로 향하는 길목이었다. 메소포타미아에서부터 팔레스타인이나 이집트로 여행하는 대상들은 세겜을 경유하는 교통로로 이용했다.

야곱은 세겜에 정착하기로 결정하고, 그 성읍 근방에 짐을 풀고 장막을 쳤다. 그런 뒤 하몰의 자손을 찾아가 장막 친 장소를 은화 100개에 매입했다. 자그마한 들판에 불과하지만 아브라함이 헤브론에서 막벨라 동굴이 딸린 에브론의 밭을 매입한 지 두 번째로 언약 가문에서 가나안 땅을 사들인 것이다.

야곱은 장막을 친 그곳에 제단을 쌓고 '엘 엘로헤이스라엘'이라 불렀다. '강하신 하나님, 이스라엘의 하나님'이란 뜻이다. 자신을 모든 위기에서 건져 주시고 이스라엘이라는 새 이름을 부여하신 벧엘의 하나님을 기념하는 명칭이었다.

34

디나에게 생긴 일

야곱의 딸 디나는 순진무구한 처녀
가나안 땅의 여인들을 만나려고
세겜 성에 갔다가 추장에게 당하네
슬프다, 야곱의 딸이여

야곱의 딸 디나가 성폭행을 당하다 (34:1-17)

디나는 야곱의 첫째 부인 레아가 낳은 딸이다. 당시 야곱에게는 11명의 아들뿐 아니라 딸도 여럿 있었다. 앞서 야곱의 자녀를 소개할 때 딸들 중에서는 디나만 소개했다. 그 이유는 성경 역사의 전개상 디나만 다시 구속사의 무대에 등장하기 때문이다. 바로 여기 이곳, 야곱 일행이 세겜 성읍 근방에 장막을 치고 장기 체류하던 시기에 사건의 주인공인 디나가 등장한다.

하란에서 귀환한 야곱이 세겜 성읍에 정착한 지도 여러 해가 지났다. 그 무렵 디나의 나이는 16, 17세쯤으로, 한창 호기심 많고 활동적인 소녀였다. 라헬만큼은 아니지만 레아도 복스럽게 생긴 얼굴로 후덕했기에 디나도 복스럽고 예쁘장하게 생겼다. 게다가 한창 피어나는 꽃다운 나이였다.

어느 날, 디나는 읍내 구경을 하고 싶다며 엄마를 졸랐다.

"엄마, 오늘 세겜 읍내에서 큰 잔치가 있대. 나 읍내 구경 좀 하고 오면 안 돼? 읍내 아이들과도 친구가 되고 싶어. 응? 엄마."

레아는 고개를 가로저었다.

"안 돼. 다 큰 처녀가 혼자 돌아다니면 무슨 일을 당할지 몰라."

그러나 마음이 들뜬 디나는 막무가내였다.

"엄마, 얼른 돌아보기만 하고 그냥 돌아올 거야. 엄마! 빨리 다녀올게. 응? 엄마."

레아도 더는 말릴 수 없다고 판단했는지 디나의 외출을 허락했다.

"그럼, 조심해서 다녀와라. 대신 아버지와 오라비들이 알기 전에 일찍 돌아와야 한다."

디나는 얼굴을 매만지고 옷매무새를 단장하며 마음이 들떴다. 혼자 자유롭게 외출하는 게 얼마 만인가. 디나는 곧장 세겜 읍내로 들어갔다. 콧노래를 흥얼거리며 이것저것 구경하고 다니는데, 디나의 모습을 줄곧 지켜보는 청년이 있었다. 하몰의 아들 세겜이다. 그는 세겜 성읍의 족장으로 그 지역에서 가장 영향력 있는 인물이었다. 마침내 그가 디나에게 다가갔다.

"아가씨, 처음 보는 얼굴인데 어디서 왔나요?"

디나는 낯선 청년이 접근하며 말을 걸자 덜컥 겁부터 났다. 남자라고는 오라비들밖에 모르는 디나였다. 외간 남자의 물음에 대답하지 않고 얼른 그 자리를 피했다. 그러자 자신감이 철철 흘러넘치는 그 청년이 곧장 뒤따라와 디나의 손을 덥석 붙잡았다.

"앗! 왜 이래요? 이 손 놓으세요."

디나는 손을 빼내려 버둥거렸다. 그러나 힘센 청년의 완력을 당해낼 수 없었다.

"아악! 사람 살려. 이거 놓으세욧!"

디나는 발버둥 쳤다. 그러나 세겜 족장은 디나의 손을 세게 잡아끌어

으슥한 데로 끌고 가 강제로 성폭행을 했다. 지역 텃세와 족장의 권위만 믿고 여자를 범한 것이다. 어디서 왔는지 모르는 여인이기에 더 그럴 수 있었다. 순식간에 벌어진 일이었다. 디나는 눈물을 흘리며 주섬주섬 옷을 주워 입었다. 어찌해야 할 바를 몰랐다. 얼른 그 자리를 벗어나고 싶었지만 세겜이 앞을 가로막았다.

"아가씨, 정말 미안하오. 날 용서해 주시오. 그러나 한 순간의 욕망으로 저지른 짓이 아니오. 아가씨를 사랑하오. 부디 내 아내가 되어 주시오. 진심으로 하는 말이오."

진심이 담겨 있는 것 같았다. 그렇다. 세겜은 한눈에 디나에게 완전히 마음을 빼앗겨 진짜로 그녀를 사랑하게 되었다. 그래서 디나를 자기 아내로 삼기 위해 반강제로 자신의 집에 데려가 갖가지 말로 달래고 구슬렸다. 혹시 디나가 도망칠까 봐 방에 가둔 채 아랫사람을 시켜 방문을 지키게 했다.

세겜은 아버지 대족장 하몰에게 간곡하게 말했다.

"아버지, 전 그 처녀를 사랑합니다. 제 아내로 삼게 해주세요."

당시 혼인 결정권은 집안 가장인 아버지에게 있었다. 하몰이 보기에도 디나는 아들의 신붓감으로 잘 어울렸다. 하지만 디나의 집안이 뜨내기 부족이라는 게 마음에 걸렸다.

야곱의 집안에서는 난리가 났다. 야곱은 딸 디나가 날이 새도록 집에 돌아오지 않자, 밤새 걱정하다가 날이 밝는 대로 수소문했고, 결국 진상을 알아내기에 이르렀다. 세겜 성읍의 족장인 세겜에게 성폭행 당한 뒤 그의 집에 감금 중에 있다는 사실을 알게 된 것이다.

그러나 당장 어찌할 방법이 생각나지 않았다. 그 지역에서 가장 유력한 세겜 집안이 아닌가. 야곱의 아들들은 멀리 들판에 나가 가축 떼를 돌보고 있는 중이었다. 야곱은 아들들이 돌아올 때까지 속으로 분을 삭이고 있을 수밖에 없었다. 그러던 중 세겜의 아버지 하몰이 아들의 혼사를 의논하려고 야곱의 장막을 찾아왔다. 아들 세겜도 함께 따라왔다. 때에 야곱의 아들들도 들판에서 막 돌아와 디나의 성폭행 사건을 방금 전해 들은 후였다.

"세겜 그놈, 그놈이 우리 집안을 우습게 봤어. 어디 가만두나 봐라."

"내 그놈을 절대 용서하지 않겠어. 몇 배로 복수하고 말 테다."

"그놈뿐만 아니라, 그놈 집안을 모조리 박살내야 해."

야곱의 아들들은 노발대발하며 피의 복수를 다짐했다. 누이에 대해 솟구치는 가련함과 이방인에 대한 분노를 억누를 수 없었다. 지금도 그러하지만 당시에는 더 더구나 그랬다. 한 집안의 딸이나 여동생에 대한 모욕이나 겁간은 집안과 가문을 치욕스럽게 만든 일이었다. 그런 일로 가문이나 부족 간에 전쟁까지 발발하는 일이 종종 벌어지던 시대였다.

디나의 오라비들이 모여 격분을 토해 내며 복수를 다짐할 때였다. 야곱의 장막 안에서 세겜과 그의 아버지 하몰은 점잖게 혼사 이야기를 꺼냈다.

"어르신, 내 아들 세겜이 당신 따님에게 크게 반했나 봅니다. 제가 지켜보니, 세겜은 정말 따님을 사랑하더군요. 한창 젊은 아들 녀석이 충동을 억제하지 못해 따님을 범한 일은 아비로서 백배 사죄드립니다. 너그러이 용서해 주시길 바랍니다."

세겜의 대족장 하몰은 예의를 갖추며 야곱에게 머리를 숙였다. 그러나 말로만 미안하다고 할 뿐 혼사 이야기는 당당하게 하고 있었다.

"어르신, 하지만 일시적인 충동으로 그런 게 아니니 양해하십시오. 어차피 이리 된 것이니 제 아들이 따님에게 장가들게 해주십시오. 원하는 것은 얼마든지 드리겠습니다."

하몰은 변명도 하고 사과도 하면서 청혼했다. 야곱은 불편한 심기로 간간히 헛기침을 해대며 묵묵히 듣고만 있을 뿐이었다. 세겜의 집안이 그 지역에서 워낙 세력 있는 집안인지라 박절하게 문전박대를 할 수는 없는 노릇이었다.

"어르신, 기왕지사 이렇게 된 거 우리 통혼하는 것이 어떻겠습니까? 어르신 따님들은 우리 며느리로, 우리 딸들은 어르신의 며느리들로 서로 데려가는 겁니다. 그렇게 함께 어울려 지내도록 합시다. 보다시피 어르신 눈앞에 너른 땅이 펼쳐져 있지 않습니까? 그 땅에 정착하면서 가축 떼도 기르고 장사도 하면서 재산을 더욱 늘려가도록 하십시오."

하몰의 제안은 즉흥적인 것처럼 보였지만 사실은 치밀하게 계산된 것이었다. 나그네 처지로 세력이 약한 야곱 집안이 이내 세겜 성읍에 흡수될 것이라고 판단했다. 그리 되면 큰 부자인 야곱 집안의 재산과 가축 떼는 세겜 성 주민들의 차지가 될 터였다.

야곱은 가타부타 대답 없이 간혹 헛기침만 해댔다. 어두운 얼굴로 무거운 침묵만 지키고 있었다. 그러자 애가 닳은 하몰의 아들 세겜이 직접 나섰다. 디나의 아버지 야곱과 그녀의 오라비들에게 간청했다.

"어르신! 제가 충동을 참지 못하고 어르신과 따님, 가문에 크게 잘못을 저지른 것은 정말 잘못했습니다. 진심으로 용서를 빕니다. 저를 너그러이 용서해 주십시오. 그렇지만 저는 따님을 정말로 좋아하고 사랑합니다. 따님을 아내로 맞을 수 있다면 무엇이든 하겠고 원하시는 것이 무엇이든 다 드리겠습니다. 제발 따님을 제게 주십시오."

야곱이 멀거니 쳐다보면서도 입을 열지 않자 세겜은 더욱 안달이었다.

"뭐든 말씀만 하십시오. 이곳 세겜 성에서는 우리 집안을 반대할 사람이 아무도 없습니다. 신부 몸값과 예물은 원하시는 대로 다 치르도록 하겠습니다. 부디 디나를 제 아내로 삼게만 해주십시오."

자못 진지하게 혼인 허락을 간청하는 태도다. 한 순간의 충동으로 디나를 범한 게 아니고 정말 좋아해서 그랬다는 말투다. 할 말을 다한 하몰과 세겜은 초조하게 답변을 기다리고 있었다.

야곱은 여전히 대답하지 않고 잔기침만 하였다. 무거운 침묵이 흘렀다. 그때 아버지를 대신해서 침묵을 깨고 나선 이들은 디나의 오라비들이었다. 세겜이 디나를 욕보여 부글부글 분노가 끓었지만 짐짓 태연한 체 시치미를 떼고 세겜과 그의 아버지 하몰에게 대답했다. 디나의 오라비들은 미리 모여 그렇게 대답하자고 입을 맞춘 상태였다.

"대족장님, 그렇게 할 수 없습니다. 우리는 조상 대대로 섬기는 하나님의 명령으로 모두 할례를 받은 집안입니다. 할례는 우리 가문의 전통입니다. 그래서 할례 받지 않은 사람이나 부족에게는 우리의 누이를 절대로 시집보낼 수 없습니다. 그것은 우리에게 아주 수치스러운 일이기 때문입니다."

그러자 세겜이 잔뜩 긴장한 얼굴로 애원하듯 매달렸다.

"그러면… 다른 방도가 없겠습니까? 뭐든 말씀만 하십시오. 하라는 대로 다 하겠습니다."

애가 바짝 닳은 세겜이 무릎을 조아리며 물었다.

"누이를 데려가고 싶다면 방법이 아주 없는 것도 아닙니다."

"정말입니까? 그게, 그게 무엇입니까?"

세겜의 눈빛이 일순 반짝였다.

"당신네 성읍의 모든 남자들이 우리처럼 할례를 받는다면 그 제안을 받아들이도록 하겠습니다. 그렇게 하신다면 우리 딸들을 당신들에게 시집보내고, 당신 딸들을 우리 며느리로 맞도록 하겠습니다. 우리는 당신들과 어울려 동족처럼 지낼 것입니다."

"저, 정말입니까? 우리도 함께 어울려 지내고 싶습니다."

"하지만, 당신들이 우리 제안을 거절한다면 내일이라도 당장 누이를 데리고 이곳을 떠나겠습니다. 잘 생각해 보십시오."

"생각이고 뭐고 할 것도 없습니다. 무조건 그 제안을 받아들이겠습니다. 우리 성읍 남자 모두가 할례 받도록 하겠습니다."

할례는 남성 생식기의 귀두를 덮고 있는 표피를 제거하는 시술행위다. 하몰과 세겜은 야곱의 아들들 곧 디나의 오라비들이 내놓은 제안을 받아들였다.

야곱의 아들들이 세겜 성에 피의 복수를 감행하다 (34:18-31)

다음날 아침, 대족장 하몰과 세겜은 성문으로 가서 사람들에게 말했다. 대족장의 말은 무시하지 못할 권위와 영향력이 있었다.

"여러분, 내 말을 들어 보시오. 지금 우리 땅에 들어와 살고 있는 야곱이란 사람의 집안은 우리에게 무척 우호적입니다. 그러니 그들을 우리 땅에서 같이 살게 하고 장사도 같이 하게 합시다. 우리 땅은 넓으니 그들과 함께 살아도 충분합니다. 그래서 저들의 딸들을 우리에게 시집오게 하고, 우리 딸들도 저들에게 시집보내도록 합시다."

세겜 성 주민들은 아무도 반대 의견을 내는 자들이 없었다. 모두가 세겜 대족장의 말대로 하자고 이구동성이었다. 세겜이 한층 힘을 얻어 말을 이었다.

"모두 고맙소. 그런데 저들이 한 가지 조건을 제시했소. 저 사람들이 내건 조건은 저들처럼 우리 남자들도 모두 할례를 받아야 한다는 것이오. 그래야만 우리와 동족처럼 어울려 지낼 것이라고 했소. 그러니 전부 할례를 받도록 합시다. 그래서 저들과 어울려 살게 되면 결국에는 저들이 가진 많은 가축 떼와 재산들이 모두 우리 것이 되지 않겠소? 여러분은 어떻게들 생각하시오?"

이번에도 반대하는 말은 나오지 않았다.

"그럽시다. 까짓 거 못 해줄 것도 없지 않겠소."

"좋소. 그 정도 조건쯤이야 뭐 어렵지도 않소. 그렇게 합시다."

세겜 성 주민들은 별다른 이견 없이 세겜의 말에 동의했다. 그러자 한시라도 디나를 빨리 얻고 싶은 마음에 세겜이 쐐기를 박았다.

"제 뜻에 따라 주어 모두들 고맙소. 그러면 기왕 하기로 했으니 시일을 끌지 말고 당장 시행토록 합시다. 나부터 즉시 할례를 받겠소."

세겜은 망설임 없이 즉각 할례를 받았다. 그러자 다른 남자들도 너나 할 것 없이 할례를 받았다. 아이, 어른, 노인 구분 없이 바로 그날로 세겜 성의 모든 남자가 할례를 받았다. 할례를 시행하면 일주일 정도 시술에 따른 고통이 따르는데 3일째가 가장 심했다. 야곱의 아들들이 속내를 감추고 노렸던 것이 바로 이것이었다.

세겜 성 남자들이 할례 받은 지 사흘이 되었다. 과연 남자들은 할례로 인해 무척 고통스러워했다. 걸음조차 제대로 걷지 못하고 어기적거렸다.

"자, 다들 모여! 우리 계획대로 일이 착착 진행되고 있어."

야곱의 아들들 중 시므온과 레위가 주동이 되어 다른 형제들을 이끌었다.

"오늘로 저들이 할례 받은 지 사흘째야. 지금쯤 모두 아파서 정신이 없을 때니 오늘 저들을 습격해서 모조리 죽여 버리자. 그래서 우리 누이의 수치를 말끔히 씻도록 하자. 다들 마음의 준비는 됐겠지?"

야곱의 아들들은 아버지 몰래 무서운 계획을 꾸몄다. 그들의 나이는 맏이 르우벤이 25세 정도였고 그 아래로 줄줄이 연년생이었다. 한창 혈기가 왕성할 때였다.

"그래도 아이들까지 죽일 필요는 없지 않을까?"

형제들 중 누군가가 조심스럽게 말했다.

"무슨 소리야? 걔들이 크면 나중에 화근이 될 거야. 할례 받은 남자들은 모조리 다 죽이고 여자들은 포로로 붙잡으면 돼. 마음 약하게 먹지 마. 자칫 잘못되면 도리어 우리 집안이 박살나게 된다구. 다들 마음 독하게 먹어야 해!"

아직 나이 어린 요셉을 제외하고는 모두가 열성적으로 나섰다. 열 형제들 중 둘째 시므온과 셋째 레위가 특히 적극적이었다. 디나가 같은 어머니 레아의 동복누이였기 때문이다.

"죽여라! 모두 죽여!"

시므온과 레위가 주동이 되어 세겜 성으로 쳐들어가 눈에 보이는 대로 남자들을 쳐 죽였다. 디나를 욕보인 세겜과 그의 아비 하몰부터 칼로 쳐 죽였다. 추장의 말만 믿고 아무런 방비 없이 할례 받은 남자들은 손 한번 써 보지 못하고 고스란히 당했다. 추장 세겜이 아랫도리를 제대로 간수시키지 못한 탓에 성읍은 졸지에 피비린내 진동하는 살육의 장소가 되었다.

"디나야, 우리가 왔다. 그동안 고생했지? 어서 가자!"

오라비들은 세겜의 집에 감금된 디나를 데리고 나왔다. 그런 후 시신들로 널브러진 성읍을 돌아다니며 약탈하였다. 들판에 있는 것들까지 모조리 약탈했다. 부녀자들도 붙잡아왔다. 성읍 하나를 완전히 쑥대밭으로 만들어 버렸다.

야곱의 아들들이 자행한 피의 복수는 몇 배, 아니 몇십 배나 잔인하고 끔찍했다. 그들은 하나님과 맺은 신성한 언약의 징표인 할례를 속임수와 살육의 도구로 이용한 셈이었다. 자신들의 복수를 위해 하나님의 영광과 거룩함을 크게 훼손시켰던 것이다.

아들들이 세겜 성읍에 자행한 짓을 전해들은 야곱은 노발대발했다.

"뭐, 무엇이라고? 너희가 세겜 성읍의 모든 남자를 죽이고 그 성읍을 약탈했다고? 아무리 디나가 욕을 당했기로서니 대체 정신들이 있는 거냐? 감히 할례를 빙자해서 끔찍한 일을 저질러? 도대체 무슨 생각으로 그런 짓을 행한 거냐? 무슨 배짱인 거야?"

얼굴이 벌겋게 상기된 야곱이 아들들을 크게 꾸짖었다. 그중에서도 일을 모의하고 주동한 시므온과 레위를 더 크게 나무랐다.

"이놈들아, 너희가 이제 큰 걱정거리를 만들었다. 가나안 땅에 사는 모든 사람들이 너희가 한 짓을 알게 되면, 나를 증오하고 우리 집안과는 상종할 수 없다고 여기지 않겠느냐?"

"저희도 그 정도는 각오하고 있습니다."

"무어라? 그걸 말이라고 하느냐? 생각 좀 해봐라. 우리 머릿수가 얼마나 된다고 이 땅의 원주민들 모두와 싸우겠다고 하느냐? 그들이 합세하여 우리를 없애려고 달려들면 무슨 수로 감당하겠느냐? 꼼짝없이 당할 수밖에 없지 않느냐? 우리 집안도 세겜 성 사람들처럼 몰살당할 수밖에 없지 않겠느냐 말이다. 이 못난 것들아!"

야곱은 두려움과 분노가 뒤섞여 화를 주체할 수 없었다.

"아이고, 내 신세야! 대체 저놈들이 어쩌자고 그런 끔찍한 짓을 저질렀단 말인가. 아이고, 아이고, 내 팔자야!"

아들들은 고개를 푹 숙인 채 아버지의 꾸지람과 신세 한탄을 묵묵히 들었다. 그런데 아버지의 꾸지람이 길어지자 더 크게 꾸지람을 받은 시므온과 레위가 버럭 성질을 부리며 말대꾸했다.

"그러면 아버지! 아버지는 저놈들이 누이를 창녀처럼 취급해도 좋단 말입니까? 우리 집안이 그런 수치와 모욕을 당하고도 그냥 가만히 참고 있으란 말입니까?"

"뭐라? 다들 물러가라! 꼴도 보기 싫다. 어서 썩 물러가지 못할까."

야곱의 노발대발에 아들들은 슬그머니 하나 둘씩 아버지의 장막에서 물러났다. 야곱 집안에는 팽팽한 공포와 긴장감이 흘렀다.

35

벧엘로 올라가라

벧엘로 올라가 제단 쌓아라
에서 피해 단을 쌓은 그곳에 가라
하나님의 지시대로 야곱은 순종하네
이방 신상 버리고 몸을 정결하게 하네

야곱이 벧엘로 올라가 제단을 쌓다 (35:1-15)

야곱은 형 에서 대신 장자의 축복을 받고는 에서의 보복을 피해 77세에 하란 땅 외삼촌 라반의 집으로 도피했었다. 거기서 20년 더부살이하다가 97세 때 가나안 땅에 귀환했다. 형 에서와 화해한 뒤 처음에는 숙곳에서 2, 3년을 체류하고, 그 다음에 세겜에서 7, 8년을 보냈다. 그렇게 하란을 떠나 가나안 땅에 귀환한 지 10여 년이 흘렀을 즈음에 딸 디나의 성폭행 사건이 터진 것이다.

세겜 성 주민들이 몰살당했다는 소식을 전해들은 가나안 부족들은 크게 흥분하고 격노했다. 야곱 집안에 대하여 대대적인 복수를 준비했다. 성질 급한 야곱의 두 아들 시므온과 레위가 앞장서서 벌집을 건드린 것이다. 가나안 원주민들이 군대를 소집한다는 소식에 야곱은 머리를 싸매고 드러누울 수밖에 없었다.

그때 야곱의 나이는 107세쯤. 자기 대에 이르러 가문이 사라질 처지에 놓이니 살아갈 기운을 상실했다. 그런 일생일대의 위기에 또다시 하나님이 야곱에게 나타나 말씀하셨다.

"야곱아, 너는 일어나 이제 벧엘로 올라가라. 거기서 네가 네 형에서를 피해 도망쳤을 때, 네게 나타났던 하나님께 제단을 쌓도록 하여라."

하나님은 야곱에게 벧엘에서의 일을 상기시켜 주셨다. 야곱은 하나님의 인도하심과 도우심으로 가나안 땅에 무사히 귀환했지만, 일찍이 눈물로 하나님께 맹세한 벧엘 서원을 잊은 채 10여 년을 숙곳과 세겜에서 세상살이에 몰두해 온 것이다. 30여 년 전, 야곱은 벧엘 들판에서 뜨거운 마음으로 맹세를 했었다. 주께서 자신을 가나안 땅에 무사히 돌아오게 해주시면, 다시 이곳 벧엘에 와서 제단을 쌓고 하나님께 감사예배를 드리겠다고.

벧엘에서 천사들이 사닥다리를 오르내리는 꿈을 꾸었던 일을 상기하자, 야곱은 한 줄기 소망의 빛이 비치는 것 같았다. 야곱은 언제 그랬느냐는 듯 자신감을 되찾았다. 자리에서 벌떡 일어나 벧엘 여행을 서둘렀다. 야곱은 식구들과 남녀종들에게 말했다.

"우리는 내일 벧엘로 올라간다. 너희 모두는 너희가 지니고 있는 이방 신상들을 다 없애 버려라. 몸을 깨끗이 씻고 새 옷으로 갈아입어라."

야곱 집안에는 라헬이 하란에서부터 훔쳐온 드라빔 신상을 비롯하여 남녀종들이 호신부처럼 지니고 있는 여러 신상들이 있었다. 야곱은 집안 식구들에게 벧엘로 올라가 하나님께 예배드리기 전에 그것들부터 제거하라고 명한 다음, 몸과 마음을 정결하게 하라는 당부도 잊지 않았다. 야곱은 말을 이었다.

"우리 모두 벧엘로 올라가서 하나님께 제단을 쌓아야겠다. 하나님은 내가 어려움을 당할 때마다 도와주시고 내가 가는 곳마다 늘 함께하셨다. 이번에도 분명 우리를 도와주셔서 이 위기에서 벗어나게 해주실 것이다.

그러니 지체하지 말고 서둘러라."

야곱은 마음이 조급했다. 가나안 원주민들이 언제 불시에 들이닥칠지 몰랐다. 야곱 집안의 사람들도 사태의 심각성을 인식하고 일사불란하게 따랐다. 그들은 자신들이 호신부로 지니던 이방 신상들과 주술적 목적으로 귀에 걸고 다니던 귀걸이도 모두 가져왔다. 야곱은 그것들을 세겜 부근의 상수리나무 아래에 파묻었다. 모든 이방 우상을 척결하고 오직 하나님만 의지한다는 상징적 행동이었다.

야곱 일행은 세겜을 떠나 벧엘을 향해 길을 나섰다. 야곱이 하나님의 명령에 순종하자, 하나님은 인근 여러 성읍에 사는 가나안 원주민들의 마음속에 공포감을 심어 주셨다. 그들은 야곱 일행을 두려워하여 추격하지 못했다. 자신의 집안에 모욕과 수치를 안긴 세겜 성을 몰살시켜 버리는 야곱 집안의 강력한 힘에 두려움을 느꼈다.

야곱 일행은 무사히 벧엘에 도착했다. 30여 년 전 형의 보복을 피해 하란으로 도망칠 때 돌베개를 베고 노숙했던 곳, 꿈속에서 하늘에 맞닿아 있는 사닥다리를 보았던 곳, 천사들이 땅과 하늘 사이를 사닥다리를 타고 오르락내리락하는 환상을 보았던 곳, 주님은 그때 사닥다리 높은 곳에 서서 동행과 보호를 약속해 주셨었다. 야곱은 지난날을 회상하며 잠시 감회에 젖었다. 혹시 그때 자신이 세운 기념비가 있나 해서 두리번거리며 찾아보았다. 그러나 30년 비바람 세월에 그 자취가 남아 있을 리 없었다.

야곱은 제단을 쌓은 뒤 하나님께 감사 예배를 드렸다. 그리고는 그곳을 '엘벧엘'이라 불렀다. '벧엘의 하나님'이란 뜻이다. 야곱이 하란에서 돌아온 후 벧엘에 이르러 제단을 쌓자 하나님이 야곱에게 다시 나타나셔서 복을 주셨다.

"야곱아, 다시 확인해 주겠노라. 네 이름은 야곱이지만 이제부터는 야곱이라 부르지 않고 이스라엘이라 부를 것이다."

10여 년 전, 형 에서와의 대면을 앞둔 전날 밤, 야곱은 얍복 강변에서 주의 천사와 씨름하여 이긴 후 이스라엘이란 새 이름을 부여받았다. '하나님과 겨루어 이긴 자'라는 영광스러운 이름이다. 하나님은 그때 야곱에게 복 주신 일을 재확인시키셨다. 그리고 또다시 야곱에게 후손과 땅에 대한 약속을 하셨다.

"나는 전능한 하나님이다. 너는 자식을 많이 낳아 크게 번성할 것이다. 여러 나라가 네게서 비롯될 것이고, 네 후손 가운데서 여러 왕이 나올 것이다. 내가 또 아브라함과 이삭에게 준 그 땅을 네게도 주겠노라. 네 뒤에 태어날 너의 후손들에게도 그 땅을 물려주겠노라."

하나님은 이렇게 야곱에게 복을 베푸신 후 떠나가셨다.

야곱은 주님께 엎드려 경배를 드렸다. 그런 뒤 하나님이 말씀하시던 곳에 돌로 기념비를 세웠다. 그 위에 포도주를 부은 다음에 기름을 부었다.

그 무렵, 야곱의 모친인 리브가의 유모 드보라가 죽었다. 그녀는 리브가가 이삭에게 시집올 때 함께 가나안 땅으로 따라왔는데 리브가가 죽자 야곱이 그녀를 데려온 듯하다.

야곱은 그녀의 시신을 벧엘 남쪽의 상수리나무 밑에 묻어 주었다. 사람들은 그 나무를 '알론바굿'이라 불렀다. '통곡의 상수리나무'란 뜻이다. 야곱이 리브가를 생각하며 그녀의 죽음을 크게 슬퍼했음을 보여준다.

라헬이 베냐민을 낳고 난산으로 인해 죽다 (35:16-22)

야곱 일행은 벧엘을 떠나 가나안 땅 남쪽으로 계속 이동했다. 베들레헴과 가까운 곳에 있는 에브랏 마을 근처에 이르렀을 때였다. 아까부터 힘든 표정을 계속 짓던 라헬이 더 이상은 못 참겠다는 듯 야곱에게 고통을 호소했다.

라헬은 만삭의 몸으로 여행하고 있었는데 너무 무리했는지 예정일보다 빠르게 진통이 찾아온 것이다. 요셉을 낳은 뒤 16년쯤 지나 뒤늦게 들어선 아이였다. 라헬에게는 아주 늦은 노산이었다. 그만큼 산통이 심한 난산이었다.

라헬은 아기를 낳느라 너무나 고통스러워했다. 야곱은 라헬의 장막 바깥에서 안절부절 못하며 어쩔 줄 몰라 했다. 107세의 늦은 나이에 얻는 늦둥이가 기대되었지만, 라헬의 건강이 더 걱정되었다. 그런 중에도 라헬의 부르짖는 고통소리는 계속 들려왔다. 산모의 안전을 장담할 수 없는 난산이었다.

마침내 라헬이 어렵게 아이를 낳자 산파가 라헬에게 말했다.

"마님, 아들이에요. 힘을 내세요. 마님이 아들을 낳으셨어요."

라헬이 요셉의 친동생을 낳은 것이다. 하지만 난산으로 인해 너무 진을 빼고 많은 피를 쏟았기에 라헬의 혼은 그녀의 육체를 떠나가고 있었다.

"베노니…."

라헬은 마지막 숨을 거두면서 갓 낳은 아들의 이름을 '베노니'라 불렀다. '내 고통의 아들'이란 뜻이다. 죽을 것 같은 고통 속에서 낳았기 때문에 그렇게 부른 것이다. 하지만 야곱은 그 이름이 마음에 들지 않았다. 어미는 고통 가운데서 출산했지만 막내아들은 누구보다도 강한 용사가 되어야 한다. 그래서 야곱은 아이 이름을 '베냐민'이라 지었다. '오른손의 아들'이란 뜻이다. 히브리인들에게 있어 오른손이나 오른편은 능력과 탁월함을 의미한다. 그렇게 긍정적이고 강력하고 소망적인 의미를 담은 이름으로 고쳐 부름으로써 라헬을 잃은 슬픔을 잊으려 했던 것이다.

야곱은 족장의 체면 따위는 잊은 채 서럽게 울었다. 소리 높여 울겠다. 볼 때마다 가슴 뛰게 하던 라헬은 영원한 친구이자 연인이요 반려자였다.

라헬을 잃은 야곱의 슬픔은 크고도 깊었다.

"여보, 편히 잠드시구려. 잘 가시오. 나도 곧 뒤따라가리다."

야곱은 시신을 에브랏 마을에 묻고 라헬의 무덤 앞에 돌기둥을 세웠다. 에브랏은 베들레헴에서 가까운 작은 마을이었다. 나중에는 베들레헴과 합쳐져 '베들레헴 에브랏(에브라다)'으로 불렸다. 친엄마를 잃은 17세의 소년 요셉도 큰 슬픔을 느꼈다.

라헬을 장사 지낸 뒤 야곱은 계속 길을 떠나 에델 망대 건너편에 장막을 치고 한동안 체류했다. 에델 망대는 '가축 떼의 탑'이란 뜻이다. 양 떼를 지키는 망대가 있어서 그런 이름이 붙여진 것이다. 이곳은 베들레헴을 지나 헤브론으로 가는 길목이었다.

야곱이 그 땅에서 거주하고 있을 때 차마 입에 담기조차 부끄러운 일이 있었다. 장자 르우벤이 아버지의 소실 빌하와 잠자리를 함께한 일이다. 야곱은 노발대발했지만 가문의 명예를 더 이상 더럽힐 수 없다고 판단하여 가슴 깊은 데다 묻어 두었다. 그렇지만 그 일은 대찬 남자 야곱에게 큰 상처를 남기게 된다.

야곱의 열두 아들과 이삭의 죽음 (35:23-29)

야곱에게는 열두 아들이 있었다. 이들은 나중에 선민 이스라엘의 12지파를 형성하게 된다. 이스라엘 12지파의 조상이 되는 것이다. 이들을 모계에 따라 한번쯤 살펴보고 정리할 필요가 있다.

야곱의 첫째 부인 레아가 낳은 아들은 전부 6명이다. 맏아들 르우벤, 둘째 시므온, 셋째 레위, 넷째 유다, 그리고 건너뛰어 아홉째 잇사갈, 열째 스불론이 그들이다. 둘째 부인 라헬이 낳은 아들은 2명이다. 열한째 요셉과 막내 베냐민이 그들이다. 라헬의 몸종으로 야곱의 첫째 소실 된 빌하가 낳은 아들은 2명이다. 다섯째 단, 여섯째 납달리가 그들이다. 레아의 몸종으로 야곱의 둘째 소실 된 실바가 낳은 아들은 2명이다.

일곱째 갓, 여덟째 아셀이 그들이다. 첫째 르우벤부터 열한째 요셉까지는 하란에서 태어났고, 막내 베냐민만 가나안 땅 에브랏에서 태어났다.

야곱은 또 장막을 걷고 짐을 꾸려 이주했다. 에델 망대를 떠나 헤브론으로 옮겼다. 당시 야곱의 부친 이삭은 헤브론 지역의 마므레 숲에 살고 있었다. 야곱은 인생의 황혼기를 맞은 아버지 곁에서 지내기로 작정하고 이곳 헤브론으로 이주했다. 헤브론은 일찍이 야곱의 조부 아브라함도 살았던 곳이다. 이곳 막벨라의 동굴 묘실에는 조부모인 아브라함과 사라의 시신이 안치되어 있었다.

야곱이 헤브론으로 이주했을 때 그의 나이는 108세, 아버지 이삭은 168세였다. 이삭의 맏손자인 르우벤은 27세, 열한째 손자인 요셉은 17세, 막내 손자 베냐민은 한 살배기 갓난아이였다.

헤브론 땅으로 이주한 야곱은 부친 이삭과 더불어 12년을 함께 살았다. 그리하여 이삭이 180세 되었을 때 그는 기력이 다하여 숨을 거두었다. 하나님의 부르심을 받아 조상들 곁으로 돌아간 것이다.

이삭이 임종하자 쌍둥이 아들 에서와 야곱은 아버지를 장사 지냈다. 조부모를 매장한 헤브론의 막벨라 동굴 묘실에 아버지의 시신을 모셨다. 그곳에는 앞서 세상을 떠난 야곱의 모친 리브가의 시신도 모셔져 있었다.

이리하여 언약 가문의 1세대(아브라함)에 이어 2세대(이삭)도 성경 역사의 무대 뒤로 퇴장하게 된다.

36
에돔의 역사

에돔 역사는 언약에서 제외된 역사
야곱 역사는 하나님 언약의 역사
에돔이 크게 번성할 때
야곱의 세력은 미미하네

에돔 족속과 호리 족속 (36:1-43)

지금까지 아브라함 족장(1대)과 이삭 족장(2대)을 이어 언약 가문의 3대 후손인 야곱 족장의 이야기가 소개되었다.

야곱이 부친 이삭과 형 에서를 속이고 장자 축복을 받은 이야기, 형의 보복을 피해 하란의 외삼촌 집으로 도피하던 중 벧엘에서의 사닥다리 체험, 하란 땅에서 두 아내와 두 소실과 11명의 아들을 얻은 일, 20년 만에 다시 가나안 땅으로 돌아와 에서와 화해한 일, 그 전에 얍복 강변에서 주의 천사와 씨름하여 이긴 후에 이스라엘이란 새 이름을 부여받은 일이 기록된다.

어디 그뿐인가. 가나안 땅 세겜에 머물 때 딸 디나가 성폭행 당하자 그의 아들들이 잔인하게 보복한 일, 그 일로 하나님의 지시를 받아 벧엘로 올라가 제단을 쌓은 일, 벧엘에서 베들레헴으로 오는 길에 사랑하는 아내 라헬이 베냐민을 낳다가 사망한 일, 마침내 부친 이삭이 살고 있는 헤브론으로 돌아와 함께 살다가 부친 이삭의 임종을 지켜보고 막벨라 동굴 묘실에 장사한 대목에까지 이르렀다.

성경은 하나님과 언약을 맺은 가문과 그 사람들의 이야기다. 그 가문의 역사를 중심으로 이야기를 펼쳐가는 까닭은, 그 가문과 혈통을 통해 인류를 죄악에서 건지실 하나님의 아들 메시아가 이 땅에 임하기 때문이다. 이처럼 성경은 한 치의 흐트러짐 없이 메시아 중심의 구속사를 면면히 전개해 나간다.

이제 성경은 야곱 이야기를 잠시 중단하고 형 에서의 이야기를 짚는다. 그 까닭은 에서의 후손인 에돔 족속이 야곱의 후손인 이스라엘 족속과 지리적으로 이웃에 살면서 성경 역사에 밀접하게 영향을 끼치기 때문이다. 이처럼 성경에서 어떤 나라, 어떤 족속, 어떤 사람, 어떤 대상을 거론할 때는 반드시 성경 역사인 구속사와 관련된다.

야곱의 쌍둥이 형 에서는 40세에 가나안 여인 두 명을 아내로 맞는다. 여호와 신앙과는 무관한 이방 여자로, 우상을 숭배하는 가나안 족속의 딸들이었다. 에서는 아버지 이삭에게서 아버지의 결혼 이야기를 들었을 것이다. 할아버지 아브라함이 여호와 신앙을 가진 배우자를 얻어 주기 위해 멀리 하란 땅까지 사람을 보내어 피붙이인 일가친족 중에서 이삭의 배우자를 구했다는 이야기를 듣고 자랐을 것이다. 모친 리브가가 그렇게 하란 땅에서 시집을 와서 자신을 낳은 것이 아닌가.

그런데도 에서는 하나님과 관련된 신령한 것들에는 관심이 없었다. 들판의 사냥감들이나 가나안 땅의 예쁜 여자들에게만 관심을 쏟았다. 그래서 가나안 족속의 여인들을 두 명이나 아내로 맞았다. 언약 가문의 계승자로서는 합당치 못한 일들이었다.

그런 정신 상태를 가졌기에 에서는 팥죽 한 그릇이라는 말도 안 되는 헐값에 동생 야곱에게 장자권을 팔아넘기고 만다. 결국 장자의 축복을 동생 야곱에게 빼앗긴 뒤에야 속임수를 써서 부친의 유언 축복을 가로챈 동생 야곱을 죽이려고 혈안이 되었다.

그러자 에서의 부모는 급히 하란 땅 외삼촌 집으로 야곱을 도피시킨다. 명분은 가나안 족속의 여자들 중에서 아내를 구하지 말고 여호와 신앙을 지닌 일가친척에게서 아내를 구하라는 것이었다.

에서는 뒤늦게 그 사실을 알고 가나안 족속의 두 여인 외에 일가친척 중에서 아내를 하나 더 얻는다. 이삭의 이복 큰아버지인 이스마엘의 딸들 중에서였다. 에서는 이렇게 해서 세 아내를 통해 후손을 낳는다. 엘리바스, 르우엘, 여우스, 얄람, 고라가 가나안 땅에 살고 있을 때 얻은 아들들이다.

에서의 후손들은 에서의 별명인 에돔에 근거하여 '에돔 족속'이라 불렸다. 세일 산지에 터전을 잡은 에서는 에돔 족속의 조상이 되었다. 일찍이 하나님은 에서도 크게 번성시키고 큰 민족을 일구게 해줄 것이라고 약속하셨다. 하나님의 약속대로 에서는 아들들을 통해 많은 자손을 보았다. 세 아내에게서 5명의 아들과 11명의 손자를 보고, 14개의 부족을 일구었다.

부족국가를 일군 14개 족속의 이름은 이러하다. 데만 종족, 오말 종족, 스보 종족, 그나스 종족, 고라 종족, 가담 종족, 아말렉 종족, 나핫 종족, 세라 종족, 삼마 종족, 미사 종족, 여우스 종족, 얄람 종족, (또 다른) 고라 종족.

세일 산지의 원주민들은 호리 족속이다. 호리는 '동굴'이란 뜻이다. 산지 도처에는 석회암 동굴이 많았는데, 그런 동굴을 거주지로 삼은 데서 비롯된 명칭이다. 호리 족속은 일곱 족장이 있는 부족 집단으로, 산지의 석회암 동굴이나 토굴에 은거했다.

에서와 그의 후손들은 가나안 땅에서 세일 산지로 이주해 와서 원주민들을 정복하고 자신들의 터전으로 삼았다. 호리 족속의 일부는 에돔 족속에 의해 멸망하고 일부는 병합되어 역사 속에서 자취를 감춘다.

이후 에돔 족속은 강력한 군주 국가를 건설하였다. 당시 야곱의 후손인 이스라엘에는 강력한 통치자가 없었고, 기껏 가나안 땅 남부 지방에서 일가를 이루며 부족 형태로 살고 있었다. 이후에도 이스라엘은 이집트에서 430년 동안이나 종살이를 하게 된다.

그런 시기에 에서의 후손인 에돔 족속은 독립된 왕국을 이루어 번영을 구가했다. 에돔 족속은 8명의 왕과 11명의 족장을 배출했다. 에돔을 다스린 8명의 왕은 이러하다. 벨라, 요밥, 후삼, 하닷, 삼라, 사울, 바알하난, 하달. 각각의 부족을 다스린 11명의 족장은 이러하다. 딤나, 알와, 여뎃, 오홀리바마, 엘라, 비논, 그나스, 데만, 밉살, 막디엘, 이람.

에돔은 왕과 지방 군주인 족장이 지역을 분할하여 다스리고 있었다. 이는 마치 중세의 봉건 영주 시대와 흡사한 통치 구조이다. 이처럼 언약 가문의 후사인 야곱과 그의 후손들이 나라는커녕 이방 땅에서 나그네로 지내고, 심지어 이집트에서 430년 동안 종살이를 하던 시기에, 장자권을 팔아넘기고 하나님을 떠나간 에서와 그의 후손들은 강력한 왕국과 부족국가를 일구며 날로 번성하고 있었다. 하지만 그들의 번성은 하늘의 신령한 축복과는 무관하여, 메시아 소망이 없는 이 땅의 공허하고 세속적인 놀음에 불과한 것이다.

37

꿈꾸는 자 요셉

무슨 꿈인지 암만 생각해도 이상해
형들의 곡식단들이 둘러서서
내 곡식단 향해 절을 하더군

꿈꾸는 자 요셉 (37:1-11)

이야기는 다시 언약 가문의 계승자인 야곱 집안으로 돌아간다. 20년 동안의 더부살이를 마치고 하란에서 돌아온 야곱은 숙곳과 세겜을 거쳐 가나안 땅 남부의 헤브론 골짜기에서 아버지 이삭을 모시고 살았다. 헤브론은 조부 아브라함 때부터 기거하던 제2의 고향 같은 곳이다.

그때 야곱은 108세, 이삭은 168세, 요셉은 17세였다. 야곱의 맏이 르우벤은 27세 안팎, 막내 베냐민은 한 살배기 갓난아이였다. 요셉은 항상 친동생인 베냐민을 끼고 살았다. 라헬이 배 아파 낳은 두 아이 요셉과 베냐민. 그들 형제의 모습을 볼 때마다 야곱은 세상을 먼저 떠난 사랑하는 아내 라헬에 대한 그리움과 슬픔에 빠졌다. 그래서 야곱은 더욱 요셉에게 사랑을 베풀었다.

17세의 청소년인 요셉은 형들과 함께 아버지의 가축 떼를 먹이러 다니곤 했다. 아버지 야곱은 다른 아들들보다 요셉을 각별하게 챙겼다.

91세의 늦은 나이에 본 자식인데다 진실로 사랑했던 아내 라헬에게서 태어난 자식이었기 때문이다. 게다가 지금은 그의 어미인 라헬이 세상을 떠난 상태라 더더욱 요셉에게 마음이 쓰였다.

야곱은 요셉에게만 특별히 고운 채색 옷을 지어 입혔다. 청색, 자색, 홍색 실로 수놓은 화려한 고급 옷이다. 요셉의 형들은 아버지가 요셉만 아끼고 사랑한다는 사실을 알고는 동생을 시샘하며 미워했다.

"형님들, 오늘은 어디로 양 떼를 몰고 갈 거예요?"

"야, 넌 몰라도 돼. 네까짓 게 알면 뭐하게? 잔말 말고 따라오기나 해!"

"형님들, 오늘 점심은 뭐 먹을 거예요?"

"네 뱃속에는 거지가 들어앉았냐? 뭘 그런 걸 묻고 그래. 주면 주는 대로 먹기나 해."

궁금증이 많은 요셉이 형들에게 이것저것 물을 때마다 형들은 퉁명스러운 말투로 면박을 주기 일쑤였다. 형들은 동생 요셉을 놀리고 따돌리고 괴롭혔다. 아버지 야곱이 보지 않는 데서는 늘 그렇게 분풀이를 했다.

요셉은 성품이 온순하여 남을 해코지할 줄 몰랐다. 거짓말이나 못된 짓과는 거리가 멀었다. 아버지의 말에 전적으로 순종하는 효자였다. 그리고 아버지께 무얼 숨기는 일이 없었다.

며칠씩 집을 나가 들판에서 목축을 하는 일이 잦았는데, 요셉은 그동안 있었던 일들을 미주알고주알 아버지께 이야기해 드리곤 했다. 형들이 이런저런 잘못을 저지를 때에도 요셉은 아버지 야곱에게 그런 일들을 곧이곧대로 말했다. 거짓을 모르는 성격이었기 때문이다.

"아버지, 형들이 가나안 여인들과 놀기를 좋아해요."

"아버지, 형들이 병든 양을 돌보지 않아요."

아버지는 물론 요셉을 감싸고 보호하기 위해 요셉으로부터 그런 사실을 알게 되었음을 감추어주려고 애썼지만, 그것이 어떻게 알려지지 않을 수 있겠는가. 결국 요셉은 형들에게 점점 골칫덩어리가 되어 갔다.

"에잇! 요셉 때문에 미치겠다. 저 녀석을 어떻게 하면 좋을까?"

"저 녀석 때문에 어디 무서워서 살겠나."

"형제들, 너무 조급하게 굴지 말자고. 기다리다 보면 언젠가 좋은 기회가 올 거야. 그때 단단히 혼쭐을 내 주자고!"

형들은 요셉에게 보복할 날만을 기다렸다. 하루는 요셉이 이상한 꿈을 꾸었다. 꿈을 깬 뒤에도 아주 선명했다. 그래서 요셉은 형들이 자기를 미워하고 싫어하는 줄 알면서도 개의치 않고 지난밤에 꾼 꿈 이야기를 했다.

"형님들, 내가 어젯밤에 꾼 꿈 이야기 좀 들어 보세요."

"뭐? 꿈을 꾸었다고? 그래, 니까짓게 대체 무슨 꿈을 꾸었다고 그래? 한번 얘길 해봐."

"형님들, 글쎄 우리 형제들이 들에서 곡식 단을 묶고 있었어요. 그런데 문득 제가 묶는 곡식 단이 꼿꼿이 일어서는 게 아니겠어요? 그 다음에는 형들이 묶은 곡식 단이 내 곡식 단을 빙 둘러서더니, 내 곡식 단에게 엎드려 절을 하더라고요. 참 신기한 꿈이죠?"

요셉의 꿈 이야기를 듣자마자 형들의 심사가 틀어졌다.

"뭐라고? 별 거지같은 꿈을 꾸고 자빠졌네. 그러니까 뭐야? 네가 우리보다 높아져서 우리가 네 앞에 절한다는 거야, 뭐야? 네가 우리의 지배자라도 된다 이거야? 에잇, 같잖은 녀석!"

형들은 단번에 요셉을 타박하고 핀잔을 주었다. 요셉이 이런 꿈 이야기를 한 뒤 형들은 더욱 더 요셉을 미워했다.

어느 날, 요셉이 또 꿈을 꾸었다. 이번에도 요셉은 형들에게 자신이 꾼 꿈 이야기를 들려주었다.

"형님들, 내가 엊저녁에 또 이상한 꿈을 꾸었어요. 글쎄, 이번에는 해와 달과 별 열한 개가 나에게 절을 하더라고요. 참 이상한 꿈이죠? 대체 무슨 꿈일까요?"

"뭐라고? 해와 달과 별 열한 개가 뭐 어쨌다고?"

이번에도 요셉의 형들은 더욱 험한 말로 타박하고 질타했다.

"요셉, 너! 앞으로는 그따위 꿈 얘기 하지 마라. 한 번만 더 그런 쓸데없는 꿈 얘기를 했다가는 뼈도 못 추릴 줄 알아! 에잇, 아침부터 기분 잡쳤네!"

하지만 요셉은 그 꿈 이야기를 아버지 야곱에게도 했다.

"요셉아, 그게 도대체 무슨 꿈이냐? 그래, 네 꿈대로라면 나와 네 어머니와 형들이 모두 너에게로 가서 엎드려 절하게 될 거라는 뜻이 아니냐?"

야곱은 놀라며 요셉의 꿈 이야기를 마음속에 담아 두었다. 일찍이 자신도 벧엘 들판에서 꿈을 통해 하나님의 계시를 받은 적이 있었기 때문이다. 요셉의 꿈은 아무래도 하나님의 계시인 것 같았다. 해와 달과 별들이 절을 했다면, 요셉은 장차 세상 전체를 주무르게 될 위대한 통치자가 된다는 뜻이 아닌가? 그러나 하나님의 뜻을 사람의 마음으로 어찌 헤아릴 수 있으랴. 잠자코 지켜보는 수밖엔. 야곱은 요셉의 꿈을 해석해 보려 애썼지만, 늘 그렇듯이, 하나님만이 알고 계시는 그 거대한 신비 앞에서 어쩔 수 없이 자신의 무지를 인정할 수밖에 없었다.

요셉이 형들에 의해 이집트로 팔려 가다 (37:12-36)

유목민들은 가축 떼에게 풀을 먹일 초원을 찾아 어디든지 이동했다. 당시 요셉의 형들도 헤브론 집을 떠나 멀리 세겜까지 올라가서 아버지의 가축 떼에게 풀을 먹였다. 세겜 땅에는 좋은 목초지가 많았다. 하란에서 돌아온 후 10년 가까이 거주한 곳이라 지리적으로 익숙한 장소이기도 했다. 워낙 먼 거리인지라 요셉은 형들을 따라가지 않고 집에 남아 있었다. 형들이 가축 떼를 몰고 집을 떠난 지 꽤 오랜 날들이 지났다. 하루는 아버지 야곱이 요셉을 불러 심부름을 시켰다.

"요셉아, 네 형들이 잘 지내고 있는지 궁금하구나. 네가 형들에게 좀 갔다 올 수 있을까?"

"그럼요, 아버지! 제가 다녀올게요."

야곱은 아들들에게 필요한 몇 가지 물품과 옷가지들, 먹을 것이 담긴 작은 보따리를 요셉에게 건네주었다. 요셉은 헤브론 골짜기에서 형들이 있는 세겜으로 심부름을 떠났다.

야곱의 집이 있는 헤브론 골짜기에서 요셉의 형들이 양 떼를 돌보는 세겜까지는 북쪽으로 대략 70km, 거의 200리 되는 먼 거리였다. 어른 걸음으로 꼬박 이틀 정도 걸렸다. 형들과 오랫동안 떨어져 지낸 요셉은 형들의 안부도 궁금하고 형들이 보고 싶기고 해서 부지런히 걸었다.

세겜은 요셉이 어린 시절과 소년 시절을 보낸 곳이었다. 옛 추억들이 새록새록 솟아났다. 요셉은 세겜 땅 이곳저곳을 돌아다니며 형들이 있을 만한 곳을 찾아보았지만 형들과 가축 떼를 찾을 수 없었다.

"얘야, 너는 지금 누구를 그리 열심히 찾고 있느냐?"

요셉이 세겜 들판을 누비며 이리저리 헤매는 모습을 본 지역 사람 하나가 요셉에게 물었다.

"네, 저는 지금 형들을 찾고 있는 중입니다. 형들은 헤브론 집을 떠나 이곳에서 양 떼에게 풀을 먹이고 있어요. 혹시 제 형들이 어디에서 양을 치고 있는지

▲ 형들에게 심부름을 간 요셉의 여정.

아세요?"

"가만 있자, 열 명쯤 되는 젊은 목자들이 돌보는 가축 떼 말이냐?"

"네, 맞아요. 제 형들은 모두 열 명이에요."

"그 목자들은 얼마 전에 여기를 떠났단다. 듣자하니 도단으로 가는 것 같았다. 지금쯤 거기서 가축 떼를 칠 것 같구나."

유목민들은 풀과 물이 있는 곳이라면 어디라도 자유롭게 이동했기 때문에 요셉의 형들도 그렇게 세겜을 떠나 더 멀리 도단으로 이동했던 것이다.

"네, 잘 알겠습니다. 고맙습니다."

예의 바른 요셉은 깍듯이 인사했다.

세겜에서 도단까지는 북서쪽으로 30km, 대략 80리다. 그 사람의 말에 따라 요셉은 또다시 부지런히 걷고 달렸다. 마침내 저 멀리서 한가로이 풀을 뜯어먹고 있는 양 떼와 그 양 떼를 돌보고 있는 한 무리의 목자들이 눈에 들어왔다. 그 목자들도 누군가가 자신들에게로 부지런히 다가오는 것을 보았다.

"어이, 시므온! 저기 좀 봐. 누가 이리로 열심히 달려오는데?"

"가만, 어디서 많이 본 것 같지 않아?"

"엇? 요셉인 거 같은데. 맞아. 꿈쟁이 녀석, 요셉이야. 근데 저 녀석이 여기까지 웬일이지?"

요셉의 형들은 요셉의 갑작스러운 방문에 적잖게 놀랐다. 그때 누군가가 음흉한 미소를 흘리며 다른 형제들에게 말했다.

"가만… 형제들! 여긴 아버지도 없고, 집에서 아주 멀리 떨어진 외딴곳이고, 요셉은 혼자이고…. 어때? 아주 좋은 기회잖아. 저 골칫덩어리 녀석을 이참에 아예 죽여 버리자. 다들 어때?"

"그럴까? 그런데 아버지한테는 뭐라고 말하지?"

"들짐승이 집어삼켰다고 둘러대면 돼! 시치미를 딱 잡아떼는 거지

뭐.”

“야, 그거 좋은 생각이다. 뭐 우리가 저한테 절을 한다고? 저 녀석이 꾼 꿈이 얼마나 실현되는지 두고 보자고. 하하!”

형들은 멀리서 요셉이 다가오는 것을 보고 동생을 살해하려는 무서운 음모를 꾸몄다. 요셉을 죽여 요셉의 꿈까지 무산시키려는 무서운 음모였다. 꿈대로 요셉이 큰 인물이 되면 자기들이 그 앞에 무릎을 꿇어야 한다. 자기 어머니들이 요셉의 어머니에게 별의별 수모를 당한 것도 모자라 자신들까지 요셉을 떠받들게 된다고? 그건 안 될 일이었다. 자신들도 어엿한 야곱의 아들인데 다른 야곱의 아들에게, 그것도 자기들 중에 가장 나이 어린 동생에게 머리를 숙일 수는 없는 노릇이다. 생각이 여기에 미치자 형들은 정말로 요셉을 죽여 버리겠다는 의지가 활활 불타올랐다.

“얘들아! 그래도 그렇지, 아무리 미워도 우리 동생이잖아? 아버지를 봐서라도 죽이지는 말자. 들판에 있는 웅덩이에 집어던져 놓고 그냥 내버려 두자.”

맏형 르우벤이 말했다. 아무리 못나도 역시 집안의 장자였다. 동생과 아버지를 생각하는 마음이 다른 형제들과는 조금은 남달랐다. 르우벤이 이렇게 말한 것은, 기회를 보아 어떻게든 요셉을 형제들의 손아귀에서 건져내어 아버지에게 다시 돌려보내려는 속셈이 있었기 때문이었다. 큰 형의 말에 다른 형제들도 별 반박 없이 수긍했다.

이런 사실을 까맣게 모른 채 요셉은 마침내 형들을 찾았다는 반가움에 헐레벌떡 열심히 언덕길을 달려왔다.

“형님들! 저예요. 아우 요셉이에요. 아버지 심부름으로 왔어요.”

요셉은 숨이 턱밑까지 차 연신 헐떡거리면서도 환하게 웃으며 형들에게 다가왔다. 오랜만에 보는 형들이 그렇게 좋을 수 없었다.

“형님들, 그동안 별일 없었나요? 양 떼도 다 잘 있….”

그 순간, 요셉은 형들의 눈에서 뭔가 다른 기색을 느꼈다. 그것은 단순히 미움의 눈빛이 아니었다. 그러기엔 너무나 차갑고 매서운 눈빛이었다. 형들은 우르르 달려들어 요셉의 팔다리를 거칠게 붙들었다.

"형님들 도대체 왜 이래요? 갑자기 저한테 왜 이러는 거예요? 형님들! 시므온 형! 왜 그래요?"

요셉이 가까이 다가오자 형들은 일시에 달려들어 요셉의 손발을 붙들고 꼼짝 못하게 한 뒤 요셉이 입고 있는 화려한 채색 옷부터 마구 벗겼다. 그러고는 요셉을 거칠게 끌고 가서 깊은 웅덩이에 집어던졌다. 그곳은 물이 바싹 마른 빈 웅덩이였다.

우기와 건기가 뚜렷이 구분되는 가나안 땅에서는, 건기가 되면 물 없는 빈 구덩이가 들판 여기저기에 있었다. 대체로 이런 구덩이들은 입구가 좁고 아래가 넓어 마치 목이 긴 호리병 같았다. 누구든 이런 구덩이에 떨어지면 혼자 힘으로는 빠져나올 수가 없다. 형들은 바로 이런 구덩이에 요셉을 집어던진 것이다.

"형님들! 저 좀 꺼내 주세요. 제발 형님들, 르우벤 형! 유다 형! 시므온 형!"

웅덩이에 떨어진 요셉은 엉엉 울고 형들의 이름을 울부짖으며 제발 살려 달라고 애걸복걸했다.

"시끄러워! 그냥 입까지 꽉 틀어막아 버릴까 보다."

"난 이제야 속이 시원한걸. 10년 묵은 체증이 싹 넘어가는 것 같아. 그동안 저 녀석 때문에 얼마나 열 받았는지 몰라."

"히히! 다 큰 녀석이 질질 짜기는. 아버지 사랑을 독차지하더니 꼴좋다."

요셉의 형들은 깊은 웅덩이에서 울며 부르짖는 요셉의 절규를 들으면서도 빙 둘러앉아 농담 섞인 언사를 낄낄 주고받았다. 요셉이 형들에게 주려고 그토록 멀리 떨어진 집에서 가져온 음식을 맛있게 먹으면서….

그때 멀리서 이스마엘 사람들이 다가왔다. 그들은 장사꾼들이었다. 낙타에 향료와 유향과 몰약 등을 싣고 길르앗에서 이집트로 내려가는 길이었다. 당시 이스마엘 족속은 메소포타미아 지역에서부터 요단 동편의 길르앗 지방, 팔레스타인의 중남부를 거쳐 아라비아 지역까지, 더 멀리는 이집트에 이르는 광범위한 지역을 무대로 물품을 사고파는 무역업에 종사하고 있었다.

그들을 바라보면서 넷째 유다가 다른 형제들에게 말했다.

"형님들, 그리고 아우들! 내 말 좀 들어봐. 우리가 동생을 죽여 놓고 피 흘린 사실을 감춘다고 해서 무슨 이익이 있겠어? 차라리 저 상인들에게 팔아버리는 게 어때? 굳이 동생을 우리 손으로 죽일 필요까지는 없잖아. 안 그래? 밉든 곱든 요셉은 우리 동생이고 피붙이니까 말이야."

"그래, 그러자. 듣고 보니 유다 말이 일리가 있네. 돈도 생기는 일이고. 이거야말로 꿩 먹고 알 먹고 아니겠어? 하하하!"

유다의 말에 다른 형제들이 모두 동의했다. 그러는 사이에 상인들이 그들의 곁을 가까이 지나가고 있었다.

"어이, 여보세요! 사람 하나 안 살래요? 제법 쓸 만한 녀석이라고요."

그 당시의 노예는 사람으로 취급되지 않고 사고파는 품목 가운데 하나로 간주되었다. 상인들은 돈 되는 일이라면 뭐든 마다하지 않았다.

상인들은 관심을 보였다. 요셉의 형들은 얼른 웅덩이에서 요셉을 끄집어 올린 뒤 입을 틀어막고는 상인들 앞으로 데리고 왔다.

"바로 이 녀석입니다. 아주 건강한 놈이에요."

"어디 보자…. 아직 소년티를 못 벗어났구먼. 20냥 주겠소."

건장한 장정 노예의 값은 은화 30냥이었다. 당시 요셉은 17세 소년이므로 은화 10냥이 빠진 것이다.

"까짓것, 좋아요. 데려가세요!"

요셉의 형들은 은화 20냥을 받고 상인들에게 동생을 팔아넘겼다.

요셉은 울음마저 다 말라 버린 기진맥진 상태였다. 입이 틀어 막혀 뭐라고 말할 수도 없어 캑캑거렸다. 애처로운 눈길로 형들을 바라보며 구원을 간절히 요청했다. 그러나 형들은 아랑곳하지 않고 키득키득 웃으며 받은 돈을 나누기에 바빴다.

상인들은 요셉을 묶은 채로 이집트로 끌고 갔다. 상인들은 그저 어린 노예 하나쯤 끌고 가는 것인 줄 알았겠지만, 사실은 장차 이스라엘 민족과 뭇 생명들을 살릴 요셉의 원대한 꿈을 싣고 이집트로 내려가고 있었다.

한편, 그런 일이 벌어지는 동안 장남 르우벤은 잠시 다른 용무를 보느라 현장에 없었다. 자신의 일을 본 뒤 형제들 몰래 요셉을 꺼내 주려고 웅덩이 있는 데로 갔다가 요셉이 없어진 것을 알고는 부랴부랴 형제들이 있는 곳으로 달려왔다.

"얘들아! 요셉이 없어졌어. 요셉이 웅덩이에 없어. 어찌 된 일이야? 이제 어쩌면 좋단 말이냐?"

르우벤이 자기 옷을 찢고 슬퍼하며 외쳤다. 장자로서 동생을 지키지 못했다는 죄책감이었다. 아버지 야곱이 자신에게 가장 큰 책임을 물을 것이므로 눈앞이 캄캄했다.

"형, 걱정할 거 없어. 아버지한테는 요셉이 들짐승에게 물려 죽었다고 둘러대면 돼. 참, 그리고 이건 형 몫이야. 요셉을 은화 20냥에 팔아넘겼거든!"

요셉의 형들은 숫염소 한 마리를 잡아 그 피를 요셉의 찢겨진 채색 옷에 여기저기 묻혔다. 영락없이 들짐승한테 물려죽은 모양새였다. 요셉의 형들은 그렇게 피 묻은 요셉의 채색 옷을 아버지 야곱에게로 가지고 와서 내보이며 말했다. 물론 거짓 눈물에다 아주 슬픈 표정을 지었다.

"아버지, 요셉에게 큰일이 생긴 것 같아요. 저희들이 집으로 돌아오던 길에 어느 들판에서 이 옷을 주웠어요. 아무래도 요셉의 옷 같아요. 들짐승한테 찢긴 것 같은데 요셉이면 어쩌죠?"

어쩌면 이것은 인과응보인지도 모른다. 오래전 염소 털로 위장하여 아버지와 형을 속인 야곱은, 이제 아들들이 내민 염소 피 묻은 채색 옷에 의해 자신이 속임 당하는 가련한 처지가 되고 만 것이다.

"뭐, 뭐라고? 어디, 어디 그 옷 좀 보자."

야곱은 벌렁대는 심장과 덜덜 떨리는 손으로 피 묻은 채색 옷을 건네받았다. 사색이 된 낯빛으로 이리저리 옷을 살펴보던 야곱은 갑자기 크게 울음을 터뜨리며 장막이 떠나갈 정도로 울부짖었다. 처절한 절규였다.

"아이고, 요셉아! 내 아들 요셉아! 요셉이 들짐승의 밥이 되다니. 들짐승에게 갈기갈기 찢겨 죽다니. 너를 심부름 보내는 게 아니었는데. 아이고, 이 애비를 두고 먼저 가다니. 요셉아! 내 아들 요셉아! 아이고, 요셉아!"

야곱은 자기 옷을 갈기갈기 찢고 가슴을 치며 고통스럽게 울었다. 108세의 부친이 그토록 슬퍼하는 모습을 보자 아들들은 그제야 자신들이 저지른 일이 얼마나 끔찍한지를 깨닫고 후회가 밀려왔다. 그러나 이미 때는 늦었다. 모른 체 시치미를 뚝 떼고 슬픈 척했다. 악어의 눈물을 흘리는 수밖에 없었다. 가증스러운 행동이었다.

야곱은 굵은 베옷을 걸쳐 입고 죽은 요셉을 생각하며 많은 날들을 밤낮으로 슬퍼하며 통곡했다. 몇 날 며칠을 밥도 먹지 않았다. 자녀들이 온갖 말로 위로했지만 야곱의 귀에는 어떤 말도 들어오지 않았다.

"요셉아! 차라리 내가 널 대신하여 죽었더라면…. 너 없이 살 바에야 이렇게 울다가 요셉이 있는 무덤으로 나도 들어가련다. 아들아, 내 아들 요셉아! 어디 있느냐? 대답 좀 하려무나. 내 아들 요셉아!"

헤브론 골짜기 야곱의 장막에는 서럽고 구슬피 우는 통곡 소리가 그치지 않았다. 야곱은 울다가 기절했고, 깨어나서 울고 또 울었다. 눈물 한 방울마저 다 마를 정도로 슬피 울었다.

그런 아버지의 뼈아픈 통곡을 알 리 없는 상인들은 요셉을 끌고 이집트로 내려갔다. 노예 시장으로 데려간 후 사람들 앞에서 값을 흥정하기 시작했다.

"자, 자, 여러분. 여길 보세요. 아주 실한 놈입니다요. 어린 티가 살짝 나지만 잘 키우면 이런 녀석을 더 오래 부려먹을 수 있는 법이죠. 자, 높은 값을 부르는 사람이 임자입니다요."

요셉의 어머니 라헬은 야곱이 한눈에 반할 정도로 뛰어난 미모의 여인이었다. 그런 어머니를 닮았는지 요셉은 누가 봐도 준수하고 잘생겼다. 아주 건실한 미남자였다. 다들 요셉을 탐냈지만 요셉에게 특별히 눈독을 들여 아주 높은 값을 지불하고 데려간 사람은 파라오의 신하 보디발이었다. 당시 그는 왕실의 시위대장이었다. '큰 집(왕궁)'이란 뜻을 지닌 '파라오'는 이집트 왕을 가리키는 공식 명칭이다.

38

유다와 다말

셋째아들 셀라가 장성해도
유다가 다말을 주지 않자
다말은 창녀로 변장해
화대로 도장, 끈, 지팡이 받네

야곱의 넷째 아들 유다와 그의 며느리 다말 (38:1-30)

17세의 소년 요셉은 졸지에 보디발의 집의 노예가 되어 이집트에서의 생활을 시작한다. 아버지 야곱의 사랑을 한 몸에 듬뿍 받고 자랐던 요셉이 하루아침에 낯설고 물 설은 이방 땅에서 비천한 노예 신세로 처량하게 떨어지고 만다.

여기서 성경은 요셉의 이야기를 잠시 중단하고 야곱의 넷째 아들 유다에게 일어난 사건 하나를 소개한다. 유다와 그의 며느리 다말 사이에 얽힌 이 이야기는 구속사의 중요 사건이기 때문이다. 유다가 자기 며느리 다말을 통해 메시아 예수의 혈통으로 이어지는 주요 가문을 형성하기 때문이다.

유다와 그의 며느리 다말의 이야기는 오늘의 현실에 비추어 보더라도 한참 선을 넘어서 듣기조차 거북하다. 옛적 만취한 아버지와 동침하여 아들을 얻은 롯의 두 딸 이야기를 떠올린다. 시아버지 유다와 며느리 다말 간에 일어난 이야기는 입에 담기조차 민망하지만 성경은 사실을 숨기지 않는다. 구속사 전개에 필요한 이야기는 적나라하게 소개한다. 메시아 예수는 그런 부끄럽고 적나라한 인간사를 통해 이 땅에 오셨다.

요셉이 노예 신분으로 이집트 땅에 팔려 간 지 얼마나 흘렀을까. 무대는 다시 가나안 땅이다. 가나안 땅의 헤브론 골짜기에 살던 야곱의 넷째 아들 유다는 아버지의 장막과 형제들을 떠나 독립생활을 했고, 가나안 땅의 타락한 문화에 빠져들었다.

이방인 친구 히라와 어울려 지내다 가나안 족속인 수아의 딸과 혼인했다. 여호와 신앙을 가진 피붙이 일가친척 가운데서 배우자를 고른 조부 이삭이나 부친 야곱과는 달랐다. 우상문화에 젖은 가나안 족속의 여인을 아내로 맞은 것이다.

유다는 가나안 여인과의 사이에서 세 아들을 낳았다. 장남 엘, 차남 오난, 삼남 셀라가 그들이다. 그때 유다는 거십 성읍에 거주하고 있었다. 아들들이 성장하자 유다는 장남 엘을 장가보냈다. 며느리의 이름은 다말인데, 그녀 역시 가나안 족속의 여인이었다. 유다는 자신뿐만 아니라 아들의 배우자도 가나안 여인을 들인 것이다.

유다의 장남 엘은 행실이 막돼먹은 망나니였다. 하나님을 떠나 타락한 가나안 문화에 젖어 제멋대로 살았다. 하나님이 보시기에도 아주 악했다. 그래서 하나님은 그를 징계하여 죽이셨다. 아니, 그가 죽도록 내버려 두셨다. 장남 엘이 세상을 떠나자 유다가 차남 오난을 불러 말했다.

"오난아, 네 형 엘이 자식도 없이 죽고 말았구나. 그러니 네가 형수와 혼인해서 형의 대를 이어주도록 하여라."

대체 이게 무슨 말인가? 이 말을 이해하려면 당시의 풍습인 계대혼인(繼代婚姻)에 대해 알아야 한다. 고대 중근동 사회에서는 이런 풍습이 있었다. 형이 자손을 남기지 않은 채 죽으면 동생이 과부된 형수와 혼인하여 그 낳은 아들로 형의 대를 이어주는 풍습이다.

계대혼인으로 낳은 첫 아들은 형의 가문에 입적된다. 그 아들은 형의 후사로 인정되어 형 대신에 조상의 가산을 상속할 권리를 갖는다. 혈통과 가문의 계승을 목숨보다 중시하던 고대 사회에서 후사 없이 죽은 형을 위해 과부인 형수와 혼인하여 형의 가문을 이어주는 행위는 형제 된 자가 마땅히 행해야 할 신성한 의무였다.

뿐만 아니라 당시의 여자들은 전적으로 남편에게 경제력을 의존할 수밖에 없었다. 남편 잃은 과부는 재혼조차 극히 제한적이어서 달리 살아갈 방법이 막막했다. 계대혼인에는 이 같은 처지에 빠진 과부의 일생을 동생이 책임진다는 의미도 포함되어 있었다.

족장 시대에는 사회풍습으로만 지키던 계대혼인이 후대에 이르러 모세 율법에서는 법으로 제정되어 가문의 혈통을 이어가게 한다. 소외된 과부의 권익을 적극 옹호해 주었던 것이다. 지금 유다는 둘째 아들 오난에게 그 계대혼인을 말하고 있는 것이다.

유다의 차남 오난은 마지못해 아버지의 말씀에 따르겠다고 대답했지만, 영 내키지 않았다. 그래서 형수와 혼인을 하긴 했지만 자식을 낳고 싶지 않았다. 가문이니 혈통이니 하는 것은 그의 관심 밖이었다. 오난은 형수와 잠자리를 할 때마다 땅바닥에 사정을 하곤 했다. 정액을 체외에 쏟아 버린 것이다. 이 같은 '오난'의 행동으로부터 오늘날 수음(手淫)이란 뜻의 '오나니즘'이란 말이 유래되었다.

오난이 그러하므로 다말은 임신할 수가 없었다. 하나님이 보시기에 그 행위가 심히 악하므로 하나님은 오난도 죽게 하셨다. 유다로서는 졸지에 장남과 차남을 잃은 것이다.

이제 막내 셀라만 남았다. 계대혼인 풍습에 따르면 유다는 삼남 셀라마저 며느리인 다말과 혼인시켜야 했다. 유다는 덜컥 겁이 났다. 셀라마저 잃을까 두려웠다.

유다는 아무래도 며느리 다말에게 마가 낀 모양이라고 생각했다.

금쪽같은 아들을 둘씩이나 세상을 뜨게 한 며느리였다. 유다는 며느리 다말을 불러 말했다.

"얘야, 얼마 동안은 친정에 가서 지내도록 해라. 셀라가 너와 결혼을 해야 하겠지만, 걔는 아직 어리니 장성할 때까지 기다려야겠다. 그동안 친정에서 몸가짐 조심하고 지내고 있도록 하여라."

다말은 순순히 시아버지의 말에 따랐다. 그러나 유다가 다말을 친정으로 보내고자 한 것은, 어떡하든 막내 셀라를 다말과 혼인시키지 않기 위해서였다. 다말로 인해 막내마저 잃을까봐 두려웠기 때문이다.

세월이 한참 흘렀다. 그간에 유다는 아내와 사별했다. 아내를 애도하는 기간이 끝나자 유다는 친구 히라와 함께 양털을 깎으러 딤나로 올라갔다. 그곳에 자신의 양 떼와 목초지가 있었기 때문이다. 양털 깎는 날은 유목민들에게 아주 바쁘고 큰 잔칫날이었다. 농부에게 추수하는 날과 같았다. 여러 날 동안 떠들썩한 잔치가 벌어졌다.

오랫동안 친정에서 수절하며 지내던 다말은 시아버지 유다가 양털 깎으러 딤나로 올라왔다는 소식을 들었다. 그동안 다말은 시아버지에게 앙심을 품고 있었다. 셀라가 혼인할 만큼 충분히 장성했는데도 시아버지가 나 몰라라 하며 계대혼인을 시행하려 하지 않았기 때문이다.

다말은 과부들이 입는 칙칙한 색깔의 옷을 벗어던지고 창기들이 입는 화려한 옷으로 단장했다. 너울로 얼굴 전체를 가린 후 딤나 길목의 에나임 입구에 앉아 있었다. 누가 보더라도 그녀는 창기였다.

양털 깎는 축제로 인해 술에 거나하게 취한 유다가 창기에게 말을 붙였다.

"이보게, 네게로 들어가 잠시 쉬었다 가야겠다."

유다는 아내와 사별한 지도 상당한 세월이 지났기에 외로움에 젖어 있었다. 길가에 앉아 있는 여자가 며느리인 줄은 꿈에도 몰랐다. 몸 파는 창기인 줄 알고 흥정한 것이다. 다말이 너울로 얼굴 전부를 가리고 있었기 때문에 술 취한 유다는 그녀를 전혀 알아보지 못했다.

"손님, 그 대가로 제게 무엇을 주시겠습니까?"

"내 가축 떼 가운데서 염소 새끼 한 마리를 주겠다."

"좋아요. 그렇다면 염소 새끼를 보내 주실 때까지 제게 담보물을 맡기도록 하세요."

"담보물? 그래, 담보물로 무얼 주면 되겠나?"

"어르신의 도장과 허리띠와 손에 쥐고 있는 지팡이를 주세요."

욕망이 자기주장을 하기 시작하면 그 앞에서는 아무것도 눈에 보이지 않게 마련이다. 욕망을 채울 수만 있다면, 다른 것들은 다 내주어도 괜찮다는 마음이 든다. 유다는 여자가 요구한 것들을 얼른 내주고는 그녀와 잠자리를 가졌다. 유다는 그렇게 자기 며느리와의 사이에 놓인 보이지 않는 경계선을 넘은 줄도 모르고 넘어버렸다.

시아버지 유다와 하룻밤을 보낸 다말은 집으로 얼른 돌아가 너울을 벗고는 과부들이 입는 옷으로 다시 갈아입었다. 다음날, 유다는 친구 히라 편에 염소 새끼 한 마리를 보내면서 자신의 담보물을 찾아오라고 부탁했다. 하지만 히라는 그 창기를 찾을 수 없었다. 그래서 여기저기 수소문했다.

"저, 말 좀 물읍시다. 이곳 길가에 앉아 있던 몸 파는 여자는 어디 있소?"

히라가 에나임 마을의 주민에게 물었다.

"몸 파는 여자라고요? 글쎄요, 이곳에는 그런 여자들이 본래 없소. 아무래도 잘못 알고 오신 것 같소만…."

자신의 신분을 입증하는 담보물은 무척 중요했다. 히라는 몇 군데 더 수소문했지만 대답은 마찬가지였다. 히라는 유다에게 돌아가서 말했다.

"친구, 내가 샅샅이 다 알아보았지만 그런 여자를 찾지 못했네. 사람들

말로는 거기에는 몸 파는 여자가 본래 없다더군. 아무래도 자네가 장소를 혼동한 것 같네."

"그게 정말인가? 분명 거기가 맞는데…. 거참 이상하네."

유다가 연신 고개를 갸웃하며 의아하다는 듯 말했다.

"뭐, 하는 수 없지. 그냥 포기하는 수밖에…. 자칫 하다가는 창피한 꼴을 당하겠네. 난 분명히 염소 새끼를 보냈지만 자네가 그 여자를 찾지 못한 거네. 그 점은 확실히 해두세."

그로부터 석 달쯤 후, 유다는 친구들에게서 괴이한 소식을 전해 듣는다. "유다, 자네 들었는가? 자네 며느리가 임신을 했다고 하네."

유다로서는 실로 수상쩍은 소식이 아닐 수 없었다.

"뭐라고? 에이, 그럴 리가 있는가. 남편 잃고 홀로 된 여인이 어찌 임신을 할 수 있단 말인가? 창녀 짓을 했다면 또 몰라도."

"그래도 한번 알아보게나. 나도 믿기지 않아서 원…."

유다가 미심쩍어 여기저기 수소문을 해보았다. 그런데 정말이었다! 며느리 다말이 아기를 배어 배가 불러 있었다. 유다는 격분했다. 가문을 더럽힌 치욕도 그런 치욕이 없었다. 유다는 불같이 화를 내며 집안 장정들에게 지시했다.

"그 여자는 수치스런 창녀 짓으로 우리 집안을 크게 더럽혔다. 너희는 당장 그 여자를 끌어내어 화형에 처하도록 하라!"

유다의 지시를 받은 장정들은 곧장 다말이 사는 집으로 쳐들어가서 그녀를 끌어냈다. 유다의 막내 셀라와 계대혼인을 앞둔 상태에서 다말은 유부녀로 취급되었다. 당시 유부녀의 간통죄에 대해서는 아주 엄격했다. 뼈대 있고 명망 있는 가문의 집안일수록 더 더욱 그랬다. 돌로 쳐서 죽이거나 불에 태워 죽였다. 다말이 그런 처형을 받을 위기에 처했다.

"잠깐요! 잠깐만 기다려요. 이것들 좀 시아버님께 전해 주세요."

사람들이 다말을 끌어내려고 하자, 그녀는 시아버지 유다에게 담보물로 잡은 물품들과 함께 전갈을 보냈다.

"이 물건들의 임자가 저를 임신시켰습니다. 잘 살펴보십시오. 이 도장과 허리띠와 지팡이가 누구의 것입니까?"

유다는 격분한 마음을 겨우 억누르며, 며느리가 보낸 물건들을 살펴보았다. 가슴이 철렁 내려앉았다. 모든 것이 너무나 분명했다. 자신의 욕망에 눌리고 치여 엄청난 실수를 저지른 것이다. 더구나 그것은 되돌릴 수도 없고, 지울 수도 없는 일생일대의 과오였다.

유다는 너무나 놀라고 당황하여 한동안 입을 앙다문 채로 서 있었다. 이 일을 어찌 수습해야 할 것인가. 고심을 거듭했지만, 장성한 셀라를 그녀와 혼인시키지 않은 자신의 잘못도 크다고 할 수밖에 없었다. 다말은 대를 잇기 위해 이런 일까지 감행한 것이다. 그러니 길은 하나뿐이었다. 자신의 잘못을 인정하고, 모든 것을 그대로 받아들이는 것.

아기를 밴 며느리는 절체절명의 위기에서 아기와 함께 살아났다. 물론 그 뒤로 유다는 다시는 다말과 잠자리를 하지 않고 멀리했다.

다말이 해산할 때가 되었다. 그녀의 태 안에는 쌍둥이가 들어 있었다. 마침내 다말이 해산의 고통을 겪으며 몸을 푸는데 아기의 팔 하나가 먼저 쑥 나왔다. 산파는 얼른 진홍색 실을 그 아이의 팔에 묶으려고 했지만, 아이의 팔이 다시 안으로 들어갔다. 그러더니 다른 아이가 먼저 엄마 배 밖으로 나왔다. 그러자 산파가 말했다.

"아니, 어떻게 이런 일이 일어난 거지? 동생이 형을 밀치고 나왔구나."

엄마는 그 아이 이름을 '베레스'라 지었다. '밀치고 나옴'이란 뜻이다. 뒤이어 팔에 진홍색 실을 맨 아이가 나왔다. 그 아이 이름은 '세라'라 지었다. '진홍색'이란 뜻이다.

야곱의 넷째 아들 유다는 쌍둥이 손자 둘을 얻는다. 엄밀히 말하면 손자가 아니라 아들이다. 며느리 다말이 낳은 쌍둥이였기 때문이다. 유다 자신이 막내 셀라를 대신하여 며느리 다말과 계대혼인을 한 셈이 되고 말았다. 이상하고도 패륜적인 방식이었다.

시아버지 유다와 며느리 다말의 이야기가 이처럼 자세히 언급된 이유는 분명하다. 이들의 관계로 인해 태어난 쌍둥이 아들이 후일 메시아 예수의 계보를 형성하기 때문이다. 구속사의 정수요 핵심인 메시아 예수의 계보는 아브라함과 이삭과 야곱으로 이어지고, 또 야곱의 넷째 아들인 유다를 거쳐 베레스로 이어지기 때문이다. 인간사는 온갖 타락과 죄악으로 점철되어도 하나님의 구속사는 그런 인간사를 통해서라도 실패 없이 착착 진행되고 있었다.

39

요셉과 보디발의 아내

누가 봐도 잘생긴 요셉을
보디발의 아내가 딴마음 먹고
끈질기게 유혹해도 거절하자
강제 추행 누명을 씌우네

요셉이 보디발 집안의 가정 총무가 되다 (39:1-6)

아버지의 심부름 갔다가 졸지에 이집트 땅에 끌려가 파라오의 시위대장 보디발의 집에 노예로 팔려 간 요셉은 어찌 되었을까. 요셉의 이집트 노예 생활은 이집트 중왕국 12왕조 시대(주전 1991-1785년경)를 배경으로 한다. 이집트 중왕국은 여러 지방의 국가를 평정하고 세워진 강력한 통일왕국으로서, 이집트 역사상 최초의 황금시대를 구가했다. 이런 태평성대에 요셉은 이집트 왕의 시위대장 집안에서 노예로 일했다.

일찍이 하나님께서 횃불 형상으로 나타나 아브라함과 맺은 '횃불 언약'을 기억하는가. 하나님은 아브라함의 후손이 이방 땅에서 종이 되어 400년 동안 그 나라를 섬기고, 마침내 그 나라에서 탈출하여 가나안 땅을 차지할 것이라고 말씀하셨다. 그 나라가 바로 이집트다. 하나님은 횃불 언약에서 이집트에서의 종살이, 출애굽과 가나안 정복을 언급하셨다. 구속사의 큰 줄기를 말씀하신 것이다.

그런데 '출(出)애굽' 하려면 먼저 이집트로 들어가는 '입(入)애굽'이 있어야 한다. 하나님은 바로 요셉을 통해 그 일을 준비하신 것이다. 이렇게 본다면 요셉이 형들에 의해 상인들에게 팔려 이집트에 내려온 것은, 모두 구속사를 이끌어 나가시는 하나님의 오묘한 섭리요 경륜의 사역이다.

파라오의 시위대장 보디발이 그런 내막을 알 리 없었지만, 그는 요셉을 처음 보았을 때부터 그가 보통 노예가 아님을 단번에 알아보았다. 그래서 비싼 값을 치르고 데려왔지만, 과연 그가 집안으로 오고 난 후부터는 웬일인지 모든 일이 척척 풀려 나갔다. 난데없이 복덩이가 굴러 들어온 것 같았다.

요셉은 다른 종들과는 확연히 달랐다. 하나를 말하면 알아서 열을 헤아려 척척 일을 해냈다. 게다가 누가 보든지 보지 않든지 게으름 피우지 않고 언제나 성실하고 근면했다. 매사에 빈틈없이 일을 해냈다. 또한 싹싹하고 겸손했다. 요셉으로 인해 보디발 집안의 분위기가 확 달라질 정도였다. 그런 요셉을 보디발이 어찌 아끼지 않을 수 있겠는가.

세월이 흐르자, 보디발은 요셉에게 집안일을 총괄하도록 집사의 직분을 맡겼다. 자기 개인의 일들뿐만 아니라 재산까지도 관리하게 했다. 하나님은 요셉을 위해 보디발의 집에 많은 복을 내려 주셨다. 집 안에 있는 것이든 들에 있는 것이든, 보디발이 가진 모든 것들 위에 하나님의 복이 풍성하게 임했다. 보디발의 입에서는 연신 웃음이 떠나지 않았다. 왕의 신임이 날로 두터워진 데다가 집안의 소유물은 나날이 더해 가고, 건강도 예전보다 한층 좋아졌다.

주인은 모든 것을 요셉에게 전적으로 맡겼다. 집안의 남녀종들, 가축 떼, 창고, 모든 서류 관리 등을 하나도 빠짐없이 맡기고 일체 간섭하지 않았다. 간섭할 필요를 조금도 못 느꼈다. 다만 보디발은 자신이 먹는 음식은 요셉에게 맡기지 않았다. 그것은 히브리 사람 요셉의 식생활 습관이 이집트 사람인 자신과는 맞지 않았기 때문이다.

요셉이 누명을 쓰고 감옥에 갇히다 (39:7-23)

요셉이 이집트 땅에 노예로 팔려 온 지도 어언 10년이 지났다. 어느새 27세의 건장하고 준수한 꽃미남 청년이었다. 보디발의 집안에서 그런 요셉을 진작부터 눈여겨 지켜보던 사람이 있었다. 보디발의 아내였다. 크게 번영을 누리던 이집트 중왕국 시대에는 물질적 풍요와 세속적 쾌락이 만연했다. 적당한 소일거리를 찾지 못한 고관대작의 귀부인들은 남편이 없는 틈을 타서 집안의 건장한 노예들과 정을 통하는 일이 빈번했다.

보디발의 아내 역시 그런 부류의 세속적인 여자였다. 다른 노예들과도 놀아난 적이 있었지만, 요셉과는 격이 달랐다. 그녀는 어떻게 해서든 요셉을 유혹하려 했다. 그러나 이렇게 저렇게 온갖 유혹의 눈길을 보내도 요셉에게 통할 리 만무했다. 참지 못한 그녀는 노골적으로 유혹했다. 하루는 요셉을 안방 거실로 불렀다. 짙은 화장에 옷차림도 도발적이었다. 말투에 교태가 잔뜩 섞였다.

"주인마님, 분부하실 말씀이라도 있습니까?"

"그래, 일은 힘들지 않으냐?"

"네, 주인님과 마님이 살뜰히 보살펴 주신 덕분에 조금도 힘들지 않습니다."

"그래? 자, 일 얘기는 그만하고 이리 가까이 오너라. 오늘따라 왜 이리 날씨가 덥지?"

그녀가 윗옷을 벗자 몸매가 훤히 비치는 얇은 속옷이 드러난다. 그녀는 일부러 몸을 이리저리 틀며 허연 속살을 보여준다. 남성으로서의 욕구를 자극하기만 하면 백발백중 넘어오게 마련이었다. 하지만 요셉은 달랐다. 조금도 흐트러짐이 없었다.

보디발의 아내는 요셉의 손을 잡고는 속삭였다.

"요셉, 우리 여기서 이럴 게 아니라 안방으로 가자. 내 침실로 들어가서 얘기하자."

요셉은 깜짝 놀라며 얼른 손을 빼고는 말했다.

"주인마님, 주인님은 집안의 모든 일을 제 손에 맡겨 관리하게 하셨습니다. 이 집안에서는 저보다 높은 사람이 없습니다. 그래서 모든 것을 제 마음대로 할 수 있지만 오직 주인마님만은 안 됩니다. 마님은 주인님의 아내이기 때문입니다. 제발 이러지 마십시오."

"아, 괜찮아, 괜찮다구. 이리 가까이 와봐라."

"마님, 안 됩니다. 제가 어찌 감히 이런 짓을 저질러 하나님과 주인님께 죄를 지을 수 있겠습니까? 마님, 분부하실 일이 없으시면 저는 이만 물러가도록 하겠습니다."

보디발의 아내는 거절당했다는 수치심에 이를 갈았다. 자존심에 상처 난 그녀는 더욱더 요셉을 포기하지 않았다. 틈만 생기면 수시로 유혹했다. 그러나 요셉은 일절 그녀의 말을 들어주지 않았다. 그녀와 단 둘이 있는 자리는 적극적으로 피했고, 그런 자리 자체를 만들지 않으려고 애썼다.

생각해 보면 요셉의 이런 태도는 여호와 신앙에 기초한 대단한 자기 절제력이다. 뜨거운 피를 지닌 한창때의 청년이 아닌가. 아버지 야곱의 심부름을 갔다가 졸지에 이집트 땅의 노예로 팔려 온 신세를 생각하면 얼마나 처량하고 낙담되겠는가. 아는 이 하나 없는 낯설고 물 다른 이집트 땅에서 10년을 보내며 얼마나 외로웠겠는가. 그러나 요셉은 자신의 그런 외로움을 신앙으로 견뎌내고 있었다. 그의 마음 중심에는 하나님의 살아있는 영이 자리하고 있었기에, 인간적인 외로움은 얼마든지 견딜 수 있었다. 그랬기에 자신의 상전인 보디발 아내의 강력한 유혹을 단칼에 거절할 수 있었다. 하지만 보디발의 아내는 집요했다.

끝까지 요셉을 포기하지 않고 집착했다.

요셉 생애에 최대의 시험이 닥쳤다. 하루는 집사 일을 보려고 보디발의 안집으로 들어가게 되었다. 그날따라 집에는 다른 하인들이 없었다. 어쩌면 기회를 노리고 보디발의 아내가 전부 내보냈는지도 모른다. 낌새가 이상해서 얼른 일을 보고 나가려 하는데, 어디선가 그녀가 갑자기 뛰어나와 요셉의 옷자락을 붙잡았다.

"요셉! 널 기다렸다. 나와 얘기 좀 하자."

"앗! 주인마님, 왜 이러십니까? 이 옷부터 놓고 말씀하십시오."

"요셉아, 여기엔 나와 너밖에 없다. 내 침실로 일단 들어가자."

그러면서 그녀는 요셉의 옷자락을 자기 침실 쪽으로 세게 잡아당겼다.

"주인마님, 이러시면 안 됩니다. 이 옷 놓으세요!"

"그러지 말고 한 번만 같이 자자. 한 번만!"

"주인마님, 안 됩니다. 절대로 그럴 순 없습니다. 주인님은 모든 것을 제게 맡겼지만 주인마님만큼은 맡기지 않았습니다. 그러니 마님에게는 손끝 하나 댈 수 없습니다. 절 보내 주십시오."

"그건 나도 안다. 그런데 우리 둘만 입을 다물면 아무도 오늘 일을 모를 것 아니냐? 요셉아, 내 침실로 가자!"

욕망에 눈먼 여주인은 애가 타는 얼굴이었다. 옷은 어깨 밑으로 내려와 있었다.

"아닙니다. 주인님에게는 속일 수 있을지 몰라도 하나님은 다 보고 계십니다."

"뭐라고? 하나님? 네가 믿는 신이냐? 그 신이 우리가 하는 일을 다 보고 있어서 못 하겠다고?"

"마님에게 죄를 짓는 것은 하나님에게 죄를 짓는 것입니다."

"그건 간단하다. 신의 눈을 가리면 되겠구나."

이집트는 정치와 종교가 강한 나라다. 집집마다 우상 신들을 모셨다.

보디발 집의 안방에도 우상 신이 있었다. 여주인은 잠시 무엇을 생각하더니 우상을 이불 포대기로 덮어 버렸다.

"이러면 되겠느냐? 이제 아무리 신이라고 해도 아무것도 볼 수 없다."

요셉은 난감했다. 사람이 눈이 멀면 저렇게 어리석은 행동을 하는 것일까.

"마님, 이집트 신들의 눈과 귀는 가릴 수 있겠지만 히브리인의 신 여호와는 절대로 가릴 수 없습니다. 그분은 지금도 우리를 지켜보고 계십니다. 어찌 우리가 여호와 앞에서 죄를 행할 수 있습니까?"

바로 그 순간, 그녀는 폭발하고 말았다.

"네 이놈, 왜 이렇게 말이 많으냐? 썩 이리 오지 못할까!"

그녀는 요셉을 강제로 껴안으며 침대로 잡아끌었다.

"마님, 왜 이러십니까? 이걸 놓으세요!"

그녀로서는 아무래도 청년 요셉의 힘을 당할 수 없었다. 요셉이 힘껏 몸을 돌려 뿌리치자 옆으로 툭 나가떨어졌다. 그러자 요셉은 집 바깥으로 얼른 뛰쳐나갔다. 그런데 그녀가 옷자락을 꽉 붙들고 놓지 않는 바람에 요셉의 겉옷이 벗겨져서 그녀의 손에 그대로 남게 되었다.

바로 그 순간, 그녀의 욕정은 한 순간 증오로 변하고 말았다. 자신을 그렇게 수치스럽게 만들다니, 결코 가만두지 않으리라고 마음을 다잡았다. 그녀는 주위를 향해 큰 소리로 외쳤다.

"저놈 잡아랏! 거기 누구 없느냐?"

하인들이 우르르 달려왔다. 그녀는 자기 손에 들려 있는 요셉의 겉옷을 흔들어대며 흥분한 목소리로 말했다.

"다들 이것 좀 봐라. 주인양반이 우리 집에 데려다 놓은 저 히브리 종놈이 나를 아주 우습게 보는구나. 그놈이 내 침실로 뛰어들어 와 날 겁간하려 하길래 내가 큰소리로 비명을 질렀더니, 놀라서 이렇게 자기 옷을 벗어둔 채 달아났다. 어서 그놈을 잡아들여라!"

욕심을 채우기는커녕 수치를 당하고 자존심이 망가진 그녀는 씩씩거리며 남편이 돌아올 때까지 요셉의 겉옷을 가지고 있었다.

"여보, 나 이제 부끄럽고 수치스러워 어떻게 살아요?"

"아니, 무슨 일인데 그러오?"

그녀는 세상에 어이없고 기막힌 표정을 혼자 다 지으며 낮에 하인들에게 했던 말을 그대로 읊었다. 거짓 눈물까지 흘리며 혼신을 다해 억울하고 분하다는 연기를 했다.

"아니, 요셉이 그런 짓을 했다고? 그런 놈이 아닌 줄 알았는데…."

10년 가까이 지켜본 요셉이 아닌가. 아무리 생각해도 그런 광경이 상상조차 되지 않았다.

"아니, 그럼 당신은 내가 없는 얘기라도 꾸며 낸단 말이에요? 당신은 나보다 요셉을 더 믿는 거예요? 아이고, 남편이란 사람도 내 말을 못 믿으니, 아이고, 분해."

그녀는 분해서 죽겠다는 듯 털썩 주저앉아 방바닥을 치며 엉엉 운다.

"아니, 내 말은 그런 뜻이 아니고…. 알았소. 어쨌든 알았소. 내 이놈을 잡아다가 엄히 조치하리다. 자, 이제 눈물 그치시오."

보디발은 일단 아내를 달래야겠다고 생각했다. 그래서 크게 화를 내며 당장 요셉을 잡아들여 감옥에 가두라고 명령했다. 이집트 형법에 의하면 여자 자유인에 대한 겁탈 행위는 태형(笞刑) 1,000대에 처해졌다. 따라서 이 형벌을 받은 자는 평생 불구의 몸으로 지낼 만큼 초죽음이 되거나 매를 맞는 도중 목숨을 잃는 경우가 다반사였다.

그런데 노예 신분으로 이집트 왕 시위대장의 아내를 범하려 했다면 더 볼 것도 없이 끔찍한 고문을 동반한 극형이었다. 하지만 보디발은 요셉을 감옥에 가두는 것으로 그쳤다. 왜 그랬을까?

보디발은 평소 아내의 단정치 못한 행실을 어렴풋이 짐작은 하고 있었다. 히브리 노예보다는 오히려 아내를 더 의심한 것이 사실이지만, 드러내놓고 추궁할 수는 없는 노릇이었다. 이럴 때는 눈을 감아 버리는 것이 오히려 더 낫다. 그래서 요셉을 감옥살이 시키는 것으로 적당하게 일을 무마한 것이다.

요셉은 누명을 쓴 채 감옥에 갇힌 죄수가 되었다. 요셉이 갇힌 곳은 고위 관리들을 가두는 감옥이었다. 시위대장 보디발의 집 뜰에 있는 특별 감옥이었다. 관리 총책임자는 보디발이다. 이렇게 보디발은 요셉을 일반 파렴치범들과 동일하게 취급하지 않고 고위 정치범을 수용하는 특별 감옥에 보냈다. 이런 조치 역시 억울한 옥살이를 하는 요셉을 나름 배려한 것이다.

구속사의 흐름에서 보면, 이때 요셉은 왕실의 고위 관리와 특별한 인연을 맺게 된다. 그래서 나중에 파라오 앞에 설 수 있게 되는 기회를 얻는다.

요셉은 감옥에 갇히는 죄수 신세가 되었지만 거기서도 하나님은 요셉과 함께하셨다. 하나님이 알뜰히 돌보시니 요셉의 모든 일이 형통하였다. 그것을 본 간수장도 마음에 쏙 들어 했다. 하루는 간수장이 요셉을 불렀다.

"요셉, 자네를 보니 참으로 특별해. 분명 자네가 믿는 신이 자네를 살피고 돌보는 것 같네. 이제부터는 나를 도와 감옥 일을 모두 맡아 주게."

간수장은 요셉에게 죄수들을 관리하는 직책을 주고 제반 업무를 도맡아 처리하게 했다. 요셉은 언제나 기대 이상으로 모든 일을 척척 알아서 처리했다. 그러자 간수장은 요셉에게 맡긴 일에 대해서는 일체 간섭하지 않았다.

40

요셉의 해몽

술 시종장은 포도나무에서 딴 포도로
즙을 짜서 왕의 잔에 바치는 꿈을,
빵 시종장의 바구니에 든 빵은
새들이 날아와 먹어 버리는 꿈을 꾸네

요셉이 두 시종장의 꿈을 해석해 주다 (40:1-23)

요셉이 간수장의 신임을 받아 감옥의 모든 일을 도맡아 지혜롭고 형통하게 처리하고 있을 때였다. 하루는 두 명의 왕실 고위관리가 죄수의 신분으로 감옥에 들어왔다. 이집트 왕에게 술잔을 올리는 시종장과 빵을 구워 올리는 시종장이다.

왕실에서는 특별히 왕의 식사를 전담하는 고위관리들이 있었다. 이들의 임무는 왕이 좋아하는 진미를 만들어 진상하는 일이다. 그런데 이들이 바치는 음식보다 더 중요한 임무는 왕에게 해로운 음식이 밥상에 오르지 않도록 사전에 맛보고 감시하는 것이었다. 그러므로 왕실에서 왕의 식사를 주관하는 관리 중 최고 책임자는 왕의 특별한 신임을 받는 자라야 했고, 그런 만큼 그들의 권세도 대단했다.

술 맡은 시종장이나 빵 맡은 시종장은 철저하게 왕의 신임을 받는 자들이었다. 하지만 그들이 정적들과 손잡는 날에는 왕을 쉽게 독살할 수도 있는 위치였다. 요셉이 감옥의 일을 도맡아 처리하던 그 시기에, 왕의 음식을 책임지던 두 시종장이 왕을 시해하려는 사건과 관련된 혐의로 감옥에 갇히는 신세가 되었다. 분노한 파라오는 진상이 드러날 때까지 두 시종장을 특별 감옥에 가두도록 명했던 것이다. 당시 요셉의 신분은 죄수였지만 보디발의 선처와 간수장의 신임으로 간수에 준하는 자유로운 감옥 생활을 할 수 있었다. 하루는 시위대장 보디발이 감옥으로 직접 찾아와 요셉을 불렀다.

"부르셨습니까, 주인님?"

보디발과 요셉은 오랜 세월 주인과 노예 이상의 인간적인 정을 쌓았다. 요셉은 여전히 보디발을 주인님으로 부르며 반겼다. 보디발 역시 요셉을 노예나 죄수로 보지 않고 집안일을 긴밀하게 의논하는 집사로 대우했다.

"그래, 잘 있었느냐? 어디 아픈 데는 없고?"

아내를 겁탈하려던 미수범에게 대하는 태도가 아니었다. 이전의 신실한 집사에게 대하는 다정한 태도였다. 이는 시간이 지나면서 요셉에 대한 모든 오해가 풀어졌음을 뜻한다.

"요셉, 최근 두 명의 왕실 고위관리가 여기 감옥에 갇힌 사실은 알고 있겠지?"

"네, 술 맡은 시종장님과 빵 맡은 시종장님 말씀이시죠?"

"맞다. 그들을 네가 맡아 전적으로 시중들었으면 한다. 비록 지금은 이곳에 갇히는 신세가 되었지만 혐의가 풀리면 복직될 수도 있기 대문이다. 감옥에 있는 동안 불편함 없도록 특별히 신경 써주기를 바란다."

"네, 주인님. 걱정 마십시오. 최선을 다해 잘 보살펴 드리겠습니다."

"음… 너한테는 여러 모로 미안한 마음을 품고 있다. 조금만 더 참도록 해라."

"네, 부디 저를 긍휼히 여겨 주십시오, 주인님!"

파라오의 시위대장 보디발은 요셉을 찾아와 두 시종장을 특별히 부탁하고 떠났다. 보디발의 부탁을 받은 요셉은 그날 이후로 두 시종장을 특별히 시중들며 잘 보살폈다. 두 시종장이 감옥에 갇힌 지 여러 날이 지났다.

어느 날 밤, 감옥에 갇힌 두 시종장이 동시에 꿈을 꾸었다. 내용은 물론 서로 달랐다. 두 시종장은 자신들이 꾼 꿈이 아무래도 무슨 징조를 나타내는 것 같다고 생각했다.

오늘날에도 다르지 않지만, 고대인들, 특히 이집트 사람들은 꿈이 신의 계시라고 믿었다. 꿈을 신탁의 매개체로 여겼다. 그런 관점에서 볼 때 두 시종장은 자신들이 꾼 꿈이 너무나 또렷하고 생생하여 분명 신탁일 것이라고 생각했다. 하지만 그 꿈을 해석할 길이 없어 근심하며 불안해하고 있었다. 요셉이 아침에 두 시종장을 시중들려고 방문했다가 얼굴에 근심스러운 빛이 잔뜩 어려 있는 것을 보고는 걱정스레 물었다.

"시종장님들. 오늘은 두 분 얼굴에 수심이 가득 어려 있군요. 무슨 안 좋은 일이라도 있나요?"

두 시종장은 그런 질문을 해주는 요셉이 반가웠다.

"요셉. 이리 와 앉아 보게. 어젯밤 우리 둘 다 꿈을 꾸었는데 그 꿈을 해석해 줄 사람이 없어서 그러네."

"시종장님들, 꿈의 해석은 하나님의 능력에 속하는 것입니다. 제게 한번 말씀해 보세요. 하나님이 제게 해몽의 지혜를 허락해 주실지도 몰라요."

"그래? 그럼 한번 들어 보게나."

먼저 왕에게 술잔을 올리는 시종장이 어젯밤 꾼 꿈을 이야기했다.

"글쎄, 어젯밤 꿈속에서 나는 웬 포도나무가 내 앞에 있는 것을 보았다네. 그 포도나무에는 세 개의 가지가 뻗어 있더군. 그런데 가지마다 싹이 나고 꽃이 피더니 포도송이가 주렁주렁 열리는 거야."

"포도송이라…. 말씀 계속하십시오."

"그때 보니, 내 손에는 파라오의 잔이 들려 있더군. 그래서 나는 포도송이를 따다가 파라오의 잔에 즙을 짜서 그 술잔을 파라오의 손에 들려 드렸다네. 그러고는 꿈에서 깨어났지. 도대체 이게 무슨 꿈인지 통 알 수가 있어야지."

술잔 올리던 시종장의 꿈 이야기를 주의 깊게 듣고 있던 요셉이 잠시 묵상하더니 입을 열었다.

"시종장님, 제가 해석해 보겠습니다. 세 개의 가지는 사흘을 뜻합니다. 꿈에서 포도송이를 따서 그 짜낸 즙으로 파라오의 술잔을 채웠듯이, 앞으로 사흘 안에 파라오는 시종장님의 직위를 회복시켜 주실 것입니다. 그래서 시종장님께서는 예전의 자리에 복직되어 파라오에게 술잔 올리는 일을 다시 하실 것입니다."

시종장은 복직된다는 해몽에 입이 귀에 걸렸다. 그런 시종장에게 요셉이 한 가지 당부를 했다.

"시종장님, 제 해몽처럼 일이 잘 풀려 복직되시거든 저를 잊지 말아 주십시오. 이 몸은 히브리인으로 가나안 땅에서 이곳까지 끌려왔습니다. 이곳에 온 뒤로도 저는 감옥에 갇힐 만한 죄를 지은 적이 없습니다. 억울한 누명을 썼을 따름입니다. 그러니 복직이 되시면, 저를 풀어 주시기 바랍니다."

"걱정 말게. 해몽대로 된다면야 내가 어찌 자네를 잊을 수 있겠나. 파라오에게 아뢰어 자네의 누명을 벗겨 주도록 함세. 내 약속하지."

왕의 술잔 맡은 시종장은 길한 해몽에 온 얼굴에 웃음을 띠며 좋아했다. 옆에서 부러운 듯 이야기를 듣고 있던 다른 시종장이 자신이 꾼 꿈을 요셉에게 이야기했다.

"요셉, 이젠 내 꿈도 해몽해 주게나. 꿈속에서 내가 빵 바구니 세 개를 머리 위에 이고 있더군. 맨 위에 있는 바구니에는 파라오에게 드릴 빵이 담겨 있었는데, 글쎄 어디선가 새들이 날아오더니 그 바구니 속의 빵을 다 쪼아 먹어 버렸네. 그러고는 꿈을 깼지. 어떤가? 나도 길몽인가?"

빵 맡은 시종장은 잔뜩 기대하는 얼굴로 요셉의 입을 주시했다. 그런데 꿈 이야기를 듣고 있는 내내 요셉의 얼굴에는 수심이 가득했다. 요셉은 어렵게 말문을 열었다. 차분하면서도 위로 섞인 목소리였다.

"시종장님, 해몽은 이렇습니다. 세 개의 바구니는 역시 사흘을 뜻합니다. 앞으로 사흘 안에 파라오는 시종장님의 목을 치실 것입니다. 그런 후에 시종장님의 시신을 나무에 매달 것인데, 그때 새들이 날아와서 그 시신을 쪼아 먹을 것입니다. 좋은 해몽이 아니라서 죄송합니다."

요셉의 해몽을 듣고 있던 빵 맡은 시종장의 얼굴이 심하게 일그러졌다. 그는 떨리는 입술을 애써 진정시키며 간신히 요셉에게 되물었다.

"내 꿈이 그렇게 흉몽인가? 자네 해몽이 틀릴 수도 있겠지. 그랬으면 좋겠네."

"저도 제발 제 해몽이 틀리기를 바랍니다."

그렇지만 요셉의 눈에는 빵 맡은 시종장의 머리가 나무에 달린 모습이 상상되어 몸서리를 쳤다. 죽은 자의 부활을 믿어 시신을 미라로 만들어 보존하던 이집트인들에게 목이 끊기고 시신이 뜯기는 처형 방식은 내세의 부활까지 봉쇄되고 마는 가장 가혹한 형벌이었다.

사흘이 지났다. 그날은 파라오의 생일이었다. 파라오는 신하들을 위해 큰 잔치를 베풀었다. 왕의 생일은 국가적 경사다. 특히 이집트에서 신의 아들로 추앙 받는 파라오의 생일은 종교적으로도 신성시되었다.

이 날에는 백성의 화합을 위해 죄수들에게 사면령이 내려지곤 했다. 반면에 국가의 안녕을 위해 신에게 희생 제물을 바친다는 측면에서 중죄인을 사형에 처하기도 했다. 잔치 도중에 파라오가 명령했다.

"여봐라, 시위대장의 감옥에 갇혀 있는 두 시종장을 내 앞에 대령시켜라!"

파라오는 신하들이 모두 모인 자리에서 술잔 맡은 시종장과 빵 맡은 시종장을 감옥에서 불러냈다.

"너희는 들어라. 내가 일의 진상을 파악해 보니 술 시종장에게서는 아무런 죄도 발견하지 못했다. 공연히 모함당한 것이다. 그러므로 오늘부터 술 시종장은 복직하여 예전처럼 내 술잔을 맡도록 하여라."

"폐하, 성은이 망극하옵니다!"

술 맡은 시종장은 땅에 엎드려 파라오의 하해 같은 은혜에 크게 감사드렸다. 파라오는 말을 이었다.

"빵 맡은 시종장은 들어라. 너는 그동안 내가 베푼 은혜를 배반하고 모반자들과 공모하여 감히 나를 시해하려 했다. 그러고도 어찌 살기를 바라겠느냐? 마땅히 네 죄를 물어 극형에 처하노라!"

그러면서 곁에 시립한 왕실 시위대장에게 명했다.

"저놈을 끌어내어 목을 베고 그 시신은 나무에 매달아 새들이 쪼아 먹게 하라. 당장 시행토록 하라!"

요셉이 해몽한 그대로였다. 하지만 "뒷간에 갈 적 마음 다르고 올 적 마음 다르다"라고 했던가. 감옥에서 석방되어 예전 지위로 복직된 술 맡은 시종장은 감옥에서 요셉에게 한 약속을 까맣게 잊어버렸다. 그렇게 2년이 지났다.

41
노예에서 총리로

마술사와 현자들이 애써도
도무지 풀 수 없었던 왕의 꿈을
요셉이 신묘한 지혜로 풀어내자
왕은 요셉을 총리 삼네

이집트 왕이 희한한 꿈을 꾸다 (41:1-13)

파라오가 나일 강가에 서 있었다. 나일 강은 중앙아프리카 동부 고지에서 발원하여 이집트 전역을 통과하여 지중해로 흐른다. 길이 5,600km에 달하는 세계에서 두 번째로 큰 강으로 이집트의 젖줄이요 생명줄이다.

파라오가 눈을 들어 보니 토실토실하게 살진 일곱 마리의 암소가 강에서 올라와 강가의 초원 지대에서 여유롭게 풀을 뜯어먹는다. 토실토실 살진 암소들을 바라보며 흐뭇하게 미소 짓는데, 뒤이어 비쩍 말라빠진 일곱 마리의 암소가 강에서 또 올라온다. 그리곤 앞서 올라온 토실토실 살지고 기름진 암소들 곁으로 다가온다. 비쩍 말라 쓰러지기 일보 직전이라 아무 쓸모가 없겠다는 생각이 들어 저절로 얼굴을 찡그리는데 갑자기 비쩍 말라빠진 암소들이 거칠고 우악스럽게 돌변하더니 곁에 있던 토실토실하게 살진 암소들을 다 잡아먹는 게 아닌가!

꿈이었다. 파라오가 꿈을 꾼 것이다. 꿈을 깬 파라오의 등에서 식은땀이 흘렀다. 베개와 이부자리를 다듬은 뒤에 파라오는 다시 잠을 청했다. 그런데 또 다시 꿈을 꾸었다. 파라오가 눈을 들어 보니 하나의 줄기에서 속이 알차게 잘 여문 일곱 개의 이삭이 나온다. 흡족해하며 미소 짓는데, 뒤이어 같은 줄기에서 다른 일곱 이삭이 나온다. 그런데 뒤이어 나온 일곱 이삭들은 뜨거운 샛바람(동풍)을 맞아 속이 텅 비어 쭉정이처럼 말라붙어 버렸다. 웬 쭉정이들이냐고 미간을 찌푸리는데 갑자기 일곱 개의 말라붙은 이삭들이 알차게 잘 여문 일곱 개의 이삭들을 싹 먹어 치우는 게 아닌가.

꿈에서 깨어난 파라오는 마음이 뒤숭숭했다. 연이어 꾼 꿈들이 그림처럼 뇌리에 생생히 떠올랐다. 뭔가 중요한 꿈인 것 같았지만 해석할 길이 막연했다.

"여봐라, 이집트의 이름난 술사(術士)들과 현자들을 모두 궁으로 불러들여 내 앞에 대령시키도록 하라."

날이 밝기 무섭게 파라오는 이름깨나 있는 이집트의 술사들과 현자들을 궁으로 전부 불러들였다. 술사는 제사를 주관하는 사제 계급인데 그들은 초자연적 지식과 지혜를 통해 얻었다고 하는 주문을 사용하여 사람들에게 영향을 미치고 앞일을 바꿀 수 있다고 믿었다. 현자는 일상사와 자연계의 변화에 대해 해박한 지식을 가진 각 분야의 전문가나 박사를 가리킨다.

파라오는 이집트의 유명 술사들과 현자들에게 어젯밤에 꾼 꿈을 들려주고는, 해석을 하라고 명을 내렸다. 하지만 모두가 고개를 갸웃거릴 뿐 꿈을 풀이해 주는 사람이 아무도 없었다. 파라오는 분노했다. 그만큼 꿈은 왕의 마음을 불안하게 했다.

"에잇! 아무짝에도 쓸모없는 것들. 그러고도 너희가 술사요 현자라고 할 수 있느냐? 내가 그토록 생생하게 꿈 내용을 말해 주었건만 어떻게 한 명도 해석하는 자가 없단 말이냐? 모두 보기 싫다. 썩 물러가라!"

파라오가 진노하자 모두 사색이 되어 벌벌 떨었다. 자칫하면 목숨들이 날아갈 살얼음 판국이었다.

그때였다! 파라오 곁에서 술잔을 올리는 시종장이 무언가 생각나는 게 있다는 몸짓을 했다. 그는 파라오의 심기를 눈치껏 살피며 조심스럽게 아뢰었다.

"폐하, 진즉 말씀드려야 했으나, 그동안 깜박 잊고 있었습니다. 제가 해몽을 잘 하는 청년을 알고 있습니다. 어쩌면 그 청년이 폐하의 꿈을 해석할 수 있을 듯하여 감히 아룁니다."

파라오의 눈빛이 반짝였다. 기대에 가득 찬 얼굴로 한층 부드럽게 술 시종장에게 말했다.

"그래? 그렇다면 자세히 말해 보도록 하여라."

"네, 폐하! 폐하께서 전에 저와 빵 맡은 시종장을 시위대장 보디발의 집 뜰 왕실 감옥에 가둔 적이 있었습니다. 그때 저희 두 사람은 같은 날 밤에 각기 다른 꿈을 꾸었습니다. 꿈을 꾸고는 해몽을 하지 못해 답답해하던 차에 한 히브리 노예 청년을 만나게 되었습니다. 그 청년은 시위대장 보디발의 종이었으나 어떤 일로 감옥에 갇혀 저희와 함께 있게 되었습니다. 저희가 꾼 꿈을 그에게 이야기해 주었더니, 그청년 노예가 즉석에서 꿈을 해석해 주었는데, 그 해몽대로 저는 이렇게 복직되고 빵 맡은 시종장은 처형되었습니다."

요셉이 이집트 왕의 꿈을 풀이하다 (41:14-36)

파라오의 얼굴에 즉시 미소가 떠올랐다. 파라오는 지체 없이 명을 내렸다.

"여봐라, 당장 시위대장 집으로 가서 감옥에 있는 그 히브리 노예를 데려오도록 하라. 서둘러 행하라!"

파라오의 명을 받은 신하들이 달려 나갔다. 시위대장의 감옥 대문이 떠들썩했다. 사정을 전해 들은 시위대장이 급히 요셉을 찾았다.

"요셉! 폐하의 명이다. 속히 채비하고 궁으로 들어갈 준비를 하여라."

요셉은 신하들의 도움을 받으며 급히 몸을 씻고 수염을 깎고 옷을 갈아입었다. 급히 채비를 마친 요셉은 파라오의 신하들과 함께 궁으로 들어가 파라오 앞에 섰다.

파라오는 초조하게 요셉을 기다리고 있었다. 생각할수록 희한한 꿈이어서 그 징조가 무엇인지 한편으로는 심란하고 한편으로는 궁금해서 견딜 수가 없었다. 요셉이 앞으로 나가 엎드려 파라오에게 큰절하고는 그대로 머리를 조아렸다.

"네가 시종장들의 꿈을 해석했다는 청년이냐? 내가 어젯밤에 꿈을 꾸었다. 그런데 그 꿈을 풀이해주는 자가 아무도 없구나. 듣자하니 네가 해몽을 잘 한다던데 그게 사실이냐?"

"폐하, 제가 해몽하는 것이 아닙니다. 꿈을 풀이해 주시는 분은 제가 섬기는 하나님이십니다. 폐하의 꿈을 해몽해 주실 분은 오직 하나님이십니다."

"그래, 좋다. 네가 섬기는 그 하나님께 물어 내 꿈을 해석하도록 하여라. 꿈속에서 나는 나일 강가의 제방 위에 서 있었다. 그런데 튼튼하게 살진 암소 일곱 마리가 강에서 올라와 풀밭에서 풀을 뜯어먹고 있었다. 그런데 뒤이어 비쩍 말라빠진 암소 일곱 마리가 또 그 강에서 올라왔다. 내 평생 그렇게 비쩍 마른 흉측한 놈들은 처음 봤느니라. 이집트 온 땅을 다 뒤져도 그렇게 볼품없는 놈들은 찾기 힘들 것이다. 그런데 볼품없이 비쩍 마른 암소 일곱 마리가 그보다 앞서 강에서 올라온 기름지고 살진 암소 일곱 마리를 다 잡아먹었다. 글쎄, 그런데도 그놈들은 웬일인지 아무런 표시가 나지 않았다. 볼품없이 비쩍 마른 모습이 처음과 똑같았다. 그때 나는 깜짝 놀라 잠에서 깼느니라."

"폐하, 꾸신 꿈이 그것이옵니까?"

"아니다. 연이어 나는 또 꿈을 꾸었느니라. 이번에는 줄기 하나에서 알차게 잘 여문 이삭 일곱 개가 나왔다. 뒤이어 같은 줄기에서 다른 이삭 일곱 개가 또 나왔다. 뒤이어 나온 그 이삭들은 뜨거운 샛바람에 야위고 말라붙어 마치 쭉정이 같았느니라. 그런데 쭉정이처럼 말라붙은 이삭 일곱 개가 알차게 잘 여문 이삭 일곱 개를 전부 먹어 치웠다. 그때 내가 또 놀라 잠에서 깼느니라. 나는 이런 꿈 이야기를 이집트 땅의 술사들과 현자들에게 했지만 아무도 해몽하지 못했다. 너는 할 수 있겠느냐?"

파라오에게서 꿈 이야기를 듣는 동안 요셉은 묵도했다. 꿈을 풀이할 수 있는 영감과 지혜를 달라고 하나님께 기도했다. 파라오의 꿈 이야기가 끝나자 요셉이 잠시 뜸을 들이더니 조심스레 입을 열었다.

"폐하. 이 몸이 이제부터 폐하의 꿈을 해석해 드리도록 하겠습니다."

"오, 그래? 해석할 수 있겠느냐? 그렇다면 어서 풀이해 보아라. 어서!"

파라오는 보좌에서 반쯤 일어나 요셉 쪽으로 몸을 기울이며 채근했다. 기대에 가득 찬 얼굴이었다. 요셉은 해몽하기 시작했다.

"폐하께서 꾸신 꿈은 두 가지지만 사실은 한 가지 내용입니다. 하나님께서 장차 하시려는 일을 폐하께 미리 보여주신 것입니다. 나일 강에서 처음 올라온 통통하게 살진 암소 일곱 마리와 나중 꿈에서 보신 잘 여문 이삭 일곱 개는 모두 일곱 해를 나타냅니다. 뒤이어 올라온 비쩍 마른 암소 일곱 마리와 나중 꿈에서 보신 쭉정이처럼 말라붙은 이삭 일곱 개도 역시 일곱 해를 나타냅니다. 통통하게 살진 일곱 암소와 잘 여문 일곱 이삭은 모두 일곱 해 동안의 풍년을 의미합니다. 비쩍 마른 일곱 암소와 쭉정이처럼 말라붙은 일곱 이삭은 모두 일곱 해 동안의 흉년을 의미합니다. 앞으로 일곱 해 동안은 큰 풍년이 들 것입니다. 하지만 그 뒤에 이어지는 일곱 해 동안은 흉년이 들어서 앞서의 풍년을 까맣게 잊을 정도가 될 것입니다."

파라오는 10년 묵은 체증이 쑥 내려가고 꽉 막힌 머릿속이 뻥 뚫리는 느낌이었다. 꿈 해석은 그렇게 명쾌해졌지만, 또 다른 걱정거리 하나가 기다리고 있다는 듯이 파라오의 마음을 사로잡기 시작했다.

"폐하, 이 몸이 말씀드린 대로 바로 이것이 폐하께서 다스리는 이집트 땅에 장차 하나님이 행하실 일입니다. 그것을 폐하께 미리 보여주신 것입니다. 앞으로 일곱 해 동안은 이집트 땅 방방곡곡에 큰 풍년이 들 것이지만, 연이어 일곱 해 동안 전무후무할 정도로 극심한 흉년이 들 것입니다. 언제 풍년이 들었느냐는 듯 온 땅이 혹독한 기근에 시달릴 것입니다. 가뭄 때문에 이집트 땅이 심히 황폐해질 것입니다."

파라오는 앞서의 풍년에 대한 기쁨 따위는 까맣게 잊어버리고, 뒤이어 질 흉년이 걱정되기 시작했다.

"폐하, 폐하께서 같은 뜻을 지닌 꿈을 두 번이나 연이어 꾸신 것은 하나님이 반드시 그 일을 이루실 것이고, 또 가까운 시일 내에 행하신다는 것을 보여주신 것입니다."

"어허, 이 일을 어찌해야 할꼬."

"폐하, 너무 염려하지 마옵소서. 다 살아날 길이 있지 않겠습니까? 폐하께서는 이 같은 일에 대비하여 지혜롭고 현명한 총리를 뽑으시어 이집트 온 땅을 다스리도록 맡기십시오. 또한 전국에 유능한 관리들을 두시고, 일곱 해 동안 계속될 풍년에는 이집트 땅에서 수확하는 모든 곡식의 5분의 1을 거두어들이게 하십시오. 수확한 곡식은 폐하의 관할 아래 성읍마다 식량 창고를 지어 저장해 두어야 합니다. 그렇게 충분한 곡물을 쌓아 두면 그 이후에 다가올 연속 7년의 극심한 흉년에 대비할 수 있을 것입니다. 그렇게 해야 이집트가 황폐케 되는 것을 면하고 이 땅에 사는 모든 백성들이 기근으로 인해 굶어 죽는 일이 없을 것입니다."

요셉이 이집트의 총리가 되다 (41:37-57)

파라오는 요셉의 해몽에 크게 감동받았다. 더 나아가 요셉이 장차 다가올 일들에 대한 대비책까지 거침없이 술술 제시하자 연신 고개를 끄덕이며 흡족해했다. 그렇게 미더울 수가 없었다. 요셉의 말이 끝나자마자 파라오가 작심한 듯 신하들을 둘러보며 말했다.

"자, 다들 보시오. 우리가 어디서 이런 대단한 사람을 찾을 수 있겠소? 이 사람은 하나님의 영을 받은 자임에 분명하오. 특별한 신통력을 지닌 사람이오."

신하들도 고개를 주억거렸다. 파라오가 요셉을 향해 말을 이었다.

"그대의 이름이 요셉이라 했소? 그대가 섬기는 하나님이 그대에게 이 모든 것을 보여주시지 않았소? 내가 보기에 그대는 하나님의 영이 함께하는 사람이오. 그대같이 사리분별이 탁월하고 슬기와 명철을 지닌 사람을 어디에서 또 찾을 수 있겠소? 이집트 땅을 이 잡듯 뒤진다 해도 그대 같은 이는 찾을 수 없을 것이오. 그러니 그대가 이 나라의 총리가 되어 다스려 주시오. 이 땅의 모든 백성이 그대의 말을 따를 것이오. 나 외에는 이 나라에서 그대보다 높은 사람이 아무도 없소. 내가 그대보다 높은 것이 있다면 왕이라는 사실뿐일 것이오."

요셉을 총리로 삼고 그에게 모든 통치를 전적으로 위임한다는 말이었다. 파라오는 요셉에게서 풍겨 나오는 고결한 인품과 그의 신통함을 의심할 바 없이 신뢰할 수 있었다. 그래서 즉석에서 요셉을 총리로 임명하기로 결심한 것이다.

꿈같은 일이 벌어졌다. 대반전이다. 요셉을 이집트 땅에 내려 보낸 하나님의 구속사 계획이 그 영롱한 열매를 맺는 순간이었다.

"폐하! 어찌 감히 이 몸이 그토록 중한 직책을…."

"아니오. 그대는 사양치 마시오. 그대가 아니면 앞으로 닥쳐올 이 엄청난 국가적 고비를 누가 넘길 수 있겠소. 그대는 사양 말고 내 뜻에 따르도록 하시오."

파라오는 보좌에서 내려와 요셉을 일으켜 세운 뒤 그의 손을 잡고 함께 높은 대에 올랐다.

"신하들은 들어라. 나 파라오는 이 순간부터 요셉을 이집트의 총리로 임명하노라. 이 땅의 모든 백성들은 남녀노소와 지위고하를 막론하고 이제부터 요셉 총리의 명을 받아 그 말에 따르도록 하라."

누구도 요셉을 반대하지 않았다. 그의 해몽이 워낙 신통하고 그가 내놓은 대책이 참으로 탁월했기 때문이다.

파라오는 자신의 손가락에서 인장반지를 빼어 요셉에게 끼워 주웠다. 파라오의 얼굴, 이름, 칭호 등이 새겨진 그 반지는 파라오의 권세를 나타내는 표식이었다. 그것을 요셉에게 넘겨주었다는 것은 총리 요셉에게 왕의 칙령을 내릴 수 있는 법적 권한을 부여했다는 의미다.

파라오는 또 신하들을 시켜 요셉에게 고운 세마포 옷을 입히고, 목에는 금목걸이를 걸어 주었다. 이집트에서 왕의 것 다음으로 좋은 수레도 내주었다. 그 수레가 지나갈 때는 모두가 무릎 꿇고 엎드려 절하게 했다.

파라오가 요셉에게 말했다.

"그대는 총리가 되었으니 이제 이집트 땅에서 그대 허락 없이는 누구도 손끝 하나, 발끝 하나 움직이지 못할 것이오. 그대의 명이 곧 나의 명이오."

이집트의 총리 요셉! 이제 요셉은 이집트의 2인자가 되었다. 이때 요셉의 나이 30세. 17세 소년 때 이집트 땅에 노예로 팔려 왔으니 13년이 흐른 시점이다. 처음 파라오의 시위대장 보디발의 집에서 10여 년, 감옥에서 3여 년을 보냈다. 그동안 시위대장 집의 집사로, 왕실 감옥의 총무로, 나름대로 살림살이의 행정을 살피다 나라의 살림까지 맡은 총리가 된 것이다.

중왕국 12왕조 시대의 이집트를 통치하던 파라오는 아메넴헤트 3세로 현군이었다. 파라오는 요셉의 이름을 이집트 식으로 '사브낫바네아'라 고쳐 불렀다. '비밀을 여는 자'란 뜻이다. 요셉의 탁월한 해몽 능력을 반영한 이름이다.

파라오는 또 온(헬리오폴리스) 성읍의 최고 제사장인 보디베라의 딸 아스낫을 요셉의 아내로 골라 주었다. 정치와 종교가 짝을 이루던 정교(政教) 일치국가 이집트에서 제사장은 나라의 주요 제의(祭儀)를 주관했다. 왕과 더불어 나라의 대소사를 논의하던 최고위 관리였다.

그때 요셉의 마음은 많이 흔들렸다. 이방 여인과의 결혼이라는 점 때문이었다. 할아버지도 아버지도 같은 혈통의 여인을 아내로 맞이했지 않는가? 하지만 요셉에게는 선택의 권한이 없었다. 이집트 여인과의 결혼에 마음이 불편했지만 여기에도 하나님의 섭리가 있음을 믿었다.

총리직을 맡은 요셉은 이집트 온 땅을 두루 돌아다니며 시찰했다. 성읍들과 마을들과 백성들의 실정을 상세히 파악했다. 그렇게 나라의 실정을 파악하는 동안 요셉의 해몽대로 7년 동안 대풍년이 이어졌다. 가는 곳마다 기뻐 노래하는 태평가가 울려 퍼졌다. 이집트 백성들은 그렇게 일곱 해 동안 농작물과 밭작물을 풍성하게 수확했다.

요셉은 성읍마다 가가호호 빠뜨리지 말고 수확의 5분의 1을 거두어들이도록 명을 내렸다. 워낙 차고 넘치는 풍작이라 5분의 1의 세금을 거둬들이는 데 누구도 반발하지 않았다. 기꺼이 내놓았다.

그 결과 성읍의 식량 창고마다 온갖 곡물이 그득그득 쌓였다. 청렴결백한 요셉은 쌀 한 톨, 보리 한 줌도 허투루 여기지 않았다. 알뜰살뜰 모아들여 각 성읍 창고에 차곡차곡 보관했다.

그렇게 거두어들인 곡식 자루가 너무 많았다. 마치 바닷가의 모래알 같았기에 나중에는 자루를 헤아리는 것조차 포기할 정도였다.

"자, 모두 들어라. 앞날에 대비하여 거두어들인 곡물을 차질 없이 잘 관리해야 한다. 허투루 소비하는 일이 조금도 없어야 할 것이다."

총리 요셉은 관리들의 기강을 다잡고 백성들을 잘 다스렸다. 7년 대풍작 기간에 목표대로 곡물을 각 성읍 곡물 창고마다 잘 저장했다. 7년 대흉년이 시작되기 전에 요셉과 그의 아내 아스낫 사이에 두 아들이 태어났다.

첫째가 태어났을 때 요셉은 "하나님이 지금까지 겪어 온 나의 온갖 고통과 내 아버지 집에 대한 생각을 다 잊게 해주셨다."라면서 장남 이름을 '므낫세'라 지었다. '잊게 하셨다'란 뜻이다.

둘째가 태어났을 때 요셉은 "하나님이 이 고난의 땅에서 나로 번성케 해주셨다."라면서 차남 이름을 '에브라임'이라 지었다. '풍성히 열매 맺게 하셨다'란 뜻이다.

이집트 온 들판을 황금빛 알찬 이삭들로 풍요롭게 수놓던 7년의 대풍년 기간이 어느덧 지나갔다. 파라오가 꾼 꿈이 실현되려는지 가뭄이 시작되었다.

"아, 올해는 어째서 이렇게 비 한 방울 내리지 않지? 나일 강까지 하루가 다르게 바짝바짝 말라가는 것 같아."

7년의 대흉년이 본격적으로 시작된 것이다. 비쩍 말라 흉측하게 생긴 일곱 마리 암소처럼, 샛바람에 말라비틀어져 쭉정이처럼 변한 일곱 이삭처럼, 진저리나는 끔찍한 7년 대흉년이 이집트 온 땅을 뒤덮었다. 하지만 아직 먹을 것이 있었다. 앞선 7년의 대풍작 기간에 집집마다 저장한 식량이 있었기 때문이다.

"여보, 이게 마지막 식량이에요. 쌀독에는 이제 쌀 한 톨 남아 있지 않아요. 이제 어떻게 살아가죠?"

해마다 이집트 땅에 대흉년이 극성을 부리자 먹을 식량이 남아 있지 않았다. 극심한 기근이 나라를 휩쓸었다. 집집마다 쌀독은 텅텅 비었고 논밭에는 말라비틀어진 쭉정이뿐이었다. 사람들이 성문으로 몰려나와 파라오를 향해 먹을 것을 달라고 아우성쳤다. 그러자 파라오가 백성들에게 명령했다.

"명하노니, 너희는 총리 요셉에게로 가서 그의 말에 따르도록 하라."

이집트 백성들은 요셉에게로 가서 식량을 달라고 부르짖었다.

"자, 모두 줄을 서시오. 식량은 충분하니 새치기하지 말고 차례대로 줄을 서도록 하시오!"

요셉은 각 성읍의 식량 창고를 개방하여 곡식을 팔게 했다. 사람들은 저마다 필요한 식량을 사서 기근을 해결했다. 7년 대풍작 기간 동안에 각 성읍의 식량 창고마다 저장한 물량이 워낙 많았다. 식량을 공급하는 데 아무런 어려움이 없었다.

이집트 땅 전체를 휩쓴 대흉년은 가공할 만한 것이었다. 전무후무할 정도로 극심했다. 비 한 방울 내리지 않았고 이슬 한 방울조차 귀했다. 생명의 젖줄인 나일 강조차 범람은커녕 나날이 말라 갔다.

대흉년은 이집트 땅만 휩쓴 게 아니라 주변 나라들까지 휩쓸었다. 그래서 다른 나라 사람들도 식량을 구하러 이집트로 몰려왔다. 이집트 땅에서는 식량을 구할 수 있다는 소문을 듣고 총리 요셉에게로 나아온 것이다.

42
막내를 데려와라

요셉은 형들을 보내며
시므온을 인질로 잡아두고는
막내 베냐민을 데려오라 요구하네

요셉의 형들이 식량을 구하러 이집트에 오다 (42:1-25)

무대는 다시 가나안 땅의 헤브론 골짜기로 돌아온다. 야곱의 장막에는 요셉을 제외한 열한 아들이 있었다. 혼인한 아들들도 있고 독립한 아들들도 있지만, 모두들 헤브론과 그 주변 성읍에 살았기 때문에 언제든 함께 모여 집안일을 의논할 수 있었다. 때에 야곱은 129세, 장남 르우벤은 47세, 막내 베냐민은 22세쯤이었다(주전 1877년경). 이집트에 있는 요셉은 38세였다.

이집트를 휩쓴 대흉년은 이웃나라인 가나안에도 매섭게 들이닥쳤다. 가나안 땅에는 비축된 식량이 없었다. 그래서 가나안 사람들은 약 400km, 곧 천리 길을 여행하여 이집트 땅으로 식량을 구하러 길을 떠났다. 이집트 땅에는 곡물이 넉넉하다는 소문이 주변 나라에 널리 퍼졌기 때문이다.

헤브론 골짜기에 살고 있던 야곱의 장막에도 기근이 닥쳤다. 야곱도 이집트 땅에는 식량이 있다는 소식을 전해 들어 알고 있었다. 하루는 아들들을 자기 장막으로 전부 불러 모았다.

"너희도 알다시피 지금 우리 집안에는 식량이 다 떨어져 간다. 그런데도 너희는 어떻게 해볼 생각도 않고 서로 얼굴만 쳐다보느냐? 그러고 있으면 하늘에서 양식이 뚝 떨어지기라도 한단 말이냐?"

"아버지, 저희라고 왜 걱정이 안 되겠어요? 어찌하면 좋을지 말씀해 보십시오. 아버지 뜻에 따르도록 하겠습니다."

"듣기로 이집트에는 비축된 곡물이 넉넉히 있다더구나. 그러니 이집트에 내려가서 식량을 좀 구해 오너라. 그래야 식구들이 굶어 죽지 않고 살 수 있을 것 아니냐? 하루가 급하다. 당장 짐을 챙겨 떠나도록 해라."

야곱은 아들들을 이집트로 보냈지만, 막내아들 베냐민만은 형들에게 딸려 보내지 않았다. 행여 베냐민에게 좋지 않은 일이라도 생길까 봐 걱정되었기 때문이다. 그때까지도 야곱은 요셉이 들짐승에게 찢겨 죽은 줄 알고 있었다. 베냐민은 요셉을 얻은 후 16년 만에 기적적으로 얻은 늦둥이다. 사랑하는 아내 라헬이 남긴 한 점 혈육이다. 그런 베냐민이기에 요셉처럼 행여 일을 당할까 봐 먼 여행길에 딸려 보내지 않고 자기 장막에 그대로 머물게 했다.

야곱의 아들들은 각자 필요한 짐을 꾸린 뒤 이집트로 길을 떠났다. 가나안 전역에 기근이 심했기 때문에 곡식을 사러 가는 사람들이 많았다. 야곱의 아들들도 그 행렬에 섞여 이집트로 내려갔다. 야곱의 장막이 있는 헤브론에서 이집트까지는 가는 데만 보름 남짓 걸린다.

그 무렵, 이집트 총리 요셉은 원근 각지의 나라에서 몰려든 사람들이나 곡물 구매단에게 곡물을 팔 것인지 말 것인지, 또는 얼마만큼을 팔 것인지를 최종 결정하는 총책임자였다. 그런 결정은 접견을 통해 이루어졌다.

이처럼 요셉은 이집트 백성들뿐 아니라 각국의 상인들도 주관했다. 순번에 따라 요셉의 형들이 이집트 총리를 접견할 차례가 되었다. 야곱의 열 아들들, 곧 열 명의 형제들은 이집트 총리에게로 나아가 엎드려 절했다.

"총리 각하, 저희는 멀리서 식량을 구하러 이 땅에 내려온 자들입니다. 부디 크신 아량과 은혜를 베푸셔서 필요한 식량을 구입할 수 있도록 선처해 주시길 바랍니다."

보라, 열 명의 형들이 동생 요셉에게 엎드려 절하는 모습을! 기억하는가, 20여 년 전 요셉의 꿈을! 그때 17세 소년 요셉은 밭에 있는 형들의 곡식 단들이 꼿꼿이 일어서서 중앙에 있는 자기 곡식 단에게 엎드려 절하는 꿈을 꾸었다고 말했다. 그 꿈이 20년 만에 그대로 실현된 것이다.

그때 요셉의 형들은 크게 화를 내며 "그까짓 쓸모없는 꿈!"이라고 요셉을 박대했다. 그러나 지금 그들은 자신들도 모르는 사이에 요셉의 꿈대로 행하고 있었다.

"앗! 저들은? 가나안 땅의 형님들이 아닌가…"

요셉은 단번에 형들을 알아보았다. 오매불망 잊지 못한 고향집의 얼굴들. 어쩌면 이번 대흉년 때 식량을 구하러 올지 모른다고 날마다 기다리고 있었다. 마침내 기다리던 형들이 온 것이다. 하지만 요셉은 모르는 척하고 퉁명스럽게 물었다.

"그대들은 어디에서 온 자들인가?"

"네, 저희는 가나안 땅 헤브론에서 곡식을 사려고 왔습니다."

요셉은 형들을 알아보았지만 형들은 요셉을 알아보지 못했다. 그도 그럴 것이 요셉은 많이 변해 있었다. 20여 년 전의 17세 소년 요셉의 모습과는 많이 달랐다. 장성한 요셉은 화려한 장식이 달린 총리 복장이었고, 이집트 말에도 능통하였다. 무엇보다도 형들은 이집트 총리의 얼굴을 똑바로 바라보지 못했다. 그래서 알아볼 수가 없었다.

자기 앞에 엎드린 형들을 보며 요셉은 자기가 꾼 꿈을 기억했다. 또한 울며불며 매달리는 자신을 형들이 비정하게 상인들에게 팔아넘긴 사실을 떠올렸다. 요셉은 엄한 목소리로 말했다.

"보아하니 그대들은 그냥 식량을 구하러 온 것이 아닌 것 같다. 정탐꾼들인 게 분명하다. 이 나라에 온 것은 곡식을 사기 위함이 아니라 정보를 캐려 잠입한 자들이다. 내 말이 틀렸느냐?"

요셉이 짐짓 이렇게 몰고 간 것은 형들을 시험해 보려는 것이었다. 과연 옛날의 잘못을 반성하였는지, 그때와는 얼마나 어떻게 달라졌는지를 알아보기 위해서였다.

요셉이 형들을 정탐꾼으로 몰고 간 것은 그럴듯한 계획이었다. 이집트는 가나안과 맞닿은 동쪽 국경선이 매우 허술하다. 그래서 그쪽 방면으로 침투하는 셈 계통의 힉소스 족속에 대해 특별한 경계심이 있었고, 신분이 확실치 못한 자들은 정탐꾼으로 간주했다.

형들은 펄쩍 뛰며 극구 부인했다.

"그렇지 않습니다. 총리 각하! 절대로 아닙니다. 저희가 이 땅에 온 것은 순전히 곡식을 사기 위해서일 뿐입니다. 그 외에 다른 이유는 절대로 없습니다. 저희는 모두 형제들로서 한 아버지의 아들들입니다. 결코 정탐꾼들이 아닙니다. 제발 믿어 주십시오!"

"아니다. 내 짐작이 틀림없다. 그대들이 여기 온 것은 이 나라의 동태와 허점을 파악하기 위해서다."

그러자 형들은 자신들이 평범한 일반 백성이라는 사실을 드러내기 위해 집안 내력을 술술 말하기 시작했다. 요셉이 처음부터 의도한 대로였다.

"총리 각하, 저희는 가나안 땅 헤브론 골짜기에 살고 계시는 한 아버지의 아들들입니다. 우리는 모두 열두 형제였습니다만 열한째 아우는 죽었고, 막내는 지금 가나안 땅에 아버지와 함께 있습니다."

요셉이 그들의 말을 받았다.

"그래? 좋다, 그대들의 말이 거짓이 아니라면 방금 그대들이 한 말을 입증해 보아라. 그대들의 입으로 그대들의 막내가 지금 가나안 땅에 아버지와 함께 있다고 하였으니, 그 막내를 이리로 데려오너라. 그러면 내가 그대들의 말을 믿어 주겠다. 그러지 않으면 그대들은 내가 짐작한 대로 정탐꾼들이다. 파라오의 목숨을 두고 맹세한다. 그대들 가운데 한 명을 가나안으로 보내어 그 막내 동생을 데려오너라. 그때까지 나머지는 이곳 감옥에 가두어 두겠다!"

마른하늘에 날벼락이었다. 식량을 사러 왔다가 졸지에 정탐꾼으로 내몰린 형들은 황당하고 놀랐다. 어안이 벙벙해서 어쩔 줄 몰랐다. 요셉은 경호를 맡은 군사들에게 명하여 우왕좌왕하는 그들을 감옥에 가두게 했다.

사흘 뒤, 총리 요셉이 감옥에 있는 형들을 불러내어 말했다. 말투가 한층 부드러워졌다. 비록 시험하는 과정이지만 요셉의 마음은 그리 모질지 못했다.

"나도 그대들처럼 하나님을 경외하는 사람이다. 그러니 내 말에 따르기만 하면, 그대들은 살 수 있을 것이다. 그대들의 말이 사실이라면 너희 중 한 명만 이곳에 남고 모두 집으로 돌아가거라. 내가 필요한 만큼 식량을 팔 테니 그걸 가지고 집으로 돌아가라. 그러나 그대들이 말한 그 막내 동생을 내게 데려와서 그대들의 말이 진실이라는 것을 증명해야 한다. 그러면 볼모로 잡은 너희 형제를 풀어 주고, 또 이집트 땅에서 마음대로 장사도 할 수 있게 해줄 것이다."

달리 선택의 여지가 없었다. 형들은 이집트 총리의 말에 따르겠다고 했다. 그러고는 자기들끼리 수군거렸다.

"어째서 이런 일이 일어나는지 원… 우리가 요셉에게 지은 죄 때문에 이런 벌을 받는 것 같아. 그때 요셉이 살려 달라고 애걸복걸했었지.

우리는 그런 울부짖음을 듣고도 외면했잖아. 그애의 말은 아무도 들은 척도 하지 않았어. 분명 그 일 때문에 지금 이런 고통을 당하는 거야."

예상치 못한 난관에 부딪히자 형들은 누가 먼저랄 것도 없이 늘 마음 한구석에 죄책감으로 자리 잡고 있는 그때의 일을 떠올렸다. 이런 말을 듣고 장남 르우벤이 아우들을 탓하며 푸념했다.

"그러게 내가 그때 뭐라고 했더냐? 그 아이를 다치게 하지 말라고 하지 않았느냐? 그렇게 말렸는데도 내 말을 듣지 않더니 이제 와서 이게 무슨 꼴이냐? 틀림없어. 우리가 그때 그 아이를 죽게 했으니 지금 그 대가를 톡톡히 치르는 거야. 지금 우리는 그애를 죽인 죗값을 치르고 있는 거야."

형들은 자기들이 주고받는 말을 총리가 전혀 알아듣지 못하는 줄 알았다. 그때까지 총리는 통역관을 거쳐 형들과 말을 주고받았기 때문이다. 요셉은 형들끼리 주고받는 말을 모두 알아듣고는 옛일이 주마등처럼 떠올랐다. 감정을 주체할 길이 없어, 급히 그 자리를 떠나 빈 방으로 들어가서 서럽게 울었다. 지난날의 슬픔과 원망과 외로움이 눈물이 되어 걷잡을 수 없이 흘러내렸다. 지금쯤 백발이 성성할 아버지도 보고 싶었다. 떠나올 때 한 살배기 갓난아기였던 친동생 베냐민도 보고 싶었다.

잠시 뒤 마음을 진정하고 돌아온 요셉이 형들 중에서 시므온을 지목하여 말했다.

"여봐라! 저들 중에서 저자를 볼모로 잡도록 하라!"

시므온을 볼모로 삼은 것은 요셉을 죽이려는 일에 적극 반대했던 맏이 르우벤을 제외하고는 가장 연장자였기 때문이다. 시므온이 요셉을 죽이려 했던 일에 가장 적극적으로 나섰다는 이유도 있었다.

"여봐라! 저들이 요구하는 만큼 곡식을 팔도록 하라. 또한 저들이 집으로 무사히 돌아갈 수 있도록 해주어라."

요셉은 아랫사람들을 시켜 야곱의 아들들이 가져온 자루마다 곡식을 가득가득 채우게 했다. 식량을 구입하고 지불한 돈을 각자의 자루에 몰래 도로 넣게 하였다. 집으로 돌아가는 동안에 형들 일행이 먹을 보름치 양식도 따로 챙겨 주었다. 아버지에게 전달될 양식이 조금이라도 축나지 않게 하려는 세심한 배려였다. 겉으로는 엄격하게 굴었지만, 실제로는 자상하게 챙겨 주었다.

요셉의 형들이 식량을 구해 집으로 돌아오다 (42:26-38)

요셉의 형들은 나귀마다 곡식을 충분히 싣고 서둘러 길을 떠났다. 그렇게 길을 가다 하룻밤 묵어갈 객점(客店)에 이르렀을 때였다. 광야 여행길에는 여행자들이 객점에서 휴식을 취하면서 장비를 점검하고 낙타와 나귀에게 꼴을 먹인다. 그래서 간단히 하룻밤 묵고 갈 객점이 일정한 거리마다 자리 잡고 있었다.

나귀에게 먹이를 주려고 곡식 자루를 풀던 형제 중 한 명이 자루 아귀에 돈이 들어 있는 것을 발견하고는 놀라서 외쳤다.

“이게 뭐지? 다들 여기 좀 봐! 돈이야. 분명 식량을 구입하고 지불한 내 돈이 어째서 여기 들어 있는 거지?”

다른 형제들도 고개를 갸우뚱거렸다. 모두들 가슴이 철렁 내려앉았다. 험한 일을 겪고 이집트 땅을 겨우 벗어났는데 그런 일이 생기니 모두들 왠지 불안하고 두려웠다. 형제들은 근심 가득한 얼굴로 서로를 바라보며 수군거렸다.

“어쩌자고 이런 일이 또 생긴담. 무슨 까닭으로 하나님이 우리에게 이런 일을 하시는 걸까?”

가나안 땅의 헤브론 골짜기에서는 야곱이 아들들이 돌아올 때가 한참 지났는데도 소식이 없자 눈 빠지게 기다리고 있었다. 다침내 저 멀리서 낙타 떼를 몰고 오는 한 무리가 보였다. 점점 야곱의 장막

쪽으로 다가오자 늙은 몸을 이끌고 마중 나갔다.

"얘들아, 왜 이리 늦었느냐? 다들 별일은 없었고? 식량은 넉넉히 사 왔느냐?"

야곱은 궁금한 것이 많았다. 그러다가 아들들 중 시므온이 없다는 걸 알아차렸다.

"아니? 시므온은 어디 있느냐?"

"아버지, 일단 장막 안으로 들어가세요. 들어가서 다 말씀드릴게요."

요셉의 형들은 서둘러 아버지를 모시고 장막 안으로 들어갔다. 그러고는 아버지에게 이집트에서 겪은 일을 하나도 빠뜨리지 않고 낱낱이 이야기했다.

"아버지! 이집트 총리가 우리더러 자기 나라를 엿보러 온 정탐꾼이라고 마구 몰아붙였어요. 우리는 절대로 정탐꾼이 아니고 식량을 사러 온 평범하고 정직한 사람들이라고 말했어요. 한 아버지에게서 태어난 열두 형제로, 하나는 일찍 죽고 막내는 지금 가나안 땅에 있는 아버지와 함께 있다고 했더니 이집트 총리가 우리의 말이 사실이라면 그 막내 동생을 이집트로 데려오라는 거예요. 막내를 데려올 때까지 시므온을 볼모로 잡아놓겠다는 거예요."

"아니, 어째서 그런 일이 생겼단 말이냐? 어째서…."

"아버지, 그런데 이집트 총리가 우리한테 곡식은 넉넉하게 팔았어요. 여행길에 먹을 양식도 따로 챙겨 주었고요. 이것 좀 보세요."

야곱의 아들들은 막내 동생을 이집트로 데려가기 위해 이집트에서 구입한 많은 식량을 보란 듯이 아버지 앞으로 가져왔다. 그리고는 아버지가 보는 앞에서 각자의 자루를 쏟았다.

"앗! 이게 뭐지? 돈다발이잖아!"

형제들의 자루마다에서 돈다발이 쏟아져 나오는 것이 아닌가. 한 형제의 자루에서 돈이 나온 것은 오던 길에 이미 확인했지만, 모든 형제들의 자루에 돈이 들어 있으리라고는 상상도 할 수 없었던 일이었다. 도대체 어찌된 일일까. 형제들은 말문이 막혀 서로의 얼굴을 쳐다보며 어안이 벙벙해할 뿐이었다. 야곱은 크게 놀라고 두려워하며 탄식했다.

"오, 하나님! 어째서 이런 일이…."

잠시 뒤 정신을 차린 야곱이 아들들을 꾸짖으며 말했다.

"쯧쯧, 못난 녀석들! 너희들은 정말 못되었구나. 오래전에 요셉이 없어지더니 이제는 시므온도 없어졌다. 그런데 이제는 베냐민까지 데려가겠다고? 베냐민마저 앗아가려고? 안 된다, 안 돼! 아, 나에게는 왜 이렇게 자꾸만 괴로운 일들이 생긴단 말인가."

그때 맏이 르우벤이 나섰다.

"아버지, 진정하십시오. 제가 책임지고 베냐민을 보살피겠습니다. 만일 베냐민을 데려갔다가 다시 아버지께로 데려오지 못하면 저의 두 아들을 죽이셔도 좋습니다. 저를 믿고 이번 일은 제게 맡겨 주세요. 맹세코 털끝 하나 다치지 않게 해서 베냐민을 아버지께 도로 데려오겠습니다."

하지만 야곱은 한사코 고개를 가로 저었다.

"안 된다, 안 돼! 그럴 수는 없다. 베냐민을 너희와 함께 이집트로 내려 보낼 순 없다. 그 아이의 형도 먼 길을 떠났다가 죽지 않았더냐? 이제 그 아이 혼자 남았다. 저 멀리 이집트로 내려갔다가 만에 하나라도 베냐민에게 좋지 않은 일이 생기면 어쩌라는 말이냐? 백발이 성성한 이 애비가 슬픔과 고통 가운데서 무덤으로 내려가는 꼴이라도 보겠다는 거냐? 안 된다. 절대 못 보낸다."

43

요셉과 베냐민

요셉이 형제들을 보니
보고 싶은 막내 베냐민도 있네
짐승을 잡아 풍성한 식탁 준비해라
요셉은 감정이 북받쳐도 참고 또 참네

야곱이 결국 막내 베냐민을 딸려 보내다 (43:1-34)

이집트 땅에 7년 대흉년이 지속되었다. 가나안 땅에서도 기근이 심했다. 중근동 지역 전체가 극심한 흉년과 기근으로 몸살을 앓았다. 헤브론 골짜기의 야곱 장막도 예외가 아니었다. 이집트에서 가져온 식량도 어느새 다 떨어져 갔다. 이대로 있다가는 야곱 집안의 모든 사람들이 꼼짝없이 굶어 죽을 판국이었다. 하루는 야곱이 아들들을 불러 말했다.

"얘들아, 너희들이 이집트로 다시 내려가서 식량 좀 사와야겠다."

야곱의 아들들은 선뜻 대답하지 못하고 미적미적 서로의 눈치만 살필 뿐이었다. 베냐민을 데려가지 않고는 이집트 총리 앞에 설 수가 없었다. 그것은 이집트 총리 말대로 정탐꾼임을 인정하는 행위였다. 베냐민 없이 이집트로 내려가는 것은 가축이 도살장으로 들어서는 것과 같았다.

그때 침묵을 깨고 형제들 중 넷째 유다가 앞으로 나섰다. 앞서 맏이 르우벤은 아버지를 설득하는 데 실패했다. 르우벤은 아버지의 소실과 눈이 맞아 패륜을 저지르는 바람에 신임을 잃어버린 상태였다. 둘째 시므온과 셋째 레위는 세겜 성 학살 사건의 주동자다. 그래서 역시 아버지에게 신망을 잃었다. 더구나 시므온은 이집트 감옥에 볼모로 잡혀 있어서 여기에 있지도 않다. 그래서 넷째가 나선 것이다.

"아버지, 전에 말씀드린 대로 막내 베냐민과 함께 가지 않으면 이집트로 식량을 구하러 내려갈 수 없습니다. 이집트 총리가 아주 엄하게 경고하기를, 막내를 데려오지 않으면 다시는 자기 얼굴을 볼 수 없을 것이라고 했습니다. 그러니 막내를 우리와 함께 보내 주십시오. 그렇게 한다면 지금 당장이라도 이집트로 내려가서 식량을 사오도록 하겠습니다."

"안 된다! 그건 안 된다고 하지 않았느냐?"

"막내가 없으면 우리가 갈래야 갈 수가 없습니다. 베냐민 없이 내려갔다가는 식량을 구하기는커녕 우리의 목숨조차 위험에 빠지게 될 것입니다."

유다의 말을 듣고 야곱이 말했다.

"너희가 어쩌자고 막내 동생이 있다는 소리를 해서 내 마음을 이리도 심란하게 하느냐? 어쩌자고 그랬단 말이냐?"

그러자 형제들이 대답했다.

"저희가 공연히 말한 게 아닙니다. 이집트 총리가 우리더러 '당신들의 아버지는 살아 계시냐? 다른 형제는 없느냐?' 하고 가족에 대해 캐물었어요. 꼬치꼬치 묻더란 말입니다. 그래서 그 사람이 묻는 대로 순순히 대답한 것뿐입니다. 설마 막내 동생을 이집트로 데려오라고 할 줄을 우리가 어찌 알 수 있었겠습니까? 정말입니다, 아버지."

야곱은 조금은 진정된 마음으로, 그러나 복잡한 심경으로 말없이 아들들의 말을 듣고 있었다. 그때 유다가 다시 아버지에게 간곡하게 말했다.

"아버지, 베냐민을 데려가도록 허락해 주세요. 그러면 당장이라도 짐을 꾸려 이집트로 내려가겠습니다. 그래야 아버지와 우리가 굶어 죽지 않고 살 수 있습니다. 막내는 제가 기필코 보호하겠어요."

"그걸 나더러 어떻게 믿으란 말이냐?"

아버지의 말에 유다는 진심을 다하여 말했다.

"아버지, 만일 제가 그 아이를 다시 아버지께로 데려오지 못한다면 그 벌을 제가 평생토록 받겠습니다. 아버지, 제발 허락해 주십시오. 우리가 지체하지만 않았더라면 벌써 두 번은 이집트에 다녀왔을 겁니다."

야곱은 눈을 지그시 감은 채 한동안 말이 없었다. 만 가지 생각이 오갔다. 야곱은 한참 만에 체념한 듯 입을 열었다.

"꼭 그래야만 하겠느냐?"

"네, 아버지!"

아버지에게 심경의 변화가 일어난 것을 눈치챈 아들들이 한 목소리로 크게 대답했다. 야곱은 한숨을 푹 내쉬며 말했다.

"정히 그래야 한다면 이렇게 하도록 하여라. 너희는 우리 땅에서 나는 가장 좋은 토산물을 가져가서 이집트 총리에게 선물로 드려라. 유향과 꿀, 그리고 뭐가 있더라…."

"우리 특산물이야 많지요."

"그래, 그렇지. 향료와 몰약과 유향나무 열매를 준비하여라. 아몬드도 챙겨가서 총리에게 공손히 드리도록 하여라. 무슨 말로든 그 사람의 심기를 건드려선 안 된다. 그리고 돈은 갑절로 가지고 가라. 지난번 곡식 자루에서 나온 돈은 반드시 사정을 설명한 뒤 돌려 드려야 한다.

분명 무슨 착오로 그런 일이 생겼을 것이다."

야곱은 입술을 꽉 깨물더니 결심 반 체념 반으로 말을 이었다.

"그래, 좋다! 막내 베냐민을 데려가라. 이집트 총리를 찾아가서 베냐민을 보이고 너희 혐의를 풀도록 하여라. 전능하신 하나님이 그 사람 앞에서 너희에게 은혜 베풀어 주시기를 바랄 뿐이다. 그래서 그 사람이 시므온과 베냐민을 너희와 함께 다시 돌려보내 준다면 더 이상 무엇을 바라겠느냐? 내 걱정은 하지 마라. 자식을 잃게 된다면 잃어야지 낸들 어찌하겠느냐?"

모두 놀라움을 금치 못하게 하는 야곱의 결단이었다. 속이고 속임 당하는 일이 많았던 야곱이었다. 그래도 위기에 처할 때면 언제나 주님께 매달리는 뿌리 깊은 여호와 신앙이 있었다. 그래서 이번에도 베냐민의 목숨을 주께 의탁하는 그런 결단을 한 것이다. 조부 아브라함과 부친 이삭을 이은 언약 가문의 3대 족장으로서 위기에 처할 때마다 돌파해 나가는 그의 비결이었다.

"고맙습니다, 아버지! 조금도 걱정하지 마십시오. 기필코 베냐민을 다시 아버지 품에 안기도록 하겠습니다. 그러면 저희들은 당장 짐을 꾸려 내일 아침 일찍 이집트로 내려가도록 하겠습니다."

"오냐, 알았다. 또 먼 길에 고생하겠구나. 잘 다녀오도록 하여라."

그러면서 다시 막내를 걱정하며 신신당부한다.

"부디 이 늙은 애비를 생각해서라도 베냐민을 잘 보호하도록 해라."

"네, 아버지. 걱정 마십시오. 우리 모두의 목숨을 잃더라도 비냐민만은 꼭 챙겨서 아버지께 도로 데려오겠습니다."

야곱의 아들들은 정성껏 예물을 꾸렸다. 돈도 전보다 갑절이나 준비한 다음 베냐민을 데리고 이집트로 향했다.

한편, 형들을 그리운 고향 땅으로 보낸 요셉은 불안하고 초조했다. 행여 자신의 계획에 차질이 생길까 봐 염려되었기 때문이다. 분명 아버지는 막내를 보내려 하지 않을 것이다. 만약 형들이 다시 이 땅에 내려오지 않으면 어떻게 해야 할까? 그런 생각이 들었다가도 식량이 떨어지면 결국엔 버티지 못하고 베냐민을 딸려 보낼 것이라는 쪽으로 마음이 기울곤 했다. 더구나 이곳에는 시므온 형도 볼모로 잡혀 있지 않는가? 하지만 형제들이 돌아와야 할 시간이 되었는데도 모습을 보이지 않자 요셉의 불안은 날이 갈수록 더해만 갔다.

초조하게 애태우던 어느 날, 요셉은 마침내 형들이 총리를 접견하려고 기다린다는 반가운 보고를 받았다. 막내 베냐민이 형들과 함께 있다는 사실을 확인하고는 자기 집 관리인에게 지시했다.

"그 사람들을 내 집으로 모신 뒤 살진 송아지를 잡아 맛있는 음식을 준비하여라. 오늘 점심은 그 사람들과 함께 해야겠다."

관리인은 주인이 시킨 대로 가나안 땅 헤브론에서 내려온 사람들을 총리 저택으로 특별히 안내했다. 총리의 저택으로 들어서면서, 야곱의 아들들은 은근히 불안했다. 별별 생각이 다 들었다. 무엇보다 두려웠다. 또 무슨 예상치 못한 놀라운 일이 닥칠지 몰랐다. 형제들은 관리인을 따라가면서 수군거렸다.

"우리에게 과도한 친절을 베푸는 게 아무래도 이상해. 어째 느낌이 안 좋아."

"맞아! 이건 분명 지난번에 이집트에서 집으로 돌아갈 때 곡식 자루 속에 들어 있던 돈 때문일 거야. 그걸 빌미로 총리가 우리를 노예 삼으려고 자기 집으로 끌고 가는 것이 확실해."

"아, 그러면 우리 어떻게 되는 거야?"

"그야 당연히 총리의 노예가 되고 우리 나귀는 전부 빼앗기겠지. 참, 그러면 베냐민은 어떡하지? 베냐민 없이 아버지는 오래 못 사실 텐데…."

초조하고 불안했다. 두려웠다. 관리인을 따라가는 내내 발걸음이 무거웠다. 총리의 저택 문 앞에 다다르자 형제들은 집안일을 담당하는 관리에게 먼저 일의 진상을 말했다.

“나리, 먼저 아뢸 것이 있습니다. 사실을 말하자면 우리가 전에도 곡식을 사러 온 적이 있습니다.”

관리가 반갑다는 표정을 지었다.

“나도 당신들을 본 기억이 나오.”

“저희도 반갑습니다. 그런데 식량을 산 뒤 집으로 돌아가는 길에 객점에서 곡식 자루를 풀어 보니, 자루 아귀에 각자가 곡식 값으로 지불했던 돈이 고스란히 들어 있었습니다. 무슨 착오가 있었던 것 같습니다.”

“어찌 그런 착오가 있겠소?”

“진심입니다. 그래서 이번에 우리가 그 돈을 그대로 가져왔습니다. 이번에 곡식 살 돈도 따로 챙겨 왔습니다. 정말이지 맹세코 우리는 자루에 어째서 돈이 그대로 들어 있는지 까닭을 모릅니다. 부디 오해하지 마시고 잘 살펴 주십시오.”

야곱의 아들들은 총리를 대하기 전에 먼저 돈에 관한 오해를 푸는 것이 중요하다고 생각했다. 그러자 관리인이 부드럽게 말했다.

“안심하세요. 그건 걱정하지 않아도 됩니다. 당신들이 섬기는 하나님, 당신들 조상의 하나님이 당신들의 자루에 선물을 넣어 주신 거겠지요. 나는 당신들이 지불한 곡식 값을 틀림없이 받았답니다.”

관리인은 재빨리 나가서 볼모로 잡힌 시므온을 요셉의 형제들에게 데려왔다. 맏형 르우벤이 시므온에게 달려갔다.

“시므온, 어디 몸 상한 데는 없어?”

“르우벤 형! 내 아우들아! 야, 우리 막내 베냐민도 왔네.”

형제들은 잠시 불안감과 두려움을 떨치고 상봉을 기뻐하며 서로 얼싸안았다. 관리인은 발 씻을 물을 제공하고 나귀들에게도 넉넉히 여물을 주었다. 형제들은 총리와 함께 점심을 먹게 될 것이라는 말을 관리인에게 전해 들었다. 정오에 도착할 총리를 기다리면서 선물할 예물 꾸러미를 다시금 잘 챙겼다.

마침내 이집트 총리가 집으로 들어오자 야곱의 아들들은 일제히 일어섰다. 엎드려 큰절을 한 다음 가나안 땅에서 준비한 예물을 바쳤다.

"고맙소. 이런 것까지 챙기지 않아도 되는데…. 아무튼 귀한 선물 잘 받겠소. 그래, 고향집에는 잘 다녀왔소?"

"네, 총리 각하! 베풀어 주신 은혜 덕분에 가지고 간 식량으로 흉년에도 탈 없이 잘 보내고 있습니다."

"허허, 그래요? 다행이오. 그리고… 그대들이 예전에 말한 연로하신 아버지는 잘 계시오? 그분의 건강은 어떠하시오?"

"네, 노령이긴 하지만 여전히 건강하십니다."

모두 머리 숙여 다시금 요셉에게 절했다. 요셉은 친동생 베냐민을 알아보았다.

"그래, 이 아이가 바로 그대들이 말한 막내 동생이오?"

"네, 그러하옵니다. 이 아이가 우리 집안의 막내인 베냐민이라는 아이입니다."

요셉은 따스하고 애정이 가득 담긴 눈길로 베냐민을 바라보며 말했다.

"얘야, 하나님이 네게 은혜 베풀어 주시기를 빈다. 그래, 네 나이가 올해 몇…."

요셉은 더는 말을 잇지 못했다. 울컥했기 때문이다. 갓난아이 때 헤어진 베냐민을 보자 북받쳐 오르는 감정을 억누를 수 없었다. 17세 때 헤어진 후 22년 만의 상봉이었다. 베냐민은 어느새 23세 청년으로 성장해 있었다. 요셉은 39세로 둘은 16세 차이가 난다. 친어머니 라헬을 여읜 지금, 요셉에게는 자식 같은 동생이다.

요셉은 자리에서 일어나 자기 방으로 뛰어 들어가서 한참을 엉엉 울었다. 겨우 진정하고 방에서 나오려 하면 또다시 지난날의 기억이 솟구쳐 올라 다시 들어가 울었다.

그러기를 몇 차례, 겨우 마음을 진정시킨 요셉은 세수를 한 뒤 자리로 돌아왔다. 최대한 감정을 억누르며 점심을 준비하라고 지시했다.

요셉의 집에서 일하는 하인들은 총리 요셉의 상을 따르 차렸다. 파라오 다음 가는 높은 신분이었기 때문이다. 형들에게도 따로 상을 차려 주었다. 요셉의 집에서 일하는 이집트 사람들에게도 따로 상을 차렸다. 이렇게 한 것은 이집트 사람들에게는 외국인들, 특히 히브리 사람들과 함께 음식을 먹는 것이 금기사항이었기 때문이다. 히브리 사람들은 이집트 사람들이 신성하게 여기는 가축들을 거리낌 없이 잡아먹는 민족으로 알려져 있었다.

이집트 총리는 야곱의 아들들이 앉을 자리를 일일이 지정해 주었다.

"자, 당신은 거기 앉고, 키가 큰 당신은 그 옆에 앉고, 또 그 옆에는 당신이 앉도록 하시오. 아니, 당신은 거기 말고 저기 붉은색 옷을 입은 사람 옆자리에 앉고, 또 당신은 그 옆에 앉으시오."

모두들 그가 지정해 준 대로 앉다 보니, 희한하게도 맏이 르우벤부터 막내 베냐민까지 정확하게 나이 순서대로 앉게 되었다. 형제들은 서로를 바라보며 크게 의아해했다.

'와, 이집트 총리에 대한 소문이 자자하더니…. 과연 이분은 놀라운 신통력을 지닌 게 분명하구나.'

형제들은 크게 놀라며 경외심마저 들었다.

"자, 자, 먼 여행길에 모두들 시장할 텐데 마음껏 드시오."

요셉은 옆에서 시중드는 하인들을 시켜 자신의 상에 놓인 맛있는 것들을 형제들에게 갖다 주게 했다. 특별히 베냐민에게는 다른 형제들보다 다섯 배나 더 많이 주었다.

"하하하, 형님들, 이것 좀 먹어 봐요. 아주 특별한 맛이네요."

열째 스불론이 맛있게 고기를 뜯으며 다른 형들에게 말한다.

"막내야, 먼 길 따라오느라 피곤했지? 많이 먹어라. 참, 이것도 한번 먹어 봐."

다들 막내를 살뜰히 챙기니 베냐민 앞에는 온갖 진미가 수북이 쌓인다. 요셉이 보기에도 막내를 대하는 형들의 태도가 오래전 자신을 대하던 때와는 180도 달라진 것 같았다. 마치 부모가 자식을 세심히 챙기는 모습이었다.

요셉은 눈치채지 않도록 조심하면서 형들의 태도 하나하나를 유심히 지켜보았다. 그들 속에 아직도 시기심과 미움이 알게 모르게 도사리고 있는가를 살펴보는 중이었다.

르우벤이 장자답게 바로 아랫동생인 시므온을 챙긴다.

"시므온, 그동안 어떻게 지냈어? 많이 힘들었지? 자, 이것 먹고 힘내."

"아니에요, 형. 여기 있는 동안 아주 잘 대해 줘서 털끝만치도 고생한 거 없어요. 계속 더 있고 싶을 정도라니까요. 하하하!"

"그럴 리가…. 그렇다면 우리만 걱정한 꼴이 되었네."

형들은 이제 모든 불안감과 두려움을 떨쳐 버렸다. 총리 앞에서 허심탄회하게 먹고 마시고 마음껏 이야기하며 즐거워했다. 총리가 자신들을 진심으로 환대한다는 게 느껴졌다. 전혀 거짓처럼 보이지 않았다. 하지만 막내 베냐민을 데려옴으로써 모든 오해를 풀고, 그동안 시므온을 잡아 둔 것이 미안해서 친절을 베푸는 줄로만 여겼다.

모두들 아버지의 반대를 무릅쓰고 막내 베냐민을 데려오길 잘 했다는 생각이 들었다. 이제 식량을 구해서 집으로 무사히 돌아가는 일만 남아 있었다.

야곱의 아들들은 저마다 이런저런 생각을 하며 총리 저택에서 배불리 먹고 편히 쉬었다. 다음날 일어날 일은 꿈에도 생각하지 못한 채…

44

요셉의 은잔

요셉은 베냐민의 자루에
자신의 은잔을 몰래 넣으라 하네
요셉이 형제들을 뒤따라가 사로잡으라 하니
베냐민은 꼼짝없이 누명을 쓰네

베냐민에게서 이집트 총리의 은잔이 발견되다 (44:1-17)

점심식사 후 요셉은 집안 관리인을 조용히 불러 명령을 내렸다.

"저 사람들의 곡식 자루에 그들이 각자 가지고 갈 수 있을 만큼 식량을 가득 채워라. 그리고 각자의 자루 아귀엔 곡식 값으로 지불한 돈을 도로 집어넣어라."

"네, 잘 알겠습니다. 주인님!"

"특별히 신경 써서 해야 할 일이 있다. 저들 중 제일 어린 막내의 곡식 자루에는 곡식 값과 함께 내가 늘 쓰던 은잔도 집어넣어라. 차질 없이 시행해야 한다."

관리인은 요셉이 명한 대로 행했다. 요셉이 이렇게 한 것은 마지막으로 형들을 시험해 보기 위해서였다. 22년 전 도단 들판에서 자신을 시샘하고 미워하여 죽이려다가 상인들에게 노예로 팔아넘긴 형들이 얼마나 변했는지 알아보기 위해서였다. 하지만 형들을 올무에 빠뜨려 복수하기 위함은 결코 아니었다. 진정한 화해를 위해서는 무조건적인 용서가 아니라 회개와 변화된 마음이 전제되어야 하기 때문이다. 형들이 자신에게 저질렀던 옛일을 회개하고 이제는 새사람으로 변화되었기를 진정 바라고 기대했다.

요셉은 친동생 베냐민을 통해 형들의 마음을 알아보려고 계획했다. 베냐민은 아버지 야곱의 사랑을 한 몸에 받고 있을 것임에 분명하다. 예전에 자신이 그렇게 사랑을 받았던 것처럼. 그런 베냐민을 두고 형들이 예전에 자신에게 했던 것처럼 시기와 미움을 갖고 있는지 확인하고 싶었던 것이다.

다음날 동틀 무렵, 야곱의 아들들은 각자의 나귀에 식량을 가득 싣고 가나안 집을 향해 바삐 길을 떠났다.

"아우들아, 서둘러 가자. 이렇게 모든 일이 예상보다 훨씬 순조롭게 풀렸으니 조금도 지체하지 말고 이집트를 빨리 벗어나자."

맏형 르우벤은 마음이 조급했다. 행여 무슨 변수라도 생길까 봐 서둘러 움직였다. 아우들도 어서 빨리 이집트를 벗어나 헤브론 장막으로 돌아가고 싶었다. 막내 베냐민을 보내고 하루하루 염려와 근심으로 지새울 아버지를 생각하며 어서 돌아가 기쁜 소식을 전하고 싶었다. 형제들은 같은 마음으로 서둘러 발걸음을 뗐다.

형들이 성문 밖으로 나가 그리 멀리 가지 않았을 때, 갑자기 뒤쪽에서 말발굽 소리가 요란하게 들려왔다.

"서랏! 게 서지 못하겠느냐!"

형제들이 놀라 뒤돌아보니 이집트 총리의 관리인이 군사들을 이끌고 추격해 오고 있었다. 물론 모든 것은 요셉의 계획이었다. 요셉은 자기 집 관리인에게 형들에게 해야 할 말까지 일러준 상태였다.

"이런 배은망덕한 자들 같으니라고! 우리 주인님께서 그렇게도 잘 대해 주었는데, 너희들은 어째서 선을 악으로 갚는 게냐?"

마른하늘에 날벼락 같은 소리였다.

"아니, 관리인님. 지금 무슨 말씀을 하시는 것입니까?"

형제들은 놀라 어리둥절한 표정으로 반문했다.

"너희는 어쩌자고 겁도 없이 우리 주인님이 아껴 쓰시는 은잔을 훔쳐 갔느냐? 그 은잔은 주인님께서 마실 때도 쓰고 점칠 때도 쓰시는 아주 비싼 잔이다. 그런 귀한 것을 훔쳐 가다니 정말 못된 놈들이로다."

이집트를 비롯한 중근동 지역에서는 왕이나 고관이 자신의 잔이나 그릇으로 나라 및 개인의 길흉화복을 점치던 관습이 있었다. 점치는 그릇이나 잔에 물을 붓고는 거기에 보석을 빠뜨린다. 그 보석을 햇빛에 비추어 나타나는 색깔이나 모양을 보고 점을 쳤다. 따라서 이토록 중요한 물건을 훔치는 행위는 국가 기밀을 탐지하는 정탐꾼 못지않게 엄벌로 다스려졌다.

관리인은 요셉이 시킨 대로 형제들에게 호통치며 다그쳤다. 형제들은 참으로 어처구니없고 억울하다는 표정을 지으며 말했다.

"나리, 그게 대체 무슨 말씀입니까? 맹세코 우리는 그런 짓을 하지 않았습니다. 지난번 곡식 자루에 들어 있던 돈까지 그대로 가져와서 나리께 드리려 하지 않았습니까? 그런데 우리가 어찌 나리의 주인님 댁에서 은잔을 훔칠 수 있단 말입니까? 세상에 말도 안 되는 소리입니다. 분명 무슨 오해가 있을 것입니다."

"아니다. 점심식사 때까지만 해도 은잔이 그대로 있었는데 너희가 주인님 집을 떠나면서부터 없어졌다."

형제들은 서로를 바라보았다. 모두가 어이없다는 표정이었다. 누구도 그럴 사람이 없었다. 분명 오해라고 확신했다.

"나리, 저희는 절대로 아닙니다. 만일 저희 중에서 누구라도 그 은잔을 훔친 사람이 있다면 그를 죽이셔도 좋습니다. 뿐만 아니라 우리 모두가 나리님의 종이 되겠습니다."

“좋다! 그렇다면 너희 말대로 하겠다. 그러나 만일 뒤져서 은잔이 나오면 모두가 종이 될 필요까진 없다. 은잔을 훔친 그 사람만 종으로 삼겠다. 다른 사람들이야 죄가 없으니 집으로 돌아가도 좋다.”

“네, 좋습니다. 저희 짐들을 살펴보십시오.”

형제들은 짊어지고 있던 곡식 자루를 주저함 없이 땅바닥에 내려놓고 각자 자루를 묶은 끈을 풀었다. 관리인이 이끌고 온 군사들은 가장 연장자인 르우벤의 자루부터 샅샅이 뒤지기 시작했다. 르우벤의 자루에서는 은잔이 나오지 않았다. 그 다음에는 시므온, 레위, 유다, 단, 납달리, 갓, 아셀, 잇사갈, 스불론 순으로 자루를 뒤졌다. 그래도 나오지 않았다. 이제 막내 베냐민의 자루만 남겨 두었다. 형제들은 그것 보라는 식으로 득의만만한 표정을 지었다. 한 군사가 막내 베냐민의 자루를 뒤졌다. 그때였다.

“여기 있다! 주인님의 은잔이다!”

군사가 손에 은잔을 들고 크게 외쳤다. 분명 이집트 총리가 쓰는 은잔이었다. 그 은잔이 베냐민의 곡식 자루에서 나온 것이다.

“아니, 아니, 어떻게 이럴 수가…. 베냐민의 자루에서 은잔이 나오다니. 아, 하필 막내의 자루에서….”

형들은 깊은 탄식을 쏟아내며 절망했다. 베냐민은 영문을 모른 채 어안이 벙벙한 표정으로 어쩔 줄 몰라 했다.

“아니, 아닙니다. 저는… 훔치지 않았어요. 정말이에요. 정말로….”

사색이 된 베냐민이 말까지 더듬거리며 부인했다. 하지만 관리인은 베냐민을 즉시 체포했다. 형제들은 각자 자기들의 옷을 찢고 울었다.

‘아, 막내가 호기심에 은잔을 자루에 담았나 보다. 이를 어쩌면 좋단 말이냐.’

아무것도 모르는 형들은 그렇게 생각했다. 그나저나 이제 선택의 기로에 놓였다. 형들은 베냐민을 탓하며 모든 책임을 막내에게 떠넘기고 자신들은 그 자리에서 벗어나 집으로 돌아갈 수도 있었다. 아니면 베냐민과 생사를 같이할 수도 있었다. 22년 전 도단 들판의 형들 같았다면 두말할 것도 없이 베냐민을 버리고 집으로 돌아가는 길을 선택했을 것이다.

그러나 이번에는 달랐다. 형들은 베냐민과 생사를 함께하기로 마음먹었다. 그들은 각자의 나귀에 도로 짐을 실었다. 근심 가득한 얼굴로 체포되어 끌려가는 베냐민을 뒤따라 다함께 성으로 되돌아왔다.

이집트 총리는 초조하게 기다리고 있었다. 형제들이 총리 앞에 엎드려 절했다. 그러자 요셉이 성난 목소리로 형제들을 꾸짖었다.

"참으로 그대들은 겁이 없는 자들이로다. 어쩌자고 이런 못된 짓을 저질렀느냐? 나 같은 사람이 너희들의 얕은 수작에 속아 넘어갈 줄 알았더냐? 점을 쳐 도둑을 잡아낼 줄 몰랐단 말이냐?"

형제들 중 넷째 유다가 앞으로 나섰다.

"총리님, 저희는 입이 열 개라도 드릴 말씀이 없습니다. 감히 무슨 말씀을 드릴 수 있겠습니까? 그런 죄를 저지르지 않았다는 것을 어떻게 증명할 수 있겠습니까? 하나님이 저희 죄를 이렇게 들추어내시니 저희들은 모두 총리님의 종이 되겠습니다. 은잔이 나온 막내뿐 아니라 우리 모두가 기꺼이 총리님의 종이 되겠습니다."

이런저런 구차한 변명이 없었다. 죄를 인정하고 순순히 운명을 받아들이겠다는 태도였다. 특히 하나님이 자신들의 죄를 들추어냈다는 말은 지난날 요셉에게 지은 죗값을 이제라도 달게 받겠다는 뜻이 내포되어 있었다. 요셉이 그걸 못 알아들었을 리 없다. 그러나 모른 체하며 짐짓 말했다.

"아니다. 그럴 필요까진 없다. 나는 내 은잔을 훔쳐간 자만 종으로 삼을 것이다. 다른 사람들은 그냥 집으로 돌아가라. 그대들의 부친에게 걱정을 끼쳐드리지 마라."

요셉은 형들을 시험한 것이다. 형들이 자신들과는 상관없는 일인 양 막내 베냐민만 남겨두고 집으로 돌아갈 것인지를 알아보고 싶었다.

유다가 베냐민을 위해 탄원하다 (44:18-34)

그때 야곱의 넷째 아들 유다가 형제들을 대표해서 앞으로 나섰다. 표정은 비장했고 목소리에는 진심이 묻어났다.

유다는 은잔에 대해서는 일절 언급하지 않았다. 아무 변명도 하지 않았다. 이집트 총리의 위엄과 권위를 한껏 존중하는 가운데 백발성성하신 노령의 부친, 이 아이, 아우, 막내, 모친과 제 친형을 잃은 동생 등과 같은 감성적인 단어를 자주 사용하여 역시 슬하에 자식을 두고 있을 아버지로서의 이집트 총리에게 호소했다. 사실, 그때 요셉의 슬하에는 6-8세 가량의 두 아이 므낫세와 에브라임이 있었다.

"총리 각하, 제발 부탁입니다. 제가 총리님께 간절히 아뢸 말씀이 있습니다. 부디 노하지 마시고 제 호소를 들어주십시오. 총리 각하께서는 파라오와도 같이 높으신 분이 아니십니까?"

"이런 상황에서 무슨 말이 하고 싶은 게냐?"

유다가 땅에 엎드려 막내 베냐민을 위해 탄원하기 시작했다.

"총리 각하, 총리님께서는 지난번 저희에게 물으시기를 '그대들에게는 아버지나 형제가 계시느냐?'고 하셨습니다. 그때 저희가 총리님께 대답하기를 '예, 백발이 성성하신 연로하신 아버님이 살아 계시고 그 부친에게는 늘그막에 얻은 아이가 하나 있습니다. 그 아이 베냐민에게는 어머니가 같은 친형이 하나 있었지만 그 친형은 일찍 죽고 이제 그 어머니에게서 난 자식은 그 아이 하나뿐입니다. 그래서 아버님은 그 아이를 몹시 아끼고 사랑하십니다.' 하고 말씀드렸습니다. 그러자 총리님께서는 총리님의 눈으로 직접 그 아이를 봐야겠다고 하시면서 그 아이를 이리로 데려오라고 말씀하셨습니다."

요셉이 고개를 끄덕이며 인정하자, 유다가 말을 이었다.

"그래서 우리는 총리님께 말씀드리기를 '그 아이는 아버님 곁을 절대로 떠날 수 없습니다. 그 아이를 아버님 곁에서 떨어뜨려 놓는다면 아버님께서는 한을 품고 무덤으로 내려가시게 될 것입니다.' 하였습니다. 그래도 총리님께서는 저희 형제들 중 하나를 여기에 남겨 두겠다고 하신 후 '그 아이를 이리로 데려오지 않는다면 다시는 내 얼굴을 보지 못할 것이다.' 하고 엄히 말씀하셨습니다. 그리하여 저희는 다시 부친이 계시는 고향집으로 돌아갔습니다. 그리고 총리님께서 하신 말씀을 아버님께 그대로 전해 드렸습니다. 예상대로 아버님은 그 아이만은 절대로 이집트 땅에 내려 보내지 않겠다고 하셨습니다."

요셉은 묵묵히 듣고만 있었다.

"얼마 지나서 총리님의 은혜로 가져간 식량이 다 떨어지자 아버님께서는 저희에게 이집트에 다시 내려가서 식량을 사오라고 하셨습니다. 그때 우리가 대답하기를 '아버지, 저희는 갈 수 없습니다. 저희가 막내를 데려가지 않고서는 이집트에 내려갈 수 없습니다. 막내가 없으면 우리가 이집트 총리를 다시 만날 수조차 없기 때문입니다.' 하였습니다."

요셉이 계속 말해 보라고 고갯짓을 하자, 유다가 말을 이어갔다.

"그러자 아버님께서 저희에게 말씀하시기를 '너희도 잘 알다시피 그 아이의 어머니가 낳은 아들은 둘이다. 그런데 그 중 한 아이는 이미 내 곁을 떠나고 없다. 내가 멀리 심부름을 보낸 탓에 그 아이가 들짐승에게 찢겨 죽은 까닭이다. 그때의 한스러움이 아직도 내 가슴을 찢고 있는데 이번에는 너희가 하나 남은 그 아이의 동생마저 데리고 가겠다니 그게 말이나 될 법한 소리냐. 만일 이 아이를 데리고 이집트에 내려갔다가 행여 무슨 일이라도 생긴다면 나는 어쩌란 말이냐? 무슨 낙으로 살아가란 말이냐? 한에 한을 품고 죽으라는 말이냐? 백발성성한 내가 견딜 수 없는 고통과 슬픔을 짊어지고 무덤으로 내려가는 꼴을 너희가 정녕 보려고 그러는 게냐?' 하고 말씀하셨습니다."

요셉은 그 말을 듣는 동안 울컥 하고 눈물이 터지려는 것을 간신히 참고 있었다. 유다는 총리를 정면으로 올려다보았다. 제발, 진심을 알아달라는 간절함이 배어 있다.

"그러하오니 총리 각하, 이제 저희가 아버님이 계신 고향집으로 돌아갈 때 그 아이 베냐민을 데려가지 않는다면 어떻게 되겠습니까? 늙으신 아버님의 인생은 그 아이가 전부입니다. 그 아이 없인 한시도 살아갈 수 없는 분입니다. 그 아이의 생명은 곧 아버지의 생명과 연결되어 있습니다. 그러므로 저희가 돌아갈지라도 그 아이가 없다는 것을 아시게 되면 아버님은 충격을 받아 당장이라도 피를 토하고 죽고 말 것입니다. 그렇게 되면 저희는 백발성성하신 부친께 큰 고통을 안겨드린 천하의 불효자식들이 되고 맙니다. 큰 슬픔과 고통 가운데 부친을 무덤으로 내려 보낸 만고의 죄인들이 되고 맙니다. 하늘과 땅에 영영 씻을 수 없는 죄를 짓고 맙니다."

유다의 음성에 눈물이 섞여 있었다. 다른 형제들의 눈에도 눈물이 글썽였다. 요셉 총리는 점점 감정을 주체할 길이 없어졌다.

"총리 각하, 그래서 저는 그때 가나안 땅 고향집에서 아버님께 분명히 말씀드리기를 '제가 그 아이 베냐민을 책임지고 반드시 다시 데려오겠습니다. 만일 그렇게 하지 못한다면 제가 그 책임을 온전히 짊어지고 죽을 때까지 일평생 어떤 죗값도 달게 받겠습니다.' 하였습니다. 총리님, 제발 부탁입니다. 부디 제가 막내를 대신하여 총리 각하의 종이 되도록 허락해 주십시오. 아니, 원하신다면 저뿐만 아니고 저희 모든 형제들이 기꺼이 총리 각하의 종이 되겠습니다."

요셉은 잠자코 말이 없다. 무슨 말을 하든, 말을 꺼내기만 하면 감정이 터져나올 것이 뻔하기 때문이다. 형제들은 간절한 눈으로 모두 총리에게 집중한다.

"그러하오니 총리 각하, 제발 이 아이만은, 저희 막내 베냐민만은, 부친이 목숨처럼 아끼고 사랑하는 이 아이만은, 태어날 때부터 제 어미를 잃고 친형조차 일찍 떠나보낸 저희 동생만은 부디 집으로 돌려보내시어 백발이 성성하신 아버지 품에 안기도록 해주옵소서. 어찌 이 아이를 여기 홀로 남겨두고 저희만 아버님께 돌아갈 수 있겠으며, 어찌 저희만 저 사랑하는 아이 곁을 떠나 한 발자국인들 여기서 움직일 수 있겠습니까? 늙으신 아버님께 닥칠 끔찍한 일이 두려워서라도 이 자리에서 죽을지언정 차마 그리할 순 없습니다."

이 자리에서 죽을지언정…. 그 대목에서 유다는 끝내 눈물을 터트리고 만다. 다른 형제들도 울기 시작한다. 사랑하는 동생 베냐민도 눈물을 흘리고 있다.

요셉 총리는 그대로 참고 있으면 가슴이 터질 것만 같다. 이를 어쩌면 좋을꼬.

"총리 각하, 그러하오니 제발 이 아이만은, 부디 저희 사랑하는 막내 베냐민만은 꼭 돌려보내 주십시오. 오늘도 저 헤브론 골짜기의 장막 밖에 서서 한숨과 눈물 지으며 이제나저제나 이 아이를 손꼽아 기다리고 계실 그 아이의 아버지 품에 돌려보내 주시옵소서. 부디 하해 같은 은혜와 자비를 베푸셔서 이 아이만은 제발 제 집, 제 고향, 제 부친에게로 돌려보내 주옵소서. 총리 각하!"

야곱의 아들들이 일제히 부르짖는다.

"은혜를 베풀어 주소서!"

"이 아이를 돌려보내 주소서!"

45

나는 요셉이다

내가 아우 요셉입니다
형들은 어리둥절하여 벌벌 떠네
요셉이 형들을 얼싸안고 울자
일시에 울음바다가 되네

마침내 요셉이 자신의 정체를 밝히다 (45:1-15)

요셉은 눈물을 삼킨다. 그래도 눈물이 자꾸 흘러내린다. 노예의 신분으로 이집트에 팔려와 대이집트제국의 총리가 되었다. 총리라는 직위가 행운처럼 주어졌지만 지난 세월 왕궁에서 총리 자리를 보전한다는 것은 쉬운 일이 아니었다.

예나 지금이나 총리 자리는 안전하지 않다. 콧대 높은 이집트인들은 히브리인이 2인자라는 사실을 인정하지 못했다. 그저 인정하는 척하고 있을 뿐이다. 세계적인 흉년 속에서도 이집트는 요셉 총리의 탁월한 전략으로 오히려 나라가 부강해지고 왕실은 더욱 탄탄해졌다. 그러기에 총리에 대한 파라오의 신임은 절대적이다. 여기에 누가 딴죽을 걸었다가는 그 목숨을 부지할 수 없다.

그럼에도 애굽 총리의 지위는 늘 불안한 자리이다. 흉년은 앞으로도 5년이 더 남았다. 흉년을 겪으면서 백성들의 민심은 더욱 흉흉해질 것이다. 이럴 때 조금이라도 잘못되어 경제가 파탄으로 떨어지면 총리의 목도 하루아침에 날아갈 수밖에 없을 것이다. 요셉은 냉엄한 현실을 잠시도 잊지 않았다.

요셉은 그래서 독하게 살아왔다. 빈틈을 보이지 않도록 관리했고 왕과 제사장 사이에서 중심을 잡는 일에 만전을 기했다. 그러기에 총리가 된 후로는 가나안의 고향 땅도 아버지도 형제들도 잊고 살다시피 했다. 총리는 그렇게 살아야 했다. 그리움이나 추억 자체가 사치스러운 것이었다. 가슴이 마르니 눈물도 말랐다. 눈물은 지난 세월과 함께 모두 말라버렸다고 생각했다.

그런데, 지금 눈물이 나온다. 아버지를 위하는 형제들, 동생을 아끼는 형들의 우애에 요셉은 솟아오르는 눈물을 주체할 수가 없다. 그만큼 넷째 형 유다의 탄원은 가슴 속 깊은 데서 솟아나는 애끓는 탄원이요 피맺힌 절규였다. 구구절절 늙으신 부친에 대한 염려와 사랑하는 아우에 대한 진심이 묻어 나왔다.

요셉의 마음속에서는 온갖 감정이 솟아났고 만 가지 느낌이 교차했다. 지난날의 일들이 주마등처럼 지나갔다. 일찍 돌아가신 그리운 어머니 라헬, 자신을 특별히 아끼고 사랑하여 채색 옷을 지어 입히시던 아버지 야곱, 그때 젖먹이 아이였던 친동생 베냐민, 헤브론 골짜기에서 꾼 이런저런 꿈들, 도단 들판에서 형들에게 붙잡혀 울며 팔려 간 일, 보디발의 집에서 보낸 10년의 종살이, 누명을 뒤집어쓴 채 억울하게 보낸 3년의 옥살이…. 지그시 눈을 감고 유다의 탄원을 듣고 있는 요셉의 눈에는 어느새 눈물이 맺혀 그렁그렁했다.

분명, 형들은 달라져 있었다. 도단 들판에서 인정사정없이 무자비하던 그 형들이 아니었다. 막내 베냐민을 구하기 위해 자신들을 희생하고 있었다. 큰 위기 앞에서도 분열이나 다툼이 없이 형제애가 넘쳐났다. 확실하게 변화된 형들을 보고 있노라니 참으로 감개무량했다.

사실 요셉은 가슴 졸였다. 만일 형들이 막내 베냐민만 내버려둔 채 자기들끼리만 떠나간다면 어찌 용서할 수 있을까. 화해의 기회는 사라지고 일은 파국으로 치달을 수밖에 없을 것이다. 그러나 형들은 더 이상 의심할 바 없이 확실히 변해 있었다. 막내를 위해 자신들을 희생해가며 저리도 가슴 절절하게 탄원하고 있지 않는가. 요셉은 북받치는 감정을 억누를 수 없었다.

"모두, 모두 물러가라!"

요셉은 하인들을 전부 물러나게 했다. 방에는 요셉과 형제들만 남았다. 그러자 요셉은 더 이상 참지 않고 소리를 내며 크게 울기 시작했다. 20년 넘는 세월 동안 가슴 깊숙이 쌓여 있던 감정이 봇물 터지듯 일순간에 폭발했다. 흐르는 눈물을 걷잡을 수 없었다.

이집트 총리의 위신이나 체면 따위는 이제 사라지고 없었다. 야곱의 사랑받는 아들, 형들의 동생, 베냐민의 친형으로 돌아와 가슴을 확 터놓고 마음껏 엉엉 울었다. 어찌나 큰 소리로 울었던지 밖으로 물러났던 하인들뿐만 아니라 파라오의 궁전에까지 그 울음소리가 들릴 정도였다.

더 의아하고 놀란 사람은 형제들 쪽이었다. 전혀 예상치 못한 이집트 총리의 반응에 유다를 비롯한 요셉의 형들과 막내 베냐민은 어리둥절했다. 뭐가 뭔지 도대체 영문을 알 수 없어 어쩔 줄 몰랐다. 그토록 위엄 있고 품격 넘쳤던 이집트 총리가 어린아이마냥 울어대니 몸 둘 바를 몰랐다.

한참을 소리 내어 울던 요셉이 겨우 눈물을 수습하고 입을 열었다.

"형님들! 납니다! 내가 바로 형님들의 아우 요셉입니다."

마침내 요셉은 자신의 정체를 밝혔다. 형들은 요셉의 말을 듣고도 전혀 실감하지 못했다. 그저 놀라서 벙어리마냥 아무 대답도 하지 못했다.

"형님들, 이리 좀 가까이 오세요."

형들이 주뼛주뼛 요셉에게 가까이 다가갔다.

"날 보세요. 내가 바로 요셉이란 말입니다. 형님들이 이집트에 팔아넘긴 그 요셉이란 말입니다."

"예? 요… 요… 요셉이라고요? 총리 각하께서요?"

충격이었다. 도저히 믿을 수 없다는 표정들이었다. 요셉은 형들을 안심시키기 위해 말을 이었다.

"형님들, 형님들은 나를 이집트에 팔아넘긴 그 일로 걱정하거나 자책하지 마세요. 돌이켜 생각하니, 하나님께서 우리 식구들의 목숨을 구하시려고 나를 먼저 이집트 땅으로 보내신 것입니다. 이 땅에 흉년이 든 지 올해로 2년째입니다. 앞으로 5년 더 극심한 흉년이 계속될 것입니다. 그동안에는 땅이 황폐해서 심지도 거두지도 못할 것입니다. 하지만 하나님은 형님들뿐만 아니라 형님들의 자손을 이 땅에서 보존하시려고 나를 이곳으로 먼저 보내셨습니다. 하나님이 우리 식구들과 형님들의 목숨을 대기근에서 건져내시려고 큰 구원을 베푸신 것입니다."

요셉의 형들은 그저 놀라고 당황하고 얼떨떨하고 두려워서 부들부들 몸을 떨었다. 요셉은 그런 형들을 다시금 위로하고 격려했다.

"형님들, 나를 이집트 땅으로 내려 보낸 분은 형님들이 아니라 하나님이십니다. 이곳으로 나를 보내신 하나님이 나를 높이셔서 이집트 땅을 다스리는 총리가 되게 하셨습니다. 이제 형님들은 서둘러 가나안 고향집으로 돌아가서 아버지께 내 말을 전해 주십시오."

"아, 네, 네!"

"형님들, 말씀을 놓으세요. 나는 형님들의 동생이잖습니까?"

"아니, 그래도 지체 높으신 총리님이신데…."

"형제 사이에 그게 무슨 상관입니까? 말씀 놓으시고, 얼른 가나안으로 가셔서 아버지에게 이렇게 전하세요. 아버지의 아들 요셉이 말하기를 '하나님이 요셉을 높이셔서 이집트 땅을 다스리는 통치자로 삼으셨으니 지체하지 말고 이리로 올라오십시오. 아버지 가족은 가나안 땅과 가까운 고센 지역에 거주하게 될 것이므로 이집트로 오실 때는 자식들과 손자들, 모든 재산과 가축 떼를 전부 챙겨서 오십시오. 아직 흉년이 5년 더 남았으니 요셉이 고센에서 아버지를 잘 모시겠습니다. 아버지뿐만 아니라 아버지 장막에 거하는 식솔들이 굶주리지 않도록 잘 돌봐드리겠습니다.'라고 하십시오."

그렇다. 요셉은 지난날에 일어난 모든 일의 근원을 하나님의 손길에서 찾았다. 오직 하나님만이 인생의 길과 생사화복을 주관하신다고 믿었다. 그런 믿음으로 요셉은 형들에게 팔린 일은 훗날에 임할 7년 대기근에서 집안을 구하기 위해 하나님이 행하신 일이라고 고백했다.

요셉의 형들은 그때까지도 얼떨떨한 표정이었다. 요셉의 말을 반신반의하며 어찌할 바를 모르고 우왕좌왕했다. 그도 그럴 것이 오래 전에 상인들에게 노예로 팔아넘긴 17세 소년 요셉이 대제국 이집트의 총리가 되어 곡물을 주관하는 총책임자가 되어 있으니 아무래도 얼른 믿기지 않았다.

"이집트 총리가 요셉이라니, 정말 요셉이 맞을까?"

"맞는 것 같아. 자세히 보니 소년 때 모습이 보이는 걸."

"아, 요셉이 살아 있다니 꿈만 같구나."

"그나저나 이제 큰일 났구나. 요셉이 지난날 우리의 악행을 잊지 않고 복수하겠다고 하면 어쩌지? 꼼짝없이 죽은 목숨이나 마찬가지야."

형들은 놀람과 염려와 반가움과 두려움이 뒤섞인 복잡다단한 심경으로 서로 수군거렸다. 요셉은 반신반의하는 형들에게 다시금 자신의 정체에 대해 쐐기를 박았다.

"형님들, 나를 똑똑히 보세요. 형님들에게 말하는 이 입은 형님들의 아우 요셉의 입입니다. 두 눈으로 똑똑히 보세요. 아우 베냐민아, 너도 눈으로 분명히 보아라."

"네, 형님!"

"형님들은 내가 요셉이란 걸 더는 의심하지 마세요. 이집트에서 내가 누리는 이 영광을 형님들이 보신 그대로 아버지께 말씀드리세요. 그런 뒤 지체하지 말고 아버지를 모시고 이리로 오세요."

같은 어머니 라헬의 소생인 베냐민이 먼저 요셉 앞으로 나갔다.

"형님, 요셉 형님! 정말 보고 싶었어요. 형님에 대한 이야기는 아버지께 많이 들었어요. 전 형님이 오래전에 죽은 줄 알았어요."

"그래, 아우야! 갓난아기 때 본 네가 이제 어엿한 남자가 되었구나."

당시 베냐민의 나이 23세, 요셉의 나이 39세. 요셉과 베냐민은 다시 뜨겁게 얼싸안고 엉엉 울었다. 서로 얼굴을 만지고 비비며 또 울었다. 그런 뒤 요셉은 형들과도 일일이 입 맞추며 끌어안고 울었다.

"총리님, 아, 아니, 요… 요셉아, 정말 미안하다. 이 형을 용서해 다오."

"이렇게 살아 있다니…. 게다가 이집트 총리가 되다니…."

"정말 요셉이 맞나요? 죽은 줄 알았던 요셉이 맞네요."

그제야 형들은 요셉에 대해 말문이 터졌다. 형제들은 화기애애한 분위기 가운데서 이런저런 이야기를 정겹게 주고받았다. 울고 웃는 사이에 밤은 깊어갔다.

요셉이 야곱 가족을 이집트로 부르다 (45:16-28)

멀리 가나안 땅에서 총리 가족이 찾아와서 감격의 상봉이 이루어졌다는 소문이 순식간에 퍼져나갔다. 파라오와 신하들도 자기 일처럼 반기고 기뻐했다. 해마다 계속되는 대흉작에도 불구하고 요셉으로 인해 이집트 백성들은 기근을 면하고 살아갈 수 있었다. 요셉은 파라오를 비롯해서 신하들과 이집트 백성들에게 크게 인정받으며 사랑받고 있었다. 파라오가 요셉을 불렀다.

"요셉 총리, 어서 오시오. 그대의 형제들이 이곳에 와서 상봉했다는 보고를 받았소. 정말 축하하오."

파라오는 반갑게 맞으며 형제 상봉을 진심으로 축하해 주었다. 그동안 요셉이 얼마나 외롭게 지냈으며, 또 얼마나 가족을 그리워하는지 잘 알고 있었기 때문이다.

"총리는 그대의 형제들에게 이르시오. 부친과 가솔들을 거느리고 이집트로 다시 오라고 하시오. 이집트 땅에서 가장 좋은 데를 골라 살아갈 수 있도록 하겠소. 기름진 땅에서 생산되는 좋은 소출을 먹으며 편안히 살아갈 수 있을 거라고 하시오."

파라오는 진심어린 마음으로 요셉의 가족을 위해 여러 모로 배려했다.

"그대는 이집트에서 좋은 마차들을 여러 대 식솔들에게 보내시오. 그들이 그 마차를 타고 이곳으로 오도록 하시오. 이집트 땅에 있는 온갖 좋은 것들이 그들의 것이 될 테니, 가나안 땅에서 쓰던 세간들은 아까워하지 말고 전부 두고 오라고 하시오. 조속한 시일 내에 다른 가족들과도 속히 상봉하기를 바라오."

요셉은 파라오 앞에서 물러나와 그 말을 형제들에게 전했다. 형들은 파라오의 말대로 따랐다. 요셉은 파라오의 명에 따라 형들에게 마차를 비롯해서 오가는 여행길에 먹을 양식도 넉넉히 챙겨 주었다. 흉년으로 어려움을 겪기 때문에 형들의 행색이 좋을 리 없었다. 그래서 형들에게 새 비단옷을 한 벌씩 주었다. 특별히 베냐민에게는 은화 300개와 새 비단옷 다섯 벌을 주었다.

그래도 형들은 조금도 시샘하거나 불평하지 않고 모두가 자기 일처럼 기뻐했다. 무엇보다도 형들은 노예가 될 뻔한 막내 베냐민을 데리고 무사히 고향집으로 돌아갈 생각에 그렇게 좋을 수가 없었다. 아버지를 기쁘게 뵐 면목이 생겼기 때문이다. 요셉은 부친 야곱에게 드릴 선물도 형들에게 듬뿍 건네주었다.

"형님들, 이것들은 전부 아버지께 드릴 선물입니다. 아버지의 아들 요셉이 살아 있고 이집트 총리가 되었으니, 조금도 부담 갖지 말고 기쁘게 받으시라고 하세요."

요셉은 나귀 열 필에 이집트의 가장 귀한 특산품들을 나귀마다 가득가득 싣게 했다. 또 다른 나귀 열 필에는 아버지가 이집트로 오는 동안에 필요한 곡식과 빵과 고기를 넉넉히 싣게 했다. 연로한 부친이 가솔들을 이끌고 헤브론에서 이집트까지 오려면 한 달 남짓 걸리기 때문이다. 요셉은 형들을 가나안 땅으로 돌려보내면서 또한 특별히 당부했다.

"형님들, 가시는 길에 행여 서로 다투지 마십시오."

요셉은 형들이 집으로 돌아가는 길에 그 옛날 도단 들판에서 자신을 팔아넘긴 일을 떠올리며 서로 간에 잘잘못을 따지느라 성내고 다툴지 모른다고 염려한 것이다. 그래서 자신은 모두 잊고 다 용서했으니 더 이상 그 일로 형제간에 우애를 상하는 일이 없도록 당부한 것이다.

이처럼 요셉은 용서의 사람이었을 뿐만 아니라 화평의 사람이었다. 요셉의 형제들은 부푼 가슴을 안고 이집트를 떠나 가나안 땅 헤브론 골짜기에 있는 아버지 야곱에게로 돌아갔다. 발걸음은 날아갈 듯 가벼웠고 마음은 터질 듯 기뻤다.

베냐민을 형들에게 딸려 이집트에 보낸 야곱은 그날부터 하루하루, 순간순간이 걱정과 염려요 한숨의 연속이었다. 아직 자식들이 돌아올 때가 되지 않았는데도 장막 멀리까지 나가서 이집트 쪽을 바라보곤 했다. 이집트에서 올라오는 대상들을 볼 때마다 붙잡고 자식들의 소식을 물었다.

그렇게 초조하게 애태우던 어느 날, 이집트 쪽에서 많은 나귀 떼가 몰려왔다. 마차들도 섞여 있었다. 야곱은 큰 규모의 상단이라고 생각했다. 그런데 그 대규모 상단이 점점 야곱의 장막 쪽으로 다가오고 있지 않은가. 저들은 도대체 왜 이쪽으로 오는 것인지, 의아하기 짝이 없었다.

침침한 눈을 크게 떠서 계속 동태를 살피는데 아무래도 익숙한 모습이었다. 야곱은 일행 쪽으로 가고 일행은 야곱 쪽으로 다가오면서 마침내 서로 간에 식별이 가능해졌다. 자식들이 먼저 야곱을 알아보고 크게 소리쳤다.

"아버지! 아버지! 저희가 왔어요. 막내 베냐민도 무사해요!"

야곱의 아들들은 아버지가 제일 궁금해 할 소식부터 큰 소리로 알렸다. 그제야 야곱도 자식들을 알아보고 베냐민도 무사한 것을 확인했다.

"막내야, 어서 오너라. 그래, 별일 없었느냐?"

"아버지! 저 베냐민이에요. 무사히 잘 다녀왔어요."

야곱은 두 팔을 크게 벌려 베냐민을 꽉 껴안았다. 베냐민은 덥석 아버지의 품에 안겼다. 뜨거운 포옹이 끝나자 야곱은 처음 볼 때부터 궁금한 것들을 다른 자식들에게 물었다.

"얘들아, 그런데 이것들은 다 무엇이냐? 이 마차는 또 뭐고?"

"아버지, 사연이 깁니다. 들어가서 자세히 말씀드릴게요."

아들들은 요셉의 이야기를 어떻게 전하면 좋을지 몰라 전전긍긍했다. 이집트에서 집으로 돌아오는 내내 서로 상의하고 고민했다. 자칫하면 아버지가 큰 충격을 받아 쓰러질 수도 있었다. 또 예전에 자신들이 저지른 악행과 거짓말도 용서받아야 했다. 아들들은 긴장된 얼굴로 부친을 모시고 장막 안으로 들어갔다. 야곱은 무척 궁금한 듯 또 물었다.

"얘들아, 밖에 있는 저것들은 다 무엇이냐? 또 마차들은 어찌 된 것이냐?"

"아버지, 저희가 무슨 말을 해도 놀라지 마세요. 저… 아버지…"

"무슨 말인데 그렇게 뜸을 들이느냐? 어서 말해라. 무슨 일이 있었다는 것이냐? 그리고 저 물건들은 다 무어냐?"

"아버지, 요셉이… 요셉이 살아 있습니다. 요셉이 이집트 총리가 되었어요!"

야곱은 자신의 귀를 의심했다. 이게 도대체 무슨 말인가. 아들들의 말이 도무지 믿기지 않았다. 야곱이 천천히 입을 열었다.

"얘들아, 너희가 먼 길을 여행하더니 무슨 신기루를 보았나 보다. 어떻게 22년 전에 죽은 아들이 살아 있단 말이냐? 게다가 이집트 총리가 되었다니… 그런 실없는 소릴랑은 하지 마라."

"아버지, 그게 아니에요. 요셉이 분명 살아 있고, 이집트 총리가 되었어요. 실은 아버지… 저희가 예전에 아버지께 거짓말을 한 거예요."

"거짓말이라니, 너희가 내게 무슨 거짓말을 했다는 거냐?"

"그때 요셉은 들짐승한테 찢겨 죽지 않았어요. 저희가 요셉을 노예 상단에 팔아넘기고 아우의 옷을 찢어 염소 피를 바른 거예요. 아버지, 저희가 잘못했어요. 죽을죄를 지었어요. 용서해 주세요."

아들들은 흐느껴 울었다. 그제야 야곱도 자식들의 말이 실없는 것이 아님을 알아차렸다.

"아, 아니? 그게 정말이냐? 어째서 아우에게 그런 짓을…."

야곱은 자리에서 벌떡 일어나 비척거리며 말을 잇지 못하고 두 손으로 머리를 감싸 쥐었다. 거의 실신할 지경이었다.

"아버지, 아버지! 정신 차리세요. 아버지!"

아들들이 우르르 일어나 아버지를 부축했다. 잠시 뒤 야곱은 진정 기미를 보였다. 그제야 아들들은 일의 자초지종을 조곤조곤 말하기 시작했다. 아버지의 상태를 주의 깊게 살피며 요셉이 전하라는 말까지 전부 이야기했다.

"아, 그랬구나. 그랬었구나. 내 아들 요셉에게 그런 일이 있었구나. 그런 일이…"

야곱은 모든 것을 전해 듣고 무슨 상황인지 파악했다. 그러고는 장막 밖으로 나가 자기를 태워 오라고 보낸 마차도 다시 한 번 살펴보았다. 야곱은 그제야 모든 걸 믿을 수 있었다.

"오, 하나님! 감사합니다. 요셉이 살아 있다니! 죽은 내 아들 요셉이 그렇게 멀쩡하게 살아 있다니! 게다가 요셉이 이집트의 총리까지 되었다니! 아, 이젠 죽어도 여한이 없다. 내 아들 요셉에게로 가야겠다. 죽기 전에 어서 가서 요셉을 만나야겠다."

46

가자, 이집트 땅으로

어서 가자, 내 아들 요셉 보러
야곱은 가족과 재산 챙겨
이집트 땅을 향해 내려가다가
브엘세바에서 제사 지내네

야곱 가족이 이집트로 이주하다 (46:1-34)

야곱은 오랫동안 거주해 왔던 헤브론 골짜기에서 장막을 걷었다. 가나안 땅에서 얻은 모든 소유물을 챙겼다. 가솔들과 재산과 가축 떼를 전부 챙겨 이집트로 떠났다.

야곱 일행은 이집트를 향해 남쪽으로 계속 진행하다가 브엘세바에 이르렀다. 브엘세바는 가나안 땅 국경 지대에 있는 고대 성읍이다. 일찍이 야곱의 조부 아브라함과 부친 이삭이 이곳에 상당 기간 거주하면서 하나님께 제단을 쌓고 예배를 드린 곳이다.

야곱은 브엘세바에서 제단을 쌓고 하나님께 제사를 드렸다. 약속의 땅 가나안을 벗어나기 전에 과연 이집트로 이주하는 것이 하나님의 뜻인지 확인하기 위해서였다. 그날 밤, 하나님이 환상 가운데 야곱에게 나타나셨다.

"야곱아, 야곱아!"

“네, 여기 있습니다.”

“나는 네 아버지의 하나님이다. 이집트로 내려가는 것을 두려워하지 마라. 내가 거기에서 너로 하여금 큰 민족을 이루게 하겠다. 너와 함께 나도 이집트로 내려가겠고 장차 네 후손을 거기서 다시 이끌고 나오리라. 너는 이집트 땅에서 죽음을 맞을 것인데 네 아들 요셉의 품에서 평안히 눈을 감게 될 것이다.”

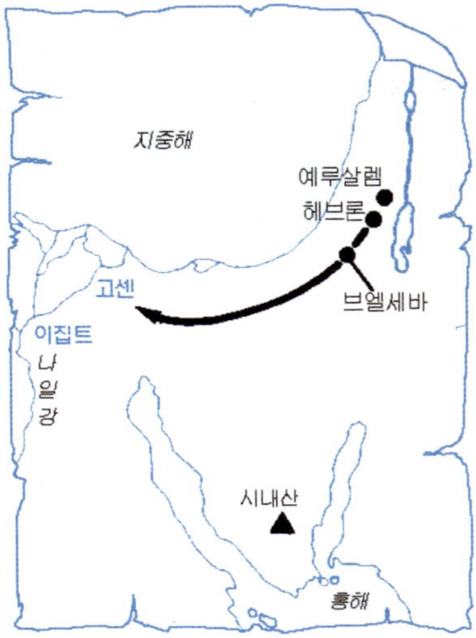

▲ 가족을 이끌고 이집트로 내려가는 야곱

53년 전, 그러니까 야곱이 77세 때에, 형 에서의 복수를 피해 허겁지겁 하란으로 도피하던 중에 하나님은 벧엘 들판에 나타나셔서 지친 야곱에게 동행과 보호를 약속하셨다(벧엘 언약). 이제 이집트 이주를 놓고 불안해하는 야곱에게 하나님은 또다시 나타나셔서 격려하고 확신을 심어 주셨다(브엘세바 언약).

오래전 하나님은 아브라함에게 ‘횃불 언약’을 통해 그의 후손들이 이집트 땅에서 종살이를 할 것임을 계시하셨고, 그로부터 400년 후에 있을 출애굽과 가나안 정복을 약속하셨다. 그게 250년 전의 일이다. 그런 하나님의 원대한 구속사 계획에 따라 야곱이 가솔들을 전부 데리고 이집트로 들어가는 것이다.

“하나님, 감사합니다. 하나님의 뜻에 따르겠습니다.”

하나님의 뜻을 확인한 야곱은 주저하지 않고 가나안 땅을 벗어났다. 브엘세바를 떠나 이집트로 여행을 계속했다. 야곱의 아들들은 연로한 아버지 야곱과 어린 자녀들, 그리고 아내들을 파라오가 보내 준 마차에 태워 내려갔다.

야곱은 아들들과 딸들과 손자들과 손녀들을 데리고 이집트로 내려갔다. 이때 야곱은 130세였다(주전 1876년경). 이집트에 내려간 야곱 가족은 모두 70명이다. 그들의 명단을 모계별로 정리해 보자. 먼저 야곱의 첫째 부인 레아가 낳은 아들들(6명), 손자들(23명), 증손자들(2명)의 명단은 이러하다.

〈레아의 소생〉

야곱의 맏아들 르우벤과 그의 아들들인 하녹, 발루, 헤스론, 갈미

야곱의 차남 시므온과 그의 아들들인 여무엘, 야민, 오핫, 야긴, 스할, 사울.

야곱의 셋째 아들 레위와 그의 아들들인 게르손, 그핫, 므라리.

야곱의 넷째 아들 유다와 그의 아들들인 엘, 오난, 셀라, 베레스, 세라. 그러나 엘과 오난은 가나안 땅에서 죽었다. 베레스의 아들들인 헤스론과 하물. 야곱의 아홉째 아들 잇사갈과 그의 아들들인 돌라, 부와, 욥, 시므론. 야곱의 열째 아들 스불론과 그의 아들들인 세렛, 엘론, 얄르엘. 여기에 레아가 낳은 야곱의 딸 디나와 야곱까지 모두 33명이다.

〈실바의 소생〉

레아의 몸종으로 야곱의 둘째 소실이 된 실바가 낳은 아들들(2명), 손자들(11명), 증손자들(2명)의 명단은 이러하다. 야곱의 일곱째 아들 갓과 그의 아들들인 시뵨, 학기, 수니, 에스본, 에리, 아로디, 아렐리. 야곱의 여덟째 아들 아셀과 그의 아들들인 임나, 이스와, 이스위, 브리아, 이들의 누이 세라. 브리아의 아들들인 헤벨, 말기엘. 이렇게 16명이다.

〈라헬의 소생〉

야곱의 둘째 부인 라헬이 낳은 아들들(2명), 손자들(12명)의 명단은 이러하다. 야곱의 열한째 아들 요셉과 그의 아들들인 므낫세와 에브라임. 야곱의 막내(열두째) 아들 베냐민과 그의 아들들인 벨라, 베겔, 아스벨, 게라, 나아만, 에히, 로스, 뭅빔, 훕빔, 아릇. 이렇게 14명이다.

〈빌하의 소생〉

라헬의 몸종으로 야곱의 첫째 소실이 된 빌하의 아들들(2명), 손자들(5명)의 명단은 이러하다. 야곱의 다섯째 아들 단과 그의 아들 후심. 야곱의 여섯째 아들 납달리와 그의 아들들인 야스엘, 구니, 예셀, 실렘. 이렇게 7명이다.

야곱의 가족들을 전부 합하면 70명이다. 여기에는 야곱의 아내, 소실들, 며느리 명단이 포함되지 않았다. 딸도 두 명만 포함되었다. 이렇게 한 것은 일부러 '칠십'(70)이란 숫자를 맞춘 것인데, 그것은 칠십이 갖는 상징성 때문이다.

성경에서 일곱인 칠(7)은 하나님의 거룩한 사역을 뜻하는 신성한 숫자다. 그리고 열인 십(10)은 '완전'이나 '완성'을 상징하는 숫자다. 따라서 야곱 일행 칠십(70)은 하나님의 구속사 사역을 이루기 위해 하나님의 신성한 섭리와 경륜에 의해 이집트로 내려가는 선민의 완전한 숫자였다. 야곱 일행이 이집트 땅에 이르렀을 때 야곱이 유다를 불러 지시했다.

"유다야, 네가 요셉에게 갔다 오너라."

야곱은 넷째 아들 유다를 요셉에게 먼저 보냈다. 자신들이 이집트 땅 고센으로 내려간다는 소식을 알리도록 하기 위해서였다. 이번 일에 유다의 공로가 커서 야곱이 그를 인정하고 신뢰했기 때문에 유다에게 지시한 것이다.

마침내 야곱 일행이 이집트 땅 고센에 도착했다. 이집트 북동쪽에 위치한 고센 땅은 나일 강의 삼각주 지역에 형성된 넓고 비옥한 목초지로 가축 떼를 기르기에 적당한 곳이었다. 게다가 가나안 국경 지대여서 훗날에 있을 출애굽을 위해서라도 안성맞춤의 땅이었다.

형제들을 가나안 땅으로 돌려보낸 뒤 초조하게 소식을 기다리던 요셉은 유다에게서 전갈을 받고 만면에 화색을 띠었다. 얼른 마차를 준비시켜 아버지 야곱을 만나러 고센으로 한 걸음에 올라갔다.

"아버지! 아버지! 아버지의 아들 요셉이 왔습니다."

"오- 내 아들, 요셉아! 요셉아, 네가 정녕 살아 있었구나."

무슨 말이 더 필요할까? 고센 땅에서 야곱과 요셉은 눈물로 상봉했다. 요셉이 아버지의 심부름으로 헤브론 집을 떠난 지 22년 만이었다. 야곱과 요셉은 한참 동안 끌어안고 감격에 겨워 엉엉 울다가 또 흐느껴 울었다.

"아버지, 우리 아버지, 왜 이리 늙으셨어요? 흰 머리와 주름살이 왜 이리 많아요? 어디 아프신 데는 없으신가요? 아버지, 흑흑!"

"아들아, 내 아들 요셉아! 네가 이렇게 살아 있다니! 내가 살아서 두 눈으로 네 얼굴을 보게 되다니! 네가 정녕 요셉이로구나. 나는 이제 지금 죽어도 아무 여한이 없다. 아들아, 내 아들 요셉아!"

울고 흐느끼고 껴안고 부비고 어루만지고… 그렇게 얼마나 시간이 흘렀을까. 마침내 요셉은 일어나 옷소매로 눈물을 닦으며 형제들과 아버지의 식솔들에게 말했다.

"형님들, 파라오를 만나기 전에 일러둘 말이 있습니다. 이제 내가 파라오께 나아가서 아뢰기를 '가나안 땅에서 살던 제 형제들과 아버지의 식솔들이 이곳으로 왔습니다. 제 식구들은 모두 가축 떼를 치는 목자들인지라 가나안에서부터 소 떼와 양 떼를 이끌고 이리로 왔습니다.' 하고 미리 말씀드리겠습니다. 그러면 파라오께서 형님들에게 물으시길 '그대들의 직업이 무엇이오?' 하실 것입니다. 그러면 형님들은 대답하기를 '어렸을 때부터 지금까지 가축을 쳐서 먹고 살아왔습니다. 조상 대대로 가축 떼를 치는 유목민들입니다.' 하십시오. 이집트 사람들은 가축 치는 목자들을 무척 꺼리기 때문에 이렇게 대답하셔야 이집트 땅의 변방 지대인 이곳 고센 땅에 정착할 수 있습니다. 내 말을 꼭 명심하시길 바랍니다."

이집트 사람들은 유목민들에 대해 좋지 않은 감정이 있었다. 대대로 농경민족인 이집트 사람들의 관점에서 볼 때, 유목민들은 일정한 거주지 없이 이리저리 떠돌아다니는 교양 없고 무식한 야만인들이었다. 특히 이집트 사람들이 신성하게 여겨 숭배하던 암소나 염소 같은 가축을 거칠게 다룰 뿐만 아니라 심지어 잡아먹기도 하여 종교적으로도 유목민은 경멸의 대상이었다.

그래서 이집트 사람들은 유목민들을 부정한 자들로 여겨 그들과는 식사를 함께하지 않았고, 심지어 접촉하는 것조차 꺼렸다. 이집트 문화를 잘 알고 있던 요셉은 이런 점을 형제들에게 상기시켜 주었다. 나아가 그것을 역이용하여 이집트 중심에서 벗어난 기름진 곳, 초원 지대인 북방의 변방 지역인 고센 땅에 정착할 수 있는 기회로 삼으려 한 것이다. 그래야 히브리인들의 공동체 정신과 정통성도 지킬 수 있다고 본 것이다.

이처럼 야곱 가족이 고센 땅에 정착하게 된 것은, 자기 백성을 선한 길로 인도하시는 하나님께서 언약 가문인 야곱 가족을 이집트 사람들과 분리하여 이방 문화에 빠져들지 않도록 섭리하신 결과였다. 또한 그들로 가나안 국경 지대에 정착하게 함으로써 430년 뒤에 이루어질 출애굽의 역사를 이루는 데 어려움이 없도록 미리 준비하신 것이다.

47

고달픈 나그넷길

이집트 왕 앞에 나아간 야곱은
왕이 나이를 묻자
고달픈 나그넷길 130년
험난한 세월이라 고백하네

야곱 가족이 이집트의 고센 땅에 정착하다 (47:1-12)

요셉이 파라오에게 나아가 아뢰었다.

"폐하, 소신의 아버지와 형제들이 폐하의 초청에 응하여 가나안 땅을 떠나 이곳 이집트의 고센 땅으로 왔습니다. 그들은 유목민들인지라 소 떼와 양 떼를 전부 이끌고 이곳으로 왔습니다."

"오, 정말 기쁜 소식이구려. 속히 어서 궁으로 들라 이르세요."

파라오는 반색하며 요셉 가족과 빠른 시일 내에 접견하려 했다. 요셉은 형들 가운데서 다섯 명을 뽑아 파라오에게 인사시키려 했다. 이집트 사람들은 전통적으로 다섯(5)이란 숫자를 좋아했고 신성시했기 때문이다. 파라오와의 알현을 앞두고 요셉이 지혜롭게 처신한 것이다.

정해진 날에 요셉의 다섯 형들은 이집트 궁궐로 들어갔고 파라오 앞에 섰다. 파라오가 그들을 반기며 부드러운 말투로 물었다.

"그대들이 총리의 혈족들이오?"

"그렇사옵나이다, 폐하!"

"그래, 그대들의 생업은 무엇이오?"

"네, 폐하. 저희는 가나안 땅에서 가축 떼를 치는 목자들입니다. 우리뿐만 아니라 조상 대대로 그 일을 생업으로 삼아 왔습니다. 그런데 이제 폐하의 부르심을 받고 이 땅에서 살고자 오게 되었습니다. 지금 가나안 땅에는 가뭄이 심하여 가축 떼를 먹일 만한 곳이 없습니다. 그러하오니 폐하께서는 저희들이 고센 땅에서 살아갈 수 있도록 허락해 주시기를 바라옵니다."

요셉의 형들은 사전에 요셉이 일러준 대로 대답했다. 그러자 파라오가 곁에 서 있던 요셉에게 말했다.

"총리, 그대의 아버지와 형제들이 이렇게 그대에게 왔구려. 이집트 땅이 모두 그대의 관할 아래 있지 않소? 그러니 그대는 가장 살기 좋은 땅에 그대의 아버지와 형제들이 살아갈 수 있도록 거주지를 마련해 주시오. 내 생각으론 집안 대대로 가축 떼를 친다 하니 고센 땅에서 살게 하는 것이 좋겠소. 그곳에는 가축 떼에게 풀을 먹이기 좋은 너른 초원 지대가 있지 않소?"

요셉과 형제들이 원하는 대로 일이 척척 풀려나갔다. 파라오는 말을 이었다.

"또한 그대의 가족 중에서 능력 있는 자들이 있거든 그들에게 내 가축 떼를 맡겨 돌보게 하시오."

요셉의 형들은 엎드려 큰절을 한 뒤 궁궐을 빠져나왔다.

그로부터 얼마 뒤, 총리 요셉은 아버지 야곱을 모시고 파라오 앞으로 나아갔다. 파라오는 야곱을 크게 반기며 물었다.

"어서 오시오. 이집트 땅에 잘 오셨소. 먼 여행길에 어려움은 없었소?"

"네, 폐하. 보내 주신 마차 덕분에 편한 여행길이 되었습니다. 베풀어 주신 은택에 감사드릴 뿐이옵니다."

"그랬다면 다행이오. 그런데 어르신은 연세가 어떻게 되는지요?"

"네, 폐하. 이 몸이 나그네 되어 이리저리 떠돈 햇수가 올해로 백서른 해가 됩니다. 우리 조상들이 떠돈 햇수에는 비할 바 못 되지만 이 몸도 나름대로 험난한 세월을 보냈습니다."

정말 그러했다. 야곱의 생애는 파란만장했다. 일찍이 장자권 문제로 형과 아버지를 속이고 형의 보복을 피해 아버지의 장막을 부랴부랴 떠나간 이후(77세 때), 지금 파라오 앞에 서기까지(130세 때), 반세기가 넘는 세월 동안 정처 없는 나그네 되어 참으로 고달프고 힘든 세월을 보냈다. 벧엘 들판의 노숙, 하란 땅 외삼촌 집에서의 20년 더부살이, 얍복 강변의 씨름, 형 에서와의 대면과 화해, 딸 디나의 성폭행 사건과 자식들에 의한 세겜 성 주민들의 학살, 요셉의 실종과 상봉 등을 온몸으로 겪으며 험악한 세월을 보냈다. 파라오에게 자신의 나이를 말할 때 야곱의 뇌리 속에는 이런 험악한 날들이 주마등처럼 스쳐 지나갔다.

"폐하, 오래오래 만수무강 하시기를 빕니다. 주께서 항상 은혜 베풀어 주시기를 바랍니다."

야곱은 파라오에게 복을 빌어 주고 그 앞에서 물러나왔다. 한 부족의 족장은 제사장 역할도 감당했기 때문에 야곱 또한 하나님의 제사장이요 선지자 자격으로 파라오에게 복을 빌어 주었던 것이다.

요셉은 파라오가 명한 대로 아버지와 형제들을 고센 땅에 정착시켰다. 그런 뒤 고센 땅 중에서도 가장 기름진 라암세스 지역을 소유지로 주었다. 또 아버지의 식솔들에게 충분히 식량을 공급했다. 요셉의 세밀한 배려로 야곱의 식솔들은 대흉년을 지내면서도 기근에 시달리지 않고 나날이 번성하며 살아갈 수 있었다.

이집트 총리 요셉의 기근 정책 (47:13-26)

요셉이 파라오의 꿈을 풀이한 대로 7년 대풍작 뒤에 7년 대흉년이 지속되었다. 요셉이 야곱과 상봉한 때는 대흉년 2년째 되는 해였다(주전 1876년경). 대흉년이 시작된 지 6년째 되었을 무렵, 기근이 이집트 온 땅을 거세게 휩쓸었다. 어딜 가든 먹을 것이 없어 난리였다. 집집마다 식량이 떨어져 여기저기 굶주리는 판국이었다.

흉년이 본격적으로 시작되고 나서 이집트 사람들은 가진 돈을 모두 털어 요셉에게 곡식을 샀기 때문에 더 이상 식량 살 돈이 없었다. 이집트의 모든 돈이 총리에게로 몰렸다. 요셉은 그 돈을 파라오의 궁전으로 가져갔다. 그러자 이집트 사람들이 요셉 총리에게 하소연했다.

"총리님, 우리에게 식량을 공급해 주십시오. 돈이 떨어졌다고 해서 이대로 굶어 죽을 수는 없지 않습니까? 식량을 구해서 살아갈 수 있는 방도를 알려 주십시오."

"좋소! 돈이 다 떨어졌다면 당신들의 가축을 파십시오. 그러면 양식과 바꾸어 주겠소."

그러자 이집트 사람들은 각자 자신들의 집에 있던 가축 떼를 끌고 왔다. 요셉은 말, 양, 소, 나귀 등을 받고 양식을 내주었다. 이집트 사람들은 가축을 팔아 한 해 동안 식량을 구할 수 있었다.

그 해가 지나가고 다음해가 되었다. 대흉년은 여전히 극성을 부렸다. 가축을 팔아 구입한 식량도 어느새 바닥이 났다. 이집트 사람들이 다시금 총리 요셉을 찾아와서 말했다.

"총리님, 우리가 총리님께 무엇을 숨기겠습니까? 이제 우리에겐 돈도 떨어지고 가축도 더 이상 없습니다. 남은 것이라고는 몸뚱이와 전답뿐입니다."

"그러시오? 사정이 모두 딱하오. 내가 어떻게 해주면 좋겠소?"

"총리님, 우리와 우리 전답을 받고 식량을 내어주십시오. 우리 몸뚱이도, 우리 전답도 모두 바쳐 파라오의 종이 되겠습니다. 제발 목숨을 부지할 수 있도록 식량을 공급해 주십시오."

자발적으로 파라오의 소작 농노가 되겠다는 청원이었다.

"잘 알겠소. 그러면 그렇게 하도록 합시다."

요셉은 이집트 백성들의 땅을 모두 사서 파라오에게 바쳤다. 사람들은 식량을 구하려고 자신들의 전답을 몽땅 팔았다. 그래서 땅이란 땅은 모두 파라오의 소유가 되었다. 그리고 백성들은 파라오의 땅을 부쳐 먹는 소작 농노가 되었다. 하지만 요셉은 제사장들의 땅은 그대로 두었다. 그들은 파라오에게서 식량을 공급받기 때문에 토지를 사고 팔 이유가 없었기 때문이다.

요셉은 어려움에 처한 백성에게 원망 들을 일을 해서는 안 된다는 것을 항상 명심했다. 백성들이 어려울수록 정부는 선한 정치를 펼쳐야 한다. 그래야 신임을 얻을 수 있다. 이를 잘 아는 지혜로운 총리 요셉은 이집트 백성들에게 기근 정책을 발표한다.

"여러분, 나는 그동안 여러분의 가축뿐만 아니라 전답과 몸까지도 모두 사서 파라오께 귀속시켰소. 이제 여러분께 곡물 종자를 공급할 것이오. 그걸 가져다가 밭에 뿌려 농사를 짓도록 하시오. 여러분이 곡식을 수확하면 소출의 5분의 1을 파라오께 바쳐야 합니다. 나머지 5분의 4는 농사를 지은 여러분들의 몫이오. 그러면 그대들의 몫에서 나중에 쓸 종자를 떼어놓고 남는 것들은 식량으로 쓰도록 하시오."

요셉 총리의 기근 정책을 듣고 이집트 백성이 환호했다.

"총리님, 극심한 대흉년 기간 동안에 오직 파라오와 총리님 덕분에 목숨을 부지할 수 있었습니다. 총리님의 정책대로 파라오의 종이 되어 열심히 농사를 짓겠습니다. 그리고 매년 소출의 5분의 1을 파라오께 바치도록 하겠습니다."

이렇게 해서 이집트 총리 요셉은 매년 소출의 5분의 1을 파라오에게 바치는 토지와 조세법을 제정했다. 골자는 이렇다. 소작 농노가 되어 파라오 소유의 땅인 국가 소유의 토지를 경작할 경우, 매년 세금으로 소출의 5분의 1 곧 20%를 상납할 것.

요셉이 부과한 세금은 결코 과한 것이 아니었다. 고대 수리아에서는 3분의 1에서 3분의 2가 부과되었다. 옛날 중국, 터키, 한국 등에서는 2분의 1, 고대 페르시아에서는 4분의 3이 부과되기도 했다. 이로 볼 때 요셉 총리의 기근 정책은 착취나 폭정이 아니라 선정이요 현정(賢政)이었다.

제사장들의 땅은 파라오의 소유가 아니기 때문에 이 법에서 예외가 되었다. 흉년을 기회로 제사장들의 소유지까지 사들였다가는 그들의 반발과 노여움을 사게 된다. 고대 정교일치의 이집트에서 제사장들의 협력을 이끌어 내지 못하면 파라오도 총리도 큰 어려움을 겪게 된다. 대대로 이집트에서는 종교 세력이 그만큼 강력했다.

야곱이 가나안 땅에 묻히기를 소망하다 (47:27-31)

요셉이 이집트 총리직을 성실하게 수행하는 동안, 야곱의 가족은 이집트 땅 고센에 자리를 잡고 살았다. 야곱의 아들들은 가축을 쳐서 재산을 불렸다. 자녀들도 많이 낳아 하루가 다르게 번성했다.

세월은 유수같이 흘렀다. 어느덧 야곱은 147세가 되었다. 요셉의 초청을 받고 130세에 가나안 땅 헤브론을 떠났으므로 이집트 땅 고센에 정착한 지도 17년이 흐른 것이다. 나이 많은 야곱은 이제 자신도 죽어 조상들에게로 돌아갈 날이 멀지 않았다는 것을 직감했다. 하루는 야곱이 고센 땅의 자기 장막으로 요셉을 불렀다.

"내 아들 요셉아, 네가 나를 사랑한다면 이 아비를 기쁘게 해다오. 네 손을 나의 환도뼈 밑에 넣고 진실 되고 성실한 마음으로 맹세해 다오. 내 뜻을 받들어 나를 이집트 땅에 묻지 않겠다고 맹세해 다오."

이른바 환도뼈 맹세를 하게 했다. 히브리인들에게 환도뼈는 생명과 힘의 근원으로 여겨졌다. 그래서 아주 중요한 일을 서약할 때는 환도뼈 아래에 손을 넣고 맹세했다. 그래서 일찍이 야곱의 조부인 아브라함도 이삭의 배우자를 찾기 위해 하란 땅에 집안의 청지기를 보낼 때 환도뼈 맹세를 하게 했다. 야곱이 말을 이었다.

"요셉아, 내가 죽거든 나의 유해를 이집트 땅에서 메어다가 조상들이 묻힌 가나안 땅에 묻어 다오. 그렇게 하겠다고 맹세하겠느냐?"

"네, 아버지. 아버지의 말씀대로 행하겠습니다."

요셉은 대답 후 아버지의 환도뼈 밑에 자기 손을 집어넣고 맹세했다. 야곱은 누워 있던 침상에서 힘들게 몸을 일으켰다. 그런 뒤 침상 아래로 내려간 다음, 침상 머리맡에 엎드려 하나님께 경배했다.

48

므낫세와 에브라임

야곱은 벧엘의 하나님을 회상하고
요셉의 두 아들을 양자 삼네
므낫세와 에브라임은 나의 것
르우벤과 시므온처럼 나의 것

야곱이 요셉의 두 아들을 축복하다 (48:1-22)

요셉이 아버지의 부르심으로 환도뼈 맹세를 하고 온 지 오래 지나지 않아서였다. 요셉은 아버지 야곱이 병들어 위독하다는 소식을 듣고, 두 아들 므낫세와 에브라임을 데리고 서둘러 아버지를 찾아뵈었다.

야곱은 요셉이 찾아왔다는 말에 기운을 내어 침상에서 일어나 앉았다. 야곱은 죽기 전에 언약 가문의 계승자요 전수자로서 후손과 땅에 대한 복을 다음 계승자에게 전수해야 할 의무가 있었다.

"아버지, 아버지의 아들 요셉이 왔습니다. 어디가 얼마나 편찮으십니까? "

"그래, 요셉아. 잘 왔다. 이리 가까이 오너라."

요셉이 가까이 다가오자 야곱이 말했다.

"요셉아, 내가 섬기는 전능하신 하나님이 가나안 땅 벧엘에 나타나셔서 말씀하시기를 '내가 너의 자손을 번성케 하여 네 후손으로 셀 수 없을 만큼 크게 불어나게 하겠노라. 네게서 여러 나라와 많은 민족이 나오게 하리라. 또한 이 가나안 땅을 네 후손에게 주어 이 땅을 차지하고 살게 하겠노라.' 하셨다."

야곱은 잠시 자세를 고쳐 앉더니 말을 이어 나갔다.

"내 아들 요셉아, 너는 이곳 이집트 땅에서 두 아들 에브라임과 므낫세를 얻었다. 이제 나는 그 아이들을 내 양자로 삼아야겠다. 르우벤이나 시므온처럼 에브라임과 므낫세는 내 아들의 지위를 갖게 될 것이다. 그러므로 이 두 아이 다음으로 낳을 아이부터 네 자식들이다. 에브라임과 므낫세는 내 아들이 되어 너의 형들과 함께 내 유산을 물려받게 될 것이다."

요셉의 두 아들인 므낫세와 에브라임을 야곱의 아들들의 반열에 올려놓겠다는 말이었다. 다시 말하면, 요셉에게 두 몫의 유산을 물려주겠다는 의미다. 장남 르우벤 대신 열한째 아들 요셉을 장자로 인정하겠다는 말이었다.

고대 히브리 사회에서 장자는 다른 아들들에 비해 두 몫의 유산을 물려받았다. 야곱은 잠시 마른기침을 몇 번 쿨럭이더니 말을 이었다.

"요셉아, 네 어머니 라헬은 내가 벧엘 제단을 쌓고 베들레헴으로 가던 길에 네 동생 베냐민을 낳고는 죽고 말았다. 그곳은 에브랏에서 얼마 떨어지지 않은 곳이다. 나는 베들레헴으로 가는 길 옆 에브랏에 네 어머니를 묻었단다."

어머니 라헬이 베냐민을 낳다가 숨을 거두던 그때, 요셉의 나이는 16세 정도였다. 아버지의 말을 듣는 순간 요셉도 기억이 생생하게 떠올랐다. 자신을 낳고 그토록 기뻐하면서 애지중지 사랑해 주시던 어머니. 그 어머니를 졸지에 잃고는 얼마나 목이 터지게 울었던가. 그때로부터 40년이 훌쩍 흘러 어느덧 56세가 된 중년의 요셉. 그의 두 눈에 눈물이 촉촉이 맺혔다.

그때였다. 야곱, 곧 언약의 후사인 이스라엘이 그제야 요셉 곁에 두 청년이 있음을 알고는 물었다. 이스라엘은 야곱의 새 이름이다. 얍복 강변에서 주의 천사에게서 새로 부여받은 언약 후사로서의 공적인 이름이다.

"이 아이들은 누구냐?"

"아버지, 제 아들들입니다. 하나님께서 이곳 이집트 땅에서 제게 주신 자식들입니다."

"그래? 마침 잘 되었다. 그 아이들을 내게로 가까이 데려오너라. 내가 축복해야겠다."

이스라엘은 노령으로 눈이 침침했다. 요셉은 두 아들을 아버지 앞으로 바짝 데려갔다. 이스라엘이 그들의 이마에 입을 맞추고는 사랑스럽게 껴안았다. 그런 뒤 요셉에게 말했다.

"요셉아, 내가 생전에 너의 얼굴을 다시 볼 것이라고는 생각조차 못했다. 그런데 하나님은 이렇듯 네 아들들까지 보게 하여 주시는구나. 이제 나는 죽어도 여한이 없구나."

요셉은 아버지에게서 두 아들을 떼어놓고는 엎드려 절했다. 그러고는 다시 두 아들을 데려다가 이스라엘의 오른쪽에는 므낫세를, 왼쪽에는 에브라임을 앉혔다. 므낫세가 장남이고 에브라임이 차남이었기 때문이다. 고대 히브리인들은 오른손(혹은 오른쪽)을 능력과 권세와 영광의 표상으로 여겼다. 왼손은 그보다 못한 것으로 간주했다.

그런데 이상하게도 야곱은 왼손과 오른손을 엇갈리게 뻗었다. 차남 에브라임의 머리 위에는 오른손을, 장남 므낫세의 머리 위에는 왼손을 얹었다. 그런 뒤 아이들을 축복했다.

"조부 아브라함과 부친 이삭을 보살펴 주신 하나님, 이제까지 저의 삶을 이끌어 주신 하나님, 온갖 환난 가운데서 저를 구원해 주신 전능하신 하나님! 이 아이들에게 복 내려 주시기를 바랍니다. 저의 조상 아브라함의 이름, 이삭의 이름, 저의 이름을 이 아이들도 부르기를 원합니다. 이 아이들의 자손들이 이 땅에서 크게 불어나기를 원합니다."

두 아들을 축복하는 아버지의 모습을 보며 요셉은 흐뭇한 마음을 감출 수 없었다. 하지만 요셉은 아버지가 오른손을 차남 에브라임의 머리 위에, 왼손을 장남 므낫세의 머리 위에 얹고 축복하는 것이 영 마음에 걸렸다. 요셉은 손을 바꾸어 놓으려고 아버지의 오른손을 붙잡으며 말했다. 아버지가 장남과 차남을 착각하여 손을 잘못 얹었다고 생각한 것이다.

"아버지, 손의 위치가 잘못되었습니다. 왼손을 얹은 아이가 큰아이고 오른손을 얹은 아이가 작은아이입니다. 이제 손을 바꾸셔서 오른손을 큰아이의 머리 위에 얹고 축복하십시오."

야곱이 요셉의 말을 물리치며 말했다.

"그래, 요셉아. 알고 있다. 나도 잘 알고 있다. 알고도 그렇게 한 것이다. 장남 므낫세도 후손이 많이 불어나 큰 민족을 이룰 것이다. 하지만 차남이 형보다 더욱 크게 될 것이다. 동생의 후손이 훨씬 많이 불어나 형보다 더욱 큰 민족을 이룰 것이다."

실제로 그렇게 되었다. 야곱의 축복대로 향후 이스라엘 역사에서 에브라임 지파는 그 수효와 지도력과 영향력 등 모든 면에서 므낫세 지파보다 월등했다. 이때 이스라엘은 나이 많고 병든 몸이었지만 실수하지 않았다. 언약 가문의 계승자요 전수자로서 하나님의 뜻에 합당하게 맡은바 사명을 감당했다.

예전에 야곱의 부친 이삭의 실수와는 대조된다. 이삭은 아내 리브가에게 계시하신 하나님의 거룩한 뜻을 잊었다. "형이 아우를 섬기리라."는 하나님의 경륜을 망각하고 그저 혈통의 순서에 따라, 또한 자신이 좋아하는 장남 에서에게 언약 가문의 축복을 해주려 했다. 그래서 야곱이 장자의 축복을 받기 위해 얼마나 고통스럽게 몸부림쳤던가.

그때의 뼈저린 경험을 바탕으로 야곱은 실수 없이 자신에게 주어진 사명을 감당한 것이다.

그날 야곱은 에브라임과 므낫세를 또한 이렇게 축복했다.

"보라, 이제 이스라엘 사람들이 너희의 이름으로 축복하리니 '하나님이 그대에게 에브라임처럼, 또한 므낫세처럼 복 내려 주시기를 비노라!' 할 것이다."

이렇게 이스라엘은 영안을 활짝 떠서 하나님의 거룩한 뜻을 밝히 읽고 에브라임을 므낫세보다 앞세웠다. 요셉의 두 아들에게 축복한 뒤, 야곱이 요셉을 다시 가까이 불러 말했다.

"내 아들 요셉아, 나는 이제 곧 죽어 조상들에게 돌아갈 것이다. 하지만 나와 함께하셨던 전능하신 하나님은 이제 너와도 함께하실 것이다. 하나님은 반드시 너와 네 후손을 인도하여 네 조상들에게 주시겠다고 약속하신 가나안 땅으로 이끌어 주실 것이다. 오늘 나는 네게 다른 형제들보다 한 몫을 더 주었다. 네게 준 그 기업은 내가 칼과 활로 가나안 사람들의 손에서 빼앗은 땅이다."

무슨 말일까? 아직 야곱은 가나안 땅을 빼앗지 못했다. 가나안에서 얻은 땅이라곤 고작 조부 아브라함이 헤브론에 땅을 조금 매입하여 묘실로 삼고, 야곱 자신이 세겜 성 밖에 가축 떼를 칠 들판을 약간 매입했을 뿐이다.

그러나 야곱의 이 말은 하나님의 약속을 확신하는 위대한 신앙 고백이다. 장차 아브라함과 이삭과 야곱의 후손인 이스라엘 백성들에 의해 분명히 실현될 가나안 정복을 오늘에 이미 이루어진 것처럼 강조하는 예언적 수사법인 것이다.

49
야곱의 축복

요셉은 더욱 복을 누리고
막내 베냐민은 빼앗고 움켜쥐리라
열두 아들에게 축복 마친 후
야곱은 기운이 다해 임종을 맞네

야곱이 임종 전에 열두 아들을 축복하다 (49:1-28)

야곱은 자신이 죽어 조상들에게로 돌아갈 날이 가까이 이르렀다는 것을 알았다. 그래서 언약 가문의 후사로서 죽기 전에 꼭 해야 할 일을 마무리 지으려 했다. 하나님의 거룩하신 뜻과 경륜을 좇아 자신의 열두 아들에게 복을 베풀어 주는 일이었다. 하루는 야곱이 열두 아들을 하나도 빠짐없이 자기 장막으로 불러 모았다. 르우벤부터 베냐민까지 모든 형제들이 다 모이자, 야곱이 말했다.

"자, 이제부터 내가 너희에게 복을 베풀어 주겠다. 앞으로 너희가 겪을 일을 말하겠다. 모두 가까이 와서 들어라. 너희 아버지 이스라엘이 하는 말에 귀를 기울여라."

이때 야곱이 자기 이름을 '이스라엘'이라고 한 것은, 언약 가문의 계승자로서 공적 임무를 띠고 열두 아들들에게 하나님의 거룩한 뜻을 전달해 주고자 했기 때문이다. 이때 선포된 야곱의 축복은 사사로운 감정이나 인간적인 판단에 따른 것이 결코 아니다. 어디까지나 하나님의 영에 감동받아 이스라엘의 입을 통해 선포된 예언적 메시지다.

야곱의 축복은 그 형식에 있어서는 축복이고, 내용에 있어서는 예언이며, 적용 대상에 있어서는 열두 아들의 후손이다. 야곱의 열두 아들은 이후 이스라엘 12지파의 조상들이 되므로 야곱의 축복은 곧 이스라엘 12지파에 대한 예언 축복이었다. 또한 야곱의 축복은 시적 형태를 띠고 있다.

축복 순서는 모계별로 이루어졌다. 첫째 부인 레아의 여섯 아들들(르우벤, 시므온, 레위, 유다, 잇사갈, 스불론), 두 소실인 빌하와 실바의 네 아들들(단, 납달리, 갓, 아셀), 둘째 부인이자 야곱이 가장 사랑하는 라헬의 두 아들들(요셉, 베나민) 순으로 이루어졌다.

그러면 열두 아들을 향한 야곱의 축복에 귀 기울여 보자. 먼저 야곱은 장남 르우벤을 향하여 축복했다.

> "르우벤아, 너는 나의 맏아들
> 나의 힘이요, 내 힘의 첫 열매로다.
> 보라, 네 영예와 권세가 실로 대단하도다.
> 그러나 르우벤이여!
> 너는 펄펄 끓는 물이니 결코 으뜸 되지 못하리라.
> 어찌 아비의 침상에 올라 그 잠자리를 더럽혔느냐."

르우벤은 야곱의 열두 아들 중 맏이로서 대단한 영예와 권세를 지니고 태어났다. 히브리 사회에서 장자는 특별한 지위를 보장받았다. 그래서 르우벤도 언약 가문의 계승자가 될 수 있었다.

그러나 그는 '펄펄 끓는 물'에 비유되었다. 활활 타오르는 욕망을 억제하지 못해 아버지의 소실인 빌하와 통간함으로써 아버지의 침상을 더럽혔다. 그 결과 르우벤은 으뜸이 되지 못했다. 장자권을 박탈당했다.

과연 향후 이스라엘의 역사에서 르우벤 지파에서는 탁월한 왕, 사사, 선지자가 배출되지 않았다.

야곱은 이어 둘째 시므온과 셋째 레위를 한데 묶어 공동 축복을 베풀었다.

"시므온과 레위야, 너희는 한 형제요 단짝이로다.
그러나 너희 칼은 실로 난폭하고 잔인하구나.
나는 결코 너희 모의에 가담하지 않겠고
너희 집회에도 절대 끼어들지 않으리라.
너희가 분노의 칼로 사람을 마구 쳐 죽이고
너희 멋대로 소의 발목 힘줄을 끊어 버렸도다.
너희가 맹렬한 분노로 설쳐대니 저주를 받을 것이고
너희 행실 또한 너무나 잔인하니 저주를 받으리로다.
내가 너희를 야곱 자손 가운데 나누고
이스라엘 백성 가운데 흩어지게 하리라."

축복이라기보다는 차라리 저주였다. 성폭행당한 누이동생 디나의 수치를 씻기 위해서라는 명분을 내세웠지만, 시므온과 레위가 모의하고 주동한 세겜 성 주민에 대한 무차별적인 잔인한 살육 사건은 도저히 묵과될 수 없었다.

게다가 그런 잔인한 복수극을 벌이기 위해 그들은 하나님의 신성한 언약의 징표인 할례를 빙자하지 않았던가. 따라서 '난폭하고 잔인한 칼'에 비유된 시므온과 레위는 이스라엘 백성 가운데 나누어지고 흩어지는 저주를 받았다.

과연 향후 전개되는 이스라엘 역사에서 시므온 지파는 분산되어 거의 유다 지파에 흡수되었다. 레위 지파 역시 다른 지파들 속으로 뿔뿔이 흩어져 살게 되었다.

다음으로 야곱은 넷째 아들 유다를 향하여 축복을 베풀었다.

"오, 유다야! 너는 네 형제들의 칭송을 받으리라.
네가 네 원수의 목덜미를 잡겠고
네 형제들이 네 앞에 절하리로다.
내 아들아, 너는 사자(獅子)로다.
움켜쥔 것을 찢어 먹은 뒤
굴로 돌아가 웅크리며 몸을 누이는 사자로다.
누가 감히 너를 건드릴 수 있으랴
너 유다는 언제나 왕의 홀을 움켜쥐고 있으리니
네게서 대대로 왕이 나오겠고 끝내는 참된 왕이 나오리니
뭇 백성들이 그 왕께 엎드려 경배하리라.
유다는 새끼 나귀를 가장 좋은 포도나무 가지에 매어 놓고
포도주로 옷을 빨며 포도의 붉은 즙으로 겉옷을 빨리로다.
유다의 눈은 포도주처럼 붉고
유다의 치아는 우윳빛보다 더 희게 되리라."

참으로 철철 차고 넘치는 큰 축복이다. 도단 들판에서 요셉을 죽이려는 형제들 사이에서 유다는 꾀를 내어 요셉을 상단에 팔게 하여 살려냈다. 특히 이집트 땅에서 노예가 될 뻔한 베냐민을 희생과 눈물의 간구로 살렸고, 그로 인해 형제들 간에 우애를 다지고 화해를 이루었다. 그런 공로가 반영된 축복이다. 야곱의 생명과도 같은 요셉과 베냐민이 유다로 인해 살아난 것이다.

그러니 유다의 공로를 어찌 잊으랴. 야곱은 유다를 향해 형제들에게 칭송받고 경배 받는 부유하고 풍요로운 삶을 축복했다. 또 유다를 백수의 왕인 사자에 비유하여 강력한 홀을 쥔 왕권의 영광과 위엄을 선포했다. 뿐이랴. 포도즙으로 옷을 빨 정도로 포도나무의 소출이 풍부

하고, 살진 가축 떼에서 생산되는 우유가 넘쳐나서 치아가 희게 될 정도로 실컷 먹게 될 것임을 선포했다.

이 모든 축복 중에서도 가장 주목할 만한 축복은 '참된 왕'에 대한 것이다. 그 왕은 구속사의 핵심이요 주인공인 메시아 예수를 가리킨다. 과연 그러했다. 향후 이스라엘 역사에서 유다 지파 소속의 다윗 왕조가 이스라엘 왕의 가문을 형성했다. 그리고 유다 지파의 혈통을 좇아 마침내 메시아 예수가 이 땅에 탄생하였다.

야곱은 이어 열째 아들 스불론을 향하여 축복했다.

> "스불론아, 너는 바닷가에서 살게 되리니
> 그곳은 배를 정박시키는 항구가 되고
> 너의 영토는 시돈 땅까지 이르리라."

스불론 지파의 거주지는 지중해 북쪽의 페니키아 해안 지역이 될 것이라는 축복이다. 야곱의 이 축복은 이때로부터 약 460년 후, 이스라엘이 가나안 땅을 정복한 뒤 땅 분배를 위해 제비뽑기를 실시했을 때 그대로 실현되었다.

후일 가나안 정복 후 이스라엘 12지파가 제비를 뽑아 자신들의 땅을 분배받았지만, 결국 하나님이 이미 지정해 놓으신 지역을 그대로 분배받았음을 알 수 있다. 하나님이 제비뽑기를 주관하신 것이다.

이처럼 구속사의 관점에서 보면, 일의 계획과 작정은 사람이 할지라도 그 모든 일을 이루시는 분은 하나님이시다. 즉 하나님의 뜻과 경륜과 섭리 하에 구속사가 착착 진행되는 것이다.

야곱은 이어 아홉째 아들 잇사갈을 향하여 축복했다.

“잇사갈아, 너는 튼튼한 나귀로다.
양 어깨에 짐을 잔뜩 실은 채
웅크리고 앉아 있는 힘센 나귀로다.
너는 쉴 곳을 좋아하겠고
쉴 만한 땅을 기뻐할 것이지만
어쩌랴! 너는 어깨를 낮춰 짐을 지고
종처럼 고된 일만 하게 되리라.”

잇사갈은 양쪽 어깨에 짐을 잔뜩 실은 ‘튼튼하고 힘센 나귀’에 비유되었다. 야곱의 예언대로, 후일 잇사갈 지파는 자신들이 분배받은 갈릴리 호수 아래쪽 땅에서 힘들고 고된 농사일에 전념했다. 뿐만 아니라 이방 세력의 침입을 자주 받아 힘겨운 부역과 납세에 시달렸다.

야곱은 이어 다섯째 아들 단을 향하여 축복했다.

“단아, 너는 재판관이 되리로다.
이스라엘 백성들을 심판하는 자가 되리로다.
너는 길가에 숨어 있는 뱀, 길섶에 숨어 있는 독사
말 뒤꿈치를 물어 말 탄 자를 떨어지게 하리로다.
오, 주여! 나는 주의 구원을 기다릴 뿐입니다.”

이스라엘 사회에서 재판권을 행사할 단 지파의 역할을 예언한 말이다. 사사 시대에 단 지파 출신의 삼손이 대표적이다. 또한 단 지파는 길가나 길섶에 숨어 있다가 갑자기 습격하여 상대방을 거꾸러뜨리는 ‘독사’에 비유되었다. 히브리어로 ‘세피폰’인 독사는 돌기 있는 맹독성 뿔뱀을 가리킨다. 사막의 모래 속에 숨어 있다가 지나가는 사냥물을 일격에 공격하여 물어 죽인다. 후일 단 지파가 비록 소수이지만 민첩하고 치명적인 공격성을 띤다는 예언이다.

주목할 만한 내용은 마지막 구절이다. 왜 야곱은 단 지파의 장래를 예언하던 중에 갑자기 주(여호와)의 이름을 부르면서 구원을 간구하는 것일까.

뱀으로 비유된 단 지파가 불시의 일격으로 상대방에게 치명상을 입혀 거꾸러뜨린다는 점에 주목하라. 바로 그 뱀(사탄)의 공격에 인류의 조상 아담과 하와가 당했다. 또한 그의 후손인 인류도 언제든지 당할 수 있다. 야곱은 단 지파를 예언하다가 그런 이미지를 떠올리며 자신도 모르게 주께 구원을 호소했던 것이다.

야곱은 이어 일곱째 아들 갓을 향하여 축복했다.

"갓아, 너는 적군의 추격을 받으리라.
그러나 두려워하지 마라.
네가 도리어 적군의 뒤를 추격하리로다."

갓 지파는 잦은 침략에 시달릴 것이지만, 싸움에서 결코 물러서지 않고 대적을 물리칠 것이라는 예언이다. 갓 지파의 호전성과 용맹성이 예언되었다. 후일의 이스라엘 역사에서 그대로 이루어졌음은 두말할 나위 없다.

야곱은 이어 여덟째 아들 아셀을 향하여 축복했다.

"아셀아, 네가 차지할 땅은 기름진 땅
풍성한 수확을 거둘 것이고
왕의 식탁에 오를 음식을 장만하리로다."

후일 가나안 정복 후에 아셀 지파는 제비뽑기를 통해 갈멜 산 북쪽,

곧 지중해 연안의 기름진 땅을 차지했다. 그래서 각종 맛있고 좋은 소산물을 수확했다. 솔로몬 시대에 아셀 지파의 소산물이 왕의 식탁에 올랐다.

야곱은 이어 여섯째 아들 납달리를 향하여 축복했다.

"납달리야, 너는 풀어놓은 암사슴
아름다운 소리를 내며 마음껏 뛰노는구나."

납달리 지파는 두 가지 축복을 받았다. 풀어놓은 암사슴처럼 자유분방하고 날렵하며 민첩하리란 것, 그리고 아름다운 소리를 내는 예능의 자질이 있으리란 것이다.

야곱은 이어 열한째 아들 요셉을 향하여 축복했다.

"요셉아, 너는 샘가의 나뭇가지, 가지마다 풍성한 열매로다.
그 가지가 담 너머에까지 길게 뻗었구나.
너 요셉을 향해 활 쏘는 자들이 무섭게 화살 날릴지라도
도리어 네 활이 더 견고하고 네 팔목 힘이 더 든든하리니
이는 야곱의 전능하신 하나님이 너를 굳게 붙드시고
이스라엘의 목자요 반석이신 하나님이 너와 함께하심이라.
네 조상의 하나님이 너를 항상 도우시고
전능하신 주께서 네게 크신 복을 내리시리니
위로는 하늘에서 복이 뚝뚝 떨어지고
아래로는 저 깊은 샘에서 복이 콸콸 솟구치리라.
주께서 네 집안에 많은 자녀를 기를 젖가슴의 복을 주시고
많은 자손을 잉태할 자궁의 복을 주시리로다.
네 아버지가 베푸는 축복이 조상들의 축복보다 나으리니
견고한 산이 흔들림 없이 영원하듯

이 모든 복이 요셉의 머리 위에
형제들 중 탁월한 요셉의 정수리 위에 영영 임하리로다."

넷째 유다에 이어 차고 넘치는 큰 축복이다. 요셉 지파가 누릴 풍성한 축복이다. 요약하면 이렇다. 차고 넘치는 풍요로운 산업의 축복, 대적을 능히 물리치는 전쟁 승리의 축복, 온갖 풍부한 자연 소산물의 축복, 대대손손 번창하는 후손의 축복이다.

야곱 집안에 끼친 요셉의 큰 공로를 반영한 축복이다. 대기근 동안에 야곱 집안은 요셉의 보살핌과 배려로 인해 살아갈 수 있었다. 그에 대한 보답으로 야곱은 요셉에게 철철 차고 넘치는 물질의 축복을 베풀었다. 넷째 아들 유다가 받은 축복이 주로 정치적인 것이라면 열한째 아들 요셉이 받은 축복은 주로 경제적인 것이다.

마지막으로 야곱은 막내아들 베냐민을 향하여 축복했다.

"베냐민아, 너는 사나운 이리로다.
아침에는 사냥한 것을 물어뜯고
저녁에는 약탈한 것을 나누어 먹으리로다."

야곱의 축복이 인간의 편애와 감정에 따른 사사로운 것이 아님을 입증하는 축복이다. 만일 그랬더라면 야곱이 그토록 아끼는 막내에게 이런 예언을 베풀 리 없기 때문이다. 야곱은 성령에 감화되고 감동받아 하나님의 강권적인 주관 하에 신령한 축복을 베풀었던 것이다.

베냐민은 '물어뜯는 이리'에 비유되었다. 이는 전쟁을 즐기는 베냐민 지파의 호전성을 예언한 말이다. 과연 야곱의 예언대로 후일 이스라엘 역사에서 베냐민 지파는 호전적이고 대담무쌍한 지파가 되었다. 적들을 강탈하여 그 전리품으로 부강해지는 지파가 되었다.

주목할 내용은, 약탈한 것을 나누어 먹을 것이라는 말이다. 베냐민 지파가 이스라엘 사회에 유익을 끼칠 것임을 예언한 말이다. 과연 그러했다. 후일에 베냐민 지파는 이스라엘 사회에 공헌한 바가 컸다.

예를 들면 이렇다. 모압의 지배에서 나라를 구한 왼손잡이 사사 에훗, 이스라엘의 초대 왕 사울과 그의 아들 요나단, 페르시아 왕 아하수에로 시대에 유대인을 몰살하려는 하만의 흉계에서 민족을 구한 에스더와 모르드개, 신약 시대에 이방인의 사도가 된 바울 등이 모두 베냐민 지파 출신이다. 특히 사도 바울의 복음 전파는 오늘날 우리도 그 혜택을 입었다. 야곱의 예언적 축복이 얼마나 효력 있는지를 잘 보여준다.

"자, 이제 다 되었다. 다들 물러가도록 하여라."

열두 아들에 대한 축복을 모두 마친 야곱은 가쁜 숨을 몰아쉬었다. 아브라함과 이삭에 이어 언약 가문의 3대 계승자요 전수자로서 장차 이스라엘의 열두 지파를 형성할 열두 아들에게 언약 가문의 축복을 베푸는 거룩한 사명을 완수했던 것이다. 성령 하나님에 의해 그 입술이 온전히 사로잡힌 야곱은 하나님의 거룩한 뜻과 경륜을 좇아 열두 아들에게 각자 알맞은 축복을 해주었다.

야곱이 죽어 조상들에게로 돌아가다 (49:29-33)

야곱이 자신의 열두 아들에게 예언 축복을 베푼 지 오래지 않아, 다시 열두 아들 모두를 고센 땅 자기 장막으로 불렀다. 자신의 임종이 임박했음을 직감했기 때문이다. 야곱의 열두 아들도 마음의 준비를 단단히 하고 아버지의 장막으로 모여들었다.

"내 아들들아. 죽기 전에 너희에게 꼭 부탁해야 할 말이 있어서 이렇게 불렀느니라."

"네, 아버지. 말씀하십시오. 저희가 듣겠습니다."

야곱은 침상에서 어렵사리 겨우 몸을 일으켜 숨을 크게 한번 들이마신 뒤 천천히 또박또박 말하기 시작했다. 유언이었다.

"내 아들들아, 이제는 내가 나그네 삶을 마치고 세상을 떠나야 할 때가 되었구나. 내 조상들에게로 돌아가야 할 때가 이르렀구나. 내가 죽거든 내 유해를 메고 올라가 헷 사람 에브론의 밭에 있는 동굴 묘실에 묻어 다오. 조상님들과 함께 묻히고 싶구나."

야곱은 말하는 게 힘이 드는지 간간이 숨을 크게 몰아쉬었다. 그러다가 호흡이 진정되면 말을 이었다.

"그 동굴 묘실은 가나안 땅의 마므레 숲 동쪽 막벨라 밭에 있다. 그 밭은 나의 조부 아브라함이 집안의 묘실로 쓰려고 헷 사람 에브론한테서 구입하신 것이다."

야곱은 잠시 말을 멈추고 가쁜 숨을 연신 몰아쉬었다. 하지만 얼굴은 고요하고 평화로웠다. 야곱은 다시 말을 이었다.

"아들들아, 그곳에는 나의 조부 아브라함과 조모 사라가 묻혀 있다. 나의 부친 이삭과 모친 리브가도 거기에 모셨고, 내 아내 레아도 거기 묻혔다. 그러니 너희는 반드시 거기에다 나의 유해를 묻어다오."

일전에 야곱은 이런 말을 요셉에게 개인적으로 당부했다. 환도뼈 맹세를 통해 확실히 해두었다. 하지만 임종 직전에 열두 아들에게 다시금 당부하는 것이다. 언약 가문의 후사답게 약속의 땅 가나안에 대한 불타는 열망을 엿볼 수 있다.

야곱은 자식들에게 이렇게 유언한 다음, 침상에 천천히 쇠약해진 몸을 눕혔다. 연신 가쁜 숨을 몰아쉬었다.

"아, 아버지! 아버지!"

야곱이 마지막 숨을 거두었다. 임종을 맞이한 야곱의 얼굴은 평화로웠다. 엷은 미소까지 띠었다. 이 땅의 나그네 삶을 마친 자의 고요한 안식이었다. 향년 147세였다.

야곱이 파라오 앞에서 고백한 대로 조상들의 나그네 삶 곧 조부 아브라함의 175세, 부친 이삭의 180세에는 미치지 못했지만 그의 생애는 참으로 험악하고 파란만장했다.

야곱의 생애는 크게 네 부분으로 구분된다.

첫 번째 부분은, 가나안 땅의 부모(이삭과 리브가) 장막 아래에서 보낸 77년이다. 두 번째 부분은, 하란(밧단아람) 땅의 외삼촌 라반의 집에서 보낸 20년 더부살이다. 세 번째 부분은, 하란을 떠나 가나안 땅으로 귀환하여 숙곳과 세겜과 헤브론에서 보낸 33년이다. 마지막 네 번째 부분은, 요셉의 초청에 응하여 가나안 땅 헤브론을 떠나 이집트의 고센 땅으로 이주하여 정착한 17년이다.

이렇게 147년의 생애 동안 야곱은 언약 가문의 3대 후사로서 맡은바 사명을 모두 감당했다. 그리고 이제 구속사의 무대에서 내려와 편안히 조상들이 있는 곳으로 돌아갔다. 기쁘게 웃으며 하늘 가나안으로 들어갔다. 야곱은 처음보다는 나중이 더 좋았던 대족장이었다. 나이가 들수록 점점 그 영성이 자라고 성숙해진 언약 가문의 3대 후사였다.

50

내 유골을 가나안 땅에

요셉은 아버지 야곱의 유언 좇아
선영에 장사 지내려 왕의 허락 받고
가나안 땅 막벨라 굴에 닿기까지
먼 길을 울며 올라가네

야곱을 가나안 땅의 선영에 장사 지내다 (50:1-14)

야곱이 숨을 거두자 요셉과 형제들은 아버지에게로 몸을 구부려 크게 울면서 그 이마에 입을 맞추었다. 일가를 이끌어 온 대족장에게, 그리고 언약 가문의 계승자에게 최대한의 존경과 사랑을 담아 마지막 작별인사를 드린 것이다.

이집트 총리 요셉은 자신에게 딸린 궁중 의사들에게 명하여 아버지의 시신이 썩지 않도록 미라로 만들게 했다. 이 작업은 보통 40일이 걸렸으며, 비용은 은화 1,500세겔 정도가 들었다.

이집트 사람들은 총리 요셉의 부친상을 맞아 70일 동안 애도했다. 파라오가 죽었을 때의 애도 기간은 72일이었으니, 그것에 이틀 못 미치는 기간이었다. 그만큼 당시 이집트 땅에서 총리 요셉의 위상은 드높았다. 70일의 애도 기간이 지나자 총리 요셉이 궁에 있는 파라오의 신하들에게 말했다.

"그대들이 괜찮다면 이 말을 파라오에게 전해 주시오. 나의 부친께서 숨을 거두실 때 유언하시기를 '가나안 땅에 마련한 선영의 묘실에 묻어 달라.' 하시며 내게 맹세까지 시키셨소. 그러니 이제 나는 가나안 땅으로 올라가 집안 선영에다 부친을 안장하고 돌아오겠소."

부친의 시신을 가나안 땅의 선영에 모시려면 큰 규모의 장례 행렬과 함께 요셉이 나라 밖으로 나가야 한다. 이집트 총리로서 오랫동안 자리를 비워야 하므로 파라오에게 장기 출타 허락을 받으려는 것이다.

궁중 신하들에게 그런 부탁을 대신 시킨 이유는 상중이기 때문이다. 상복을 입고 또 수염도 길게 자란 상태라서 파라오께 나아갈 수가 없었다. 요셉의 청원을 들은 파라오는 기꺼이 가나안 행을 허락했다.

요셉은 아버지를 장사 지내려고 길을 떠났다. 파라오를 모시는 고위 관리들, 왕실의 신하들, 각지의 유지들, 요셉의 집안사람들, 요셉의 형제들, 아버지의 집안사람들이 다 함께 올라갔다. 병거와 말을 탄 병사들이 요셉과 상여를 호위하면서 나아갔다. 굉장한 행렬이었다. 이렇게 야곱의 장례는 이집트 국장으로 장엄하게 치러졌다.

야곱의 관을 멘 요셉의 장례 일행은 요단 강 동쪽의 아닷 타작마당에 이르자 거기서 한동안 통곡했다. 요셉을 비롯하여 모든 이들이 이레 동안 고인을 추모하며 큰 소리로 슬피 울었다.

"보라, 이집트 사람들이 크게 통곡하고 있다."

요셉 일행이 아닷에서 크게 통곡하는 것을 본 가나안 사람들이 이렇게 말했다. 그런 까닭에 '아닷'은 '아벨 미스라임'이라 불리게 되었다. '이집트 사람들의 통곡'이란 뜻이다.

야곱의 아들들은 아버지가 당부한 대로 이행했다. 그들은 야곱의 시신을 가나안 땅 헤브론으로 모시고 가서 마므레 숲의 막벨라 동굴 묘실에 안장했다. 이제 이곳은 이스라엘의 3대 족장 부부가 안장된 유서 깊은 선영이 되었다. 막벨라 동굴 묘실에는 아브라함 부부(아브라함과 사라), 이삭 부부(이삭과 리브가), 야곱 부부(야곱과 레아)가 안장된 것이다.

요셉은 부친의 모든 장례 일정을 무사히 마치고 일행을 인솔하여 이집트로 돌아왔다.

요셉이 두려워하는 형들을 안심시키다 (50:15-21)

부친 야곱을 장사 지낸 후 요셉의 형들은 크게 걱정하고 불안해하며 수군거렸다.

"형제들, 그때 요셉의 용서가 진심이었을까? 어쩌면 아버지 얼굴을 봐서 일시적으로 복수를 미룬 것은 아닐까?"

"그러게. 이제 아버지가 돌아가신 마당이니 요셉이 우리에게 적대감을 표출할지도 몰라. 그렇게 되면 우린 어떡하지?"

"그럴지도 몰라. 그때 우리가 울며불며 매달리는 요셉에게 좀 매정하게 대했어야지. 우리에게 당한 일 때문에 요셉은 틀림없이 앙갚음할 거야."

"아, 우리가 그때 왜 그랬을까? 어째서 그토록 요셉을 싫어하고 시샘하고 미워했을까?"

형들은 깊은 회한에 젖었다. 그때 일은 상상하는 것조차 끔찍했다. 자신들이 돌이켜보아도 도단 들판에서 저지른 악행은 너무나 살벌하고 무자비했다. 울며불며 살려 달라고 매달리고 몸부림치는 요셉을 밧줄로 꽁꽁 묶은 뒤 옷을 벗겨 구덩이에 집어던졌다가 결국에는 상인들에게 팔아넘겼으니, 해도 해도 도가 지나쳤다.

이제 아버지가 돌아가셨으니 방패막이가 사라졌다. 만일 요셉의 마음이 바뀌는 날이면 죽은 목숨이나 마찬가지였다. 형들은 고민하고 궁리한 끝에 요셉에게 전갈을 보냈다.

"아우님, 아버지께서 돌아가시기 전에 이렇게 전하라고 말씀하셨네.

형들이 아주 몹쓸 죄를 지었지만 너그러운 마음으로 용서하라고 하셨네. 그러니 아버지의 하나님을 섬기는 우리가 진심으로 부탁하네. 이 못난 형들의 허물을 용서하시게. 우리가 크게 잘못했네."

요셉은 이 전갈을 전해 듣고 눈물이 쏟아졌다. 자신은 이미 형들의 잘못을 용서하고 다 잊었지만, 또다시 지난날의 잘못을 회개하며 진심으로 용서를 구하자 다시금 뜨거운 형제애가 솟구쳤던 것이다.

그로부터 얼마 뒤, 형들은 요셉 앞에 엎드려 절하며 말했다. 그만큼 심란하고 요셉의 보복이 두려웠기 때문이다. 두들겨 맞고 팔린 자는 이미 용서하고 잊었지만, 때리고 팔아넘긴 자들은 내내 잠 못 이루며 불안에 떨었던 것이다. "때린 사람은 오그리고 자고, 맞은 사람은 다리 뻗고 잔다."는 우리 속담 그대로다.

"아우님, 우리 모두는 이제 아우님의 종일세."

"아이고, 형님들. 무슨 말씀을 그리 하십니까? 형님들, 조금도 불안해하거나 두려워하지 마세요. 제가 어찌 하나님을 대신하여 누구를 벌할 수 있겠습니까? 형님들이 제게 악한 생각을 품은 것은 사실입니다. 하지만 하나님은 오히려 그것을 선으로 바꾸셨습니다."

"우리의 죄와 허물을 그리 생각하다니 정말로 고마울 따름이네."

"그럼요, 그래서 오늘날 보시는 바와 같이 하나님은 이 몸을 통해 수많은 사람들의 목숨을 구하셨습니다. 그러니 형님들, 조금도 불안해하고 두려워할 필요가 없습니다. 제가 이후로도 형님들과 형님들의 아이들을 정성껏 잘 보살피겠습니다."

또다시 서로 부둥켜안고 엉엉 울었다. 눈물은 모든 것을 덮을 만큼 뜨거웠다. 뜨거운 울음 속에 지난날의 모든 시샘과 미움과 갈등과 원한이 눈 녹듯 녹고 있었다. 요셉은 형들을 일일이 일으켜 세우며 부드럽고 선한 말로 어루만져 주었다. 불안해하고 두려워하는 형들에게 확고부동한 용서와 형제애를 나타내며 안심시켜 주었다.

이것은 악을 선으로 갚은 신실한 신앙인의 모습이었다. 두려워 떠는 자들을 위로하며 안심시키는 따스한 위로자의 모습이었다. 진정으로 성공하고 승리한 자의 위대한 모습이었다.

이렇듯 형들의 진심어린 회개와 요셉의 뜨거운 형제애로 야곱의 열두 아들이 화해하고 화합했다. 야곱의 죽음 이후 그의 12아들을 통한 이스라엘 12지파의 결속이 굳게 형성되었다.

이제 요셉이 꾼 꿈의 실체가 밝혀진다. 요셉이 두 번에 걸쳐 꾼 꿈은 단순히 이집트 총리로서의 그의 성공을 예언하는 꿈이 아니었다. 부친과 형제들을 입(入)애굽시키고, 이집트(애굽)에서 큰 민족으로 성장하도록 발판을 만들게 된다는 것을 암시하고 예언하는 꿈이었다. 또한 사랑과 용서로 네 어머니의 열두 아들이 한 명의 아버지 야곱(이스라엘)의 아들로 통합된다는 것을 나타내는 일종의 좌표였다. 그게 하나님께서 꿈을 통해 요셉에게 보여주신 구원사의 한 부분이었고, 요셉과 그의 형제들에게 주어진 사명이었다.

요셉이 이집트 땅에서 죽음을 맞다 (50:22-26)

세월은 유수처럼 흘렀다. 부친 야곱을 장사 지낸 지도 어언 54년이 지났다. 요셉의 나이 어느덧 110세. 그동안 요셉은 둘째아들 에브라임의 자손 3대를 보았다. 또 장자 므낫세의 아들 마길의 자식들도 보았다. 그들은 모두 요셉의 슬하에서 자라났다. 요셉은 두 아들의 혈통이 온전한 히브리인의 피가 아니기에 그들의 자손들이 여호와 언약에서 멀어질까 봐 자신의 무릎에서 선조들의 언약 신앙을 대물림했다. 여호와 신앙으로 교육했다.

야곱이 축복한 대로 이집트 총리 요셉은 말년까지 부와 수(壽)와 권세와 명예를 누리고 많은 후손을 보았다. 매사 형통한 삶을 누리며 아버지의 집안 식구들을 잘 보살피며 그들과 함께 이집트에서 살았다.

어느새 요셉도 나이 많아 기력이 떨어져서 죽을 때가 가까이 이르렀음을 알았다. 하루는 요셉이 형제들을 불렀다.

“형제들이여, 이제 나는 죽을 때가 된 것 같습니다. 내가 죽더라도 하나님은 틀림없이 여러분을 잘 보살펴주실 것입니다. 그리고 때가 되면 증조부 아브라함과 조부 이삭과 부친 야곱에게 주시겠다고 약속하신 가나안 땅으로 반드시 인도하실 것입니다.”

요셉은 하나님의 약속에 근거하여 이스라엘 백성들의 가나안 귀환을 굳게 믿었다. 젖과 꿀이 흐르는 약속의 땅으로 인도하실 것을 믿어 의심치 않았다. 이런 믿음에 근거하여 요셉은 집안 자손들에게 맹세시켰다.

“사랑하는 자손들이여, 하나님은 반드시 너희들을 돌봐 주셔서 언젠가는 약속의 땅으로 인도하실 것이다. 그때 너희는 내 유골을 이곳에서 그리로 메고 올라가겠다고 약속해 다오.”

요셉의 유언이었다. 약속의 땅 가나안을 소망하는 신앙의 유언이다. 언젠가는 출애굽의 그날이 올 것임을 알고 죽기 직전에 자손들에게 이 같은 유언을 한 것이다.

유언을 마친 요셉의 숨이 가빠진다. 이제 요셉은 속으로 마지막 기도를 올린다.

‘여호와 내 하나님이여, 내 생애 내내 함께 해주셔서 감사드립니다. 이제 내 영혼을 받아주소서. 부디 히브리 자손들을 지켜주소서.’

요셉은 거의 의식을 잃었다. 요셉이 미소 짓는다. 마치 꿈을 꾸는 것 같다. 무슨 꿈을 꾸고 있을까. 누구에 대한 꿈을 꾸길래 죽음 앞에서 저리도 평안히 미소 짓고 있는 것일까. 여자의 후손이 가나안 땅에 탄생하셔서 세상을 구원하실 그런 아름다운 꿈을 꾸고 있는 것일까. 그렇다면 그 꿈이야말로 복되도다! 꿈의 사람은 죽어가면서도 꿈을 꾸는구나. 요셉의 두 아들 므낫세와 에브라임의 뺨에 눈물이 흐른다.

요셉 총리는 그렇게 조용히 임종을 맞았다. 너무도 평안한 얼굴이었다. 향년 110세. 사람들은 요셉의 시신이 썩지 않도록 미라로 만든 다음 이집트에서 입관하였다.

후일, 요셉의 유언은 실현되었다. 이때로부터 약 360년 후 모세의 인도로 이스라엘 백성들은 파라오의 손에서 벗어나 출애굽했다. 그때 그들은 요셉의 유해를 이집트 땅에서 가나안 땅으로 메고 올라가 세겜에 안치했다. 그곳은 요셉의 자손인 에브라임 지파가 분배받은 땅이었다.

요셉의 죽음과 함께 아브라함, 이삭, 야곱 등 이스라엘 족장들의 발자취를 기록한 족장 시대는 대단원의 막을 내린다.

이 모든 일들이 기록된 창세기는 시작의 책이다. 시간이 시작되고 만물창조와 함께 인간이 시작되고, 결혼과 가정제도가 시작되고, 에덴 동산에서 죄가 시작되는 책이다. 아울러 그 죄에서 인류를 구원하기 위한 하나님의 구속사가 시작되는 책이다. 그 구속사의 핵심이 메시아 예수다.

인류의 구원자 되시는 메시아 예수를 이 땅에 보내기 위해 하나님은 한 사람의 혈통을 택하셔서 언약 가문으로 세우셨는데, 그렇게 택함 받은 자가 이스라엘의 조상 아브라함이다.

창세기는 아브라함, 이삭, 야곱, 요셉으로 이어지는 이스라엘 족장들의 이야기다. 그런 족장들을 통해 하나님의 구속사가 펼쳐지는 대하드라마의 시작이다. 창세기에 이어지는 65권의 책에서 우리는 점진적으로 진행되고 하나하나 성취되어 가는 장엄한 구속사의 드라마를 흥미진진하게 체험할 수 있다.

창세기에 이어지는 책은 출애굽기다. 이제부터는 이스라엘 12지파 중심의 구속사가 새롭게 펼쳐진다. 이스라엘은 과연 출애굽의 대역사를 이루고 큰 민족을 이루어 하나님의 구원 사역을 온 세상에 널리 전하는 거룩한 사명을 감당할 수 있을 것인가. 이야기는 출애굽기로 이어진다.

(제1권, 창세기 끝)

성경의 한 절도 생략함 없이
주석과 해설을 곁들여 이야기로 풀어쓴 "확대판 성경"

민영진

감리교신학대학교 교수 역임

대한성서공회 번역실장, 총무 역임

세계성서공회연합회 번역컨설턴트 역임

『스토리텔링 성경』(성서원, 2018)이 출간되었다. 『스토리텔링 성경』은 이야기를 비롯해서 주석과 해설의 기능까지 함께 하느라, 본래의 성경본문보다 2-4배 정도 많은 분량인 것을 확인할 수 있다. 하나의 예를 들면 『쉬운말 성경』의 본문을 기준으로 해서 "요셉과 그 형제들 이야기"(창 37-50장)는 그 분량이 200자 원고지로 200매다. 그런데 『스토리텔링 성경』에서는 무려 500매로, 2.5배가 된다. 이처럼 분량이 늘어난 것은 『스토리텔링 성경』에서는 이야기꾼이 성경본문에 대한 객관적인 설명뿐만 아니라, 본문을 읽은 뒤 경건하고 거룩한 묵상을 통해 말씀에 대한 자신의 응답을 고백적으로 진술하는 부분이 적지 않기 때문이다. 저자의 이런 감동이 독자의 감동과 서로 만날 때, 독자는 삶이 한층 풍요로워지는 말씀 나눔의 체험을 할 수 있게 된다.

이 지구별에 태어나서 자기 언어로 번역된 〈성경〉을 읽고, 공부하고, 깨닫고, 하나님의 음성을 듣고, 순종하고, 실천하면서 〈말씀〉으로 우리와 함께 계시는 하나님과 동행하는 삶을 산다는 것은, 그 자체가 크나큰 은총과 복 받음이 아닐 수 없다. 그런데 그런 〈성경〉이 읽고 이해하기에 난해하다면 어떻게 될까? 지금까지 성경해석과 관련해서 출간된 성경주석들이 헤아릴 수 없이 많다는 것은 성경이 얼마나 어려운 책인가를 반증한다.

스토리텔링은 그러한 난해함을 해소하려는 참신하고도 재밌는 방법이다. 이른바 스토리텔링(storytelling)은 '스토리(story) + 텔링(telling)'의 합성어로, 문자 그대로 '이야기하다'라는 의미를 지닌다. 상대방에게 알리고자 하는 바를 재미있고 생생한 이야기로 설득력 있게 전달하는 행위다. 오늘날 우리 일상생활에서 스토리텔링은 여러 가지로 유익하고 설득력 있는 수단으로 이용되고 있다. 인류가 등장한 이래, 스토리텔링은 인간끼리의 의사소통에 있어 늘 중심적인 역할을 해왔기 때문이다. 이런 의미에서 성경을 '스토리텔링'한다는 것 자체가 왜 진즉에 그렇게 하지 않았을까 하는, 정말로 때늦은 후회를 갖게 만들 정도로 아주 바람직한 작업이다.

본래 〈성경〉의 〈말씀〉은 책에 따라 길거나 짧거나 하는 구전(口傳) 기간이 있었다. 말씀을 전달하는 구전자가 있었고, 구전되는 말씀을 듣는 청중이 있었고, 청중이 모이는 절기나 예배 같은 계기가 있어서 말씀이 선포되었다. 인류문화사에서 말씀을 전달하는 매체가 다양하게 발전되면서 구전이 기록(記錄) 전승으로 바뀌게 되고, 그에 따라 두루마리나 코덱스(Codex) 모양의 사본(寫本)이 생기게 된다. 그때부터 "듣는 말씀"은 "읽는 말씀"이 된다. 이후 인쇄술의 발달로 사본은 책(冊)의 형태로 발전한다.

작금에 와서 〈성경〉은 책의 형태에서 전자본문(電子本文)으로, 모바일 본문으로 변형되기에 이른다. 이러한 매체의 변화는 〈성경〉의 〈말씀〉이 독자에게 더 가까이 다가온 것을 뜻하기도 한다. 이제 독자들은 자기 손바닥 위에 놓인 스마트폰에서 1,000여 개 이상의 번역본 중 자기가 원하는 언어를 골라서 언제 어디에서나 성경을 찾아 읽을 수도 있고, 읽어주는 본문을 들을 수도 있다. 이 밖에도 〈성경〉은 만화로, 영화로, 그림이나 조각으로 그 메시지가 시각화되기도 하고, 음악이나 무용으로 표현되어 시청각을 통해 전달되기도 한다.

이런 여러 매체들과 비교해 볼 때, 성서원의 『스토리텔링 성경』은 예로부터 사람들에게 가장 친숙한 '이야기 형태'로 아주 쉽게 성경의 내용을 잘 이해할 수 있도록 고안된 훌륭한 시도다. 성서원의 『스토리텔링 성경』은 성경 내용을 간추리거나 주요 내용을 발췌한 요약 성경이 아니다. 심지어 성경의 병행본문까지도 일절 생략함 없이 매장, 매절을 따라가면서 주석과 해설을 곁들여 이야기로 풀어, 성경의 메시지를 친절하고 재미있게 독자에게 전달해주는 "확대된 성경"이다. 따라서 성경을 이해함에 있어서 성경본문을 이해하지 못하고 그냥 10번 읽는 것보다 『스토리텔링 성경』을 한번 정독하는 것이 훨씬 낫다. 실제로 성경의 문학적 장르 중에는 이야기가 많다. 이것은 이야기가 메시지 전달에 그만큼 효과적이라는 것을 반증하는 것이기도 하다. 예수님도 하늘의 신령한 진리를 설명할 때 자주 이야기 방식으로 가르치셨다. "씨 뿌리는 자의 이야기", "돌아온 탕자 이야기" 등이 그러하다.

앞서 감수자는 저자가 성경본문을 이야기로 풀어나감에 있어 본문의 분량이 2-4배 정도 늘어났다는 점을 지적하였다. 성경을 소화하고 새김질함에 있어서 독자들은 누구나 이처럼 자기식의 이야기로 풀어나갈 수 있다. 그래서 독자에 따라서는, 독자 개인의 상상력의 용량에 따라, 2-4배가 아닌 5배, 10배, 50배로 이야기를 확대할 수도 있을 것이다. 예를 들면, 독일의 문호 토마스 만(Thomas Mann, 1875-1955)의 역작 『요셉과 그 형제들』(창세기 29-50장)이라는 장편소설이 우리말로도 번역되어 나왔는데, 전6권이 2,919 쪽이다. 확대된 분량이 무려 70배에 이른다. 이럼에도 양방향 대화가 가능한 "이야기"이기 때문에 쉽게 읽히고 전혀 지루함 없이 독자들의 마음을 사로잡는다. 이제 독자들도 이와 똑같은 체험을 성서원의 『스토리텔링 성경』을 통해 얼마든지 할 수 있으리라.